图案：吕尧

梁慧星学术文集

第三卷

物权法

梁慧星　著

梁慧星

1944年1月生，四川省青神县汉阳镇人。中国著名民法学家，中国社会科学院学部委员、教授、博士生导师。第四、五、六届国务院学位委员会委员，十届政协全国委员会委员，十一届全国人大代表（主席团成员）、十一届全国人大法律委员会委员。曾任山东大学法学院院长，最高人民法院、最高人民检察院专家咨询委员，公安部监督员，现任北京仲裁委员会主任，北京理工大学珠海学院特聘教授、民商法律学院名誉院长。1986年国家人事部批准为“有突出贡献中青年专家”。1992年享受国务院颁发的政府特殊津贴。

序

我于1978年考取中国社会科学院研究生院硕士研究生攻读民法，1981年毕业后留法学研究所从事民法研究，至2019年5月退休。四十余年间，我致力于民法理论和立法研究，曾参与国家立法，从事编辑、教学、培训等工作。经北京大学出版社蒋浩先生建议，收集所撰写的民法理论研究、立法建议、法典论争、问题解答、判解评论及翻译介绍等文字，汇编成集，名曰“学术文集”，再按主题分为六卷，第一卷“民法典编纂、民法原理与法学方法”、第二卷“民法总论”、第三卷“物权法”、第四卷“合同法与侵权责任法”、第五卷“民事解答录”、第六卷“译介、判解、回忆及其他”，每一卷开篇均有对该卷内容的说明。

本文集仅收录单篇文章，包括已在平面媒体和网络媒体发表的、曾编入文集（如《民法学说判例与立法研究》《为中国民法典而斗争》《为了中国民法》等）出版的，以及未曾发表过的文章。本文集未收录专题著作，如《民法总论》《民法解释学》《裁判的方法》《法学学位论文写作方法》《民法总则讲义》《合同通则讲义》等。

需说明一点，本文集虽以学术文集为名，但其中许多文章并非严格意义上的学术研究论文，如实务问题解答、民法基本知识讲解，以及立法建议和提案等。写于改革开放初期的一些学术研究论文，也未必符合今天的学术规范，且因时过境迁，今天看来未必有多大学术价值，请读者谅解。

希望本文集的出版可以为读者提供方便。

上海财经大学民法教授李宇，负责文章的收集及各卷的结构编排，为文集的顺利出版付出了辛苦,在此表示感谢。

北京大学出版社领导和编辑同志为本文集的编辑出版付出辛劳,谨致感谢!

梁慧星

于昆明岭东紫郡之退庐

2022 年 4 月 28 日

本 卷 说 明

本卷收录了本人关于物权法立法、物权法解析、物权法专题研究的相关文章,以物权法为主题,分三个部分。

第一部分物权法立法,选编了本人关于物权法立法的文章,包括对物权法立法的宏观思考以及对历次草案的述评与建议。这部分文章中,《中国物权法立法方案》列于首位,以突出其重要意义。

第二部分物权法解析,选编了本人在 2007 年 3 月 16 日《物权法》颁布后,有关该法的制定经过、若干重要问题及条文解析的文章。

第三部分物权法专题研究,选编了本人历年来有关物权法的专题研究文章。

本卷中部分文章由于写作年代久远,或根据现场录音整理,文献无法一一核实,恳请读者谅解。

目　　录

第一部分　物权法立法

第二部分　物权法解析

第三部分　物权法专题研究

第一部分

物权法立法

中国物权法立法方案[*]

一、制定物权法的指导思想

（1）强调个人利益和社会公益协调发展的权利思想，在强化对个人和企业权利的切实保护的同时，兼顾对社会公益的保护，禁止权利滥用。

（2）坚持对财产所有权的一体保护原则，凡合法取得的财产，不分公有私有给予同样的保护。不以生产资料所有制性质划分所有权类别，仅对公用物（国家专有财产）作特别规定。

（3）国家基于公益目的并予公正补偿，可以征收（征用）农村集体的土地所有权和个人、企业土地使用权。非公益目的用地，由国家批给指标，再由用地单位与土地所有权人或使用权人协商签约。

（4）鉴于国有企业实行公司化改组后，国家与企业之间的财产关系属于公司法调整的范围，且企业财产权中包括物权、债权、知识产权及人格权，应分别适用各有关法律规定，因此不宜在物权法上概括规定

---

* 1998年1月13日，第八届全国人大常委会王汉斌副委员长决定恢复民法典起草工作，并委托九位学者专家组成民法起草工作小组，负责起草民法典草案和物权法草案。1998年3月25—27日召开民法起草工作小组第一次会议，议定“三步走”的规划：第一步，制定统一合同法，实现市场交易规则的完善、统一和与国际接轨；第二步，从1998年起，用4～5年的时间制定物权法，实现财产归属关系基本规则的完善、统一和与国际接轨；第三步，在2010年前制定民法典，最终建立完善的法律体系。这次民法起草工作小组会议，还专门讨论了梁慧星预先拟定的《中国物权法立法方案（草案）》，并决定委托梁慧星负责按照该方案起草一部物权法草案，要求6月底完成草案，7月民法起草工作小组进行讨论。同月31日，梁慧星召开中国物权法立法研究课题组全体成员会议，传达民法起草工作小组第一次会议精神，布置起草分工。1999年3月完成《中国物权法草案建议稿》并提交法制工作委员会。本文即《中国物权法立法方案》，写作于1998年12月。

“国有企业财产”的归属问题。

(5)实行农地使用关系的物权化,农地使用权期限为50年,期满无法定事由自动延长。通过土地登记的方式,实现由债权方式的承包关系向物权关系的平稳过渡。

二、制定物权法的基本原则

(1)在坚持一物一权主义的前提下,将建筑物区分所有权、企业担保等作为例外规定。

(2)坚持物权法定主义原则,尽量将切合我国实际的新型物权形式纳入本法,以期适应现代化市场经济的要求。

(3)坚持物权变动的公示原则与公信原则,不动产物权变动以登记为公示方法,动产物权变动以交付或占有为公示方法。

(4)鉴于物权行为的独立性和无因性理论违背交易之实态和人民的认识,徒使法律关系复杂化,对出卖人显失公平,其保护交易安全的作用已经被善意取得制度所取代,我国物权法不宜采取。

(5)鉴于物权变动的登记要件主义,既便于实行又能保障交易安全,且为我国《民法通则》所采,因此无必要变更,应在物权法中明文规定。《海商法》和《民用航空法》上的登记对抗主义,为我国物权法登记要件主义之例外。

(6)建立统一的、与行政管理脱钩的不动产登记制度。实现五个统一,即法律根据、法律效力、登记机关、登记程序和权属文书的统一。建议设立统一的、与行政管理脱钩的不动产登记局,可考虑隶属于区、县基层法院或区、县司法局。

三、物权法应规定的物权种类

首先是所有权,即完全物权。其中应规定建筑物区分所有权,并规定不动产相邻关系。其次是与完全物权相对应的限制物权,即不完全物权,分为用益物权和担保物权两大类。拟将作为物权的土地使用权依使用目的区分为两种:用于建筑房屋或其他建筑物的,称为基地使用权;用于耕种、养殖、畜牧等的,称为农地使用权;传统的地役权应予保留,改称邻地利用权。不规定典权,实务中如有发生,视为附买回约款的买卖。担保物权中,应先规定抵押权,包括最高额抵押、动产抵押、动产与不动产集合抵押、企业担保(浮动担保);然后规定质权,包括动产质和权利质,并规定最高额质;留置权仍保留。物权法不规定一般优先权,《海商法》上的船舶优先权和《民用航空法》上的航空器优先权,作为特别法上的制度。另外规定,占有为事实上的支配状态,作为一种类似物权加以规定。让渡担保和香港特别行政区法律上的“按揭”(mortgage),似难以在物权法中规定,可考虑以后制定特别法。

四、物权法的结构

各主要国家和地区物权法的结构模式大别为二。德国、日本及我国台湾地区“民法”为“五分结构”:总则、所有权、用益物权、担保物权、占有;法国、意大利民法为“三分结构”:财产、所有权、用益物权(不包括担保物权)。我国物权法建议采五分结构,要点如下:

第一章 总 则

规定立法目的;物权定义;物权法定主义;一物一权主义;物权的优先效力;不动产物权变动以登记生效,动产物权变动以交付生效;物权的限制:权利之行使不得损害他人和社会公益;物权法的解释原则:应有利于发挥物的经济效用;物上请求权;物权消灭原因。

第二章 所 有 权

第一节 通 则

规定所有权的共同内容。包括:所有权定义;孳息的归属;所有权人的容忍义务;取得时效制度;征收的条件与公正补偿。

第二节 不动产所有权

规定不动产所有权的范围;不动产所有权的取得;不动产相邻关系,包括土地相邻关系和建筑物相邻关系;建筑物区分所有权。

本法原则上不采依主体性质对所有权的分类。但关于土地应对国家土地所有权与农村集体土地所有权作特别规定。

第三节 动产所有权

规定动产所有权的取得原因:先占;拾得物;埋藏物;添附;附合;混合;善意取得制度。关于拾得物,建议规定拾得人报酬请求权及超过法定期间无人认领时拾得人取得所有权。关于善意取得制度,区分委托物与脱离物,委托物发生善意取得,脱离物(包括遗失物和盗窃物)应许失主请求回复,超过法定期间未请求回复的,则由占有人取得所有权。

第四节 共 有

规定共有的定义;共同共有;按份共有;准共有;共有物的分割。

第三章 基地使用权

规定基地使用权的定义;基地使用权的设定和取得;空间(基地)使用权;相邻关系之准用;基地使用权的撤销;租金缴纳;基地使用权的转让;基地使用权期满后的延期与补偿;基地使用权的抛弃。

第四章 农地使用权

规定农地使用权的定义;农地使用权的设定和取得;农地使用权的期间及延长;农地使用权的转让和抵押;农地用途之限制;农地使用权因不耕种而消灭。

第五章 邻地利用权

规定邻地利用权的定义;邻地利用权的设定和取得;依时效取得邻地利用权;空间邻地利用权;邻地利用权的附从性;需用地之分割;供用地之分割;邻地利用权的消灭。

第六章 抵 押 权

第一节 通 则

规定抵押权的定义;抵押权的效力;抵押权的设定,须有书面协议,并以登记为生效要件;抵押权的顺位;优先受清偿的范围;取得抵押标的物的第三人的涤除权;抵押权的实行;抵押权的消灭。

第二节 最高额抵押

应规定,设定最高额抵押,必须约定被担保债权的范围、最高限额;被担保债权范围的变更,不须经后顺位抵押权人的同意;最高限额的变更,必须经后顺位抵押权人同意;被担保债权原本的确定。

第三节 动产抵押

应规定,可设定动产抵押的动产种类;动产抵押登记机关。

第四节 企业财产集合抵押

应规定,企业可将其所有的不动产、机械设备、工业产权,组成企业集合财产,设定抵押权;可以组成企业集合财产的财产种类;企业集合财产目录之作成与登记。企业集合财产抵押设定后,企业集合财产之组成物禁止转让;未得抵押权人同意,不得将组成物从集合财产中分离。

第五节 企业担保(浮动担保)

可规定,股份公司于发行公司债券时,为担保公司债可将企业现在所有及将来所有的全部财产设定企业担保。唯股份公司可以设定企业担保,被担保债权唯限于公司债。企业担保权之设定契约,应作成公证证书,并向公司登记机关进行企业担保权登记。此登记为企业担保权公示方法和生效要件。在企业担保权实行时及设定公司破产的场合,企业担保权优先于其他担保权。但普通债权人及其他担保权人对企业个别财产为执行时,企业担保权无优先效力。

第七章 质 权

第一节 通 则

规定关于质权的一般规定:质权的定义;质权的标的物须有可让与性;质权的设定因标的物的交付而生效;质权的留置效力和优先受偿效力;优先受清偿的债权范围;关于转质的规定;关于禁止流质的规定;最高额质权准用关于最高额抵押权的规定。

第二节 动产质权

应规定,动产质权人非继续占有质物,不得以其质权对抗第三人。

第三节 权利质权

应规定,可以设定权利质权的权利种类:债权;股份;债券;无体财产权(包括专利权、商标权、著作权)。可以设定债权质权的债权应具有可让与性;在有债权证书时,其设定契约以该证书的交付为生效要件;无记名债权,准用关于动产质的规定。

第八章 留 置 权

留置权为法定担保物权。可规定仅对于加工承揽契约、保管契约、运送契约发生留置权。应规定发生留置权的条件:一方当事人依契约关系占有对方财产,对方未依契约规定支付价金或费用。并规定留置权的效力:留置的效力和优先受清偿的效力。

第九章 占 有

规定占有的定义;基于占有的物上请求权;占有的分类包括直接占有、间接占有;占有的推定;占有的变更;占有的移转;占有的合并;关于盗赃和遗失物的占有;善意占有人和恶意占有人;占有人的自力救济;共同占有和准占有。

第十章 附 则

规定本法的生效;不溯及既往原则;特别法上的物权;关于本法生效前设定的用益物权的期间;关于登记制度。

制定中国物权法的若干问题*

一、导言

(一) 中国在改革开放前对民事生活的调整

中华人民共和国成立至“文化大革命”开始(1949—1966年)的十余年间,不重视法制,20世纪50年代初和60年代初两次起草民法典的作业,均因政治原因而中断。这一期间,调整民事生活的法律,唯有《婚姻法》(1950年)一部。人民法院审理民事案件,主要是依据各项“民事政策”。所谓“民事政策”,是指“党和国家颁布的有关民事方面的规范性文件”[①],例如,政务院于1950年10月20日发布的《新区农村债务纠纷处理办法》。为了使“民事政策”能够成为法院裁判的标准,由最高人民法院对一定时期的“民事政策”加以归纳、整理和解释,作成指导法院裁判工作的解释性文件。这样的文件,称为“意见”。例如,最高人民法院《关于贯彻执行民事政策几个问题的意见(修正稿)》(1963年8月28日)。

(二) 改革开放以来的民事立法

中国从1978年开始实行改革开放,纠正“文化大革命”时期的极“左”错误,实行法治。相继制定了若干重要的民事法律,初步形成一个民事立法体系。这个民事立法体系,分为以下层次:第一个层次,是作为民事基本法的《民法通则》。第二个层次,是各民事特别法,包括

---

* 本文原载《法学研究》2000年第4期。

① 唐德华主编:《民法教程》,法律出版社1987年版,第14页。

属于债权法性质的《经济合同法》《涉外经济合同法》《技术合同法》；属于家庭法性质的《婚姻法》《收养法》《继承法》；属于物权法性质的《担保法》；属于商事法性质的《公司法》《票据法》《海商法》《保险法》《证券法》《专利法》《商标法》《著作权法》。第三个层次，是民事法规，例如《工矿产品购销合同条例》《加工承揽合同条例》《借款合同条例》《国内航空运输旅客身体损害赔偿暂行规定》等。第四个层次，是各行政性法律、法规中的民法规则，例如《土地管理法》中关于土地所有权和使用权的规定、《民用航空法》中关于民用航空器权利的规定、《城市房地产管理法》中关于房地产抵押的规定等。

（三）现行民事立法体系中属于物权法性质的法律法规

按照大陆法系民法理论，规范财产关系的法律，为财产法。财产法分为物权法和债权法两大部分。物权法是规范财产归属关系的法律，债权法是规范财产流转关系（主要是市场交易关系）的法律。中国进行经济体制改革是从发展市场交易开始的[②]，因此比较重视规范财产流转关系的法律。在现行民事立法体系中，规范市场交易关系的法律法规，相对而言要完善一些。[③] 规范财产归属关系的法律未受到应有的重视。物权法立法明显薄弱和滞后。

属于物权法性质的现行法律法规如下。

1.《民法通则》

中国现行法体系中，居于民事基本法地位的法律，是 1986 年 4 月 12 日主席令第 37 号公布的《中华人民共和国民法通则》（1987 年 1 月 1 日施行）。该通则既不是民法典，也不同于民法典的总则编。它包括 9 章，共 156 条。即第一章基本原则；第二章公民（自然人）；第三章法人；第四章民事法律行为和代理；第五章民事权利；第六章民事责任；第七章诉讼时效；第八章涉外民事关系的法律适用；第九章附则。其中第

---

② 中国实行改革开放的第一个措施，是“搞活流通”。

③ 1993 年 10 月，立法机关委托民法学者提出统一合同法立法方案，从 1994 年 1 月正式开始起草统一合同法草案。1998 年 8 月第八届全国人大常委会第一次审议统一合同法草案，第九届全国人大第二次会议于 1999 年 3 月 15 日通过统一合同法。

一、二、三、四、七章的内容相当于民法典的总则编的规定。值得注意的是,第五章对民事权利作了列举性规定,其中第一节“财产所有权和与财产所有权有关的财产权”,属于物权法性质的法律规则,包括财产所有权的定义(第 71 条)、财产所有权的移转(第 72 条)、关于财产共有的规定(第 78 条)、关于埋藏物和遗失物的规定(第 79 条)、关于不动产相邻关系的规定(第 83 条)。

2. 民事特别法

有关物权的特别法有:(1)1995 年 6 月 30 日主席令第 50 号公布的《中华人民共和国担保法》(同年 10 月 1 日施行)。主要是其中第三章关于抵押权的规定、第四章关于质权的规定和第五章关于留置权的规定。另在第七章有关于不动产和动产的定义性规定(第 92 条)。(2)1992 年 11 月 7 日主席令第 64 号公布的《中华人民共和国海商法》(1993 年 7 月 1 日施行)。主要是其中第二章关于船舶所有权、船舶抵押权、船舶优先权的规定。(3)1995 年 10 月 30 日主席令第 56 号公布的《中华人民共和国民用航空法》(1996 年 3 月 1 日施行)。主要是其中第三章关于民用航空器所有权、抵押权和优先权的规定。

3. 财产管理法

现行的若干财产管理法,属于行政法律性质,但其中往往有关于物权的规则:(1)1986 年 6 月 25 日通过、1998 年 8 月 29 日修订的《中华人民共和国土地管理法》(1987 年 1 月 1 日施行),主要是其中第二章关于土地所有权和使用权的规定。(2)1994 年 7 月 5 日主席令第 29 号公布的《中华人民共和国城市房地产管理法》(1995 年 1 月 1 日施行)。主要是其中第二章关于土地使用权出让、土地使用权划拨的规定;第四章关于房地产转让、房地产抵押的规定;第五章关于房地产权属登记的规定。

4. 行政法规

按照中国的立法体制,国务院有行政立法权。由国务院制定的法律文件,统称行政法规。有关物权的行政法规主要有:(1)1983 年 12 月 17 日国务院发布的《城市私有房屋管理条例》,主要是其中第二章关于房屋所有权登记的规定;(2)1990年5月19日国务院发布的《城镇国有土地使用权出让和转让暂行条例》,包括8章:第一章总则,第二章土地使用权出让,第三章土地使用权转让,第四章土地使用权出租,第五章土地使用权抵押,第六章土地使用权终止,第七章划拨土地使用权,第八章附则;(3)1991年1月4日发布的《中华人民共和国土地管理法实施条例》,主要是其中第二章关于土地所有权和使用权的规定。

5. 行政规章

国务院所属部、委发布的规范性文件,称为行政规章,不具有立法的性质。但在现行法律体制下,行政规章在不与法律和行政法规相抵触的前提下,有相当于行政法规的效力。有关物权的行政规章有1983年6月4日城乡建设环境保护部发布的《城镇个人建造住宅管理办法》;1987年4月21日城乡建设环境保护部发布的《城镇房屋所有权登记暂行办法》;1989年11月21日建设部发布的《城市异产毗连房屋管理规定》;1990年12月31日建设部发布的《城市房屋产权产籍管理暂行办法》;1992年3月8日国家土地管理局发布的《划拨土地使用权管理暂行办法》。

(四)现行有关物权的法律法规的缺点

1. 因经济体制的原因发生的缺点

上述法律法规大多是改革开放初期制定的,因旧的经济体制刚开始改革,新的经济体制尚未确立,难免在法律精神和制度上反映和体现计划经济体制的特征和要求。例如,按照生产资料所有制对财产所有权进行分类,并强调所谓社会主义公有财产神圣不可侵犯,而对自然人和法人的财产保护不力。此外,动产和不动产物权,属于基本的民事权利,由行政管理法加以规定,也未必合适。

2. 因立法体制的原因发生的缺点

中国现行立法体制受行政体制的制约,除《宪法》《民法通则》等由全国人大常委会法制工作委员会组织起草外,多数法律法规均由国务院所属各部委负责起草。负责起草的部委往往不可能从全局考虑,而是较多地考虑本部门、本系统的利益。这就难免导致现行法律法规的互不协调、重复规定、相互抵触和缺乏基本制度的规定。迄今未能建立一个统一的不动产登记制度,其原因也在此。

3. 因民法理论的原因发生的缺点

中国原有民法理论是在20世纪50年代继受苏联民法理论的基础上形成的,大体符合改革开放前单一的所有制形式和计划经济体制,而不符合市场经济的要求。例如原有民法理论片面强调对公有财产的保护,1986年的《民法通则》仍规定"国家财产神圣不可侵犯",至少给人其他财产可以任意侵犯的印象。《民法通则》之所以未采用物权概念,未规定取得时效制度和善意取得制度等,均源于原有民法理论。

4. 因立法指导思想的原因发生的缺点

中国向来的立法指导思想强调所谓"立法宜粗不宜细""成熟一个制定一个",不着重法律的科学性和体系性,造成现行法律法规的分散零乱,缺乏最根本的和基本的概念、原则和制度。例如,缺乏物权、动产、不动产、主物、从物、原物、孳息等概念;缺乏关于动产和不动产物权发生、取得、变更和消灭的基本规则;缺乏关于用益物权的基本规则、物权保护的原则和制度等。

5. 进一步的改革开放和发展市场经济要求制定物权法

现行有关物权的法律法规还没有形成一个完善的体系,主要是缺乏关于物权的最基本的规则和基本制度。例如,区分动产和不动产的准则,不动产物权和动产物权发生、变更与消灭的基本规则,物权保护的原则和制度,关于土地使用权的基本规则,关于高层建筑区分所有权的基本规则以及善意取得制度、取得时效制度等。有必要指出的一点是,20世纪90年代以来中国经济学界一再讨论的所谓"企业产权界限不清""国有资产流失"等严重社会问题,均与未及时制定完善的物权法,致社会生活中缺乏规范财产归属关系的基本规则有关。说明现行有关物权的法律法规已经不能满足市场经济进一步发展对法律调整的要求。

6. 民法起草工作小组的成立与物权法的起草

按照国家确定的建设法治国家的目标,要在2010年前建成一个与发展市场经济和建设法治国家相适应的完善的法律体系。按照立法机关的构想,该法律体系犹如一个金字塔,最上层是《宪法》,其次是各基本法,再次是各特别法,下层是各行政法规。《宪法》和各基本法均应制定成文的法典。现今宪法和刑法、刑诉法、民诉法均已制定较完善的法典并经过修订,唯有民法仅有一个《民法通则》,尚未制定民法典。因此,1998年3月,立法机关委托九位民法学者、专家,成立民法起草工作小组④,负责中国民法典编纂和草案准备工作。民法起草工作小组议定的计划是:1999年3月通过统一合同法;4～5年内通过物权法;2010年前完成中国民法典编纂。

民法起草工作小组于1998年3月25—27日召开会议,讨论物权法的起草,讨论了由梁慧星研究员提出的中国《物权法立法方案(草案)》。最后作出决议:委托梁慧星按照所提出的立法方案起草物权法草案。⑤ 会后,梁慧星研究员所领导的物权法起草小组按照立法方案进行起草,至1999年10月,完成中国《物权法草案》的起草工作。《物权法草案》由12章构成,共435条:第一章总则,分为四节:第一节基本原则,第二节物,第三节物权变动,第四节物权保护;第二章所有权,分为六节:第一节一般规定,第二节土地所有权,第三节建筑物区分所有权,第四节不动产相邻关系,第五节动产所有权,第六节共有;第三章基地使用权;第四章农地使用权;第五章邻地利用权;第六章典权;第七章抵押权,分为四节:第一节一般规定,第二节最高额抵押,第三节企业财产集合抵押,第四节企业担保;第八章质权,分为四节:第一节一般规定,第二节动产质权,第三节权利质权,第四节营业质;第九章留置权;

---

④　民法起草工作小组的九位成员是:中国政法大学民法教授江平;中国社会科学院法学研究所民法研究员王家福、梁慧星;北京大学民法教授魏振瀛;清华大学商法教授王保树;中国人民大学民法教授王利明;最高人民法院原经济审判庭副庭长、退休法官费宗祎;法制工作委员会原民法室副主任、退休干部肖峋;原经济法室主任、退休干部魏耀荣。

⑤　鉴于王利明教授关于立法方案中的用益物权、共有、不动产相邻关系和建筑物区分所有权部分,有不同意见,因此委托王利明教授按照自己的意见就这几部分提出草案。

第十章让与担保;第十一章占有;第十二章附则。以下对《物权法草案》作简要介绍。

二、坚持对合法财产的一体保护原则

(一)放弃对某类所有制的财产特殊保护的提法

关于财产权保护的基本原则,在社会主义传统民法理论中是所谓“社会主义公有财产神圣不可侵犯”,《民法通则》将社会主义公有财产区分为国家财产与劳动群众集体财产,仅规定“国家财产神圣不可侵犯”(第73条)。现今民法学界一致认为,所谓“公有财产神圣不可侵犯”,或者“国家财产神圣不可侵犯”原则,不过是计划经济体制的本质特征在法律上的反映,不能适应社会主义市场经济的要求。是否可将财产权保护的基本原则改为“私有财产神圣不可侵犯”?我们认为不可。无论“公有财产神圣不可侵犯”,还是“私有财产神圣不可侵犯”,均不能反映社会主义市场经济的本质和要求。按照中共十五大报告的提法,现在是多种所有制经济形式并存,各种所有制经济形式并无高低贵贱之分,要求法律给予平等的保护。因此,制定物权法应贯彻的基本原则只能是:凡合法取得的财产无分公有私有,均予平等对待,一体保护。依此原则,当然应放弃传统理论和立法以生产资料所有制性质划分所有权类别的做法,仅对公有物和公用物作特别规定。

(二)规定公有物和公用物制度,不规定国有企业财产权

鉴于国有企业实行公司改组后,国家与企业之间的财产关系属于公司法调整的范围,依公司法原理,国家享有股东权而企业享有法人财产权。且企业财产权中包括各种不同性质的权利,如对土地的基地使用权属于用益物权;对厂房及其他建筑物的权利属于不动产所有权;对机器、设备、车辆等的权利属于动产所有权;对企业名称的权利属于人格权;对专利、商标的权利属于知识产权;等等。应分别适用各有关法

律规定,因此不宜在物权法上概括规定“企业财产”的归属问题。[6]

按照生产资料所有制划分属于国家所有的财产(所谓全民所有制财产),可以分为经营性财产和非经营性财产两大类。其中,经营性财产主要是国有企业财产,前已述及,无须在物权法上专门规定。至于非经营性财产,主要是属于自然资源的山脉、河流、湖泊、森林、草原和矿藏,及国家机关专用的建筑物、军事设施、装备等公有物和社会公用的道路、桥梁、港口、公共图书馆、博物馆、公园等公用物。其中,自然资源一类,物权法仅规定矿藏专属国家所有,其他自然资源不在物权法上规定,而由各自然资源法规定。物权法应对公有物和公用物作出规定。

在《物权法草案》第二章所有权第一节一般规定中,专设第62条规定:“矿产资源,属于国家所有。矿产资源的开发和经营,依照法律特别规定。”按照这一规定,矿藏属于国家专有,农民集体虽然可以享有农村土地的所有权,但对于土地中的矿藏没有所有权。享有土地使用权的自然人或法人,对土地中的矿藏不享有所有权。对矿藏的开发和经营,应由特别法(《矿产资源法》)规定。自然人或法人可以依据《矿产资源法》的规定,取得开发经营矿藏的权利(采矿权)。

在第二章第一节,另设第63条规定公有物、公用物,“公有物和公用物属于国家所有,不得转让,不得作为取得时效的客体。但已不再作为公有物和公用物的除外”。所谓公有物,是指为社会公众服务的目的而由国家机关使用的财产,包括国家机关的建筑物、军事设施、军用武器装备,不包括国家机关所有的办公用具及有价证券等动产。后者与一般财产相同,属于可交易财产,应许可转让,并适用取得时效。所

---

⑥ 改革开放初期,民法学界关于国有企业财产权性质进行过长期论争,提出过各种主张,如经营管理权、占有权、用益物权、双重所有权、商品所有权、委托经营权和企业法人所有权等。随着时间的推移,企业法人所有权主张逐渐占据通说地位。现在看来,企业法人所有权主张也有不周延之处。因为,现在属于企业财产范围的,除厂房、设备、制成品和现金之外,还有专利、商标、非专利技术、企业信誉等无体物以及基地使用权、债权、担保权益等权利,岂非所有权概念所能够涵盖?但20世纪80年代初期的所谓企业财产,是指生产资料和流动资金,基本上相当于民法所谓动产和不动产。无论如何,当时关于国有企业财产权性质的争论,是有重大意义的。

谓公用物,指为社会公众共同使用的财产,例如公共道路、公路、街道、桥梁、水库、公共图书馆、公共博物馆、公园,可以航行的水道、海岸、海滩、港口、海港等。公有物与公用物的区分在于,公有物是由国家机关为社会公众服务的目的而使用,公用物是由社会公众直接使用。

另一类有必要在物权法上明文规定的财产,是宗教财产。而在现行法制之下,宗教财产的性质不明确。按照现行的有关政策,天主教、基督教和东正教教会的建筑物,归中国教会所有;佛教、道教寺庙宫观的建筑物和法器等,为社会所有;伊斯兰教清真寺的建筑物,为信教群众集体所有。但在不动产登记实务中,无论何种寺庙宫观、教堂的房产,均将宗教协会登记为所有权人,显然违背宗教财产的性质。考虑到宗教寺庙财产的特殊性(出于信徒捐赠并用于特殊的宗教目的),《物权法草案》专设第 64 条规定:"宗教财产,属于宗教法人所有。"

(三)严格限定公益目的,重构国家征收制度

坚持对合法财产权的一体保护,必然要涉及国家征收制度。合法财产的一体保护作为一项基本原则,当然包含合法财产不受侵犯、任何人不得被强制转让其财产权的含义,但国家出于社会公益并经法定程序的征收应属例外。[7] 中国现在的问题是,国家征收制度被滥用,被广泛应用于商业目的。改革开放以来,各地和各级政府频繁、大量地为商业目的用地,而征收农村集体土地所有权及农户、城镇居民的土地使用权,且往往不能给予公正补偿。如果政府将以极低的代价(补偿)征收的土地,以市场价出让给用地的企业(中国企业、外资企业及中外合资企业),则政府获得市场价与补偿价之间的差额;如果以优惠价出让给用地的企业,则企业获得此差额。无论如何,均导致严重的不公正。因此,《物权法立法方案》提出重构国家征收制度的建议。采用征收方式强制剥夺自然人和法人财产,应仅限于真正的社会公益目的,并严格依照法定程序,给予公正的补偿。非真正公益目的,如商业目的用地,不

---

⑦ 例如,《法国民法典》第 545 条规定:任何人不得被强制转让其所有权,但因公用并在事前受公正补偿时,不在此限。《德国基本法》第 14 条第 3 款规定:剥夺所有权只有为公共福利的目的才能被允许。

得适用征收,建议改为由国家批给用地指标,再由用地人与土地所有权人、使用权人谈判签约。

《物权法草案》在第一章第三节专设第 48 条规定:"基于社会公共利益的目的,并依照法律规定的程序,国家可以征收自然人和法人的财产。所谓社会公共利益,指公共道路交通、公共卫生医疗、灾害防治、科学及文化教育、环境保护、文物古迹及风景名胜区的保护、公共水源及水利、森林保护,以及国家法律规定的公共利益。"(第 1 款)"征收执行人,对自然人和法人因财产被征收所受的全部损失,应当予以公平补偿。"(第 2 款)"征收不得适用于商业目的。国家基于发展商业的目的而须取得自然人和法人的财产的,只能通过订立合同的方式。"(第 3 款)

现行法制混淆征收与征用两个不同概念。[⑧] 所谓征用,是国家不经同意而强制使用自然人、法人的财产。征用的对象,包括动产和不动产。征用与征收的相同点,在于其强行性。不同点在于,征用只是暂时使用,使用后将予以返还;征收是强行收买,不存在返还问题。另外,征用的对象包括动产和不动产;而征收的对象只是不动产,主要是土地。因此《物权法草案》严格区分征收与征用,在规定了征收之后,另设第 49 条规定征用:"因处于紧急状态,国家可以征用自然人和法人的财产。关于被征用财产的返还及损害赔偿,由法律另行规定。"

(四)区分委托物与脱离物,建立善意取得制度

现代民法为保护交易的安全,有所谓善意取得制度,指没有处分权的人处分他人的动产,在交付该动产于买受人后,如果该买受人属于善意,即可取得该动产所有权;原所有人仅可向无权处分人请求赔偿,而不得向该买受人请求返还。因善意取得制度之贯彻,使买受人免予因出卖人无处分权而承担购买的动产被剥夺之风险,可以保护市场交易

---

⑧ 例如,《土地管理法》第 47 条规定:国家征收土地的,依照法定程序批准后,由县级以上地方人民政府予以公告并组织实施。这里所规定的制度,应是征收而非征用。

的正常进行。中国现行法制关于善意取得未有明文规定,买受人即使对于出卖人之无处分权全然不知且其购买行为发生在合法交易场所,也有可能被剥夺所购买的动产,尤其该动产属于遗失物、盗窃物的情形时,更是如此。这显然不利于交易安全之保障和买受人正当利益之保护。于是,立法方案建议参考各主要国家和地区的立法经验,规定善意取得制度。

《物权法草案》第二章第五节设有动产所有权,其中第 145 条规定了善意取得的一般规则,“基于法律行为善意且有偿受让动产的占有,即使让与人无处分权,受让人仍取得该动产的所有权”。“受让人在受让动产时不知让与人无处分权,且无重大过失,为善意。”按照这一规定,发生善意取得的要件是:标的物为动产;让与人无处分权;受让人基于有偿法律行为受让该动产;受让人已占有该动产;受让人为善意。

在民法理论上,适用善意取得制度的动产,区分为委托物和脱离物两类。委托物指基于所有人的意思而丧失占有的物,如借用物、租赁物、保管物。脱离物指非基于所有人的意思而丧失占有之物,包括遗失物、遗忘物、盗窃物。对于委托物,在符合善意取得各项要件时,立即发生善意取得的效果,即善意受让人立即取得所有权,原所有人不得向受让人请求返还。对于脱离物,在符合善意取得各项要件时,并不立即发生善意取得的效果。所有人在 1 年内有取回权,仅在 1 年期满所有人未行使取回权时,发生善意受让人取得所有权的效果。另外,考虑到对公共市场交易的信赖,应特别规定,即使属于脱离物,如果是善意受让人因拍卖或于公共市场购买取得标的物的,所有人取回时必须偿还受让人支付的价金。

因此,《物权法草案》在规定善意取得一般规则之后,另设第 146 条特别规定:“受让的动产若系被盗窃、遗失或其他违反本意而丧失占有者,所有人、遗失人或其他有受领权之人有权在丧失占有之日起一年内向受让动产的人请求返还。”(第 1 款)“但前款动产若系由拍卖、公共市场或经营同类物品的商人处购得,非偿还受让人支付的价金,不得请求返还。”(第 2 款)“第一款所称动产若系货币或无记名有价证券时,不得请求返还。”(第3款)之所以对盗窃物和遗失物规定有偿返还制度及货币和无记名有价证券不能请求返还,是为了保护信赖公共市场交易的善意买受人的利益,维护市场交易的安全。

(五)借鉴各主要国家和地区的经验,建立取得时效制度

中国现行法制不承认取得时效制度,是因为原有民法理论认为取得时效有悖于道德。且在计划经济体制之下,实行单一的公有制,否认取得时效制度,符合公有制的要求。1986年的《民法通则》仅规定诉讼时效(消灭时效)制度,而未规定取得时效制度。现在看来,取得时效制度在市场经济条件下,有其必要性,学术界和实务界对此已经达成共识。《物权法草案》在第二章第一节关于所有权的一般规定中,第65条至第86条专门规定了取得时效制度。按照该规定,仅对于可以交易的物,适用取得时效;不能在市场上交易的物,不适用取得时效。关于动产取得时效的规定是,“以所有的意思,十年间和平、公然、连续占有他人动产者,取得其所有权。但其占有之始为善意并无过失者,为五年”(第66条)。关于不动产取得时效的规定是,“现时登记为不动产所有人,虽未实际取得该项权利,但占有该不动产并依所有人身份行使其权利的,自其权利登记之日起满二十年而未被涂销登记者,实际取得该不动产所有权”(第67条);“以自主占有的意思,和平、公开、持续占有他人未经登记的不动产满二十年者,可以请求登记为该项不动产的所有权人”(第68条)。

三、实行物权变动与原因行为的区分原则

(一)关于物权行为的争论

物权行为独立性和无因性理论是德国民法所采的立法理论。认为债权合同与物权合同是两个不同的法律行为。债权合同的效力在于使双方当事人享有债权或负担债务,并不能发生物权变动。要发生物权变动,须有独立于债权合同之外,以直接发生物权变动为目的之物权合同。债权行为与物权行为截然分开,各自独立。即物权行为之成立和有效不受债权行为的影响。例如,买卖合同在交付标的物后,该买卖合

同因意思表示有瑕疵或内容违反公序良俗而致无效或被撤销,而物权行为的效力却不受影响,买受人对于所接受的标的物仍保有所有权。丧失所有权的出卖人只能依据不当得利的规定请求返还。德国民法明文规定物权行为独立性和无因性,我国台湾地区"民法"虽无明文规定,但理论和实务承认此理论,其他国家和地区如法国、日本等不采此理论,即不承认有独立于债权行为的物权行为,认为物权变动为债权行为(如买卖合同)履行的后果,债权行为不成立、无效或被撤销,当然影响物权变动(买受人不能取得所有权)。

中国民法学界自 20 世纪 80 年代后期开始就是否采纳此立法理论进行争论。主张中国物权法不采物权行为独立性和无因性理论的学者所持的理由是:该理论违背交易之实态和人民的认识,使法律关系复杂化;对出卖人显失公平;其保护交易安全的使用已经被善意取得制度所取代。主张采此理论的学者所持理由是:该理论可以使法律制度更科学、更精确;可以确保交易安全;中国司法实务已承认此理论。[9] 从近年讨论的情况看,多数学者不赞成采纳此立法理论,另一部分学者虽承认物权行为概念,却也对采物权行为无因性持否定或者怀疑态度。主张物权行为理论的学者,也认为物权行为理论的重点在于物权变动与原因行为的区分和物权变动以登记、交付为生效要件,而不在于"物权行为"及其"无因性"。因此,《物权法草案》不采物权行为无因性理论,而明文规定物权变动与原因行为的区分原则和公示原则。

(二)确立物权变动与原因行为区分的原则

《物权法草案》第一章总则第一节基本原则,其中第 7 条明文规定物权变动与其原因行为的区分原则:"以发生物权变动为目的的原因行为,自合法成立之时生效。在不能发生物权变动的结果时,有过错的当事人应当承担违约责任。"此项原则应贯彻于各种物权的设定。例

---

⑨ 此系误解。实际上现行立法和实务关于物权变动并不要求有所谓物权行为,例如《城市私有房屋管理条例》第 7 条规定:购买的房屋,双方向房产管理机关办理所有权移转手续时,仅须提交原房屋所有权证、买卖合同和契证。

如,关于基地使用权的设立,草案规定,"基地使用权设立合同,自合同成立之日生效"(第199条);"基地使用权,自登记之日设定"(第200条)。关于抵押权的设立,草案规定,"抵押合同自成立之日生效"(第310条);"抵押权自登记之日设定"(第312条)。

迄今立法和裁判实务的错误做法是,将原因行为与物权变动混为一谈。例如,房屋买卖合同履行后,未向房产管理机关办理产权过户手续的,法院往往判决房屋买卖合同无效,而不是判决强制出卖人补办产权过户手续或判决出卖人承担违约责任。抵押权设定合同成立后,未向登记机关办理抵押权登记的,法院往往判决抵押权设立合同无效,而不是判决抵押人补办抵押权登记或判决抵押人承担违约责任。[10] 其结果,往往使无辜的买受人、债权人遭受损害而得不到救济。按照《物权法草案》所规定的物权变动与其原因行为的区分原则,未办理登记手续的,只是不发生物权变动,原因行为的效力将不受影响。因此,房屋买卖合同履行后未办理登记过户手续的,只是买受人未得到房屋的所有权,但该买卖合同有效,买受人可请求法院判决强制出卖人办理登记过户手续或者判决出卖人依买卖合同承担违约责任。抵押权设定合同成立后,未办理抵押权登记手续的,只是抵押权不成立,抵押权设定合同有效,债权人可请求法院判决强制债务人办理抵押登记手续或者判决抵押人依抵押合同承担违约责任。

(三)关于物权变动的公示原则

关于物权之变动,各主要国家和地区立法上有四种模式:其一,意思主义。为法国立法模式。买卖合同有效成立,标的物之所有权即行移转,无须登记或交付。其二,登记对抗主义。为日本立法模式。买卖合同一经有效成立,标的物所有权即行移转,但非经登记或交付不得对抗第三人。其三,登记要件主义。为奥地利、俄罗斯、匈牙利立法模式。我国《民法通则》亦采此模式。买卖合同虽有效成立,但标的物所有权

---

[10] 例如,《担保法》第41条规定:"当事人以本法第四十二条规定的财产抵押的,应当办理抵押物登记,抵押合同自登记之日起生效。"该规定将抵押权设定与抵押权设立合同的生效混为一谈。

并不当然移转,其所有权的移转必须以登记或交付为要件。其四,形式主义。为德国立法模式,我国台湾地区"民法"亦采此模式。买卖合同有效成立后,在登记或交付之外,还须当事人就标的物所有权之移转达成一个独立于买卖合同的合意,此项合意系以物权之变动为内容,称为物权行为。其中,第一种、第二种和第四种模式,均有其弊。唯第三种登记要件主义,既便于实行又能保障交易安全,且为现行法制所采[11],因此无必要变更,应在物权法中明文规定。

同时,现行《海商法》《民用航空法》已经规定船舶、飞行器物权变动为登记对抗主义[12],较符合国际惯例,应维持不变。《海商法》《民用航空法》属于特别法,其关于船舶、飞行器物权实行登记对抗主义,为中国物权法登记要件主义之例外。考虑到《海商法》规定的船舶为20总吨以上的船舶[13],20总吨以下的船舶应由《物权法》规定。既然20总吨以上的船舶已经采登记对抗主义,则20总吨以下的船舶若采登记要件主义将不合逻辑,因此决定对船舶一律采登记对抗主义。既然价值相对巨大的船舶、飞行器均已采登记对抗主义,则价值相对较小的汽车,其数量多、转手频繁,若规定采登记要件主义,将显得轻重倒置、不合逻辑,因此决定对汽车采登记对抗主义。

在现实生活中,汽车多次转手,均未办理登记过户手续,汽车实际上的所有人与登记的所有人不一致时,一旦该汽车发生交通事故,法院往往判决登记的所有人对受害人承担赔偿责任,而实际上的所有人不

---

⑪ 《城市房地产管理法》(1994年)第60条规定:房地产转让或者变更时,应当向县级以上地方人民政府房产管理部门申请房产变更登记。第61条规定:房地产抵押时,应当向县级以上地方人民政府规定的部门办理抵押登记。《城市房屋产权产籍管理暂行办法》第18条规定:凡未按照本办法申请并办理房屋产权登记的,其房屋产权的取得、转移、变更和他项权利的设定,均为无效。

⑫ 《海商法》第9条规定:船舶所有权的取得、转让和消灭,应当向船舶登记机关登记;未经登记的,不得对抗第三人。第13条规定:设定船舶抵押权,由抵押权人和抵押人共同向船舶登记机关办理抵押权登记;未经登记的,不得对抗第三人。《民用航空法》(1995年)第16条规定:设定民用航空器抵押权,由抵押权人和抵押人共同向国务院民用航空主管部门办理抵押权登记;未经登记的,不得对抗第三人。

⑬ 《海商法》第3条规定:本法所称船舶,是指海船和其他海上移动式装置,但是用于军事的、政府公务的船舶和20总吨以下的小型船艇除外。

承担责任。[14] 这样的判决既不公正也不合理。按照《物权法草案》的规定,对于汽车采登记对抗主义,在汽车转手未办理登记过户手续的情形,登记的所有人如果举证证明该汽车已经转让他人的,即可免予承担赔偿责任。

因此,《物权法草案》第6条明文规定物权公示原则:"依法律行为设立、移转、变更和废止不动产物权,不经登记者无效;依法律行为设立、移转、变更和废止船舶、飞行器和汽车的物权,未经登记的,不得对抗第三人。"(第1款)"依法律行为设立、移转、变更和废止其他动产物权,经交付生效。"(第2款)

(四)建立统一的、与行政管理脱钩的不动产登记制度

不动产登记制度为物权法的制度基础。中国现在的问题是多个登记机关、多头登记。[15] 甚至有的登记机关,借登记以牟取不当利益。[16] 不动产登记虽然由国家设立的登记机关办理,但本质上属于"服务行政"性质,与行政管理权之行使无关,更不容许异化为一种"权限"并用来牟利。因此,中国物权法所设想的不动产登记机关,应当同时解决登记的统一问题和与行政管理权脱钩的问题,建立一个统一的、与行政管理脱钩的不动产登记制度。实现法律根据、法律效力、登记机关、登记程序、权属文书的统一,并使登记机关没有行政管理权。参考发达国家和的经验,关于登记机关设置,日本在法务局、地方法务局、支局及其派出所;瑞士在各州的地方法院;德国是设置于地方法院的土地登记局;英国为政府土地登记局。因此,建议在县级人民法院设立统一的、与行

---

[14] 《道路交通事故处理办法》第13条规定:交通事故造成人身伤害需要抢救治疗的,交通事故的当事人及其所在单位或者机动车的所有人应当预付医疗费。第14条规定,发生机动车交通事故逃逸案件的,由当地中国人民保险公司预付伤者抢救期间的医疗费、死者的丧葬费。中国人民保险公司有权向抓获的逃逸者及其所在单位或者机动车的所有人,追偿其预付的所有款项。其中规定的"机动车的所有人",法院在审理交通事故案件时,往往解释为登记的所有人。

[15] 根据中国现行法制,由国土管理机关、房产管理机关、矿产管理机关、水行政机关、渔政管理机关及林业管理机关等,分别负责不动产物权或准物权的登记。

[16] 有的地方规定,办理抵押权登记,依据抵押物评估的价值收取登记费。甚至规定抵押权登记,每办理一次登记,有效期为1年,期满应当续登记,当然需再收费。

政管理脱钩的不动产登记机关。

《物权法草案》第一章第三节专设第20条规定不动产登记机关:“不动产登记,由不动产所在地的县级人民法院统一管辖。关于不动产登记机关的组成、登记官员的资格,以及登记的基本程序等,由不动产登记法规定。”第21条规定了不动产登记簿的效力:“不动产登记簿为证明不动产物权的根据,由县级人民法院设立的登记机关统一掌管并保存。登记簿的形式,依照不动产登记法的规定。”(第1款)“不动产登记簿对不动产物权的当事人及利害关系人公开,利害关系人不得以不知登记为由提起对登记权利的异议。”(第2款)

《物权法草案》第一章第三节还专设第22条规定不动产权属文书:“登记机关颁发给权利人的不动产权属证书,是享有不动产物权的证据。国家建立统一的不动产物权权属证书制度。”(第1款)“权属证书的移转占有不能作为不动产物权变动的生效要件,但法律另有规定的除外。”(第2款)“不动产权属文书的内容与不动产登记簿不一致的,以不动产登记簿的记载为准。”(第3款)专设第28条规定不动产登记簿作为证据的权利推定效力:“在不动产登记簿上记载某人享有某项物权时,推定该人享有该项权利。在不动产登记簿上涂销某项物权时,推定该项权利消灭。”第29条规定了不动产登记的公信力:“以不动产登记簿为根据取得的不动产物权,不受任何人追夺。但取得人于取得权利时知悉权利瑕疵或者登记有异议抗辩的除外。”

《物权法草案》第35条,参考外国的立法经验,设立预告登记制度:“为保全一项目的在于移转、变更和废止不动产物权的请求权,可将该请求权纳入预告登记。预告登记自纳入登记时生效。不动产物权处分与预告登记的请求权内容相同时,该不动产物权处分无效。”关于因登记机关的原因造成的登记错误,第40条规定由国家承担赔偿责任:“因登记机关的过错,致不动产登记发生错误,且因该错误登记致当事人或者利害关系人遭受损害的,登记机关应依照国家赔偿法的相应规定承担赔偿责任。”

四、从中国实际出发建构用益物权关系

（一）关于用益物权的争论

各主要国家和地区关于用益物权的规定不同。《德国民法典》规定的用益物权，包括地上权、先买权、土地负担；《日本民法典》规定的用益物权，包括地上权、永佃权、地役权；我国台湾地区“民法”规定的用益物权，包括地上权、永佃权、地役权和典权。⑰ 中国大陆民法学界关于物权法应当规定的物权种类曾进行过争论。分歧在于，是沿用地上权、永佃权和地役权概念或是采用基地使用权、农地使用权和邻地利用权概念。再就是关于废除典权与保留典权之争。

鉴于土地使用权这一概念已经为现行立法和实务所接受⑱，建议以土地使用权概念作为基础概念，再依不同目的⑲，分为基地使用权与农地使用权。基地使用权相当于传统民法上的地上权概念，农地使用权类似于传统民法上的永佃权概念，再以邻地利用权取代传统民法上的地役权，加上中国习惯法上的典权，构成用益物权体系。

（二）总结国有土地出让的经验，建立基地使用权制度

现行法律和实务上的土地使用权概念，是一个笼统的概念。其中，用于建筑房屋或其他建筑物、构筑物的，有的称为建设用地使用权，有的称为场地使用权，有的称为宅基地使用权，大致相当于传统民法上的地上权概念。《物权法草案》采用基地使用权一语，并在总结现行法律法规和实务经验的基础上，建立基地使用权制度。所谓“基地”，指用于承载房屋等建筑物、构筑物和其他附着物，作为其地基的土地。《物权法草案》第三章规定了基地使用权。

《物权法草案》第196条规定了基地使用权概念：“基地使用权，是

---

⑰ 1998年的《物权编修正草案》删除永佃权，增设农用权。

⑱ 现行法律法规中，《土地管理法》《城市房地产管理法》《城镇国有土地使用权出让和转让暂行条例》，均采用土地使用权概念。

⑲ 《土地管理法》第4条规定：国家实行土地用途管制制度。国家编制土地利用总体规划，规定土地用途，将土地分为农用地、建设用地和未利用地。

指为在他人土地上建造并所有建筑物或其他附着物而使用他人土地的权利。”为贯彻土地用途管制的政策,草案第197条规定:“基地使用权只能在法律许可为基地用途的土地上设立。基地使用权的范围由当事人在基地使用权设立时确定,并以不动产登记明确表示。基地使用权的纵向范围如未约定,以土地所有权的纵向范围为限。”草案第199条规定,“设立基地使用权的合同,应当采取书面形式”。第200条规定,“当事人双方应向不动产登记机关进行设立登记”。鉴于现实中行政划拨设立基地使用权方式仍在一定范围内沿用,因此《物权法草案》第202条规定,“在国有土地上,县级以上人民政府可以划拨方式设立基地使用权”。以划拨方式设立基地使用权的“条件、程序等,由特别法规定”。

关于基地使用权的转让,《物权法草案》第214条规定:“基地使用权可以让与、交换、赠与等方式转让,但农村集体所有土地上以无偿方式取得的农户住宅基地使用权除外。行政划拨方式设立的基地使用权转让时,应事先向原划拨设立基地使用权的县级以上人民政府申请批准。经批准转让的,土地所有人与基地使用权受让人可另行约定基地使用权的期限、租金。基地使用权转让时,不得变更土地的登记用途和约定用途。”

关于基地使用权期满时其建筑物和其他附着物如何处置,现行规定和实务做法是无偿归土地所有人。[20] 这种做法有悖于民法公平原则。因此,《物权法草案》第223条规定基地使用权人有取回权,土地所有人有买取请求权:“基地使用权期限届满未续期的,基地使用权人可以取回其建筑物及其他附着物,并应恢复土地原状。但土地所有人提出以时价购买基地使用权人的建筑物及其他附着物时,基地使用权人无正当理由,不得拒绝。”为协调双方利益,第224条进一步规定了基地使用权人有补偿请求权,“土地所有人有延期请求权,基地使用权期

---

[20] 《城镇国有土地使用权出让和转让暂行条例》第40条规定:土地使用权期满,土地使用权及其地上建筑物、其他附着物所有权由国家无偿取得。

限届满,基地使用权人不取回其建筑物及其他附着物时,可请求土地所有人补偿。土地所有人可请求基地使用权人在其建筑物及其他附着物可使用期限内,延长基地使用权的期限。基地使用权人拒绝延长的,不得请求土地所有人补偿”。

(三)总结农村改革的经验,实现农地使用关系的物权化

总结中国农村经济体制改革的基本经验,可以归结于一点,即土地所有权与土地使用权的区分,由原来人民公社体制之下土地的集体所有、集体使用,改为土地的集体所有与私人(农户)使用。迄今所采取的法律形式是家庭联产承包责任制,即由农村集体组织作为土地所有人与农民(农户)签订家庭联产承包合同。依据承包合同,农民(农户)取得承包农地的使用权,并承担向土地所有人缴纳一定金额的义务。这种以合同形式实现的土地所有权与土地使用权区分,农民(农户)所获得的土地使用权[21],是依据承包合同产生的权利,性质上属于债权。因此,这种方式在极大地调动农民生产积极性、发展农村生产力的同时,也产生了若干缺点:其一,农民所享有的土地使用权性质上属于债权,债权在法律上的效力较所有权低,不具有排他性,由此不能抗拒来自发包人(土地所有人)和乡村行政组织的各种干涉、侵害。这正是中国广大农村经常发生各种侵害农民利益的行为[22],而一直不能得到彻底解决的原因。其二,农民所享有的土地使用权在性质上属于债权,并以承包合同的期限为期限(债权有期限性),这是导致农户为短期行为,不愿做长期的投入以及合同期限将满时进行破坏性经营的根源,严重不利于农村经济的稳定发展。其三,土地使用权转让或出租须经发包方同意,不利于土地资源的优化配置。其四,农户所享有的权利和负担的义务,取决于承包合同的规定,而分别签订承包合同不能做到权利义务的明确和公平合理,现实中经常发生发包方单方面修改承包合同,加重农户负担、损害农户利益的情形。其五,遇国家征收土地时,仅作

㉑　现在的政策文件中称为土地承包经营权。

㉒　其典型表现是,作为发包人的集体组织擅自撕毁承包合同,收回农户承包的土地以及乡村干部任意向农户摊派,增加农户负担、损害农户利益。

为发包人(土地所有人)的集体组织成为被征收的当事人和受补偿人,作为承包人的农户利益得不到妥当的保障。这些缺点之所以发生,都是因为土地所有权与土地使用权的区分采用的是债权(合同)方式。

因此,《物权法立法方案》提出的对策建议是:通过物权法的规定和不动产登记,将农户对承包土地的使用权,转变成物权性的农地使用权,实现农地使用关系的物权化,使土地所有权与土地使用权的区分方式,由签订承包合同形式转变为设定用益物权形式,使改革开放以来实行的家庭联产承包责任制度,平衡过渡到用益物权制度。《物权法草案》第四章规定了农地使用权,主要条文如下:第230条规定农地使用权的概念:"农地使用权,是指以种植、养殖、畜牧等农业目的,对国家或集体所有的农用土地占有、使用、收益的权利。"第231条规定农地使用权的标的,包括一切适于为农业目的而使用的土地。第233条规定:"农地使用权设立合同,应采取书面形式,当事人双方应到不动产登记机关进行设立登记。农地使用权设立合同,自合同成立之日生效。农地使用权自登记之日设定。"第236条规定,"农地使用权的期限为五十年。既存的农地使用权,其期限短于二十年的,延长为五十年"。第242条规定,"农地使用权人可以出租土地,但不得超过农地使用权期限,不得超过二十年"。第244条规定,"农地使用权人可以将土地发包给他人经营"。根据第245条和第246条的规定,禁止农地使用权转让、抵押,但国有或集体所有荒山、荒地等以拍卖方式设立的农地使用权除外。第247条规定,"农地使用权可以继承,但限于从事农业的继承人实际分得农地使用权,农地使用权继承不得进行登记上的分割"。第252条规定,"农地使用权期限届满时",除有法定情形外,"按原设立条件,期限自动延长。延长的期限为五十年"。但国有或集体所有荒山、荒地等以拍卖方式设立的农地使用权,不适用期限自动延长的规定。

《物权法草案》规定农地使用权期限为50年,期满自动延长以及规定转让限制(可继承、出租,禁止抵押、出卖、赠与),是为了保障广大农村人口有地可耕,避免出现农村两极分化,出现无地、少地的贫农、雇农,以此保障农村经济的长期稳定发展。

(四)借鉴传统地役权概念,建立邻地利用权制度

在传统物权法上,两个不动产所有人的不动产相邻,一方为自己土地的利用方便,须使用他方土地时,有两项制度可供利用:一项是不动产相邻关系制度,《民法通则》中已有规定㉓;另一项是地役权制度。相邻关系上双方的权利义务,出于法律强制性规定,利用的程度有限。如果须超出此程度利用,则应当采取协商设立地役权的方式。考虑到现代社会中,地役权制度仍有广泛利用的余地,例如,在他人土地上下敷设管线等,物权法应当规定地役权制度。又考虑到与基地使用权和农地使用权的协调匹配,改称邻地利用权。《物权法草案》第五章规定了邻地利用权。

(五)整理传统习惯,规定典权制度

关于如何对待中国习惯法上的典权,学者间有典权保留论与典权废止论之分。典权保留论的主要理由是:其一,典权为中国独特的不动产物权制度,充分体现中华民族济贫扶弱的道德观念,最具中国特色,保留典权有利于维持民族文化,保持民族自尊;其二,典权可以同时满足用益需要和资金需要,典权人可取得不动产之使用、收益及典价之担保,出典人可保有典物所有权而获得相当于卖价之资金,以发挥典物之双重经济效用,为抵押权制度所难以完全取代;其三,随着住房商品化政策之推行,人民私有房屋数量增多,其有房屋因种种原因长期不使用而又不愿出卖者,设定典权可以避免出租或委托他人代管的麻烦,因此应保留典权。㉔ 典权废止论的主要理由是:其一,典权之所以产生,在于中国传统观念认为变卖祖产属于败家,受人耻笑,而现今市场经济发达,人们观念改变,于急需资金时出卖不动产或设定抵押,为正常的经

㉓ 《民法通则》第 83 条规定:不动产的相邻各方,应当按照有利生产、方便生活、团结互助、公平合理的精神,正确处理截水、排水、通行、通风、采光等方面的相邻关系。给相邻方造成妨碍或者损失的,应当停止侵害,排除妨碍,赔偿损失。

㉔ 参见李婉丽:《中国典权法律制度研究》,载梁慧星主编:《民商法论丛》(第 1 卷),法律出版社 1994 年版,第 446 页以下。

济行为,因此典权无保留必要;其二,随着国际贸易的发展,国内市场与国际市场接轨,导致民法物权制度的趋向,称为物权法的国际化,典权为中国特有制度,现代各主要国家和地区无与之相同者[25],为适应物权法国际化趋势,宜予废止;其三,中国实行土地国家所有和集体所有制度,就土地设定典权已不可能,就房屋设定典权虽无统计数字,但依法院受理案件的情形推论,出典房屋的实例也极少,保留典权价值不大。[26]

以上保留论与废止论双方所持理由,均有其一定合理性,如何取舍,颇为困难。考虑到中国地域辽阔,各地经济发展不平衡,传统观念与习惯之转变不可能整齐划一,纵然只有少数人依循传统习惯设定典权,物权法上也不能没有相应规则予以规范。曾设想废止典权而使少数人拘于习惯设立的典权关系准用关于附买回权的买卖规则,但附买回权的买卖为债法制度,其效力较物权弱,一旦买受人将标的物转让他人,买回权势必落空,致出典人利益遭受损害。而依典权制度,典物所有权仍归出典人,其回赎权不致因典物的转让而落空,如其放弃回赎权,则典权人可取得典物所有权。可见,典权制度确有利于当事人利益之保护,并且较为灵活方便。尤其对于因种种原因长期不使用房屋而又不好出让房屋所有权的人而言,将该房屋设定典权可以避免出租或委托他人代管的种种不便和麻烦,使典权在现代社会具有生命力。随着住房商品化政策之推行,人们所有不动产数量将大量增加,物权法规定典权,是增加一种交易、融资途径,供人们选择采用,于促进经济发展和维护法律秩序有益而无害。因此决定保留典权。

《物权法草案》第六章规定了典权,其中第288条规定典权的定义:“典权,是指支付典价,占有他人不动产而为使用、收益的权利。”此所称不动产,“仅指建筑物及其所占用基地的基地使用权”。关于典权性质,学者间有用益物权说、担保物权说之分,本法采用益物权说。第

---

[25] 仅《韩国民法典》规定有典权制度。

[26] 参见中国社会科学院法学研究所物权法研究课题组:《制定中国物权法的基本思路》,载《法学研究》1995年第3期。

289条规定："设定典权，应当由双方当事人订立书面合同并向不动产登记机关办理登记。典权设立合同，自合同成立之日生效；典权自登记之日设定。"第291条规定："典权之约定期限不得超过二十年。当事人约定期限超过二十年的，缩短为二十年。"[27]第300条规定："约定期限的典权，于期限届满后，出典人可以向典权人返还原典价而赎回典物。出典人于期限届满后经过2年而未行使回赎权的，回赎权消灭，典权人即取得典物所有权。"第301条规定："未约定期限的典权，出典人得随时向典权人返还典价而赎回典物。但自典权设定之日起经过20年未行使回赎权的，回赎权消灭，典权人即取得典物所有权。"

五、适应市场经济的要求完善担保物权体系

(一)关于担保物权的争论

有学者主张物权法不规定担保物权，保留现行《担保法》，使物权法与《担保法》并存，待编纂民法典时再作处理。多数学者主张物权法当然要规定担保物权，物权法生效，《担保法》关于担保物权的规定同时废止。关于担保物权种类，有学者主张增加优先权，适用于诉讼费用、劳动工资、税金、医疗费、丧葬费等；有学者建议规定不动产质权。另一个问题是，如何对待近年来实务中所实行的"按揭"担保？"按揭"担保，来自香港地区，而香港地区来自英美法的"mortgage"制度。《物权法草案》采取的立场是，以现行担保法的规定为基础，予以适当补充修正，并借鉴英美法"mortgage"制度，规定让与担保制度。物权法不规定优先权，而使《海商法》上的船舶优先权[28]和《民用航空法》上的民用航空器优先权[29]，仍作为特别法物权。考虑到中国传统上无不动产质

---

[27] 典权的最长期限，我国台湾地区"民法"规定为30年，《韩国民法典》规定为10年。

[28] 《海商法》第二章第三节船舶优先权，第21条规定：船舶优先权，是指海事请求人依照本法第22条的规定，向船舶所有人、光船承租人、船舶经营人提出海事请求，对产生该海事请求的船舶具有优先受偿的权利。

[29] 《民用航空法》第三章第三节民用航空器优先权，第18条规定：民用航空器优先权，是指债权人依照本法第19条规定，向民用航空器所有人、承租人提出赔偿请求，对产生该赔偿请求的民用航空器具有优先受偿的权利。

权,且已规定典权,因此未采纳规定不动产质权的建议。

(二)完善抵押权制度,增设企业担保

《物权法草案》以现行《担保法》第三章关于抵押权的规定为基础,加以修订完善,规定为第七章抵押权。第305条规定抵押物的范围,包括:“抵押人所有或者依法有权处分的房屋和其他定着物;抵押人所有或者依法有权处分的尚未与土地分离的林木等农作物;抵押人依法有权处分的基地使用权、农地使用权;抵押人所有或者依法有权处分的机器设备、机动运输工具;抵押人所有或者依法有权处分的财产结合体;法律规定可以抵押的其他财产。”第307条规定土地所有权、法律禁止抵押的基地使用权和农地使用权、公益法人的财产,不得抵押。关于抵押登记的效力,草案作分别规定:不动产抵押,采登记要件主义,即不经登记,抵押权不发生;船舶、民用航空器、铁路机车、汽车及其他动产抵押,采登记对抗主义,即未经登记,不得对抗第三人。

值得指出的是,《物权法草案》在一般规定(第一节)和最高额抵押(第二节)之外,增加规定了企业财产集合抵押(第三节)和企业担保(第四节)。所谓企业财产集合抵押,是将属于企业的动产、不动产、基地使用权及知识产权等财产,作为一个财产结合体设定抵押权。设定企业财产集合抵押,应制作抵押财产目录表并予以登记。企业财产集合抵押设定后,抵押财产目录表所列财产,不得单独处分。所谓企业担保,是将企业现在所有和将来所有的全体财产,设定抵押,系参考英美法上的浮动担保(floating charge)制度。《物权法草案》第352条规定:“公司法人向银行借款或发行公司债,可以设定企业担保。”将企业担保所担保的债权范围,限定于公司法人向银行的借款和依公司法发行的公司债。第353条规定:“设定企业担保权的合同,应作成公证证书,并登记于公司总部所在地的不动产登记机关的登记簿。企业担保物,非经登记,不生设定的效力。”第354条规定:“企业担保权的效力及于企业担保权设定后属于公司的全体财产,但对企业担保权设定后公司经营过程中被处分的财产无追及效力。”第355条规定:“企业担保因企业担保权的实行或设定公司的破产而转化为特定担保。企业担保权人就企业担保权实行、企业合并或人民法院受理破产案件时公司所有的全体财产,享有优先于其他债权人受偿的权利。”

(三)完善质权制度,增设营业质权

《物权法草案》第八章质权,系以现行《担保法》第四章关于质权的规定为基础,适当修订完善。规定了动产质权、权利质权、最高额质权和转质。特别需要指出的是,考虑到改革开放以来,各地有所谓“当铺”或“典当行”,从事以动产质押为条件的小额借款业务,而《担保法》对之未作规定,致发生纠纷难以解决。因此,《物权法草案》在第八章质权中增加规定了“营业质”。该草案第384条规定,营业质之质权人以经主管机关许可的经营者(当铺营业人)为限。基于营业质的特性,质权人不得请求债务人清偿债务,仅得就质物行使其权利。即取赎期间届满而债务人未取赎质物时,质权人即取得质物的所有权,其所担保的质权同时消灭。同时规定,本章关于最高额质权、转质、质权实行方法及流质禁止的规定,不适用于营业质。

(四)借“按揭”担保,增设让与担保

近年来,中国大陆许多地方在房屋分期付款买卖中推行所谓按揭担保。这种担保方式相当于大陆法系国家的让与担保。而一些大陆法系国家迄今并未在立法上规定让与担保,而是作为判例法上的制度认可其效力,学说上称为非典型担保。因此,中国物权法上是否规定让与担保,颇费斟酌。考虑到许多地方已在房屋分期付款买卖中采用所谓“按揭”担保,如果《物权法草案》不作规定,将造成法律与实践脱节,且实践得不到法律的规范引导,对于维护经济秩序和法律秩序不利。因此,决定增加关于让与担保的规定。

《物权法草案》第十章规定让与担保权。草案第408条规定让与担保权的定义:“让与担保,是指债务人或第三人为担保债务人的债务,将担保标的物的权利移转于债权人,于债务清偿后,标的物应返还于债务人或第三人,于债务不履行时,担保权人可就该标的物优先受偿的权利。”第409条规定:“凡依法可转让的财产或财产权利,均可以设定让与担保。”按照第410条的规定,设立让与担保权,应当由债权人与债务人或第三人以书面形式订立让与担保合同。以动产设定让与担保权,应当采用占有改定方式移转财产所有权;以不动产设定让与担保权,应当就标的物所有权移转进行登记;以权利设定让与担保权,应当依各种权利的转让方式完成权利的移转,有权利凭证的,应当将权利凭证交付让与担保权人占有。让与担保权的设定应当登记,让与担保权自登记之日设定。第411条规定,登记包括通知登记和设定合同登记两种形式,由当事人选择。第416条规定,债务人于受担保债权清偿期届满而未履行债务时,让与担保权人可以实行让与担保权;无论以何种方式实行让与担保权,让与担保权人均应履行清算义务。

六、结语

《物权法草案》完成后将提交民法起草工作小组讨论,经过修改定稿后正式提交法制工作委员会进入立法程序。考虑到中国在一个相当长的时期不承认物权概念和各项物权制度,人们对于物权法缺乏了解,且物权法涉及若干现行政策和法律法规的修改、变更。因此,可以预见《物权法草案》要最后通过成为法律,还须立法、实务和学术界付出巨大的努力。

物权法的立法思考*

一、我国物权立法背景

我国现行的民事立法格局是以《民法通则》作为民事活动的基本法，辅之以合同法、公司法、票据法、证券法、保险法、海商法及继承法等各单行法。这是由 1979 年到 1982 年的民法起草所决定的。1979 年改革开放的时候就成立了中国民法起草小组，到 1982 年起草了 4 个草案，即《民法草案》（1—4 稿）。1982 年，当时的全国人大常委会委员长彭真同志提出一个问题，即我国改革开放刚开始，各种经济关系都处在变动之中，现在要制定一部完善的民法典似乎不太可能。因此在 1982 年民法典的起草就中断了，改为分别制定单行法，等待条件成熟以后再制定民法典。此时，民法典的第四个草案虽然未能成为正式法律，但是后来颁布的《经济合同法》《继承法》《民法通则》都是以《民法草案（第 4 稿）》为基础加以修改颁布的，所以说还是起了很大的作用。民法立法方针的如此改变，决定了我国以《民法通则》为基础，下面是各个单行法这样一个民事立法格局，它对改革开放、市场经济的发展起了很大的作用。

但是到了 20 世纪 90 年代，我国社会主义市场经济体制的建设进入快速发展时期，市场经济初具规模。此时，西方发达国家市场经济中各种各样的关系在我们的市场中大都出现，发生在它们市场中的问题在我国也发生了，因此提出了要进一步完善立法的问题，特别是在中共

---

* 本文原载《江西财经大学学报》2001 年第 1 期。

十五大报告中确定了一个目标,即要在2010年建立完善的社会主义市场经济法律体系。按照这个目标,我国法律体系的构想就像一个金字塔一样,分为若干层次,最上一个层次是宪法,下面是基本法,再下面为各个单行法,然后是行政法规、规章等。在这样一个金字塔形结构的法律基础当中,要求宪法和各基本法都应该是成文的,有正式的法典。而我国现状是宪法有法典,刑法、刑诉、民诉都制定了成文的法典,并都进行过修订,唯独民法领域没有法典,目前的《民法通则》不能够代替民法典的地位。因此,要完成十五大提出的目标,要建立一个完善的社会主义法律体系,最关键的一个问题就是制定民法典。于是1998年,第八届全国人大常委会副委员长王汉斌同志邀请5位民法学者开了一个座谈会,讨论要不要尽快开始制定民法典。大家一致认为我国制定民法典的时机已经成熟,条件已经具备,应该马上开始民法典的起草。会后成立了中国民法典起草工作小组,在1998年的3月召开了第一次小组会议,会上讨论了民法典的设计与结构,更重要的是决定了我国完善民事立法的三个步骤:第一步是实现交易规则的统一,通过制定统一合同法来实现;第二步是要实现财产关系基本规则的完善,就是通过制定物权法来实现;第三步是制定民法典。

1999年3月,《合同法》颁布生效,交易规则的统一已经实现,实现了与国际的接轨,并获得了广泛的好评。于是,物权法的制定便提上了立法日程,物权法正式进入了起草阶段。民法典起草工作小组委托梁慧星主持起草工作,到1999年10月完成了《物权法草案》,共435条,并详备立法理由及参考条文,共计70余万字。立法机关对草案进行了讨论,召开了调查会,但还未正式进行修改,这是因为全国人大常委会法制工作委员会当前的核心任务是进行《婚姻法》的修改,此后将进行物权法的讨论修改。

二、物权法的重大原则和制度

(一)物权法的基本原则与精神是合法财产一体保护

物权保护的基本原则,在社会主义的传统民法理论中是所谓“社会主义公有财产神圣不可侵犯”。《民法通则》中则将社会主义公有财产区分为国家财产与劳动群众集体财产，仅规定“国家财产神圣不可侵犯”，而在《物权法》中则强调所有合法财产同等保护。做这一改动，是考虑到社会主义市场经济建设的发展，在市场经济条件下，所有的市场主体应该受到平等、同等的对待，他们在地位上应该是平等的，受到的保护也应该是平等的，就像《宪法》中所说的“法律面前一律平等”一样。市场经济条件下对于财产的保护也是一样的，不论财产的所有制性质是什么，都应该受到同样的保护。自改革开放以来，有的学者尤其是经济学界的同志，提出要发展社会主义市场经济应该确立一个“私有财产神圣不可侵犯”的原则。但我们认为，凡合法取得的财产不论公有私有，均应予平等对待，一体保护。这一点也反映了前不久我国《宪法》修改所确立的不同所有制经济形式在法律上地位平等的原则。

这一原则的确立又关系到其他一些具体制度的设计与规定。例如，如何对待所谓的“国有财产”及“国有企业财产”。根据合法财产一体保护的原则，相应地也就应放弃以生产资料所有制形式来划分财产权种类的方法，《物权法草案》也不再以所有制来划分，只是规定各种财产权利以及财产权利合法取得后的保护。把原来的国有财产分为两类，一类是经营性的，另一类是非经营性的。

经营性的国有财产，是指国有企业财产，物权法上对其不作规定，主要考虑到国有企业实行现代企业制度，改组为有限责任公司、股份有限公司，实行公司制的改组改造以后，财产问题在《公司法》中已经作了规定。再者，在现在来看，国有企业财产是多元化的，不是单一的，与改革开放初期的情况完全不同。改革开放以前国有企业的财产分为两大类，即固定资产和流动资金。而现在国有企业财产的种类已被细化与复杂化，仅规定国有企业财产的所有权已没有多大的意义，它的财产是多元化的。因此，《物权法草案》只是规定各种财产的规则：国有企业的厂房、设备的所有权当然应该遵循物权法关于动产、不动产所有权的规则，国企土地使用权要遵循物权法关于土地使用权的规则，其债权债务要遵循《合同法》的规则，其专利、商标等要遵循知识产权法的规则,其名称权则要遵循《民法通则》确立的法人名称权的规则。因此,物权法只提供各种完善的法律规则就行了。

非经营性的国有财产,是指那些不直接进行生产经营,组成公司、企业的财产,包括资源性财产,如矿藏。对于矿藏资源,应该作单独规定。它有别于其他的自然资源如草原、森林等应适用土地法的相关规则,而矿藏埋藏于土地之下,应专门设一规则。草案规定,矿产资料归国家所有,其开发与经营须取得国家的许可,取得采矿权。但它与矿藏的所有权是不同性质的权利。另外,还有一类财产,包括政府的办公大楼、办公场所等财产在法律上应该有规定,即物权法中对公有物的规定。公有物,是指国家机关为社会服务的需要而占有、使用的财产,如办公大楼、军事设施等。这类财产规定为国家所有,不得由自然人、法人取得所有权。还有一类是公用物,即直接供社会成员所使用的财产,其所有权还是归国家,但直接由社会成员使用,如公共道路、桥梁、港口、码头、公共图书馆、博物馆等。在现有体制下,还有一类财产的性质不明,就是宗教财产,如寺庙、道观、教堂等。考虑到宗教财产的特殊性(出于信徒捐赠并用于特殊的宗教目的),《物权法草案》中明文规定:"宗教财产,归宗教法人所有。"

要实现合法财产一体保护,在物权法上要解决的一个重大问题就是国家征收和征用制度。任何国家都规定合法财产是受保护的,但这种保护不是绝对的,在特殊情况下可以由国家征收或征用。所谓征收,就是国家强制地取得自然人和法人的财产;所谓征用,就是国家强制取得自然人和法人财产的使用权。征收,存在补偿的问题;征用则只是取得使用权,使用完了要返还,不能返还则要给予赔偿。这两个制度还有以下差别:征收制度适用于动产,征用制度既可以适用于不动产也可以适用于动产。但这两个制度在现行法律制度中混而不分,统称为征用,实际上多数情况下应叫作征收。我国现在的问题是,国家征收制度被滥用,被广泛应用于商业目的。改革开放以来,各地和各级政府频繁大量地为商业目的用地,征收农村集体土地所有权及农户、城镇居民的土地使用权,且往往不能给予公正补偿。征收补偿的价格是很低的,出让的价格却较高,其中存在的差价由地方政府取得;即便以低于市场价的价格出让,其差价也是由企业取得。无论如何,均导致严重的不公正。因此,草案建议对国家征收制度重构,明文规定国家采取征收的手段取得自然人和法人的财产要具备严格的条件,即仅限于真正的社会公共利益目的,并严格依照法定程序,给予公正的补偿。非真正的社会公益目的,如商业目的则不能适用征收的形式,只能由企业向国家申请取得用地指标,再与土地所有权人、使用权人协商签约。这样才能充分保护财产所有权人和使用权人的利益。

(二)确立物权变动和原因行为的区分原则

物权变动是物权法中的一个核心问题。《物权法草案》采取的是物权变动与原因行为相区分的原则,这主要是指采用买卖的方式取得财产所有权的时候适用的一个原则。买卖合同是原因行为,财产所有权的变动也就是物权变动。以购买房屋为例,某一消费者与房屋开发商签订一个房屋买卖合同,这个买卖合同是原因行为,买卖合同的成立与生效应遵循《合同法》的规则。而房屋的所有权何时移转要遵循另外的规则——公示制度,就是不动产所有权的变动要办理登记,动产所有权的变动则是以交付为公示方法。在此问题上所说的物权变动和通常所说的物权行为是不一致的,这就涉及关于物权变动的立法模式。德国民法关于物权变动确立了物权行为立法模式,我国台湾地区“民法”也采纳了这一模式。在这一模式下,在买卖合同订立以后(即债权行为),双方当事人还需要订立一个移转所有权的物权合同(即物权行为),之后还要订一个交付价款的物权合同。因此,这一模式下买卖行为包含三个法律行为:买卖合同是债权行为;移转标的物所有权是物权行为;移转价款的所有权也是一个物权行为。德国法上这一模式把物权的变动设计为独立的物权行为,即物权行为的独立性,独立于债权行为(买卖合同)之外。另外,在此基础上还设计了一个理论,叫物权行为无因性。通常,买卖合同为原因,物权变动为结果,无因性即是指买卖合同效力不影响所有权的变动,买卖合同即使后来无效或不成立,但所有权已经变动,物权行为的成立不受债权行为的影响。德国这一立法模式是出于保护第三人利益和市场交易的安全。法国、日本的相关立法模式则有所不同，规定买卖合同直接发生标的物所有权变动的效力，不存在所谓的独立的物权行为。另外还有一个区别，在法国、日本，不动产物权变动的依据直接来源于买卖合同的效力，登记则是自愿的，只是不登记不可以对抗第三人。

我们现在确立的物权变动与原因行为的区分原则立法模式，属于折中主义。它是以法国模式为基础，物权变动直接根据买卖合同发生，但与其不同的是要求办理登记，属于登记生效主义。房屋买卖不经登记所有权不移转，对于动产交易，买卖合同生效后如不交付则所有权也不移转。抵押行为也是一样的，抵押合同成立生效后，抵押权还要登记设定，非经登记抵押权不成立。但抵押合同仍独立有效，债权人可请求法院判决强制债务人办理抵押登记手续，或者判决抵押人依抵押合同承担违约责任。质押行为同理，质押权发生于交付质押物之后，未交付不产生质权。这就是所说的区分原则，它既不同于德国模式，也有别于法国模式，是折中主义。这种折中模式，不仅是理论上的设计，和我国现实也是相符的，它的优点是方便操作、简单明了，同时具有保护交易安全的作用。保护交易安全和善意第三人的作用体现在两个制度上：一是动产的善意取得制度；二是不动产登记的公信制度，即经登记才具有公信力。不动产以登记为公示方法，有些动产也以登记作为公示方法，如船舶、飞机，但采取的是登记对抗主义，不登记不可以对抗第三人，这也符合国际惯例。对于汽车，鉴于目前数量庞大，转手频繁，其交易不宜规定登记生效主义，而应把汽车的物权变动规定为登记对抗主义。这一原则也有利于解决汽车交通肇事的真正责任者问题，不会因采取登记主义错误地将所有权登记簿上的名义所有权人指认为侵权责任者，而真正的车主即肇事者却因未登记为所有权人而逃避法律追究。

不动产登记制度是物权法的制度基础。我国现在的问题是多个登记机关、多头登记，且登记机关同时又是行政管理机关，极易发生登记机关利用手中的行政权力牟利，导致登记收费标准混乱。同时，现在普遍存在抵押登记之前先对标的物进行评估，并以评估的价值为基准收取登记费用,这样也没有合理性。因此,《物权法草案》所设想的不动产登记机关,应当同时解决登记的统一问题和与行政管理权脱钩的问题,建立一个统一的、与行政管理权脱钩的不动产登记制度。登记机关的性质纯粹是社会服务机构。参考发达国家和地区的经验,关于登记机关的设置,《物权法草案》建议在县级人民法院建立统一的、与行政管理权脱钩的不动产登记机关。

(三)建构、完善用益物权体系

目前,我国在物权法上规定的物权,第一种是所有权,属于完全物权;第二种是用益物权,属于不完全物权,是指权利人对财产进行占有、使用、收益的权利;第三种是担保物权,也属于不完全物权。物权法上除这三类物权外,还规定了占有制度。在日常交易行为中,法律不要求买受人去调查出卖人是不是所有权人,可以直接依据占有状态来认定。因此,需要在法律上对占有作出规定。现在《担保法》对担保物权作了规定,规定了抵押权、质权、留置权三种担保物权。《物权法草案》在三种担保物权的基础上增加了几种类型的担保物权。一是让与担保,也就是房地产交易中实行的按揭制度。《物权法草案》规定:“让与担保,是指债务人或第三人为担保债务人的债务,将担保标的物的权利移转于债权人,于债务清偿后,标的物应返还于债务人或第三人,于债务不履行时,担保权人可就该标的物优先受偿的权利。”二是对于抵押权,草案也作了一些新的规定,即进一步完善最高额抵押制度,并规定了一个“动产不动产集合抵押”的新制度。就是将企业的动产、不动产、基地使用权及知识产权等财产,作为一个财产结合体设定抵押权。这样可增强企业的贷款能力,且操作简便。企业财产集合抵押设定后,抵押财产不得单独处分。三是规定了浮动担保制度,是指将企业现在所有和将来所有的全体财产设定抵押。浮动担保所担保的债权范围,限定于公司法人向银行的借款和依公司法发行的公司债券。

对于用益物权,其中一项现实意义重大的制度就是土地使用权。土地使用权这一概念,已经为现行立法所接受。以土地使用权概念作为基础概念,再依不同目的,分为基地使用权和农地使用权。所谓“基地”,是指用于承载房屋等建筑物、构筑物和其他附着物,作为其地基的土地。《物权法草案》采用基地使用权一语,并在总结现行法律法规和实践经验的基础上,建立基地使用权制度。农地使用权的规定是将目前农村实行的家庭联产承包责任制作进一步的法律化。农户依据承包合同,取得承包农地的使用权,并承担向土地所有人缴纳一定金额的义务。这种以合同形式实现的土地所有权与土地使用权的区分,农户获得的是土地使用权,是依据承包合同产生的权利,性质上属于债权。这种方式在极大地调动农民生产积极性、发展农村生产力的同时,也产生了若干缺点。首先,农民所享有的土地使用权性质上属于债权,债权在法律上的效力比所有权低,不具有排他性,无法抗拒来自发包人(土地所有人)和乡村行政组织的各种干涉、侵害。比如,作为发包人的集体组织擅自撕毁承包合同,收回农户承包的土地,以及乡村干部任意向农户摊派,增加农户负担,损害农户利益。其次,农民所享有的土地使用权性质上属于债权,并以承包合同的有效期为期限,这是导致农户的短期行为、不愿做长期的投入以及合同期限将满时进行破坏性经营的根源,严重阻碍了农村经济的稳定发展。再次,土地使用权转让或出租须经发包方同意,不利于土地资源的优化配置。最后,每遇国家征收土地时,仅作为发包人(土地所有人)的集体组织成为被征收的当事人和受补偿人,而作为承包人的农户利益得不到妥当的保障。这些缺点之所以发生,都是因为土地所有权与土地使用权的区分采用的是债权(合同)方式。因此,《物权法立法方案》提出的对策建议是:通过物权法的规定和不动产登记,将农户对承包土地的使用权,转变成物权性质的农地使用权,实现农地使用关系的物权化,使土地所有权与土地使用权的区分方式,由签订承包合同形式转变为设定用益物权形式,使改革开放以来实行的家庭联产承包责任制度过渡到用益物权制度。《物权法草案》规定农地使用权期限为50年,期满自动延长,并规定了转让限制(可继承、出租,禁止抵押、出卖、赠与),这是为了保障广大农村人口有地可耕,避免出现农村两极分化,出现无地、少地的贫农、雇农,以此保障农村经济的长期稳定发展。

在用益物权中,还有一个重要制度,即典权制度。关于如何对待中国习惯法上的典权,学术界有典权保留论与典权废止论之分。典权保留论的主要理由是:第一,典权为中国独特的不动产物权制度,充分体现中华民族济贫扶弱的道德观念,颇具中国特色,保留典权有利于维持民族文化,保持民族自尊;第二,典权可以同时满足用益需要和资金需要,典权人可取得不动产之使用、收益及典价之担保,出典人可保有典物所有权而获得相当于卖价之资金,以发挥典物之双重经济效用,为抵押权制度所难以完全取代;第三,随着住房商品化政策之推行,人民私有房屋数量增多,其中有房屋因种种原因长期不使用而又不愿出卖者,设定典权可以避免出租或委托他人代管的麻烦,因此应保留典权。典权废止论的主要理由是:其一,典权之所以产生,在于中国传统观念认为变卖祖产属于败家,受人耻笑,而现今市场经济发达,人们观念转变,在急需资金时可出卖不动产或设定抵押,无保留典权的必要;其二,随着国际贸易的发展,国内市场与国际市场接轨,导致物权法的国际化,而典权制度仅存于中国、韩国,宜予废止。我们考虑到中国地域辽阔,各地经济发展不平衡,传统观念与习惯之转变不可能整齐划一,纵然只有少数人依循传统习惯设定典权,物权法上也不能没有相应规则予以规范。曾设想废止典权而使少数人拘于习惯设立的典权关系而准用附买回权的买卖规则,但附买回权的买卖为债法制度,其效力较物权弱,一旦买受人将标的物转让他人,买回权势必落空,致出典人利益遭受损害。而依典权制度,典物所有权仍归出典人,其回赎权不致因典物的转让而落空,如其放弃回赎权,则典权人可取得典物所有权。可见,典权制度确有利于当事人利益之保护,并且较为灵活方便。随着住房商品化政策之推行,人们所有的不动产数量将大量增加,物权法规定典权,增加一种交易、融资途径,供人们选择采用,于促进经济发展和维护法律秩序有益而无害。

是制订“物权法”还是制订“财产法”？*

——郑成思教授的建议引发的思考

引　言

2001年6月、7月和9月，中国社会科学院《要报》接连刊载中国社会科学院法学研究所郑成思教授的三篇文章，建议不制定物权法而制定财产法，并对中国民法学界进行了尖锐的批评。

鉴于郑成思教授的建议，事关国家民事立法走向，涉及民法学术上的重要理论，如民法调整对象、物权的本质、民法典的结构体例，对“物”“物权”“财产权”等基本概念的理解，以及如何看待包括网络技术在内的高科技和知识产权，等等，毋庸讳言，也关系到整个中国大陆民法学界的声誉，因此笔者经犹豫再三之后，决定撰写本文①，与郑成思教授商榷。

为便于读者对郑成思教授的建议和批评有充分了解，特将郑成思教授的三篇文章（第一篇是原文，第二、三篇是摘要，文中黑体字依照《要报》）置于本文正文之前。

郑成思教授的第一篇文章：

《关于制定“财产法”而不是“物权法”的建议》（本文中简称《建议一》）

---

* 本文原载《私法》2003年第1期。

① 本文撰写中得到北京大学教授尹田及本院博士生冉昊、徐涤宇，硕士生徐雨衡的帮助，谨此表示感谢。

一、无论在物权法中还是在将来的民法总则中，使用“物权法”还是使用“财产法”，有必要认真研究。关于使用“财产法”的建议，是我在1997年读到同样是从计划经济向市场经济转轨的越南所起草的《民法典》时，受到启发而提出的。由于我国大陆多数民法学者的基本概念来自我国台湾地区、日本、德国等使用“物权”概念的“民法”中，故至今我的建议不被我国民法界接受，但我仍旧希望立法机关能够认真研究一下这个问题。

二、法律乃至整个社会科学领域应当过问的是人与人的关系，不是人与物的关系。“物权法”开宗明义就须界定什么是“物”。这是与我国民法学者们在他们的“民法总论”中大都认为“民法调节人与人、人与物、两个人与第三人这三种关系”有关的。而认为民法调节人与物的关系的论点，我认为并不正确。我们可以从马克思在《哥达纲领批判》中第一段的论述中推断出的，诸如阳光、风力乃至雷电，等等，都是“物”，其中有些甚至可以是“财富”，但它们显然并不属于法律规范的对象。即使真如一些民法学者所说“物权法是调整财产归属的”（而不可能调整上述物的归属），那么称“财产法”而不称“物权法”就更加合理一些，也是显而易见的。

民法典的始祖《法国民法典》并不使用“物权”。20世纪90年代两个曾经与我国制度相同的国家俄罗斯与越南新制定的民法典，也不使用“物权”（《俄罗斯联邦民法典》中提到物权，越南则根本不提）。

自19世纪中叶以来，即使不赞成马克思主义理论的西方法学家，也有相当一部分赞同并转述着马克思主义理论中的这样一个观点：“财产”不过是指人与人之间的一种关系。这种观点，直到20世纪末叶，仍旧被西方学者转述着。例如，在德莱豪斯的《知识产权哲学》一书的开始，我们就可以读到下面一段在马列著作中屡见不鲜的论述：“把财产看作物，而不看作人与人的某种关系，即使不是完全错误的，也至少是毫无意义的。”

但是，财产（无论动产还是不动产）一般会首先表现为某种“物”。因此，在马克思主义出现之前，财产往往被看作人与物之间的关系，甚至是物与物之间的关系。

三、我国由于大致从改革开放的20世纪70年代末才真正允许对财产法的研究，现在民法中财产权理论几无基础。一些作为教材的论著把财产法所规范的关系（至少其中一部分关系）归纳为“人与物之间的关系”。他们忘记了：只有自然科学才可能研究人与物的关系。在社会科学中，在法学中，在法学的民法项下的财产法中，当我们讲到某物归某人所有时，我们讲的实质是该人同其他一切人的一种关系。这是人与人的关系，法律要规范的正是这种关系，而决不会去规范人与物的关系。当我们讲到某甲欠了一百元债。在财产法中也决不能停留在某甲与这一百元的关系上。任何律师都会进一步提出：“欠了谁的？”这仍是人与人之间的关系。所以，把财产法归纳为规范人与物的关系的论述，失误在把现象当成了本质。这种论述本身只停留在了门槛上。

无论是法国民法中以财产权开头还是德国民法以物权开头，接下去都会立即涉及“所有权”然后方是“用益权”，等等。又无论从财产权理论出发还是从物权理论出发，相关法条及学者的专著，又都把财产的分类或物的分类，首先划分为动产与不动产。马克思认为：这种划分法，目的在于掩盖“剩余劳动”中隐藏的阶级剥削关系。但从另一方面看，这种划分有助于分别不同客体去研究各种法律关系，即较有条理地去“入门”。所以，无论在马克思之前还是之后，至今这种划分一直继续着。只是德、日法理体系的“物”的概念，这样一划分，又回到财产概念了。动产（Mov-able Property）与不动产（Inmovable Property）都重新使用了可移动与不可移动的“财产”（Property）概念，暂时放弃了“物”（Real Thing）的概念。只是在未能仔细考虑将外来文字转述恰当的我国著述中，才出现过在“物”的大项下，“动产、不动产”随之又与这二者并肩存在的“财产”这种十分值得商榷的划分法。在中文里，的确有人看不出这种同语的重复和逻辑上的冲突。

由于财产几无例外地必然联系到“权”，所以，在不少国家的法律条文和法学著述中，“财产”与“财产权”往往交替使用，却指的是同样对象。甚至在同一个题目下，对有的财产直称“财产”，对有的财产则称"财产权"。主要国家及地区法律乃至国际公约,更是时而称知识产权为 IP(知识财产),时而称 IPR(知识产权)。甚至在同一公约的同一条中,针对同一事物,也这样交替使用。最明显的例子是几乎缔结最迟、法律用语上本应是炉火纯青了的 TRIPs(即《与贸易有关的知识产权协议》,参见该协议英文原文文本第四条与第五条)。这些说明:在民法及其分支财产法的研究中,在人们通常可以理解其本义的情况下,没有必要去咬文嚼字。

四、我认为,从马克思主义的观点出发,并认真参考现有国外民法典的成例,可以顺理成章地把民法典归纳为三个部分。一是人。这是民事主体。这部分包括家庭、婚姻等。二是财产权(即一人对一切人的民事权利)。三是债权(即一人对某一个或某一些特定人的民事权利)。这样的归纳可能比目前许多持"物权"论的民法学说更加合理、科学一些,它至少不会产生把物都当成财产或把债都当成财产那样的误解或误导。

五、在当代社会,缺少了信托制度,则动产、不动产、资金中的相当一部分,均难以得到有效的利用。于是原先一直坚持"一物一权"信条的法国、日本,等等,均先后从英美法系引进了这一制度。有人曾形象地借德国人的话表达出德国法中的"形而上学"在面临信托制度时遇到的困难:"你认为应该把信托制度列入《德国民法典》的'债权篇'还是'物权篇'?"

如果遇到任何法律问题,都只愿走一概念、二定位、三法律体系、四法律关系的思路,那就有不少路走不通,问题解决不了。欧陆法系国家在 20 世纪一再引入英美法系的"预期违约""即发侵权""反向假冒"等初看起来在法理上说不通的概念及原则。更进一步讲,至于欧陆法系国家学者自己,都在十多年前已承认诸如财产所有权的"三项主要功能"(使用、收益、处分)虽看起来十分合乎逻辑,却实质十分肤浅。这些,也向学习欧陆法系法理的学生们指出:老师的观点在发展变化、学生决不可再墨守成规了。我们立法者在以学生的身份从德国、日本引进"物权"概念时,如果真的自己陷入"见物不见人",并且法律从题目到内容也实际引导国民“见物不见人”；而今天就连西方学者都认为马克思关于民事法律或财产法律关系中“见人不见物”的原理仍旧适用，那么我们可能被人视为在两个方面都没有成为合格的学生。

六、对使用财产权概念的异议，最初可能是由语言障碍引起的。原因是整个现代民法体系，都几乎是从“外”引进的。而学者中的一部分又偏偏不重视外语。如上所说，有的学者断言“债”也属于“财产权”，同时却又指出：财产法是规范财产归属的、债权法是规范财产流转的。至于“转移”这种动态自身怎么又成了“财产”了？却没有给予答案。也许难以回答。实际上，这是把“debt”（债）与“obligation”（债、责任、义务等）混淆了。Debt 确属财产权，而 Obligation（责任、义务）是否也属于财产权？就是说，是否在人身权之外就只剩下了财产权？这就大大值得商榷了。所有的西方国家民法的债权篇（Obligation）均是与财产权篇（Property）分立的，绝不可能出现前者也属于后者的混淆。（原文载中国社会科学院《要报：信息专版》2001 年第 41 期）

郑成思教授的第二篇文章：

《关于法律用语、法律名称的建议》（本文中简称《建议二》）

《要报》编者按，郑成思研究员曾在本刊第 41 期刊文，提出制定财产法而不是制定物权法的建议，最近他又给本刊来稿，就我国立法名称及相应用语中存在的问题，再次提出建议。现摘报如下。

我国绝大多数法律，是“名实相符”的。但有很少一部分法律，名称与内容不大相符。这样的法律大致分以下三类：

第一种类型是刚刚颁布的《婚姻法》（修正案）。（略）

第二类是名称欠妥，且已颁布一段时间，但不像《婚姻法》那么长，又并非代表大会颁布的法律。这一类的典型可推《著作权法》。（略）

第三类是尚在起草中的法律。这类法律在颁布前即应反复推敲其名称，以免颁布后使人感到不妥，再来讨论其名称改还是不改。这一类的典型是“物权法”。从法哲学角度看，古罗马时，将法律分为“人法”“物法”“行为法”（或债法）。19 世纪初《法国民法典》起草时，起草人意识到法律不可能调整人与物的关系;物的形式下掩盖的仍然是人与人的关系。故当时更改"物法"部分为"财产法"。因为"财产"反映的则是人与人的关系。19 世纪末,《德国民法典》起草时,在哲学上走了回头路。虽然德国民法从条理上、体系上比法国民法进了一大步,但在法律究竟是调整人与人还是人与物的关系问题上,则退回到古罗马时代了。这与 19 世纪初,历史唯物主义处于上升阶段,而 19 世纪末,历史唯物主义处于又一个低谷的事实,不是没有关系的。即使抛开法哲学不谈,《物权法》也存在显然的名实不符。例如:物权法中划分所有人掌握的物时,仍划为"动产"与"不动产",却不按其逻辑划为"动物"与"不动物"。可见该法起草者在解决实际问题时仍自觉不自觉地回到"财产权"的理论上去。

上述第一类的用语不当或名实不符,是我国立法早期经验不足造成的。而后两类,则主要是不加分析地照搬日本法律用语造成的。"著作权"、"物权"均是日本法中使用的汉字原文。而如果我们直接从德国法中借用相关术语,也未必用"物权"。因为《德国民法典》中相应的"Ding Li-che Rechte"或英文中的"Real Right",意译为"实在权"还是译为"物权"更合适,仍有研究的余地。

我们的法学家或法律起草者,走捷径而直接从日文中把相应汉字搬来(或我国台湾地区先搬去,我们又从台湾地区间接搬来),对加速我国立法有一定益处,但也不应不加分析地大量搬来。因为自我国唐代大量向日本移植汉字之后的千年中,汉字在两国不同经济、文化环境下,有些已有了完全不同的发展方向,我们不加分析地大量搬来,肯定会严重破坏我国语言的纯洁性。除上述提及的法律名称外,还有许多从日本搬来的用语,已经使我国法律用语离大众语言太远了。例如:"瑕疵"在我国语言中本来是"小缺陷"的意思。但现在的中国《合同法》等法律中,无论有关标的缺陷有多大,乃至大到整个标的都是假的或完全坏掉的,也称为"有瑕疵"。这一类用语如果大量搬到我国法律中来,对我国语言文字的影响是可悲的。(原文载中国社会科学院《要报:信息专版》2001 年第 54 期)

郑成思教授的第三篇文章：

《再谈应当制定“财产法”而不是制定“物权法”》(本文中简称《建议三》)

《要报》编者按，郑成思研究员曾在本刊第41、54期刊文，就我国应设立“财产法”而非“物权法”提出建议。最近他与薛虹博士再度就此问题作了分析并提出建议。现摘报如下。

1. 究竟什么是德国的物权法(略)

2. 明确不同含义的“财产权”

有学者主张“财产权”是上位概念，包括债权、物权、知识产权等十分广泛的具有财产价值的权利。用“财产权”代替“物权”，将把除人身权以外的全部权利囊括其中，就不应该有独立的债和合同制度。

我们认为，主张用来代替“物权”的“财产权”显然并非所谓上位概念的“财产权”。把财产权定义为包括物权、债权、知识产权等之上的总的权利已经被证明是错误的观点，而且这种一直沿用的提法有很令人费解之处。这种观点属于受了德国法的不完全影响。德国法中不使用财产权的概念，也不把物权和债权统一到财产权上。如果硬要把非常不同的物权和债权统一到财产权的旗下，就只能抽干了物权和债权的全部不同(绝对权和相对权的不同，对世权和对人权的不同)，归结为都属于经济利益的权利这一空洞的基点上。但即使在这一点上，也是不正确的。债不仅包括财产利益，还包括责任、义务。

我们主张，“财产法”的“财产权”应被定位为不包括债权的对世权，而不是被掏空内涵的所谓总括性的权利。“债”作为取得财产的方法，应该有独立的债和合同制度(债权的特性在于对人性，对世化了的债权应当被归入财产权范畴)。财产法并非无所不包，它应是与债法并立的法律制度。

3. 财产法不会扰乱民法体系(略)

4. 建议用“财产法”代替“物权法”

我们建议，设立“财产法”而非“物权法”。其根本理由在于，“物”

在财产中的比重已经很小,“物”又是一个缺乏弹性和延伸性的概念。如果以“物权”为起点立法,就会造成调整社会财富关系的基本法律制度将社会财富的主要部分排除在外的结果。这种结果是完全不能被接受的。

20世纪后期,无形财产和无形服务已作为社会和私人财产的重要内容越来越与有形的“物”分庭抗礼。目前,金融服务、邮电服务、计算机网络服务、医疗服务、律师服务等行业快速发展,在社会财富构成中所占比例越来越大。但是“服务”与“物”或“物权”没有直接关系,仅以合同法的体系容纳或规范,不足以保护和促进这些服务行业的发展。在建立世界贸易组织的国际多边谈判中,欧、美、日……都将服务贸易、货物贸易和知识产权并立为国际条约规范的三大内容。“物”或“物权”并不能容纳以知识产权为代表的无形财产。而法国法采取的“财产”概念,正好迎合了20世纪末的现实。“财产”和“财产权”的概念完全能够包括无形财产和服务的内容。当然,对于无形财产中的知识产权,法国另立了知识产权法典。

我国如果真要制定一部调整社会财产关系的基本法律,就应当认真考虑法国法中财产权的概念,不要把有形的“物”作为主要的,甚至唯一的财产形式来对待,也不要把蒸汽机时代形成的过时规则移植到网络时代。(原文载中国社会科学院《要报:信息专版》2001年第62期)

一、中国大陆民法学者是否真的认为民法调整人与物的关系

《建议一》:法律乃至整个社会科学领域应当过问的是人与人的关系,不是人与物的关系。“物权法”开宗明义就须界定什么是“物”。这是与我国民法学者们在他们的“民法总论”中大都认为“民法调节人与人、人与物、两个人与第三人这三种关系”有关的。而认为民法调节人与物的关系的论点,我认为并不正确。

我国民法学者们,是否真的认为民法调整“人与物的关系”?这涉及民法的调整对象,亦即什么是民法的问题。让我们考察一些具有代表性的民法教科书。

中华人民共和国成立后第一本民法教科书，是中央政法干部学校民法教研室编写的《中华人民共和国民法基本问题》，其第一章第一节标题是“什么是民法”。其中写道：

中华人民共和国民法，是社会主义类型的民法，它是我国法律体系的一个部门。

在我国法律体系中，一切法律部门都反映着我国一定的社会关系，并且反过来又调整（保护、巩固或限制消灭）这些社会关系。不同社会关系的不同性质，就决定了法律部门的区别。我国民法所调整的社会关系，便是一定的财产关系和人身非财产关系。②

此后，作者对本书内容作了补充和修改，于 1958 年由法律出版社正式出版，其第一章第一节标题改为“中华人民共和国民法的定义”。其中写道：

中华人民共和国民法，是我国整个社会主义的法律体系中的一个部门，它是为了实现社会主义而调整一定的财产关系和人身非财产关系的各种法律规范的总和。③

该书作者坚持关于民法调整对象是一定的财产关系和人身非财产关系的主张。该书可以说是中国改革开放之前正式出版的唯一的民法教科书。因此，民法调整一定的财产关系和人身非财产关系的主张，也就是 1949—1979 年的 31 年间，中国民法学者们关于民法调整什么关系的基本观点。

下面考察改革开放以来的民法教科书。首先是中国人民大学法律系民法教研室编写的《中华人民共和国民法原理》（上、下册），其第一章第一节的标题是“我国民法调整对象问题的研究”。其中写道：

民法是我国统一的法律体系中的有机组成部分，又是一个具有相对独立性的法律部门，这是因为它调整着一定性质和内容的社会关系。也就是说，我国民法应该有它自己的调整对象。十分明显，民法调整对

---

② 中央政法干部学校民法教研室编著：《中华人民共和国民法基本问题》，法律出版社 1958 年版，第 1 页。

③ 中央政法干部学校民法教研室编著：《中华人民共和国民法基本问题》，法律出版社 1958 年版，第 19 页。

象问题的研究,将关系到我国民法科学的建立,民法典的编纂以及司法实践中对民法规范的正确运用。因此,民法对象是民法科学中首先应该解决的一个基本问题。

通常,人们把"财产关系"或"经济关系"作为民法的调整对象。但是究竟哪些财产关系属于民法调整对象?目前还没有一致的看法。我们认为我国民法的调整对象应该是:社会主义的商品经济关系。④

这就是当时中国民法学经济法学论战中,著名学者佟柔先生所提出的"商品经济关系说"。该书经适当增删修改后,更名为《民法概论》,于1982年11月由中国人民大学出版社正式出版,其中关于民法调整对象的表述,仅文字稍有不同:民法的调整对象"应该是发生于我国社会主义条件下的商品关系"⑤。

我们看到,其他政法院系的民法教材不采商品经济关系说,而提倡一定范围的财产关系和人身关系说。例如,北京政法学院民法教研室编写的《中华人民共和国民法讲义》,其第一章第一节的标题是"民法的对象"。其中写道:

民法是调整一定范围内的财产关系和人身关系的法律规范的总称。⑥

再如西北政法学院科研处编写的《民法原理》(本院教材),其第一章第一节的标题是"民法的概念和本质"。其中写道:

任何一个法律部门,都以一定的社会关系,作为自己的调整对象。民法调整的主要对象,是财产关系。但不是所有的财产关系都归民法调整。同时民法调整的社会关系也并非只是财产关系,有些人身关系也归民法调整。民法调整的对象是一定范围的财产关系和与此财产关系相联系的人身关系。⑦

---

④ 中国人民大学法律系民法教研室编著:《中华人民共和国民法原理》(上册)(校内用书),1981年版,第2页。

⑤ 佟柔、赵中孚、郑立主编:《民法概论》,中国人民大学出版社1982年版,第2页。

⑥ 北京政法学院民法教研室编著:《中华人民共和国民法讲义》(校内用书),1981年版,第1页。

⑦ 西北政法学院科研处编著:《民法原理》(本院教材),1983年版,第17页。

还有中南政法学院民法教材，李静堂主编的《民法学》，其第三章第一节的标题是“民法的概念和对象”。其中写道：

每一个法律部门都有其调整的特定对象。民法作为我国法律体系一个独立的、重要的法律部门，也有其特定的调整对象。我国民法的调整对象是一定范围的财产关系和人身关系。⑧

至此我们已经看到，改革开放以后中国民法学者们关于民法的调整对象的认识，大体分为两种观点：一是中国人民大学佟柔教授主张的商品经济关系说；二是在1958年中央政法干部学校民法教材的一定的财产关系和人身非财产关系说基础上稍做修正而形成的一定范围的财产关系和人身关系说。应当肯定，商品经济关系说由于揭示了民法与市场经济（当时叫社会主义商品经济）的本质联系，在改革开放初期的特定历史条件下，有力地论证了民法存在的必要性及其基本法地位，因而是有重要贡献的。但是，商品经济关系说不能涵盖民法调整对象中的非商品交换的财产关系（如赠与合同关系、遗产继承关系、侵权赔偿关系），及非财产关系的人身关系（如婚姻家庭关系、人格权关系等）。这应当是其他政法院系教材不采商品经济关系说而提倡一定范围的财产关系和人身关系说的主要理由。当然，一定范围的财产关系和人身关系说也有其不足，主要是所谓一定范围之不确定。

请看武汉大学法律系的民法教材，凌相权、余能斌著《民法总论》对此问题的检讨：

关于我国民法的概念问题，目前大多认为：我国民法，即调整一定范围内的财产关系和人身关系的法律规范的总称。这一概念，仔细研究未免失之笼统。首先是缺乏对所调整的法律关系的主体的规定，这样就产生在理论上的缺点，因为由法律所调整的社会关系实质上都是人与人的关系，没有人，任何社会关系都不会存在；法律不以一定人之间的关系为调整对象，此种法律也就丧失任何社会意义。其次，所谓“一定范围”，也表现不出民法调整对象质的规定性，因为人们可就“一

---

⑧ 李静堂主编：《民法学》，1985年版，第15页。

定范围”做出多种解释。所以,我们认为目前关于民法概念的表述是值得研究的。

那么,什么是民法呢?按照马克思主义观点,“民法不过是所有制发展的一定阶段,即生产发展的一定阶段的表现”,而一定社会的生产资料所有制不过是指生产资料归个人、阶级、集团或社会所有,是人与人之间在占有生产资料方面所形成的关系。所有制关系是任何社会都存在的,而作为法的一种形式的民法,则只是所有制发展到一定阶段即在阶级社会才出现的。它反映由生产资料所有制决定在这个阶段上人们在经济活动中的一定地位和相互关系,一定的交换关系和一定的产品分配关系。因此可以说,民法就是调整平等主体的公民之间、法人之间、公民和法人之间的财产关系和人身关系的法律规范的总和。⑨

1986 年 4 月 12 日第六届全国人民代表大会第四次会议通过了《中华人民共和国民法通则》(以下简称《民法通则》)。其第 2 条规定:中华人民共和国民法调整平等主体的公民之间、法人之间、公民和法人之间的财产关系和人身关系。中国的立法机关,在《民法通则》第 2 条明确规定民法的调整对象,为民法学者们关于民法调整对象的讨论,及民法学者与经济法学者间关于民法与经济法调整范围的争论,画上了句号。毫无疑问,《民法通则》第 2 条的规定,是以改革开放以来民法学者们关于民法调整对象的认识为根据的,并将成为此后民法学者们在民法教材中阐述民法调整对象问题的法律根据。

请看 1988 年由北京大学民法教授李由义主编的《民法学》(高等学校文科教材),其第一章第二节的标题是“民法的本质和任务”。其中写道:

《民法通则》第 2 条对我国民法调整的对象作了明确的规定,即中华人民共和国民法调整平等主体的公民之间、法人之间、公民和法人之间的财产关系和人身关系。从这一规定中,我们可以看出:(1)民法调整的社会关系发生于公民间、法人间以及公民与法人间,从主体方面确

⑨ 凌相权、余能斌:《民法总论》,武汉大学出版社 1986 年版,第 52—53 页。

定了民法调整的范围；(2)民法调整的社会关系属于上述主体间的财产关系和人身关系，从社会关系的类别方面确定了民法调整的范围；(3)民法调整的是平等主体间的财产关系和人身关系，即横向的经济关系和人身关系，从而又确定了民法调整的财产关系和人身关系的属性。⑩

再看笔者著《民法总论》(高等学校法学教材)第一章第六节“一、民法的调整对象”的论述：

一个国家的全部法律规则，构成一个内部井然有序的法律体系。法律体系划分为若干重要构成部分，每一个重要构成部分，称为一个独立的法律部门。民法是中国统一的社会主义法律体系的一个重要构成部分。作为独立的法律部门的民法，以民事生活领域为其调整范围。但是，民事生活领域存在多种社会关系，并非都适于由法律调整，例如社交、情感、友谊等关系既不适于也无必要由法律调整。适于且有必要由法律调整的，只是其中的财产关系和身份关系(人身关系)。《民法通则》第2条规定：“中华人民共和国民法调整平等主体的公民之间、法人之间、公民和法人之间的财产关系和人身关系。”根据这一规定，中国民法的调整对象包括两种社会关系，即发生在自然人之间、法人之间、法人和自然人之间的财产关系和人身关系。需说明的是，中国民法调整的民事关系的主体，除自然人、法人外，还有不具备法人资格的其他组织。⑪

再看吉林大学民法教材，李建华、彭诚信著《民法总论》第一章第一节关于民法调整对象的论述：

任何独立的法律部门，都有自己特定的调整对象，民法也不例外。所谓民法的调整对象，是指民法规范所调整的社会关系的性质和范围，是对民法所调整的社会关系定性、定量的规定和概括。我国《民法通则》第2条规定：“中华人民共和国民法调整平等主体的公民之间、法

---

⑩ 李由义主编：《民法学》(高等学校文科教材)，北京大学出版社1988年版，第14页。

⑪ 梁慧星：《民法总论》(高等学校法学教材)，法律出版社2001年版，第54页。

人之间、公民和法人之间的财产关系和人身关系。”据此,我国《民法通则》规定的民法的调整对象,主要包括以下两方面的社会关系:1. 平等主体的公民之间、法人之间、公民和法人之间的财产关系。……2. 平等主体的公民之间、法人之间、公民和法人之间的人身关系。⑫

小结:

通过上面的考察,我们已经看到,中国大陆民法学者们,关于民法的调整对象问题的认识,无论是改革开放之前的中央政法干部学校民法教材所提倡的一定的财产关系和人身非财产关系说,还是改革开放以后佟柔教授提倡的商品经济关系说、其他政法院系民法教材所提倡的一定范围的财产关系和人身关系说,在坚持认为民法调整人与人之间的关系上是完全一致的和始终一贯的。这一认识,成为立法机关制定民法通则的理论基础,被规定在《民法通则》第 2 条。这一规定又反过来,作为此后民法学者进一步研究、阐发民法调整对象及划分民法与其他部门法的根据。

我们没有找到任何一本民法教材(无论是否以《民法总论》为书名)认为民法调整人与物的关系。令人不解的是,郑成思教授在写给党和国家最高领导同志的立法建议中说:这是与我国民法学者们在他们的“民法总论”中大都认为“民法调节人与人、人与物、两个人与第三人这三种关系”有关的。而认为民法调节人与物的关系的论点,我认为并不正确,也是民法学者们没有料到的。

二、中国民法学者是否真的把财产法所规范的关系归纳为人与物之间的关系

《建议一》:我国由于大致从改革开放的 20 世纪 70 年代末才真正允许对财产法的研究,现在民法中财产权理论几无基础。一些作为教材的论著把财产法所规范的关系(至少其中一部分关系)归纳为“人与物之间的关系”。他们忘记了:只有自然科学才可能研究人与物的关

---

⑫ 李建华、彭诚信:《民法总论》,吉林大学出版社 1998 年版,第 6 页。

系。在社会科学中,在法学中,在法学的民法项下的财产法中,当我们讲到某物归某人所有时,我们讲的实质是该人同其他一切人的一种关系。这是人与人的关系,法律要规范的正是这种关系,而决不会去规范人与物的关系……所以,把财产法归纳为规范人与物的关系的论述,失误在把现象当成了本质。这种论述本身只停留在了门槛上。

说我国从20世纪70年代末才真正允许对财产法的研究,这并没有错。关键在于是否真的有“一些作为教材的论著把财产法所规范的关系归纳为‘人与物之间的关系’”？笔者和陈华彬合著的《物权法》(法学高校教材1997年版)并未涉及物权法所规范的关系的性质。此外研究物权法理论的著作,如王利明著《物权法论》、陈华彬编著《物权法原理》、笔者主编《中国物权法研究》,的确涉及物权的本质究竟是人与物的关系,还是人与人的关系。

关于物权的本质,究竟是反映人与物的关系或人与人的关系,自德国法学从所有权、用益权、抵押权等抽象出“物权”概念,并进而创设“物权体系”之时起,就有不同的认识。最先出现的是所谓“对物关系说”。此说为中世纪注释法学派所提出,后为德国学者邓伯格(Dernburg)所倡导并予完善。依照此说,债权被认为是人与人的关系,而物权则是人与物的关系。按照这一思想,物权被定义为“人们直接就物享受其利益的财产权”,亦即人对物的直接支配权。

后来德国学者萨维尼(Savigny)与温德夏德(Windscheid)提出所谓“对人关系说”。他们首先主张,法律所规定的各种权利,无论其性质如何,所涉及的均为人与人之间的关系。然后进一步得出物权与债权均属人与人的关系之结论。萨维尼指出:一切法律关系均为人与人之关系,故物权也为人与人之关系。温德夏德则称:权利,系存于人与人之间,而非存于人与物之间。按照这种理论,既然一切权利均为人与人的关系,则物权、债权当然均为人与人的关系。二者不同之处仅在于债权作为对人权,仅得对抗特定的人,而物权作为对世权,得对抗一般人。据此,物权的定义即应是:物权为具有禁止任何人侵害的消极作用的财产权。[13]

上述关于物权本质的“对物关系说”与“对人关系说”,一直被作为两种相互对立的学说。此后又有学者倡导所谓“折中说”,认为物权的本质实际包括对物关系及对人关系两个方面。物权人对物的支配,不仅为事实问题同时也包含有法律关系。但仅有此对物之关系,尚难确保权利之安全,故需使他人对物负担一种不作为的消极义务。二者相辅相成,方可确保物权之效用。[14]

民国时期的民法学者刘志扬即采折中说,其《民法物权》上卷第二章第一节写道:“盖物权之成立,具有两种要素,一为权利人对于物上具有之支配力(学者谓之积极要素),一为权利人对于社会得对抗一切人之权能(学者谓之消极要素),甲乙两派因之观点不同,甲说遂偏重物权之积极要素,乙说则反是,然在余辈观之,两者同为物权之内容,固毋庸取舍于其间。”[15]按照折中说,物权应定义为:对物得直接支配,且得对抗一般人之财产权。

我国台湾地区学者谢在全指出,此“折中说”已成为现今之通说。[16]

对于物权的本质,20 世纪 80 年代至 90 年代初中国大陆学者的认识一边倒,即支持“对人关系说”而批判“对物关系说”。原因在于当时的法学理论被视为某种政治理念(阶级斗争观念)的附庸,西方的法学理论均被判定为虚伪地掩盖资产阶级法律的阶级本质的工具。马克思在批判蒲鲁东的财产权理论时说过一段话:“经济学所研究的不是物,而是人和人之间的关系,归根到底是阶级和阶级之间的关系。”[17]这段话常常被用来作为批判“对物关系说”及论证物权是一种人与人之间的关系的最有力的论据。

20 世纪 90 年代中期以后,民法理论研究包括物权法理论研究逐

---

⑬ 参见陈华彬编著:《物权法原理》,国家行政学院出版社 1998 年版,第 2—3 页。

⑭ 参见陈华彬编著:《物权法原理》,国家行政学院出版社 1998 年版,第 3 页。

⑮ 转引自王利明:《物权法论》(修订 2 版),中国政法大学出版社 2008 年版,第 6 页。

⑯ 参见谢在全:《民法物权论》,第 1 页。

⑰ 《马克思恩格斯选集》(第 2 卷),第 123 页。

渐趋于正常，但“对物关系说”仍然经常遭受批评，如李开国在其所著《民法基本问题研究》一书中指出：“物权所表现的经济现象虽然是人对物的占有，但是在法权关系上物权绝非人对物的权利，仍然是人对人的权利。……物权虽然直观地表现为人对物的支配，但在法律赋予物权以排他效力的历史条件下，这种对物的支配隐含着对社会一般人意志的限制，即对社会一般人的权利。”⑱

但近几年的学术著作中，大陆学者的观点多与台湾地区学者的观点接轨，倡导“折中说”似为主流。⑲

需特别注意的是，大陆学者即使采取了折中说的立场，也并未停止对所谓“对物关系说”的批评。如王利明在其所著《物权法论》一书中指出：

严格地说，财产关系的本质并不完全是人与物的关系，而首先是人与人的关系。……我们在解释物权概念时，也要避免将财产关系简单地理解为人对物的权利，但为了准确地解释物权所包含的行为规则内容，为了正确理解物权与债权以及其他民事权利的区别，我们也应该从法律规范本身出发，把物权看作主体直接对财产所享有的支配的权利。

物权作为一个法律范畴，是指物权人对物享有的直接支配并排他的权利，它是特定社会中人与人之间对物的占有关系在法律上的表现。⑳

小结：

民法学理论上，所谓民法的调整对象即民法调整什么关系的问题，与作为民法所规定的权利之一的物权的本质问题，是不同层次的不同问题。虽然两者之间不能说没有内在联系。

关于物权的本质问题，我国民法学者，无论是在法学理论受所谓“姓社、姓资”及以阶级斗争为纲的“左”的思想影响的时期，还是在邓

---

⑱ 李开国：《民法基本问题研究》，法律出版社 1997 年版，第 270 页。

⑲ 参见梁慧星主编：《中国物权法研究》，第 19—20 页；陈华彬编著：《物权法原理》，国家行政学院出版社 1998 年版，第 3 页。

⑳ 王利明：《物权法论》（修订 2 版），中国政法大学出版社 2008 年版，第 6 页。

小平同志南方谈话广泛传达及中共中央决议将社会主义市场经济体制确定为改革开放最终目标之后,法学理论研究彻底摆脱“左”的思想纠缠的时期,都始终没有接受所谓“对物关系说”,迄今虽然出现与台湾地区学者相同的趋向,赞同和提倡所谓“折中说”,却仍然没有停止对所谓“对物关系说”的批评。

三、现有外国民法典的体例是否只有一个三编制

《建议一》:我认为,从马克思主义的观点出发,并认真参考现有国外民法典的成例,可以顺理成章地把民法典归纳为三个部分。一是人。这是民事主体。这部分包括家庭、婚姻,等等。二是财产权(即一人对一切人的民事权利)。三是债权(即一人对某一个或某一些特定人的民事权利)。这样的归纳可能比目前许多持“物权”论的民法学说更加合理、科学一些,它至少不会产生把物都当成财产或把债都当成财产那样的误解或误导。

郑成思教授将民法典归纳为三部分的主张,显而易见,是参考《法国民法典》的三编制体例。[21] 但需要考察的是,法国式三编制是否就等于现有国外民法典的成例?现有国外民法典究竟只有一种成例,还是有多种成例?

先看《法国民法典》首创的三编制:

《法国民法典》

第一编　人

第二编　财产及对所有权的各种限制

第三编　财产的取得方法

再看受《法国民法典》影响并以法国式三编制为基础所发展出来的四编制:

---

[21] 在《法国民法典》中,第三编“财产的取得方法”涵盖了债权、继承制度及时效制度等内容,而郑成思教授的民法典方案将第三编改为“债权”,其结果是使继承制度、时效制度等无所归属。

《智利民法典》

第一编　人

第二编　财产及其所有、占有、使用和收益

第三编　死因继承和生前赠与

第四编　债的一般规定及各类合同

《阿根廷民法典》（请注意此民法典率先采用了“物权”“债权”概念）

第一编　人

第二编　民事关系中的债权

第三编　物权

第四编　物权和债权的共同规定

《埃塞俄比亚民法典》

第一编　人

第二编　家庭和继承

第三编　物

第四编　债

再看《德国民法典》所首创的五编制：

《德国民法典》

第一编　总则

第二编　债权

第三编　物权

第四编　亲属

第五编　继承

《德国民法典》的五编制结构的特点在于：总则编的设置，债权与物权的严格划分，继承编的独立。现今采用德国式五编制的民法典还有《日本民法典》《韩国民法典》及中华民国时期制定的《中华民国民法》等。除德国式五编制之外，还有《瑞士民法典》的五编制：

《瑞士民法典》（特点是不设总则）

第一编　人法

第二编　亲属法

第三编　继承法

第四编　物权法

第五编　债务法

《瑞士民法典》把人法和亲属法排在物权法之前,是沿用《法国民法典》的模式,而与德国式不同。特别是《瑞士民法典》不设总则,这并不是偶然的,而是出于立法者的精心安排。因此,在大陆法系内部形成兼有法国式和德国式特点的第三种模式。

再看六编制的民法典:

《意大利民法典》

第一编　人与家庭

第二编　继承

第三编　所有权

第四编　债

第五编　劳动

第六编　权利的保护

再看七编制的民法典:

《蒙古民法典》

第一编　总则

第二编　物权

第三编　债权总则

第四编　契约之债

第五编　非契约之债

第六编　亲属

第七编　继承

七编制的特点在于,考虑到债权法条文过多,与其他各编不协调,因此将其再分为三编,形成双层结构。其基础仍是五编制。

再看九编制的民法典:

新《荷兰民法典》(1992年)

第一编　自然人法和家庭法

第二编　法人

第三编　财产法总则

第四编　继承法

第五编　物权

第六编　债务法总则

第七编　特殊合同

第八编　运输法

第九编　智力成果法

新《荷兰民法典》将自然人法与家庭法排在前面，保留了《法国民法典》的特点，但严格划分物权与债权及继承法独立设编则是采纳德国模式。与德国模式不同的是，不设法典总则而设财产法总则及将债权法分解为三编，因而形成自己的特色。

还有十编制的民法典：

《魁北克民法典》

第一编　人法

第二编　家庭法

第三编　继承法

第四编　财产法

第五编　债法

第六编　优先请求和抵押法

第七编　证据法

第八编　时效法

第九编　权利公示法

第十编　国际私法

值得注意的是，《魁北克民法典》是在英美法系背景之下制定的法典，其第四编财产法、第六编优先请求和抵押法、第七编证据法、第八编时效法和第九编权利公示法，即说明了这一点。

小结：

由上可知，所谓“现有国外民法典的成例”远不是只有《法国民法典》的三编制,还有从《法国民法典》发展出来的四编制(智利、阿根廷、埃塞俄比亚的民法典),还有《德国民法典》和《瑞士民法典》的五编制,《意大利民法典》的六编制,《蒙古民法典》的七编制,新《荷兰民法典》的九编制和《魁北克民法典》的十编制。毫无疑问,每一种编制体例,均有其产生的法律传统和学术背景,很难断言何者为优、何者为劣!

笔者根据中国的法律传统和法学学术、教学背景,建议以德国式五编制为基础稍加变化编纂七编制的民法典,也并不认为唯有此七编制才是科学的。别的学者尽可以根据自己的研究和追求建议不同的编制体例,例如徐国栋教授就建议制定两编制的民法典并在起草中。郑成思教授赞赏法国式三编制,也当然可以建议制定三编制的民法典。

学者个人主张或赞赏何种编制体例,本是无可厚非、见仁见智的问题。但绝不能说,只有三编制才符合马克思主义观点,别的编制体例都违背马克思主义观点。

四、绝不可能出现债权也属于财产权的情况吗?

《建议一》:对使用财产权概念的异议,最初可能是由语言障碍引起的。原因是整个现代民法体系,都几乎是从"外"引进的。而学者中的一部分又偏偏不重视外语。如上所说,有的学者断言"债"也属于"财产权",同时却又指出:财产法是规范财产归属的、债权法是规范财产流转的。至于"转移"这种动态自身怎么又成了"财产"了?却没有给予答案。也许难以回答。实际上,这是把"debt"(债)与"obligation"(债、责任、义务等)混淆了。Debt确属财产权,而Obligation(责任、义务)是否也属于财产权?就是说,是否在人身权之外就只剩下了财产权?这就大大值得商榷了。所有的西方国家民法的债权编(Obligation)均是与财产权编(Property)分立的,绝不可能出现前者也属于后者的混淆。

这涉及财产权和财产法的定义问题。

英美法中的财产权,指的是以有体物为客体的支配权。《不列颠百科全书》对财产权的定义:财产权,指人对物的权利,即以所有权为核心的、以满足主体支配需求为目的的一系列具有经济内容的私法权利的总称。

《简明大英百科全书》第15卷第67页对财产法的定义：“Law of Property”（财产法），指规定对物的直接的排他的权利的法律。

请看采用英美法财产权概念的民法典：

《魁北克民法典》

第一编　人法（Persons）

第二编　家庭法（the Family）

第三编　继承法（Successions）

第四编　财产法（Property）

第五编　债法（Obligations）

第六编　优先请求和抵押法（Prior Claims and Hypothecs）

第七编　证据法（Evidence）

第八编　时效法（Prescription）

第九编　权利公示法（Publication of Rights）

第十编　国际私法（Private International Law）

再看《魁北克民法典》财产法的内容：

第四编　财产法（Property）

标题一　财产的种类（Kinds of Property）

第一章　财产的种类：动产与不动产

第二章　财产及其收益

第三章　财产的权利人和占有人

第四章　有关财产的某些事实关系

第一节　占有

第二节　未被占有财产的获得包括无主物及被遗失、遗忘的动产

标题二　所有权（Ownership）

第一章　所有权的本质与范围

第二章　增益（相当于大陆法系上的添附）包括不动产的增益和动产的增益

第三章　不动产所有权的特别规则（相当于大陆法系上的不动产相邻关系）

标题三　所有权的特殊形式（Special Modes of Ownership）（包括共有和地上权 Superficies）

标题四　所有权的权利分割（Dismemberments of the Right of Ownership）包括用益权（Usufruct）、收益权（Use）、地役权（Servitudes）及永佃权（Emphyteusis）

标题五　对某些财产自由处分的限制（Restrictions on the Free Disposition of Certain ProPerty）

标题六　分派形成的财产（Certain Patrimonies by Appropria-tion）（包括基金和信托）

标题七　他人财产的管理（Administration of the Property of Others）

由上可知，按照英美法，其财产权概念，与债权概念是分立的，其财产法与债权法是分立的。按照采英美法财产权概念的《魁北克民法典》，其债法编与财产法编也是分立的，债权当然不属于财产权。这与郑成思教授的主张是一致的。

但是，我们从财产权和财产法的定义及《魁北克民法典》财产法编所规定的具体内容，不难得出如下判断：英美法上的财产权，相当于大陆法系上的物权；英美法上的财产法，相当于大陆法系上的物权法。我们还可以作出一个推论：

英美法上的“财产”（property）一词，相当于大陆法系上的“物”的概念（有体物，包括：动产、不动产），是一个狭义财产概念。

为了证明这一推论，我们找到了牛津大学出版社于1987年出版的《现代法律惯用词典》（Bryan A. Garner, Garner's Dictionary of Legal Usage, Oxford University Press, 1987）。

其第441页，解释 property 一词的法律含义（legal meaning）时说：霍费尔德（W. N. Hohfeld）曾按照传统的观点，解释过什么是这一词的正确用法，什么是这一词的不正确的用法。该词在传统上的确切的含义，是指“特定物之上的权利，此特定物既可以是一片土地，也可以是一个动产”（a right over a determinate thing, either a tract of land or a chattel）。有时，该词被附加上的转义，是指“其上存在占有、使用和享益的权利的任何外在之物”（any external thingoverwhich the rights of possession, use, and enjoyment are exercised）。引文见霍费尔德于1919年出版的《基础法律概念》（W. N. Hohfeld, Fundamental Legal Conceptions,1919）一书的第28—29页。

该词典紧接着写道：因此，**property** 一词的正确的含义，是指一物之上的权利，而不是指该物本身。但在今天，甚至在法律著述中，property 一词也普遍地用于霍费尔德所不赞成的非专门的含义（Thus the correct emphasis was seen as being on the rights over a thing, and not on the thing itself. Today, however, even in legal writing property generally carries the nontechnical sense Hohfeld disapproved of）。

由此可知，**property** 一词，在法律上本来的含义，是指存在于物上的权利，而不是指“物”（thing）本身。其转义，则是指可以成为权利客体的“物”（thing），而不是指其上的权利。本义和转义，正好相反。

再看《牛津高阶英汉双解词典》（第4版，商务印书馆1997年版），其中，Property 一词有五个义项，前三个义项是法律上的含义（以下是原文）：

1. thing or things owned; Possession（所有物；财产；资产）：Don't touch those tools—they are not your property.（不要动那些工具——那不是你的东西）The jewels were her personal property.（这些首饰是她的私人财产）

2. (a) land and buildings; real estate（房地产；不动产）：A man/woman of property, one who owns property.［有房地产的男人（女人）］She invested her money in property.（她进行房地产投资）(b) piece of land and its buildings.［（一处）房地产］：He has a property in the West Country.（他在英格兰西南部有一处房地产）A fence divides the two properties.（有一道栅栏隔着这两处房地产）

3. owning or being owned; ownership（所有；所有权）：property

brings duties and responsibilities.（有了财产也就有了义务和责任）

前两个义项都是指“物”，第一个义项是指动产，第二个义项是指不动产，第三个义项是指“所有权”（存在于物上的权利）。而与传统上的用法稍有不同：第一、第二个义项是传统用法上的“转义”（指物而非物上的权利）；第三个义项是传统用法上的“本义”（指物上的权利而非物本身）。

我们已经清楚地看到，英美法上的“property”一词，无论在历史上还是现在，其含义都是：“物”（things）、“动产”（chattel）、“不动产”（realestate）、“房地产”（land and its buildings）和“所有权”（ownership），相对于大陆法系上的“财产”概念而言，是狭义的“财产”概念。

我们已经找到了问题的关键：

英美法在给“财产权”下定义和《魁北克民法典》在规定“财产法”编时，采用的是狭义“财产”概念。

大陆法系上相当于英美法狭义的“财产”概念的，是“物”（有体物）概念；相当于英美法狭义的“财产权”概念的，是“物权”概念；相当于英美法狭义的“财产法”概念的，是“物权法”概念。

当我们在使用英美法上的（狭义）财产权和（狭义）财产法概念时，指出财产权与债权是并立的，财产法与债权法是并立的，绝对不会出现债权也属于财产权、债权法也属于财产法的混淆，当然是正确的（与我们说的物权与债权是并立的，物权法与债权法是并立的，绝对不会出现债权也属于物权、债权法也属于物权法的混淆，同样正确）。但是，我们能够由此向前跨出一步，也断定在采用广义财产权和广义财产法概念的大陆法系民法上，“财产权与债权是并立的，财产法与债权法是并立的，绝对不会出现债权也属于财产权、债权法也属于财产法的混淆”吗？

最能够说明问题的是1992年的新《荷兰民法典》。

新《荷兰民法典》(1992年)

第一编　自然人法和家庭法(Law of Persons and Family Law)

第二编　法人(Legal Persons)

第三编　财产法总则(Patrimonial Law in General)

第四编　继承法(Law of Successions)

第五编　物权(Real Rights)

第六编　债务法总则(General Part of the Law of Obligations)

第七编　特殊合同(Special Contracts)

第八编　运输法(Law of Transport)

第九编　智力成果法(Law of Products of the Mind)

其中第三编　财产法总则(Patrimonial Law in General)

标题一　一般规定(Title 1 General Provisions)

第一节　定义(Section 1 Definitions)

第1条　(3.1.1.0)财产,包括一切物和一切财产性权利(Property is comprised of all things and of all patrimonial rights)。

第2条　(3.1.1.1)物是指可被人控制的有形客体(Things are corporeal objects susceptible of human control)。

第3条　(3.1.1.2)1.以下的物为不动产:土地,未采掘的矿藏,附着于土地的种植物,与土地连接的建筑物和工作物,无论是直接或者通过其他建筑物或工作物与土地连接(The following are immoveable: land, unextracted minerals, plants attached to land, buildings and works durably united with land, either directly or through incorporation with other buildings or works)。

不动产以外之物均为动产(All things which are not immoveable, are moveable)。

第6条　(3.1.1.5)财产性权利是指:可单独转让或与其他权利一道转让的权利;能使持有者获得物质利益的权利;可用于交换现实物质利益或可期待的物质利益的权利(Patrimonial rights are those which, either separately or together with another right, are transferable; rights which are intended to procure a material benefit to their holder; or rights which have been acquired in exchange for actual or expected material benefit)。

从上述定义,我们看到,新《荷兰民法典》所使用的"财产"概念、"财产权"概念和"财产法"概念均属于广义概念。

新《荷兰民法典》的财产法总则(第三编),包括继承法(第四编)、物权法(第五编)、债权法(第六、七、八编)和智力成果法(第九编)。债权与财产权不是分立的,而是前者从属于后者,即债权从属于财产权。债权法从属于财产法。我们看到,郑成思教授所谓绝不可能出现前者也属于后者的混淆,的的确确出现了!

中国又何尝不是如此。虽然尚未制定民法典,虽然现行《民法通则》只使用了债权概念而未使用物权概念,但我们可以断言,中国现行民事法律与其他大陆法系国家一样,是采用广义的财产概念、广义的财产权概念和广义的财产法概念。这从下述法律规定可以证明:

《继承法》第 2 条和第 3 条规定,被继承人死亡时的全部财产属于遗产,其中包括:动产、不动产、债权和知识产权。

按照我国《企业破产法(试行)》的规定,破产宣告至破产程序终结前企业的全部财产,属于破产财产(团),其中包括:破产企业的物权、债权、证券权利、知识产权、投资收益权利及其他财产权利。

按照我国《婚姻法》的规定,夫妻共同财产、家庭共同财产,不仅包括动产、不动产,也当然包括债权在内。

小结:

如果我们将郑成思教授说的所有的西方国家民法,限定为所有采取狭义财产概念的西方国家民法,例如采用英美法系的狭义"财产"概念的《魁北克民法典》,则可以断言其中的债权编(Obligation)均是与财产权编(Property)分立的,绝不可能出现前者也属于后者的混淆。但对于采用大陆法系的广义"财产"概念的民法典而言,则截然相反。郑成思教授所谓"绝不可能出现"的"混淆",正好是大陆法系国家民法典的普遍现象!显而易见,郑成思教授的失误在于,以为所有的西方国家民法都是采取英美法系的狭义财产概念。

郑成思教授还说：有的学者断言“债”也属于“财产权”，同时却又指出：财产法是规范财产归属的、债权法是规范财产流转的。至于“转移”这种动态自身怎么又成了“财产”？却没有给予答案。也许难以回答。其实，这一在郑成思教授看来难以回答的问题，在大陆法系的广义“财产”概念的民法背景之下，是不言自明的生活常识！完全不成什么问题！假设一个富人把自己的房产、汽车、电器、时装、首饰等一股脑都换成现金，然后再将全部现金存入银行，换成定期存单和旅行支票，难道郑成思教授就真的认为他变成了“无产者”？

五、历史唯物主义的产生与法、德两国民法典的制定

《建议二》：19世纪初《法国民法典》起草时，起草人意识到法律不可能调整人与物的关系；物的形式下掩盖的仍然是人与人的关系。故当时更改“物法”部分为“财产法”。因为“财产”反映的则是人与人的关系。19世纪末，《德国民法典》起草时，在哲学上走了回头路。虽然德国民法从条理上、体系上比法国民法进了一大步，但在法律究竟是调整人与人还是人与物的关系问题上，则退回到古罗马时代了。这与19世纪初，历史唯物主义处于上升阶段，而19世纪末，历史唯物主义处于又一个低谷的事实，不是没有关系的。

鉴于郑成思教授将民法典是否规定物和物权，与意识形态特别是历史唯物主义直接挂起钩来，因此我们不得不暂时离开民法学专业而涉及历史唯物主义本身的历史。

历史唯物主义，亦称唯物主义历史观，是关于人类社会发展一般规律的科学，是马克思主义哲学的重要组成部分。它由马克思和恩格斯于19世纪40年代创立。

历史唯物主义的创始人马克思，于1818年5月5日出生于德国莱茵省特利尔城的一个律师家庭，从小接受法国启蒙思想教育。他曾先后在波恩大学和柏林大学法律系学习，但主要精力放在历史和哲学的研究上，1841年大学毕业，获哲学博士学位，后投身于政治斗争，1842

年4月起为《莱茵报》撰稿,同年10月起担任该报主编。1843年10月迁居巴黎,1844年初创办《德法年鉴》,从唯心主义转向唯物主义,从革命民主主义转向共产主义。该年8月底马克思在巴黎与恩格斯会见,从此开始为人类解放事业并肩战斗。1845年春他撰写了著名的《关于费尔巴哈的提纲》,1845—1846年,与恩格斯合著《德意志意识形态》,1847年发表《哲学的贫困》,同年加入共产主义者同盟,并领导该同盟。1847年12月至1848年1月马克思与恩格斯共同起草了科学社会主义纲领性文献《共产党宣言》。在欧洲1848—1849年革命期间,马克思与恩格斯一道回德国,亲自参加并领导人民群众进行革命斗争。革命失败后,马克思被驱逐出普鲁士,后定居伦敦。1850年到1852年,他先后撰写了《1848年至1850年的法兰西阶级斗争》和《路易·波拿巴的雾月十八日》,1859年发表《政治经济学批判》,1867年出版《资本论》第1卷,1864年9月在伦敦建立国际工人协会,即第一国际。1871年马克思写了《法兰西内战》一书,以总结巴黎公社的经验。在19世纪70年代至80年代初,马克思主要精力用来续写《资本论》第2、3卷。1875年他写了《哥达纲领批判》。1883年3月14日马克思在伦敦家中逝世。

关于历史唯物主义的产生,首先要谈到马克思于1845年撰写的《关于费尔巴哈的提纲》一书。该书以精辟的语言,科学地揭示出社会的本质、人的本质以及人和环境关系的本质,确立了从实践出发来解释观念的历史唯物主义的根本原则,使实践观与认识论和历史观有机地结合起来,成为包含着新世界观的天才萌芽的第一个文件。因此,恩格斯在1893年2月7日致F. J. 施穆伊洛夫的信中,强调指出:马克思的《关于费尔巴哈的提纲》一书,其实就是“历史唯物主义的起源”[22]。

由于生产关系的范畴、生产力与生产关系的辩证关系,是历史唯物主义的中心范畴和核心内容,因此,马克思对它们的理解程度和阐述程

---

[22] 李淮春主编:《马克思主义哲学全书》,中国人民大学出版社1996年版,第370页“历史唯物主义的起源”条。

度，就成为历史唯物主义成熟程度的根本标志。

在马克思与恩格斯于1845—1846年合著的《德意志意识形态》一书中，第一次描绘了历史唯物主义的大致轮廓，但尚未对生产关系范畴、生产力与生产关系之间的辩证关系，作出确切的规定和科学的表述。

在1847年发表的《哲学的贫困》一书中，马克思第一次用准确的术语，科学地表述了生产关系范畴，以及生产力与生产关系之间的辩证关系。马克思直接把所有制归结为生产关系，并把生产关系规定为人们在整个生产过程中所形成的一切经济关系，指出生产力的一切变化必然引起生产关系的变化。马克思在对生产关系范畴以及生产力和生产关系之间的辩证关系进行确切规定和科学表述的基础上，论述了社会发展是自然历史过程的思想，并概述了阶级斗争的理论。

因此，《哲学的贫困》一书，是对历史唯物主义基本原理的首次科学表述，被认为是马克思和恩格斯创立历史唯物主义的标志。[23]

1804年公布的《法国民法典》，是1789年法国资产阶级大革命的产物，是资产阶级国家最早的一部民法典。大革命之前，法国在法律上很不统一，南部成文法地区施行的是罗马法，北部习惯法地区施行的是习惯法。因此，1791年的《法国宪法》规定，应制定一部施行于整个国家的民法典。1800年任命了由四位法律家组成的民法典起草委员会，1801年完成民法典草案初稿。第一执政拿破仑和第二执政冈巴塞莱斯（Cambaceres）亲自参加了法典的制定。尤其拿破仑的积极参与，起到决定性的作用。他在法国枢密院审议法典草案时积极参与草案的讨论，极大地影响了很多条文的形成。《法国民法典》于1804年3月21日获得通过。1807年和1852年，该法典曾先后两次被命名为《拿破仑法典》，以纪念他的贡献。拿破仑自己夸耀说：“我的光荣不在于打胜了四十场战役，滑铁卢将摧毁这许多胜利……但不会被任何东西摧毁

---

[23] 参见李淮春主编：《马克思主义哲学全书》，中国人民大学出版社1996年版，第370—371页“历史唯物主义基本原理的首次科学表述”条。

的,将永远存在的,是我的民法典!”

郑成思教授在《建议二》中说:

《法国民法典》起草时,起草人意识到法律不可能调整人与物的关系;物的形式下掩盖的仍然是人与人的关系。故当时更改“物法”部分为“财产法”。因为“财产”反映的则是人与人的关系。……这与 19 世纪初,历史唯物主义处于上升阶段……不是没有关系的。

这段话的意思十分明确:《法国民法典》的起草人已经掌握了历史唯物主义基本原理。俨然将《法国民法典》的起草人,首先是第一执政拿破仑、第二执政冈巴塞莱斯,其次是四位起草委员[包塔利斯(Portalis)、特朗舍(Tronchet)、比戈 - 普勒阿默纳(Bigot-preameneu)和马勒维尔(Maleville)],描绘成历史唯物主义者。

《法国民法典》是世界上第一部资产阶级的民法典,它不仅实现了法国私法的统一,而且为法国资本主义的发展奠定了坚实的法制基础。它摧毁了一个旧社会,开创了一个新社会。这个新社会,就是资本主义社会。因此,后世对《法国民法典》的评价很高,正是着重于它所具有的思想意义。《法国民法典》规定,所有的法国人都具有权利能力,都是平等的、自由的,只受自己意识的支配。因此,它是“解放”人的法典,不是“束缚”人的法典,更不是“奴役”人的法典。对我们今天制定中国民法典,仍有重要的启示作用和指导意义。《法国民法典》是法国资产阶级大革命的产物,是革命思想的体现。这种革命思想就是自由资产阶级思想家的自由思想和人权思想。[24] 稍有马克思主义常识的人都知道,自由资产阶级思想家的革命思想,与历史唯物主义之间,存在多么大的距离和根本性的差别!

其实,《法国民法典》诞生的 1804 年,距标志历史唯物主义创立的《哲学的贫困》(1847 年)一书的出版,还有 43 年;距马克思和恩格斯第一次描绘历史唯物主义的大致轮廓的《德意志意识形态》(1845—1846

---

[24] 此系引用谢怀栻先生对《法国民法典》的评价,参见易继明主编:《私法》(第 1 辑第 1 卷),北京大学出版社 2001 年版,第 5 页。

年)的出版,还有42年;距被恩格斯称为历史唯物主义的起源的《关于费尔巴哈的提纲》(1845年)一书的出版,还有41年;距马克思与恩格斯第一次会见(1842年),还有38年;距马克思大学毕业(1841年),还有37年;距历史唯物主义的创始人马克思的出生(1818年),还有14年。

历史事实是,《法国民法典》诞生的1804年,与历史唯物主义产生的1847年,其间存在40余年的时间差。郑成思教授为了拔高《法国民法典》及其起草人,而硬说“19世纪初,历史唯物主义处于上升阶段”,将历史唯物主义的产生提前了40余年。我们有理由向郑成思教授发问:将《法国民法典》未规定“物”和“物权”的理由,归结于其起草人掌握了历史唯物主义,将《法国民法典》的起草人拔高为历史唯物主义者,是不是有点太离谱了？这是不是也违背了历史唯物主义？

《德国民法典》是大陆法系另一部代表性的法典。《德国民法典》和《法国民法典》在民法发展史上的地位,可以说是各有千秋。在开创近代民法历史,为资本主义社会开辟道路及在思想精神方面,《德国民法典》无法与《法国民法典》相比拟。《法国民法典》是一部革命性的法典,是资产阶级战胜封建阶级的胜利成果,是世所公认的典型的资本主义初期的法典。而《德国民法典》是一部保守的法典。《德国民法典》产生于自由资本主义走向垄断资本主义的时代,但它并未反映这个时代的特色。对于德国来说,《德国民法典》只是完成了统一私法的任务,并未能将德国社会推向前进。不过,《德国民法典》比《法国民法典》迟出了100年,基于100年间法典编纂和民法学发展所取得的经验和成就,《德国民法典》在法典编纂技术和民法学理论两方面均较《法国民法典》有显著的进步。应当肯定,这两部法典,分别从不同的方面,对法治和法学的发展进步作出了巨大贡献,因而受到本国人民的珍爱和世界主要国家及地区法学家的称赞。[25]

---

[25] 此系引用谢怀栻先生对《德国民法典》的评价,参见易继明主编:《私法》(第1辑第1卷),北京大学出版社2001年版,第15页。

《德国民法典》的制定用了二十多年的时间。1874 年 2 月 28 日成立一个准备委员会,以决定制定民法典的计划。同年 6 月 22 日,帝国参议院设立了由 11 名委员组成的法典起草委员会。潘德克顿学派的代表人物温德夏德担任起草委员会的委员长。该委员会工作了 13 年之久,于 1887 年年底完成了民法典草案。1888 年 1 月 31 日,民法典草案(称为第一草案)连同 5 卷理由书一并公布,供公众讨论。帝国司法部将收集的各种意见汇编为 6 大册。1895 年参议院任命一个新的委员会对第一草案进行讨论,完成第二草案,提交参议院。参议院对该草案略作修改后,于 1896 年 1 月 17 日由帝国首相将此草案连同意见书提交帝国议会,是为第三草案。议会指定一个委员会进行了 53 次审议,于 1896 年 7 月 1 日经议会通过,7 月 14 日经参议院同意,8 月 18 日经皇帝批准,8 月 24 日公布,于 1900 年 1 月 1 日起施行。

由于特别重视规则的准确性、逻辑性和体系性,《德国民法典》被誉为"法律计算机""任何时候都是具有最精确、最富于法律逻辑语言的私法典"。"对于受过专门法律训练的专业人员来说,随着与这部法典的交道日深,便不能不每每为其精确和思想上的严谨而赞羡。"英国法学家梅特兰(Maitland)断言,《德国民法典》在其生效之时是当时世界上最好的法典。[26]

考虑到在《德国民法典》的制定过程中,第二草案只是对第一草案作语言文字上的修改,第三草案仅对第二草案作了几处并不重要的改动,可以认为,《德国民法典》的结构和精神内容以及其优点和缺点,都是由第一草案决定的。起草第一草案的 11 名委员由 6 名法官、3 名部级官员、2 名教授组成。萨维尼的嫡传弟子、潘德克顿学派的代表人物温德夏德是该委员会的委员长和实际上的主脑。因此,《德国民法典》被认为是潘德克顿学派理论的结晶,是"潘德克顿学派及其深邃的、精

㉖ 参见〔德〕K. 茨威格特、H. 克茨:《比较法总论》,潘汉典等译,贵州人民出版社 1992 年版,第 268、273 页。

确而抽象的学识的产儿”[27]。《德国民法典》在结构上的最大特色的五编制，就是直接采用了潘德克顿学派所建构的理论体系，直接采用了温德夏德的代表作《潘德克顿法学》一书的结构体例。与《法国民法典》的三编制结构比较，五编制结构的特点在于：总则编的设置，债法与物权法的严格区分，继承法的独立。[28]

《法国民法典》第二编是“财产及对所有权的各种限制”，第三编是“财产的取得方法”。其第三编将“继承和赠与、契约和侵权行为、婚姻财产、抵押和时效等毫不相干的内容”放在一起，被认为最不合理、最不科学，完全是异类题材的大杂烩。[29] 其中，已经规定了“合意之债”和“非因合意而发生的债”，可见已有债的概念。但是债法没有独立的地位，债权只是取得财产的一种方法，是财产法（狭义的财产法）的附庸。而《德国民法典》对物权、债权严格区分，物权规定在第三编，债权规定在第二编，于是债权取得了独立的地位，而与物权（狭义的财产法）并立。这是基于潘德克顿学派的理论所作的正确安排，体现了潘德克顿学派关于法典编纂和私权分类理论的研究成果，相对于《法国民法典》而言，无疑是一个重大的进步。

郑成思教授说：《德国民法典》起草时，在哲学上走了回头路……在法律究竟是调整人与人还是人与物的关系问题上，则退回到古罗马时代了。这与……19 世纪末，历史唯物主义处于又一个低谷的事实，不是没有关系的。

必须指出，郑成思教授所说的《德国民法典》起草时，历史唯物主义处于又一个低谷的说法，与历史事实不符。德国设立民法典起草委员会是在 1874 年 6 月 22 日。此前 3 年，即 1871 年 3 月 18 日，法国巴黎工人举行武装起义，建立了人类历史上第一个无产阶级政权即巴黎

---

[27] 参见〔德〕K. 茨威格特、H. 克茨：《比较法总论》，潘汉典等译，贵州人民出版社 1992 年版，第 264、267 页。

[28] 参见易继明主编：《私法》（第 1 辑第 1 卷），北京大学出版社 2001 年版，第 26 页。

[29] 参见〔德〕K. 茨威格特、H. 克茨：《比较法总论》，潘汉典等译，贵州人民出版社 1992 年版，第 172 页。

公社。马克思高度评价巴黎无产阶级的革命首创精神,为总结巴黎公社的经验,特撰写了《法兰西内战》一书。整个19世纪70年代,马克思主要精力用来撰写《资本论》第2、3卷。1875年,即民法典起草委员会建立的次年,马克思写了《哥达纲领批判》一书。1877—1878年恩格斯撰写了《反杜林论》,在对杜林的批判中第一次系统地论述了马克思主义的三个组成部分。

马克思逝世(1883年3月14日)后,恩格斯独自承担了阐述、宣传、捍卫和进一步发展历史唯物主义的任务。1884年恩格斯撰写了《家庭、私有制和国家的起源》,阐明了阶级产生的过程以及国家的起源和本质。1886年恩格斯撰写了《路德维希·费尔巴哈和德国古典哲学的终结》,揭示了马克思主义同黑格尔哲学和费尔巴哈哲学的关系,详尽地阐述了历史唯物主义和辩证唯物主义基本原理。

特别值得注意的是,恩格斯晚年写了大量的书信,进一步发展了历史唯物主义。[30] 例如,恩格斯于1890年8月5日写给社会民主党人康·施米特的信,深刻地阐述了历史唯物主义作为历史方法论的意义,指出不应把历史唯物主义当作标签贴到各种事物上去,而要作为研究工作的指南。该信还第一次提出了"历史唯物主义"这一科学概念。[31] 1890年9月3日德国《社会主义》月刊编辑约·布洛赫就如何理解历史唯物主义关于历史发展的动力等问题致信恩格斯,恩格斯于同年9月21—22日写了回信。在这封回信中,恩格斯阐明了历史过程中的决定因素归根到底是现实生活的生产和再生产,但对历史斗争的进程发生影响并在许多情况下主要决定着这一斗争形式的,还有上层建筑各种要素。恩格斯的这封信是正确理解历史唯物主义的重要文献。[32] 为进一步批判资产阶级哲学家保尔·巴尔特和正确阐明历史唯物主义原理,恩格斯于1890年10月27日写信给康·施米特,在这封信中对历

---

[30] 参见李淮春主编:《马克思主义哲学全书》,中国人民大学出版社1996年版,第121页"恩格斯的哲学思想"条。

[31] 参见李淮春主编:《马克思主义哲学全书》,中国人民大学出版社1996年版,第124页"恩格斯致康·施米特(1890.8.5)"条。

[32] 参见李淮春主编:《马克思主义哲学全书》,中国人民大学出版社1996年版,第124页"恩格斯致约·布洛赫(1890.9.21—22)"条。

史唯物主义的理论和内容作出了极大的丰富和发展。[33] 恩格斯晚年写的这类重要书信,还有1893年7月14日致弗·梅林的信、1894年1月25日致瓦·博尔吉乌斯的信等。1895年8月5日恩格斯逝世于伦敦。

《德国民法典》的确诞生于19世纪末。以温德夏德为首的起草委员会完成民法典草案,是在1887年,在马克思逝世之后。《德国民法典》获得通过,是1896年,在恩格斯逝世的次年。上述历史唯物主义产生、发展的历史告诉我们,19世纪末正好是历史唯物主义的上升阶段。

还须考察,是否真如郑成思教授所说,《法国民法典》的起草人已经认识到,《德国民法典》的起草人却没有认识到,法律不能调整人与物的关系,而只能调整人与人的关系?

从民法学发展史我们知道,法、德两国民法都是从罗马法继受而来,区别在于《法国民法典》继受的是经过后期注释法学派注释的罗马法,《德国民法典》继受的是经过历史法学派及其后身潘德克顿学派用了近100年的时间进行考证、鉴别、注释、研究、整理和发展了的罗马法。潘德克顿学派在许多重要问题上指出并纠正了后期注释法学派的错误。关于如何认识物权的本质,就是一个典型例子。

关于物权(狭义财产权)的本质,后期注释法学派采“对物关系说”,即认为物权的本质是人与物的关系。而历史法学派的首倡者萨维尼,及其嫡传弟子、潘德克顿学派代表人物温德夏德,却针锋相对地提倡“对人关系说”,即认为物权的本质仍然是人与人之间的关系。[34] 两种学说的不同,体现在各自为财产所有权所下的定义上:如采“对物关系说”,其定义必然强调权利人直接对物的“支配性”而不涉及其他人;如采“对人关系说”,其定义必然突出权利人与其他人的关系,即强调权利的“排他性”。

《法国民法典》制定之时,“对人关系说”还没有产生,占支配地位的仍然是“对物关系说”。因此,《法国民法典》是采“对物关系说”,而

---

[33] 参见李淮春主编:《马克思主义哲学全书》,中国人民大学出版社1996年版,第124页“恩格斯致康·施米特(1890.10.27)”条。

[34] 参见陈华彬编著:《物权法原理》,国家行政学院出版社1998年版,第2—3页。

不可能采“对人关系说”。这可以从《法国民法典》的所有权定义得到证明。其第二编第二章第544条规定:“所有权是对于物有绝对无限制地使用、收益及处分的权利,但法令所禁止的使用不在此限。”此定义系强调对物的支配,而丝毫未涉及与其他人的关系。由此可以断言,《法国民法典》的起草人继受了后期注释法学派的“对物关系说”,即将财产法规范的关系归纳为人与物之间的关系。事实正好与郑成思教授的说法相反,《法国民法典》的起草人并没有认识到,法律不能调整人与物的关系,而只能调整人与人的关系。

《德国民法典》制定之时,萨维尼及其弟子温德夏德早已提出“对人关系说”,而温德夏德恰好担任民法典起草委员会的委员长。温德夏德绝不可能轻易放弃老师萨维尼和自己所极力主张的“对人关系说”,而倒退到老师和自己所极力反对的后期注释法学派的“对物关系说”的立场上去。请看《德国民法典》第三编第三章第一节第903条的规定:“以不违反法律和第三人的权利为限,物的所有人得随意处分其物,并排除他人的任何干涉。”其中强调了所有权排除他人干涉的“排他性”,即强调人与人之间的关系。应当肯定,《德国民法典》的起草人,在关于法律是调整人与物的关系还是人与人的关系的问题上,并没有如郑成思教授所说的那样“走回头路”,而是既超越了后期注释法学派,也超越了《法国民法典》,已经认识到法律不能调整人与物的关系,只能调整人与人的关系。正好与郑成思教授的说法相反。

小结:

我们之所以要澄清19世纪末历史唯物主义正处在上升阶段的这一史实,及《德国民法典》非采“对物关系说”这一事实,目的不是要像郑成思教授一样也将《德国民法典》的起草人,拔高为历史唯物主义者。我们不赞成将历史唯物主义当作标签贴到各种事物上去,不赞成将《法国民法典》和《德国民法典》的制定与历史唯物主义挂钩。根本理由在于,当我们谈论《法国民法典》和《德国民法典》在法典编纂和思想内容上的优点和缺点、长处和短处,及是否值得我们参考借鉴时,千万不要忘记:《法国民法典》和《德国民法典》,都是建基于资本主义经济制度和经济基础之上的资产阶级的法典,《德国民法典》的起草人温德夏德等人,与《法国民法典》的起草人第一执政拿破仑、第二执政冈巴塞莱斯等人一样,都是自由资产阶级的思想家,是资产阶级的代言人,是历史唯心主义者。无论如何都不可能去接受(无论自觉地或不自觉地)作为无产阶级革命世界观和方法论的历史唯物主义原理而变成历史唯物主义者！其实,法、德两国民法典之是否采用某种法典编纂体例、某种解释性学说及某个法律概念,取决于各自的法律传统和法学学术背景,与历史唯物主义并无关系。

六、《法国民法典》为什么不使用“物权”概念

《建议一》:民法典的始祖《法国民法典》并不使用“物权”。20世纪90年代两个曾经与我国制度相同的国家俄罗斯与越南新制定的民法典也不使用“物权”(《俄罗斯联邦民法典》中提到物权,越南则根本不提)。

要回答《法国民法典》为什么不使用“物权”概念,须考察罗马法关于“物”的概念和“财产”的概念。让我们先看罗马法学者的论述:

盖尤斯《法学阶梯》第2卷:物主要被分为两类:一些物是神法物,另一些物是人法物。

除此以外,有些物是有体物,另一些物是无体物。有体物是能触摸到的物,如土地、奴隶、衣服、金、银及数不胜数的其他物。无体物是不能触摸到的物,如权利,具体的比如遗产继承权、用益权及以任何形式设定的债权。遗产中包含有体物无关紧要,因为虽然由土地产生的孳息是有体物,根据一些债应给付的物一般也是有体物,如土地、奴隶、金钱,然而继承权、用益权及债权本身却是无体物。被称为役权的城市和乡村的土地上的权利也属于无体物。㉟

乌尔比安《论告示》第59卷:“财产”(bona)这个词或是自然法上

㉟ 参见〔意〕桑德罗·斯契巴尼选编:《物与物权》,范怀俊译,中国政法大学出版社1999年版,第12页。

的,或是市民法上的。财产,根据自然法被说成是使人幸福(即使人变得幸福)的东西,使人幸福即有用。㊱

赫尔莫杰尼安(Hermogenianus)《法律概论》第 2 卷:"财产"(Pecunia)一词不仅包括现金,而且包括像动产和不动产、有体物和权利这样的所有的物。㊲

乌尔比安《论萨宾》第 49 卷:"财产"(pecunia)一词不仅包括现金,而且包括所有的物品,即所有的物体(corpora),因为谁也不会怀疑物体也被包含在财产这个词之内。㊳

由上可知,在罗马法上,关于物,有广义的概念和狭义的概念。广义的物,是指除自由人外存在于自然界的一切东西,而不管它是对人有用的、无用的,还是有害的;狭义的物,则指一切人力可以支配、对人有用,并能构成人们财产组成部分的物,即有体物。罗马法上关于财产,是采广义概念:财产,包括有体物(动产、不动产)和权利。

有趣的是,同是继受罗马法的法、德两国在制定民法典时,法国采用了罗马法上广义的物的概念,德国采用了罗马法上狭义的物(有体物)的概念。

在法国法,按照其著名注释法学家马卡德(Marcadé)的理解,"物(chose)和财产(biens)这两个术语不是同义词:物是属概念,财产是种概念。自然界中存在的一切东西都是物,其中对某人有利益,并处于其所有权(propriété)之下的物,才属于财产。日月星辰、空气和风,都是物,但非财产"。因此,在法国法上对物进行理解时,必须和财产的概念结合起来。自然界中存在的一切东西都是物(不管是否能给人带来利益),但并非一切物均为财产,只有可以给人带来利益的物,才属于财产,也并非一切财产均为物,除物之外,财产还包括权利和智力成果。㊴

㊱ 参见〔意〕桑德罗·斯契巴尼选编:《物与物权》,范怀俊译,中国政法大学出版社 1999 年版,第 23 页。

㊲ 参见〔意〕桑德罗·斯契巴尼选编:《物与物权》,范怀俊译,中国政法大学出版社 1999 年版,第 24 页。

㊳ 参见〔意〕桑德罗·斯契巴尼选编:《物与物权》,范怀俊译,中国政法大学出版社 1999 年版,第 24 页。

㊴ 参见尹田:《法国物权法》,法律出版社 1998 年版,第 12—14 页。

德国潘德克顿学派，由于着重法律概念的逻辑性和抽象性，用权利客体这一概念，取代了罗马法上广义的物的概念。权利客体，分为有体的权利客体，即有体物，和无体的权利客体，即无体物和权利。因此，德国法上的权利客体有三种：第一，物（有体物）；第二，无体物（精神产品）；第三，（具有金钱价值的）权利。

德国潘德克顿学派，又以权利的作用为标准，将权利区分为支配权和请求权。支配权指不借助他人的行为而直接支配客体的权利，请求权指请求他人为某种行为的权利。因此，

以有体物为客体的支配权，被称为物权；

以无体物（精神产品）为客体的支配权，被称为知识产权；

以权利为客体的支配权，被称为准物权。

可见，《德国民法典》上的基础性概念是物、物权、债权。财产不是基础性概念，在民法典上没有专门设立规定。而在民法理论上：

财产，包括物（有体物）、精神产品和具有金钱价值的权利。此系继承了罗马法上的（广义）财产概念。

财产权，指具有金钱价值的各种权利的总称，包括：物权、债权、知识产权、继承权等。

财产法，指规定财产关系（财产权）的法律，包括：物权法、债权法、知识产权法、继承法等。

至19世纪下半叶，受德国法学的影响，拉美一些国家的民法典事实上已先于《德国民法典》规定了“物权”（derechos reales）编，并对“物”（cosaxst）和“财产”（bienes）作了界定。

如1871年的《阿根廷民法典》第三编即以“物权”为名，其起草者萨斯菲尔德（Sarsfield）博士在民法典的注释中，对物与财产的区别作了详细的说明。

《阿根廷民法典》第2312条规定：能具有价值的非物质性实体以及物，称为财产。

该条注释：在法学中，只有对人有用的东西，能被人类用作满足其需要的东西，能被使用或享用的东西，才被视为财产。尽管它可能只是

诸如用益权、债权之类的单纯权利。财产是一个人的物权和债权,在金钱价值关系上亦即作为财产来看而在法律上的概括。

继《德国民法典》之后的《瑞士民法典》《日本民法典》《希腊民法典》及民国时期民法,物权都是单独设编的。

《德国民法典》,因着重逻辑性和抽象性而严格区别物权和债权的做法,受到主要国家及地区学者普遍的赞同。即使原先属于法国法系的国家,也纷纷重新制定民法典,采用了物权概念,并规定物权编。例如:

1966 年新《葡萄牙民法典》 第三编 物权

1974 年新《玻利维亚民法典》 第二编 财产、所有权及在他人之物上设定的物权

1984 年新《秘鲁民法典》 第四编 物权

1986 年新《巴拉圭民法典》 第四编 物权或对物的权利

1992 年新《荷兰民法典》 第三编 财产法总则;第四编 继承权;第五编 物权;第六编 债权法总则

这里有必要谈到 1994 年的《俄罗斯联邦民法典》。郑成思教授在《建议一》中说《俄罗斯联邦民法典》不使用“物权”,只提到物权,这是一种臆断。事实上,《俄罗斯联邦民法典》在第一编“总则”第三分编“民事权利的客体”第 128 条规定了“物”(things)的定义。第 130 条、第 133 条、第 134 条、第 135 条分别对动产(movable things; movable property)和不动产(immovable things; immovable property)、可分物(indivisible things)、复合物(complex things)、主物(principal things)和从物(appurtenance)作了规定。其第二编以“所有权及其他物权”(the right of ownership and other right to thing)为编名,其中第十七章、第十八章、第二十章也反复使用“物权”(rights to thing)一语。顺便提到,《俄罗斯联邦民法典》的体例结构,为从苏联分离出去的一些国家全盘采用,如吉尔吉斯斯坦等。

在法国,虽然基于对《法国民法典》的尊重,法国人无意将此“主要反映法国农业社会生活风貌”的古老法典送入历史博物馆,而重新制

定一部新的《法国民法典》，但民法理论并未受其局限。

早在德国人创设物权概念之前，法国学者便已经试图在古罗马人的“对物权”的基础上区分“物权”与“债权”。例如，法国18世纪著名民法学者波蒂埃(J. Pothier)便指出：“对于商业活动中的物，人们将之归于两种类型的权利：人们在物上所享有的权利，被称为‘对物权’(jus in rem)；人们相对于物而享有的权利，称为‘受领物的给付的权利’(jus ad rem)。”

尤其在20世纪以后的民法理论中，“物权”(droit réel)、“主物权”(les droits réels principaux)、“从物权”(les droits rée ls accessoires)、“担保物权”(droit réel de garantie)等概念已经被广泛运用。因此，法国学者茹利欧·莫兰杰尔在其所著《法国民法教程》一书第二编“基本物权”中指出：法国人“对物权以及物权体系的理论表述也非常接近于德国法学家的表述”[40]。

应当说明，在法国，“物权”的概念虽然被普遍用于概括所有权及其他物权，但至少在形式上并未建立完全独立的“物权法”理论体系，其有关物权的理论，被纳入“财产法”(les biens)之更为广泛的领域。[41]法国学者的民法著述(也是教材体系)仍然是以《法国民法典》的体系为基础，分为四部分。

如最具权威性的让·卡尔波尼埃(Jean Carbonnier)的《民法》[42]：

第一卷　人(Les personnes)(包括人格、无行为能力、法人)

第二卷　家庭(La famille)

第三卷　财产(Les biens)

第四卷　债(Les obligations)(包括合同、侵权责任等)

其中，第三卷　财产[43]

---

[40] 《外国民法资料选编》编选组编：《外国民法资料选编》，法律出版社1983年版，第225页。

[41] 参见尹田：《法国物权法》，法律出版社1996年版。

[42] 参见〔法〕让·卡尔波尼埃：《民法》，法国巴黎P. U. F出版社1992年版。

[43] 参见〔法〕让·卡尔波尼埃：《民法》，法国巴黎P. U. F出版社1992年版。

第一章 广义财产的一般原理(Théoriede patrimoine)

第二章 资金(货币)的一般原理(Théoriedela monnaie)

第三章 物权与对人权的区别(Distinction du droit réeletdu droit personnel)

第一节 物权与对人权的分析(Analyse du droit réel et du droit personnel)

一、物权(Le droitr réel)

(一)物权的定义(Définitiondu droits réel)

(二)物权的分类(Classification des droits réels)

分为:主物权(Drotsr réels; principaux)

包括:

所有权;

用益权;

使用权;

地役权等。

从物权(Droitsréels accessoires)

包括:

抵押权;

不动产优先权;

质权;

动产优先权等。

在法语中,bien一词单纯指“财产”,而不指“财产法”,也不指“所有权”(propriété),更不指“物权”。值得注意的是,无论在《法国民法典》还是在理论著作中,bien一词都仅指有形财产(动产、不动产)。而有趣的是,学者以“财产法”命名的论著在论述基础理论时,大量使用的是“物权”(droit réel)概念,而“财产权”(droit de bien)概念反而少见。他们对于“物权”概念的运用,是如此娴熟和统一,如论述“物权的分类”“物权的特征”“物权的效力”,等等。权威学者让·卡尔波尼埃甚至断言："物权"与"债权"的区分，是法国"财产权利制度"的"脊梁"。[44] 所以，至少在理论上，我们可以断定：法国的"财产法"实质上就是物权法。

我们已经看到，在大陆法系内部，关于物权概念的使用，法国法系正在向德国法系靠拢。最能够说明问题的是荷兰的立法，旧《荷兰民法典》是典型的法国式法典，但1992年的新《荷兰民法典》不仅完全采用了德国式的"物权""债权"概念及其体系，而且将"物权法"编、"债权"编置于"财产法总则"编的统率之下。

第三编　财产法总则

第四编　继承法

第五编　物权法

第六编　债务法总则

第七编　特殊合同

第八编　运输法

第九编　智力成果法

从这一体例可以看到，大陆法系内部的德国法系和法国法系在法典编纂上已趋向于统一：都采用了"物权""债权"这一对基础性概念，并且采用了"广义财产"概念。所谓财产，指一切有金钱价值的权利的总称，包括物权、债权、继承权、知识产权等。所谓财产法，指规定各种财产权的法律规范的总称，包括物权法、债权法、继承法、知识产权法等。

小结：

《法国民法典》未采用物权概念，是因为法学发展的程度所限，当时的民法学还未将"物"限于"有体物"，还没有采用支配权、请求权这一重要的权利分类，因而还未用"物权"概念表述以有体物为客体的支配权，而绝非郑成思教授所谓已认识到物权概念是反映人与物的关系，财产概念则是反映人与人的关系。与历史唯物主义是否处于上升阶段

---

[44] 参见〔法〕让·卡尔波尼埃：《民法》，法国巴黎 P. U. F 出版社1992年版，第38页。

并不相干。

德国法采用物权概念,也绝不是什么历史唯物主义处于又一个低谷使然,而是德国民法学的发展已达到比制定《法国民法典》时的法国民法学更高的层次,是德国民法学更着重于法律概念的逻辑性和抽象性的必然结果。

如果只看到《法国民法典》没有使用"物权"概念,而不了解 20 世纪以来法国民法学者在理论著述和教科书中已经广泛采用物权概念和物权体系的事实,及在使用物权、债权这一对基本概念上,大陆法系内部的法国法系和德国法系正在走向合流的发展趋势,那就真像郑成思教授所讥笑的那样,只能算是"停留在了门槛上"。

七、代结语:如何看待有形财产

《建议三》:我们建议,设立"财产法"而非"物权法"。其根本理由在于,"物"在财产中的比重已经很小,"物"又是一个缺乏弹性和延伸性的概念。如果以"物权"为起点立法,就会造成调整社会财富关系的基本法律制度将社会财富的主要部分排除在外的结果。这种结果是完全不能被接受的。

20 世纪后期,无形财产和无形服务已作为社会和私人财产的重要内容越来越与有形的"物"分庭抗礼。目前,金融服务、邮电服务、计算机网络服务、医疗服务、律师服务等行业快速发展,在社会财富构成中所占比例越来越大。……"物"或"物权"并不能容纳以知识产权为代表的无形财产。而法国法采取的"财产"概念,正好迎合了 20 世纪末的现实。"财产"和"财产权"的概念完全能够包括无形财产和服务的内容。当然,对于无形财产中的知识产权,法国另立了知识产权法典。

我国如果真要制定一部调整社会财产关系的基本法律,就应当认真考虑法国法中财产权的概念,不要把有形的"物"作为主要的,甚至唯一的财产形式来对待,也不要把蒸汽机时代形成的过时规则移植到网络时代。

郑成思教授在此点明了他之所以主张制定"财产法"而不是"物权

法”的根本理由，亦即与民法学者们的根本分歧之所在：郑成思教授认为20世纪后期以来，物在财产中的比重已经很小，有形的“物”已经不是社会财富的主要部分。

在此有必要指出，无论采英美法系民法的狭义财产概念，或者采大陆法系民法的广义财产概念，均难以涵盖“服务”。服务提供者与服务接受者之间是一种合同关系。按照服务合同，服务提供者的义务是为对方提供服务，其权利是要求对方为此支付代价即服务费；服务接受者的义务是向对方支付服务费，其权利是要求对方提供服务。双方权利义务的标的是“服务”，即服务提供者的某种行为。无论金融服务、邮电服务、计算机网络服务、医疗服务、律师服务以及其他服务，莫不如此。“服务”本身绝非“财产”。这在采狭义财产概念的英美法系民法中是不言自明的。在采广义财产概念的大陆法系民法中，“服务”本身也不是财产，唯服务接受者依服务合同所享有的“债权”，才是财产。

郑成思教授说，20世纪后期，无形财产和无形服务已作为社会和私人财产的重要内容越来越与有形的“物”分庭抗礼。目前，金融服务、邮电服务、计算机网络服务、医疗服务、律师服务等行业快速发展，在社会财富构成中所占比例越来越大。显而易见，郑成思教授为了达到贬低有形财产的目的，而将无形服务说成是社会和私人财产的重要内容，竟忘记了自己的狭义财产概念和自己所持的逻辑！

现在让我们正视郑成思教授与民法学者的根本分歧，而着重表明中国的民法学者们的态度：应当如何看待“有体物”即“有形财产”？如何看待知识财产？如何看待科学技术？如何看待网络技术？人类进入知识经济时代，“有体物”即“有形财产”是否已丧失其重要性？

在此有必要引用恩格斯在马克思墓前的讲话：“正像达尔文发现有机界的发展规律一样，马克思发现了人类历史的发展规律，即历来为繁芜丛杂的意识形态所掩盖着的一个简单事实：人们首先必须吃、喝、住、穿，然后才能从事政治、科学、艺术、宗教，等等；所以，直接的、物质的生活资料的生产，和一个民族或一个时代的一定的经济发展阶段，便构成基础,人们的国家设施、法的观点、艺术以致宗教观念,就是从这个基础上发展起来的,因而也必须由这个基础来解释,而不能像过去那样做得相反。"㊺

人们首先必须吃、喝、住、穿,然后才能从事政治、科学、艺术、宗教等活动。这就是马克思的伟大发现!人要生存,必须吃饭、喝水、住房、穿衣!没有饭吃,没有水喝,没有房住,没有衣穿,人就不能生存!如此简单的事实的发现,被恩格斯称为足以和达尔文的发现相比拟的伟大发现!所谓饭,所谓水,所谓房,所谓衣,无非物质生活资料而已!法律上称为"有体物",称为"有形财产"!从而,物质生活资料的生产亦即"有体物""有形财产"的生产,成为人类社会赖以生存的前提条件,成为一切国家设施、法的观点、文学艺术、宗教观念等所由发生、发展的基础。这就是历史唯物主义的基本原理!这就是历史唯物主义的基本内容!真理竟是如此简单朴素!郑成思教授说"有体物"不重要、"有形财产"不重要,也就是认为物质生活资料的生产不重要,也就是认为物质生活资料即"有体物""有形财产"的生产已经不再是人类社会赖以生存的前提条件,显然不符合历史唯物主义的基本原理。

社会主义生产的目的,是满足人民群众日益增长的物质生活和文化生活的需要。满足人民群众日益增长的物质生活需要,要靠不断生产出各种各样的高质量的生活消费品,即食品、饮料、衣服、鞋帽、房屋、汽车等"有形财产";满足人民群众日益增长的文化生活需要,要靠不断生产出各种各样的书籍、胶卷、光盘、影碟、电视机、录音机、录像机、摄影机、电子计算机、多媒体装置、电影院、运动场馆、娱乐设施等"有形财产"。谁谓"有形财产"不重要,问问他是否不吃饭、不喝水、不住房、不穿衣、不乘车、不看电视?如果他是学者,再问问他是否不用电脑、不看书刊、不用纸笔?其实,要证明"有体物"的重要性,要证明"有形财产"的重要性,并不需要讲什么深奥的道理,仅凭人们的社会经验和生活常识就够了!

㊺ 《马克思恩格斯全集》(第19卷),第374页。

我们强调“有体物”即“有形财产”的重要性，并不因此否认网络技术的重要性。但网络技术只是改变了传统的信息传递方式。所谓电子商务，即通过网络签订合同，但合同的履行仍离不开实际的交货和付款。所谓电子支付、电子资金划拨，即通过网络指示银行付款，实际上仍然要有真正的货币，或相当于一定金额货币的商品。所谓“网络生存”，并非人可以生存于网络空间，仅仅是通过网络签订购买生活用品的合同，而所订购的生活用品仍然要由速递公司，通过机动车运送到你的住所门口。因此，网络技术也离不开“有体物”即“有形财产”。虽然某些非物质的商品，可以直接在网络上实现交货，如直接下载文件、直接收看音像资料和图片等，可是不要忘记，下载、接收、收看、收听仍然离不开终端电脑、磁盘、显示屏、键盘、鼠标、电话线等“有体物”及“有形财产”！

我们强调“有体物”即“有形财产”的重要性，也并不因此否认知识产权的重要性。专利技术当然重要，但消费者并不消费专利技术本身，而是消费用专利技术生产的“有体物”即“有形财产”。虽然企业直接消费专利技术，但不要忘记任何专利技术的实施都离不开机器设备等“有体物”即“有形财产”，并且企业购买专利技术和实施专利技术的目的，仍然是为了生产出更多更好的“有体物”即“有形财产”。商标当然重要，但消费者并不消费商标本身，而是靠辨认商标以选择要购买的“有体物”即“有形财产”。版权也当然重要，但消费者并不消费版权本身，而是消费附着于有形载体的作品，无论是一篇文章、一部小说、一幅图画、一首歌曲、一部影视作品，只在附着于某种载体，变成报刊、图书、画册、磁盘、磁带、影碟、光碟等“有体物”即“有形财产”时，才能被消费。即使所谓网上出版，也是由消费者自己从网络下载所选择的作品，使之附着于自己的电脑显示屏、电脑磁盘才能被消费，而电脑显示屏、电脑磁盘仍然是“有体物”即“有形财产”。

即使是一个天才，他的脑子可以不停地发明技术、设计商标、构思作品，即创造知识产品，难道他可以不吃饭、不喝水、不穿衣、不住房、不乘车？他要把构思的发明、设计的商标、创造的知识产品记录下来，即使不用电脑、键盘、鼠标、磁盘等,难道还能不用纸、笔等“有形财产”?

实现四个现代化,当然要靠对高水平的科学技术的运用。但高科技本身并不等于现代化,高科技必须与有体物结合,物化为各种高炉、转炉、轧钢生产线、汽车生产线、仪器、仪表、高压电线、铁塔、发电站、变电站、飞机、船舶、机动车、高速铁路、高速公路、地铁、车站、码头、空港、战舰、航母、潜艇、战斗机、侦察机、轰炸机、武装直升机、坦克、装甲车,各种机枪、步枪、大炮、火箭、导弹及各种军事装备等“有体物”即“有形财产”。高科技如果不与“有体物”结合、不能物化于“有形财产”,也就丧失其存在的目的和价值。

总而言之,科学技术、网络技术、专利商标等所谓“无形财产”,与“有体物”即“有形财产”之间,是“手段”与“目的”的关系,是“原因”与“结果”的关系,是正比例关系,而绝不是反比例关系。既然“科学技术是生产力”,则“科学技术”愈发达,“生产力”就愈会提高,因而所生产的物质生活资料“有体物”即“有形财产”的总量就愈增长!郑成思教授为了贬低民法学者,为了贬低“有体物”即“有形财产”,为了否定“物权”概念和“物权法”,已经背离了关于物质生活资料的生产是社会存在的前提条件的原理,以及科学技术是生产力的原理,背离了历史唯物主义!

郑成思教授说法国法采取的“财产”概念,正好迎合了20世纪末的现实。“财产”和“财产权”的概念完全能够包括无形财产和服务的内容。这其实是郑成思教授对法国民法的误解。无论是在《法国民法典》还是在理论著作中,财产一词都仅指有形财产(动产、不动产),而不包括无形财产。这正是法国对于知识产权另外制定知识产权法典的原因。

需澄清的一点是,我们从来没有打算以“有体物”或“物权”容纳以知识产权为代表的无形财产,我们也并不是“真要制定一部调整社会一切财产关系的基本法律”,我们只是建议制定一部调整有形财产归属关系的基本法律,即物权法。调整财产(包括有形财产和无形财产)流转关系的法律即债权法,当然是将来制定的民法典的一部分,至于是作为一编规定还是分解为三编或两编规定,尚无定论,也许要取决于这部分条文的多少。调整无形财产中的知识产权关系的法律,已经有了专利法、商标法和著作权法,我们的意见是继续保留这三部单行法,作为将来制定的民法典的特别法。可见,我们主张制定物权法,并不是要把有形的“物”作为主要的甚至唯一的财产形式来对待。

郑成思教授还指出,我们主张制定规范有形财产归属关系的物权法,是要把蒸汽机时代形成的(《德国民法典》的)过时规则移植到网络时代。同样,我们也可以认为郑成思教授主张制定所谓财产法,是要把马车时代形成的(《法国民法典》的)过时规则移植到网络时代。因为,郑成思教授并没有举出任何有说服力的理由,以证明蒸汽机时代的规则必定过时,必定不适应网络时代,而马车时代的规则就必定不过时,必定适应网络时代!

“三分法”或者“一元论”*

——物权法指导思想之争

财产权保护的基本原则,在社会主义的传统民法理论中叫“公有财产神圣不可侵犯”。1986年制定《民法通则》,将“公有财产”区分为“国家财产”与“劳动群众集体财产”,仅在第73条规定“国家财产神圣不可侵犯”。现今民法学界一致认为,“公有财产神圣不可侵犯”和“国家财产神圣不可侵犯”,是改革开放前的单一公有制和计划经济体制的本质和要求在法律上的反映,与我国现在的经济生活已经严重脱节,不符合社会主义市场经济的本质和要求。

现在的经济生活,按照中共十五大报告中的提法,是多种所有制经济形式并存。各种所有制经济形式,在法律地位上应当是平等的,不应有高低贵贱之分,要求获得平等的法律保护。因此,中国社会科学院物权法立法研究课题组建议改采“合法财产一体保护”原则。按照这一基本思路,我们制定物权法,不应再区分生产资料所有制的类别,而着重于财产的取得是否合法。凡是合法取得的财产,不问其所有制性质,不分属于公有、私有,在法律上平等对待、平等保护。

也有学者建议:抛弃“公有财产神圣不可侵犯”原则,代之以“私有财产神圣不可侵犯”原则。课题组认为“私有财产神圣不可侵犯”原则,不符合我国经济生活的多种所有制形式并存、以公有制为基础的特点,不符合“平等对待、平等保护”的要求。即使在以私有制为基础的

---

* 本文写作于2004年11月12日。

市场经济国家,对“私有财产”也有种种限制,已经不再讲什么“神圣不可侵犯”。“公有财产神圣不可侵犯”也好,“私有财产神圣不可侵犯”也罢,其共同点是按照生产资料所有制对财产权进行区分,并对某种所有制的财产特殊对待、特殊保护,都不能反映我国社会主义市场经济的本质和要求。

“合法财产一体保护”的基本原则,在 2002 年 12 月提交全国人大常委会审议的《中华人民共和国民法草案》(以下简称《审议稿》)中并没有得到体现。《审议稿》物权法编(第二编)仍然按照所有制对财产权进行区分,分为“国家所有权”(第五章)、“集体所有权”(第六章)和“私人所有权”(第七章)。这是保留了传统的社会主义民法理论的分类法。同时,《审议稿》既没有规定“公有财产神圣不可侵犯”,也没有规定“国家财产神圣不可侵犯”。特别值得指出的是,《审议稿》没有采纳传统社会主义民法特殊保护国家财产的三项制度:第一,某一项财产归属不明的,推定为国家所有;第二,某一项财产有争议,双方都不能充分证明自己的权利的,推定为国家所有;第三,对国家财产不适用取得时效和诉讼时效。因此,我们可以说,《审议稿》与《民法通则》相比,在财产权保护问题上前进了“半步”。因为没有规定“国家财产神圣不可侵犯”和特殊保护国家财产的三项制度,所以说有所“前进”;因为保留了按照所有制对财产权进行区分,所以说只“前进”了“半步”。

2003 年 4 月在云南丽江召开了关于民法典立法问题的国际学术讨论会,从发表在中国民商法律网上的《会议纪要》可以看到,会议参加者就是否赞成《审议稿》按照所有制划分财产权的做法,形成两种意见。一种意见认为,按照所有制划分并没有什么不好,称为“三分法”;另一种意见认为,应该抛弃按照所有制划分财产权的传统做法,贯彻“合法财产一体保护”原则,称为“一元论”。

主张“三分法”的学者说:按照所有制划分的理由,是现实存在多种所有制。按照所有制划分财产权,并不等于对国家财产特殊保护,草案不是没有规定“国家财产神圣不可侵犯”吗?即使现行《民法通则》规定“国家财产神圣不可侵犯”,“国有资产流失”不仍然很严重吗?怎么能够说按照所有制划分,就一定会导致对私有财产的不平等保护呢?

要反驳"三分法"论者并不难。正因为现实经济生活中存在多种所有制,才要求平等的法律保护,才需要贯彻"合法财产一体保护"原则。如果仍然是单一公有制,当然也就不用谈什么平等保护了。虽说《审议稿》在按照所有制划分财产权的同时,没有如《民法通则》那样规定"国家财产神圣不可侵犯",但根据社会生活经验,按照所有制区分财产权的结果,必然是不平等对待。必须指出,"国有资产流失"与财产权保护的指导思想和法律制度无关,"国有资产流失"的根源在国有资产的管理体制和干部体制,中纪委查处的许多大案要案足可证明。而自改革开放以来,私有财产、私营经济没有得到平等的法律保护,的的确确与财产权保护的指导思想和按照所有制划分财产权有关。

从逻辑上说,"区分"必定意味着"区别对待","区别对待"必定是"不平等对待"。改革开放前,按照"家庭出身"对学生、工人、干部进行区分的经验,已充分证明了这一点。今天,这种对人区别对待的制度已经被废弃,而实现了"法律面前人人平等",在财产权保护的指导思想和法律制度上,还有保留按照所有制进行"区分"的必要吗?

经验告诉我们,只要按照所有制"区分"财产权,就必定会对我们的执法者和司法者产生"某种影响":如果作出的处理、裁判结果不利于国有企业、国家机关一方,会不会被指责为"造成国有资产流失"?实际情况是,凡是国有企业、国家机关一方在诉讼中败诉,不论判决是否合法、正当,败诉方在上诉状、申诉状中必定指责该判决"造成国有资产流失",还会以此为主要理由,想方设法通过各种渠道,对法院施加影响。也的确有一些这样的案件,因为法院、法官受到有形或潜在的影响而造成错误裁判,致非公有制一方的合法权益未得到保护。因此,我们制定物权法,一定要放弃按照所有制区分财产权的做法,切实贯彻"合法财产一体保护"原则,放弃"三分法",代之以"一元论"。

如何理解物权法*

制定物权法是从 1998 年开始的,至今已有 9 个年头。1999 年产生第一个专家草案(由笔者负责的“社科院草案”),2000 年产生第二个专家草案(由王利明负责的“人民大学草案”),2001 年产生法工委的正式草案。该草案于 2002 年 12 月经过人大常委会第一次审议;2004 年 10 月经过第二次审议;2005 年 6 月经过第三次审议;2005 年 7 月在媒体公布并征求修改意见,10 月经过第四次审议。2006 年可能还将进行两次审议。其审议次数之多,是前所未有的。但物权法的复杂性和整个社会的物权法知识不足,使物权法遭遇了太多的误解和混淆,被强加了不适当的期望和指责。因此,我们有必要重新考虑对物权法的认识。但要正确认识物权法,必须从什么是民法说起。

一、民法概念重探

(一)民法是调整日常生活的法律

民法与我们的生活密切相关。我们早上醒来,先拧开水龙头洗脸刷牙,然后打开煤气灶做早饭。水是自来水公司供应的,煤气是煤气公司供应的,我们与自来水公司、煤气公司之间的关系是由民法规定的。饭后去单位上班,乘电车、公共汽车或者地铁,我们与公交公司、地铁公司之间的关系是民法规定的。如果坐自己的汽车,则我们与汽车供应商之间的关系、与保险公司之间的关系,也是民法规定的。我们工作的

---

* 本文原载《河南社会科学》2006 年第 4 期。

单位无论属于私人企业、外资企业、国有企业，还是属于事业单位、国家机关，我们与单位之间的雇佣（劳动）关系也是由民法规定的。下班后去商场购物、去餐馆用餐、去保龄球馆打保龄球、去培训班上课、去浴池洗浴、去理发店理发、去医院看病等，我们与商场、餐馆、保龄球馆、浴池、理发店、医院之间的关系也都是由民法规定的。还有我们的家庭生活，夫妻之间的关系、父母子女之间的关系也都是由民法规定的。可见，民法是与每一个人关系最密切的法律。

（二）民法是规定经济生活和家庭生活的法律规则

在市场经济条件下，一个人要生存，总要用自己的劳动（包括智力劳动或者体力劳动）去换取金钱（工资报酬），然后用金钱去换取各种商品（生活资料）和各种服务。这就是我们的经济生活。每一个人，一出生就生活在（父母的）家庭中，成年后要结婚，要组织（自己的）家庭，这就是我们的家庭生活。因此，一个人总是同时处在经济生活和家庭生活中。民法就是规定经济生活和家庭生活的行为规则的法律。一个国家有各种法律，当然各种法律都重要，但唯有民法是每一个人须臾不可离开的法律。

（三）民法的内容

民法分为财产法与身份法。

有关经济生活的法律规则，称为财产法。财产法包括：市场交易规则法（债权法）、有形财产归属法（物权法）、死者遗留财产处理法（继承法）。

有关家庭生活的法律规则，称为身份法（亲属法或称婚姻家庭法）。

市场交易规则，就是合同法。所谓合同，就是市场交易的法律形式。合同法规定正常的市场交易关系。还有类似市场交易关系的规则，这就是侵权法、不当得利法、无因管理法。

合同法是市场交易规则法，侵权法是对受害人的救济法，二者虽有不同，但考虑到受害人请求加害人支付损害赔偿金的权利，与合同当事人请求对方付款、交货的权利相同，都属于债权，而且对方按照合同约定或者法律规定交货、付款、支付工资报酬、支付损害赔偿金或者提供各种服务的义务,都属于债务,因此,将合同法与侵权行为法、不当得利法等合在一起,称为债权法。

(四)民法属于私法

从法学角度看,整个社会生活可以划分为两个领域:民事生活领域和政治生活领域。民事生活领域涵盖了全部经济生活和家庭生活。政治生活领域包括国家的组织与国家的活动即立法、司法、行政以及人民政治权利的享有和行使等。

法律理论上,把调整政治生活领域的法律规则,包括宪法、刑法、诉讼法、行政法、经济法等,称为公法;把调整民事生活领域,包括经济生活和家庭生活的法律,称为私法。因此,民法属于私法。

(五)民法的基本原理——意思自治

公法所遵循的基本原理是国家意志决定,即政治生活领域的一切问题,包括政府机关的设置、国家权力的行使、人民政治权利的赋予和义务的设定,均取决于上级国家机关的决定。

民法所遵循的基本原理是意思自治,即经济生活和家庭生活中的一切权利义务关系的设立、变更和消灭,均取决于当事人自己的意思,原则上国家不做干预。只在当事人之间发生纠纷且不能通过协商解决时,国家才以仲裁者的身份出面予以裁决。意思自治的实质,就是由平等的当事人通过协商决定相互间的权利义务关系。

意思自治这一基本原理,体现在民法的各个部分。例如在物权法上叫所有权自由,指所有权人在法律许可范围内可以自由占有、使用、收益和处分其所有物;在继承法上叫遗嘱自由,指个人在生前可以订立遗嘱,决定其身后遗产的归属;在合同法上叫合同自由,指当事人自己决定是否订立合同,与谁订立合同,以什么形式订立合同及决定合同内容。

意思自治不是绝对的。在现代市场经济条件下,国家出于对市场进行宏观调控和保护消费者、劳动者及社会公共利益的目的,通过制定一些特别法规对意思自治予以适度限制。

二、物权法是有形财产归属法

参加市场交易的前提是有财产(商品、金钱)。如果没有财产(商品、金钱),则可以用自己的知识、技术和体力劳动去换取。进行市场交易的结果,通常是获得新的财产,如各种消费品、房屋、汽车、货币等。对于已经存在的财产,谁可以占有、使用、收益、处分,必须要有明确的规则。例如,你的房屋、你的汽车,只有你和你的家人才能使用,其他人要进入你的房屋、使用你的汽车,必须得到你的许可。对现存财产的占有、使用、收益、处分的权利,就是所有权。

你如果向银行借款,把自己的三居室房屋抵押给银行,则你的三居室房屋就设立了银行的抵押权。抵押权的存在,虽然不影响你和你的家人继续使用房屋,但一旦到期你不能归还银行的借款本金和利息,银行就可以申请法院拍卖你的房屋。再如,你将劳力士手表质押给典当行,典当行对你的劳力士手表就有了质权,回赎期限届满你未能赎回,这块手表就归典当行所有。抵押权和质权的作用在于担保债务的履行,合称担保物权。

国家推行国有土地出让制度,以收取出让金为代价将国有土地交给企业开发商品房、写字楼或者建厂房,企业对该国有土地就拥有建设用地使用权;农村集体将农地承包给农户生产经营,农户对集体的土地就有了农地使用权(土地承包经营权)。建设用地使用权和农地使用权,都是对他人的财产进行占有、使用、收益的权利,称为用益物权。

所有权,是对自己的财产的权利;担保物权(抵押权、质权)和用益物权(建设用地使用权、农地使用权)是对他人的财产的权利。关于所有权、担保物权、用益物权等的法律规则,合称物权法。

物权法的内容当然不仅限于此,还包括购买房屋、汽车等。从什么时候取得所有权;拾得遗失物应当怎么办;共有人之间的关系;相邻不动产之间的通行、取水、排水、采光及损害如何处理的规则;一栋建筑物有上百套单元房,有上百位房屋所有权人,他们如何行使权利,如何共同管理整栋建筑,如何处理与物业公司的关系;等等。

总而言之,物权法是有形财产(动产、不动产)归属关系的基本规则。

三、物权的概念

所谓物权,是指直接支配特定的物并排除他人干涉的权利。按照这个定义,物权有三个要点:特定物、支配性、排他性。所谓特定物,指当事人具体指明“这个”“那个”的物。现房买卖和二手汽车买卖,都是特定物买卖。一般的买卖,只约定商品的厂家、规格、型号、质量,属于种类物买卖。种类物买卖到交货时,买受人说“我就要这一台(彩电或者电脑)”,这台彩电或者电脑,就变成特定物。

所谓支配性,也不难理解。支配就是用人的四肢对财产(如手机、手表、钱包)进行控制的意思。大型财产,如汽车、房屋,不能用四肢控制,就采用变通办法,通过控制车钥匙、房门钥匙的办法予以控制。直接支配,就是不依赖任何人的同意和帮助,自己控制属于自己的财产的意思。

关键在于理解排他性。物权的排他性不是财产本身所具有的属性,而是法律强行规定的。例如,开发商把一套房屋卖给张三,由于合同上的权利没有排他性,开发商又将同一套房屋卖给了李四。在上海就有同一套房屋卖给 6 个人的事例。这就是“一房多卖”。为什么会出现“一房多卖”呢?就是因为买卖合同上的权利属于债权,而债权不具有排他性,属于相对权。即合同上的权利只对合同当事人有效,对他人无效。开发商把一套房屋卖给张三,张三请求开发商交房和办理产权过户的权利属于债权,不具有排他性,对合同之外的人无效,因此开发商还可以把同一套房屋卖给李四甚至再卖给王五,而开发商与李四订立的买卖合同,与王五订立的买卖合同,都同样有效。因此,开发商之所以能够“一房多卖”,是因为合同上的权利属于债权,债权属于相对权,不具有排他性。但在“一房多卖”的情况下,如果其中一个买房人办理了产权过户,他对该房屋就有了物权(所有权),因为物权具有排他性,排除了其他买房人的干涉,人民法院就必须判决拥有所有权的这个买房人得到这套商品房。

民事权利分为具有排他性的权利和不具有排他性的权利。凡是有排他性的权利法律都是用刑事责任、侵权责任来保护的，如果这样的权利被侵犯，轻则追究侵权责任，重则追究刑事责任。凡是没有排他性的权利，法律只用违约责任来保护，只追究侵害人的违约责任。刑法上所规定的抢劫罪、抢夺罪、盗窃罪就是用来保护物权的排他性的。

有这样一个例子，张三向李四借了钱，到期不还。张三是养猪的，于是李四趁张三不在家，带人到张三家里去抓小猪抵债，并且按照张三欠钱的数额抓走一定数目的小猪。张三告上法院，经过审理法院判处李四承担侵权责任。当然，如果张三通过公安机关处理，李四就要承担刑事责任。为什么张三赖账不还反而没事？原因在于李四的金钱债权不具有排他性。如果张三不还钱，李四应该到法院起诉，请求法院判令张三承担违约责任，强制他还钱，并且支付利息。因为债权没有排他性，所以张三既不构成犯罪，也不构成侵权。相反，张三对小猪的权利是物权，具有排他性，李四未经张三同意去抓小猪，就侵犯了张三物权的排他性，李四就要承担侵权责任。

实际上，物权的排他性，不仅排除一般人的干涉，而且着重排除国家的干涉，首先是警察的干涉。警察能不能随意闯入私人的房屋？绝对不行。我们看到车站、码头、广场、街道、公路都有警察巡逻，但私人的住宅、住宅小区没有警察巡逻。为什么警察不能进入我们的小区巡逻呢？为什么许多小区的门口都有一块牌子，上面写着 8 个大字“私人产业，非请勿入”？“非请勿入”的意思是不经权利人同意，你就不能进去。私人产业，就是物权法上的“物权”“非请勿入”，体现了物权的排他性。即使是警察，也不能随意闯入私人的房屋，除非得到房主的同意或者持有搜查证。

前两年有一个在网上炒得很厉害的黄碟事件。4 名警察跑到人家卧室，把小两口抓起来，说小两口在卧室里看黄碟。为什么后来公安机关就此事赔礼道歉，那 4 名警察也受到处分？4 名警察和公安机关究竟错在什么地方？因为人家的房屋属于不动产物权，物权具有排他性，具有排除包括警察在内的一切人干涉的法律效力。警察要进入别人的房屋:第一,须得到房主的同意;第二,警察要想强行进入,必须持有搜查证。没有搜查证,就不能强行进入。这两个警察,既没有得到房主的同意,也没有取得搜查证,强行进入私人住宅,构成违法行为。

当时一位宪法学者发表一篇文章,题目是《卧室里的宪法权利》。一位很有名的法理学者发表文章说:且不说小两口在卧室里看黄碟,就是在卧室里演黄碟警察也管不着。我们觉得颇有道理。但我们再一想,哪一个国家的哪一部宪法规定了公民在自己的卧室里享有什么权利?可以做什么?我们找不到这样的宪法。宪法不会规定人们在卧室里有哪些权利。为什么呢?因为这是在物权范围之内。说公民在卧室里演黄碟警察也管不着,当然是正确的,但他没有告诉我们为什么警察管不着。这个理由就是物权具有排他性。警察要强行进入私人的房屋,必须有搜查证,没有搜查证就构成违法。

现在我们讲依法行政,时任温家宝总理在2004年的《政府工作报告》中讲"全面推行依法行政"。但一讲依法行政,就有个倾向,好像依法行政就是我们多制定一些行政法规、行政规章,使其尽量完善。是不是行政法规尽量完善了就实现依法行政了?不是。首先要民法完善,物权法完善,才能够真正做到依法行政。为什么这样说呢?因为依法行政首先并不是行政程序的问题,而是公权力的界限划在什么地方的问题。公权力有没有界限?界限何在?靠什么去限制公权力的滥用?要靠公民的私权,靠财产权才能限制它。公民的房屋、汽车物权具有排他性,就是对公权力的限制。你不能强行进入他人的房屋。即使他人交通违章,你可以罚款、扣驾照,但你不能没收他人的汽车。

因此,制定物权法的重大意义,就在于通过物权法明文规定物权的定义来教育国民。首先是要灌输给警察、国家公务员、国家机关干部、地方政府领导人,让他们知道物权具有排除他人干涉的效力,认识物权是排他性的权利,这就是物权观念、私权观念。现实生活中经常发生严重侵犯公民财产的违法行为,可能有多种原因,其中一个原因就是公务员队伍、地方政府领导人中有个别人没有物权观念、私权观念,不知道物权具有排他性。虽说土地使用权出让了,但土地上的房屋,还是居民的财产权,在达成房屋拆迁安置补偿协议之前,居民对房屋的所有权具有排除他人干涉的效力,任何人都不能动。但个别地方政府的领导人不懂,动用公权力去拆老百姓的房子,造成了非常严重的后果。

四、物权法应规定何种国家财产

(一)规定非经营性国家财产

国家财产分为经营性财产与非经营性财产,物权法规定非经营性财产,经营性财产由公司法等规定。物权法应当规定的非经营性财产分为:(1)公有物(国家所有国家使用),包括国家机关办公设施(如人民大会堂),军事设施如武器、装备等,矿藏、土地、山脉、水流、海域等。(2)公用物(国家所有公众使用),包括道路、机场、车站、码头、公立公园、公立博物馆、公共图书馆、公立学校、公立医院等。

(二)不应规定国有企业财产

国有企业(经营性财产),包括国有独资公司、国家控股公司。国家与这些企业的关系,属于投资者(股东)与企业的关系,由现行《公司法》规定。国有企业对企业动产、不动产的关系,适用物权法关于所有权的一般规则。

五、正确认识物权法的作用

(一)物权法的作用是定分止争

定分,即明确划分各种权利的界限、明确公权与私权的界限(这一点具有重大意义);止争,即规则完善、权利界限清晰,便于权利人行使权利,减少纷争。发生权利冲突、纷争时,便于人民法院依法裁判、消除纷争,制裁违法行为人。

(二)物权法不是保护法

物权法有利于保护合法的公私财产,但物权法不具有保护公私财产的职能(物权法属于财产归属关系法,不是财产保护法);保护公私财产,是刑法(侵犯财产罪)、侵权法(侵犯财产的侵权责任)的职能。即使刑法、侵权法对公私财产的保护,也绝不是事前的保护,而是事后的补救

(救济)。换言之,在公私财产遭受侵害之后,由人民法院按照物权法规定的权利界限来认定违法、制裁违法行为人,这不是本来意义上的保护。

(三)谁的财产谁保护,是财产保护的基本原则

物权法规则完善、界限清晰,有利于公私财产的权利人正确行使占有、使用、收益、处分的权利,使自己的财产保值增值;遭受侵害时及时诉请人民法院予以救济。无论公私财产,其权利人管理不善,导致流失、损失,均与物权法无关。至于物权法规定非经营性国家财产(公有物、公用物)的管理和保护问题,国家可以制定"国家财产管理法",区别于国家管理保护经营性财产的国有资产管理法。

(四)制定物权法的重大意义在于普及物权观念

明文规定物权是具有排他性的权利,明确划分公权与私权的界限,凡物权范围之内是私人活动的空间,物权范围之外是公权力活动的空间,可以约束、限制公权力的滥用。警察要强行进入他人房屋必须持有搜查证,没有搜查证进入公民卧室构成违法行为。没有达成拆迁补偿协议强拆居民房屋,构成违法。对违章摆摊的小贩,只能教育、罚款,不能没收他的商品和工具。查处黑车,可以罚款,但暂扣车辆必须返还,损坏了必须赔偿。明确划分公权与私权的界限,可以限制公权力的滥用,减少行政违法行为,确保公民人身权利、财产权利不受公权力滥用的侵害,真正实现依法行政。

六、物权法是否有利于富人而不利于穷人

认为物权法有利于富人,不利于穷人,这是对物权法最大的误解。物权法实践《宪法》关于人人平等的基本原则,对合法的公私财产一视同仁,规定同样的规则,被称为合法财产的平等保护。乍看起来,富人的财产多,因而受到的保护就多;穷人财产少,甚至没有什么财产,因此受到的保护就少甚至没有受到保护。这不仅混淆了物权法的性质(混同于保护法),而且颠倒了是非。

实际上,愈是穷人、普通人,如工人、农民、打工者,愈需要物权法。物权法对于穷人、普通人的重要意义,远远超过对于富人。

对《物权法草案（征求意见稿）》的不同意见及建议*

一、关于物权定义

《物权法草案(征求意见稿)》第 2 条第 2 款规定:本法所称物权,指自然人、法人直接支配特定的物的权利,包括所有权、用益物权和担保物权。

建议增加排他性效力,修改为:本法所称物权,指自然人、法人直接支配特定的物并排除他人干涉的权利,包括所有权、用益物权和担保物权。

物权具有"排他性",具有"排除他人干涉"的效力,这一点具有非常重大的意义。公权力和私权利的界限在什么地方?在于物权的"排他性"。一家人住在房子里,国家机关的公务员不能随便往里面闯入。由于物权具有排除他人干涉的法律效力,这就划分了公权力和私权利的界限:房屋大门之外是公权力活动的范围,房屋大门之内是私权利的活动空间,公权力要跨越这个界限,有两个前提:一是物权人同意;二是持有搜查证。

草案中规定物权的定义,一定要明文规定物权的"排他性"。物权的"直接支配性"是人类的本能,是"自然属性"。"排他性"是"法律属性",要通过法律的明文规定并且向整个社会灌输,使人们尤其是公务员认识物权的"排他性",明确公权力和私权利的界限。不然的话,警

* 本文原载《河南省政法管理干部学院学报》2006 年第 1 期。

察动不动往人家家里闯,动不动就没收人家的三轮车、摩托车,强拆人家的房屋,这些违法行为就得不到纠正,依法行政就会遥遥无期。

民事权利有多种,唯具有“排他性”的权利才受刑法、侵权法的保护。进入他人房子偷东西的,构成盗窃罪;当街抢夺财物的,构成抢夺罪。为什么?因为物权具有“排他性”。不具有“排除他人干涉”的效力的权利,如合同上的权利,只能受违约责任的保护。司法实践中,经常涉及“罪与非罪”的界限,而“罪与非罪”的界限就在于受侵害的权利有没有“排他性”?侵犯具有“排他性”的权利,构成犯罪行为,当然就是“罪”(轻的也要构成侵权责任);侵害不具有“排他性”的权利,只能追究违约责任,当然就是“非罪”。

物权的“排他性”还与判断证据有关。若干年前美国“辛普森案”,为什么法官当庭宣判辛普森不构成犯罪?关键在于,法庭查明联邦警察是在没有搜查证的情况下,翻墙进入辛普森的住宅搜出凶器和血手套的。因为私人住宅所有权具有“排他性”,联邦警察在既没有得到房主同意也没有取得搜查证的情形下翻墙进入他人住宅,就构成“违法行为”,而“违法行为”取得的证据属于“非法证据”,当然不具有“证据效力”。我国最高人民法院关于证据的解释文件也规定,“违法取得”的证据不具有证据效力。什么叫“违法取得”?没有事先取得搜查证进入私人住宅、进入具有排他性的物权效力范围,就属于“违法取得”。

二、关于物权优先于债权原则

建议在本节恢复《物权法草案(第二次审议稿)》第8条关于物权优先于债权原则的规定:

第×条　在特定的不动产或者动产上,既有物权也有债权的,优先保护物权。但法律另有规定的除外。

“物权优先于债权原则”是处理物权与债权冲突的基本规则,也是法官在司法实践中最常用的裁判规则之一。主要适用于两类案件:一是在“一房多卖”案件中,据以判决已经办理产权过户的买房人得到争议房屋;二是在企业破产和清产还债案件中,据以判决抵押权人优先受偿及出租人取回租赁物。这一原则的例外规则,即条文“但书”所谓“法律另有规定”:一是《合同法》第229条关于买卖不破租赁的规定;二是《企业破产法》关于优先清偿工人工资的规定。如果《物权法》不作规定,法律素养高的法官仍会将此原则作为法理规则而予以适用,法律素养较低的法官往往会无所适从,势必影响裁判的统一和公正。

三、关于不动产登记簿的证据资格

第16条第1款规定:“不动产登记簿记载的事项,是物权归属和内容的根据。”

建议修改为:不动产登记簿是物权归属和内容的根据。

按照证据法原理,证据分为“人证”和“物证”。所谓“物证”,指以“有形物”作为“证据”,包括“文书”和“检证物”。现行《民事诉讼法》第63条将具有证据资格的“文书”称为“书证”,将“检证物”称为“物证”。“书证”再分为“公文书”和“私文书”。不动产登记簿属于“公文书”。无论是根据证据法原理,还是根据现行《民事诉讼法》,唯属于“有形物”的不动产登记簿,才能成为法官据以判断案件事实的“证据”,而不动产登记簿所“记载的事项”绝非“证据”。本条规定的目的,是要赋予“不动产登记簿”以“证据资格”,绝对不是赋予不动产登记簿“记载的事项”以“证据资格”。正如本法第17条规定“不动产权属证书”,而不是不动产权属证书“记载的事项”,是权利人享有该不动产物权的证明。

四、关于不动产登记的善意保护效力

第23条规定:“基于不动产登记簿享有的物权受法律保护,但记载于不动产登记簿的权利人在取得权利时知道或者应当知道权利有瑕疵的除外。”

建议修改为:基于不动产登记簿取得的物权受法律保护,但在取得权利时知道或者应当知道权利有瑕疵的除外。

本条规定不动产登记的善意保护制度,亦即教科书上所谓不动产登记的公信力制度。这个制度的关键,是以不动产登记簿为根据“取得”的不动产物权受法律保护,不允许任何人以任何理由予以剥夺。其政策目的是保护不动产交易的善意第三人,而不是保护不动产登记簿上记载的权利人。原条文说“享有”的物权,而不说“取得”的物权,不能体现保护交易第三人的政策目的,并与不动产登记的“权利推定”制度发生混淆。应该将“享有”改为“取得”。

五、关于登记机构的过错责任

第24条第2款规定:“因登记错误,给他人造成损害的,登记机构应当承担赔偿责任;登记机构赔偿后,可以向造成登记错误的责任人追偿。”

建议修改为:因登记错误,给他人造成损害的,登记机构应当承担赔偿责任;登记机构赔偿后,可以向因该登记错误不当得利的人追偿。

因登记机构的原因造成登记错误,给他人造成损害,理应由登记机构承担赔偿责任。但因登记错误造成某个权利人或者利害关系遭受损害的,必定有某个第三人获得不当利益。正如“物质不灭定律”,有人受损害,必有人得利益。既然登记机构并未获得利益,则登记机构在承担损害赔偿责任之后,应有权依据不当得利规则向获得不当利益的人追偿。造成登记错误的责任人,作为登记机构工作人员,仅应受纪律处分。原条文规定“向造成登记错误的责任人追偿”,根本不现实。一个登记错误可能造成几十万元、几百万元甚至更大的损失,一个公务员如何赔偿得起!其实,因登记错误造成的损失可能数额巨大,让登记机构承担全部赔偿责任,也是不适当的。进一步的修改建议是,登记机构依据国家赔偿法承担赔偿责任,而由因登记错误造成损害的受害人自己向因该登记错误获得不当得利的人追偿。

六、关于占有改定

第31条规定:“动产物权转让前,出让人应当将该动产交付给受让人,但双方约定由出让人继续占有该动产的,物权自约定生效时发生效力。”

建议修改为：出让动产物权时出让人有必要继续占有该项动产的，可以与受让人设定一项由受让人作为出租人的租赁合同关系，以代替实际交付。

这是针对“卖出租回”这种融资租赁合同形式的特殊规则。假设某个企业急需资金而又没有银行愿意贷款给它，于是找到一家租赁公司签订一份买卖合同，将自己最值钱的一条生产线的设备出卖给租赁公司，取得一笔价款以解决生产资金问题。但是它并不是真的要出卖这条生产线，相反它还要靠这条生产线进行生产，因此它“有必要继续占有”这些已经出卖给租赁公司的设备。这种情形下显然不能把这些设备“交付”给买受人租赁公司，以完成设备所有权的移转。怎么样才能够既使该企业“继续占有”这些设备，又实现其所有权向租赁公司的移转呢？办法就是，该企业再与该租赁公司签订一份租赁合同，把这条生产线的设备租回来。实际上该生产线的设备原地未动，因现行《合同法》第242条明文规定“出租人享有租赁物的所有权”，虽然没有现实“交付”，但因为签订了租赁合同，这个租赁合同代替了设备的实际“交付”，而实现了设备所有权向租赁公司的移转，并同时使该企业作为承租人继续占有这些设备。可见，关于“占有改定”的特殊规则，正是针对现实生活中的“卖出租回”这种特殊融资租赁合同形式的，其实质是用一项“租赁合同关系”实现标的物所有权移转，并满足出卖人继续占有该标的物的需要。

如果按照原文，一份买卖合同中“双方约定由出让人继续占有该动产”，则这个合同条款“剥夺了”买受人请求出卖人交付标的物并移转标的物所有权的“主要权利”，“免除了”出卖人交付标的物并移转标的物所有权的“主要义务”。如果属于“格式合同”，法院将依据《合同法》第40条的规定认定该条款无效；如果不属于“格式合同”，法院将认定构成《合同法》第54条规定的“显失公平”的合同，而根据买受人的请求予以撤销或者变更。可见，原文规定“双方约定由出让人继续占有”，是绝对行不通的。

七、关于物权请求权

第39条规定:“造成不动产或者动产毁损的,权利人可以请求恢复原状;不能恢复原状或者恢复原状后仍有损失的,可以请求损害赔偿。”

修改意见:删去本条。

“物权请求权”是专门针对“物权”的法律救济措施,是“物权”的特殊保护方法。为什么在侵权责任制度之外还要有一个物权请求权制度?物权请求权制度与侵权责任制度的区别何在?二者的区别主要是构成要件不同,物权请求权只有一个构成要件,即存在物权;而一般侵权责任的构成要件包括加害行为、损害后果、因果关系和过错,即使特殊侵权责任也需有前三项要件。物权请求权的优点也正是在于其构成要件简单,因此物权请求权行使的程序就特别方便,只需证明自己享有物权就足够了,法院也仅凭享有物权这一点给予保护。这就使请求权人避免了就侵权责任的构成要件举证的麻烦。因此,民法在侵权责任制度之外特别规定物权请求权制度,作为保护物权的特殊救济措施。反过来,物权请求权也有局限性,这就是行使物权请求权一定要有物权存在。物权什么时候存在?标的物存在,物权就存在。标的物一旦毁损、灭失,例如房屋已经烧毁、汽车已掉下悬崖变成一堆废铁、手机已经灭失,这时物权(所有权)已经消灭,就不能再行使物权请求权,只能向法院提起侵权责任之诉。这就是为什么在物权请求权之外,物权还受侵权责任制度保护的原因。不动产或者动产一经毁损,原物权已不存在,行使物权请求权的基础已经丧失,权利人只能依据侵权责任请求保护,本条显然属于侵权责任制度。

第42条规定:“侵害物权,造成权利人损害的,权利人可以请求损害赔偿。”

修改意见:删去本条。

本条规定“侵害物权,造成权利人损害的,权利人可以请求损害赔偿”,导致物权请求权制度与侵权责任制度的混淆。按照本条规定,凡物权受侵害,受害人都必然依据本条行使属于物权请求权性质的损害赔偿请求权,民法侵权责任制度就被取代了。而在物权受侵害的情形,法院仅根据物权存在一项要件,完全不考虑加害行为、损害结果、因果关系、加害人过错等要件,怎么可能作出合情、合理、合法的损害赔偿判决。

八、关于水资源属于国家所有

第51条规定:“矿产资源、水资源以及城市的土地等属于国家所有。国家所有,及全民所有。”

建议修改为:宪法及法律指定的城市市区土地为国家所有。国有土地的所有权由国务院统一行使。

另设一条规定矿藏和地下水:

第×条　矿藏和地下水,属于国家所有。矿藏和地下水的开发,依照法律特别规定。

查《现代汉语词典》(商务印书馆1997年版),“资源”指生产资料或生活资料的天然来源(第1662页)。“矿藏”指地下埋藏的各种矿物的总称(第763页)。“矿产”指地壳中有开采价值的物质。照此解释,原文“矿产资源”一语,是指“地壳中有开采价值的物质”的“天然来源”,使人难以理解。不如“矿藏”一词,含义明确。且《宪法》第9条第1款已规定“矿藏”“属于国家所有”。因此建议采用“矿藏”概念,取代“矿产资源”一语。

原文“水资源”,若解释为“水”的“天然来源”,也难以理解。实际上,就是指“水”。“水”分为“地表水”和“地下水”。地表水,包括江河湖泊中的水和地面积蓄的雨水。如果将地表水规定为国家所有,其必然的逻辑结果是,遇江河湖泊洪水泛滥及暴雨成灾,造成人民的生命财产损失,就应该由国家承担全部赔偿责任。再说,既然江河湖泊的水是国家财产,则长江、大河昼夜不息,流入大海,岂不是最严重的国有资产流失,应该由哪一个国家机关承担渎职犯罪的责任呢?其实,包括江河湖泊的水在内的地表水,各主要国家和地区都是用传统民法相邻关系中的取水、用水、排水的制度来解决,不必要也不应该将其规定为国家所有。且江河湖泊的水无法特定,不能直接支配,不具有排他性,不符合物权的定义,规定为国家所有,也与法理相悖。至于地下水,即蕴含于地层中的水,与矿藏类似,可以与矿藏同样对待。

九、关于野生动植物资源属于国家所有

第53条规定:"农村和城市郊区的土地、野生动植物资源等,法律规定国家所有的,属于国家所有。"

建议修改为:农村和城市郊区的土地,法律规定国家所有的,属于国家所有。

按照《现代汉语词典》关于"资源"的定义,"野生动植物资源"的含义是:野生动物和野生植物的"天然来源",使人难以理解。其实,所谓"野生动植物资源",就是指"野生动物"和"野生植物"。"野生植物"是土地的附着物,归属于土地的所有权人。国有土地上的"野生植物"自然属于国家所有,无须法律特别规定。同理,集体土地上的"野生植物"当然属于集体所有,私人享有使用权的土地上的"野生植物"当然属于私人所有。怎么能够设想,"法律规定"集体土地和私人享有使用权的土地上的"野生植物""属于国家所有"?

保护野生动物,本属于公法上的义务且首先是国家的义务、整个社会的义务。如将"野生动物"规定为"属于国家所有",则按照民法原理,应由所有人国家自己承担全部保护义务,广大人民群众当然被解除了保护义务。首先,规定珍贵的、有价值的野生动物归国家所有,于情理不合。为什么有害的野生动物,如苍蝇、蚊子、老鼠不规定为国家所有?为什么专挑珍稀的、有价值的野生动物规定为国家所有?其次,将野生动物规定为国家所有,于法理不合。因为野生动物,如穿山甲,今天在我国云南、广西,明天可能就在越南、缅甸境内。其实,野生动物不具有特定性和直接支配性,在被捕获之前,不构成物权的客体。按照传统民法,野生动物属于无主物,国家保护野生动物,只需对民法先占取得加以限制即可。

十、关于公共设施属于国家所有

第54条规定:"道路、电力、通讯、天然气等公共设施,依照法律规定为国家所有的,属于国家所有。"

建议修改为:国家投资的道路、电力、通讯、天然气等公共设施,属于国家所有。

即使是"公共设施",也仍然适用"谁投资归谁所有"的民法原理。国家投资的"属于国家所有",集体投资、私人投资的,属于集体所有、私人所有。立法机关能够制定法律规定集体投资、私人投资的公共设施属于国家所有吗?

十一、关于宗教财产的归属

建议增加一条规定宗教财产的归属。

第×条　寺庙、宫观、教堂、清真寺的不动产和动产,属于宗教法人所有。

宗教财产,包括佛教的寺庵,道教的宫观,天主教、基督教和东正教的教堂,伊斯兰教的清真寺,及供奉各种神明的庙宇。根据现行的国家政策,教会(天主教、基督教和东正教)的房产,为中国教会所有;佛教和道教的庙观及所属房产为社会所有(僧道有使用权和出租权);带家庙性质的小尼庵为私人所有;伊斯兰教的清真寺及所属房屋则为信教群众集体所有。在实际房屋产权登记中,无论何种寺庙宫观,均将宗教协会登记为所有权人。首先,"社会所有"一词只能代表不确定的人群,不能形成明确的、肯定的法律关系主体。把宗教财产规定为社会所有,实际上是把宗教财产当成无主财产,给侵犯宗教财产提供了可乘之机。其次,规定为"信教群众集体所有"也不妥,因为信教群众既然已经把钱物捐了出去,主观上即不存在作宗教财产所有人的意思。且信教群众没有形成一个成员固定的组织形态,不能成为宗教财产的所有权主体。最后,规定为宗教协会所有,违背了信教群众捐献钱物的心愿,信教群众并不是要把钱物捐给僧众道徒组成的宗教协会,而是通过寺庙等给予他们心中的神仙、上帝、真主。由宗教协会所有,也有违宗教教规信条——僧众道徒等不能成为宗教财产的所有人。依据民法原理并参考发达国家的经验,建议规定一切宗教财产(包括不动产和动产)都属于作为宗教法人的寺庙宫观所有。第三次审议稿中不规定宗教财产的归属,令人费解。

十二、关于善意取得

第110条规定:“无处分权人将不动产或者动产转让给受让人的,所有权人有权追回,但符合下列情形的,受让人即时取得该不动产或者动产的所有权:

(一)在受让时不知道或者不应当知道转让人无处分权;

(二)以合理的价格有偿转让;

(三)转让的财产依照法律规定应当登记的已经登记,不需要登记的已经交付给受让人;

(四)转让合同有效。

受让人依照前款规定取得不动产或者动产的所有权的,原所有权人有权向无处分权人请求赔偿损失。

当事人善意取得其他物权的,参照前两款规定。”

建议修改为:无处分权人将动产转让给受让人的,所有权人有权追回,但符合下列情形的,受让人即时取得该动产的所有权:

(一)受让人在受让时不知道或者不应当知道出让人无处分权;

(二)以合理的价格有偿转让;

(三)转让的动产已经交付给受让人。

受让人依照前款规定取得动产的所有权的,原所有权人有权向无处分权人请求赔偿损失。

当事人善意取得其他物权的,参照前两款规定。

基于特殊保护善意第三人的政策目的,用不动产登记的善意保护制度保护不动产交易的善意第三人。因为一般动产没有登记簿,不得已创设动产善意取得制度,以保护一般动产交易的善意第三人。原文规定“即时取得该不动产或者动产的所有权”,起草人居然忘记了本法第23条已经规定了不动产登记的善意保护制度,把实现同样政策目的的两个制度混淆了。原文规定以“转让合同有效”为发生善意取得的前提条件,更是匪夷所思。如果“转让合同有效”,则受让人基于有效的买卖合同当然取得标的物的所有权,还有规定善意取得制度的必要吗?起草人显然未弄懂善意取得制度的立法目的,正是针对无权处分合同无效,而强行使善意第三人原始取得标的物的所有权。

十三、关于取得时效

建议增加关于取得时效的规定。

第×条　以所有的意思,十年间和平、公然、连续占有他人之动产者,取得其所有权。但其占有之始为善意并无过失者,为五年。

第×条　现时登记为不动产所有人,虽未实际取得该项权利,但占有该不动产并依所有人身份行使其权利的,自其权利登记之日起满二十年而未被注销登记者,实际取得该不动产所有权。

本条规定可准用于建设用地使用权、土地承包经营权、地役权和典权。

第×条　以自主占有的意思,和平、公开、持续占有他人未经登记的不动产满二十年者,可以请求登记为该不动产的所有权人。

本条规定,不适用于国有土地所有权。但可准用于建设用地使用权、土地承包经营权、地役权和典权。

第×条　取得时效的中止、中断,准用关于诉讼时效的规定。

各主要国家和地区民法均规定取得时效制度。按照取得时效制度,张三所有的某项财产被李四占有,经过法律规定的期间之后,李四即可取得该财产的所有权,而张三对该财产的所有权因此消灭。取得时效制度的合理性在于:第一,非权利人李四自以为自己是所有人,长期占有该项财产,经过相当长的时间之后,人们已经相信李四是该财产的所有权人,并与其发生各种法律关系。这种情形,如果要恢复张三对该财产的占有,势必推翻这些已经存在的法律关系,引起法律秩序的混乱。第二,由于李四占有该财产已经过相当长的时间,例如20年,证明该财产所有权归属的证据已经很难收集,即使收集到一些证据,也往往难辨真假,直接以该财产的占有事实为根据,使占有人李四取得所有权,可以避免法院收集和判断证据的困难,减少讼累。第三,张三虽然是该财产的所有权人,却长期未行使其权利,李四虽然不是真正的所有权人,却长期实际行使权利,与其保护长期不行使权利的所有权人张三,倒不如保护长期积极行使权利的非所有权人李四,更能发挥该财产的效用。第四,当就某项财产的所有权归属发生争执时,通常要求双方举出证据,证明自己是该财产的所有权人。但经常发生这样的情形,因为年代久远,证据湮灭,证人死亡,很难判断该财产真实的权属。现实占有该财产的一方,就可以援引取得时效制度保护自己的利益。他只要证明自己占有该项财产已经达到法律规定的时效期间,法院就应当根据取得时效制度认定他为该项财产的所有权人。因此,取得时效制度是现实占有财产的一方获得胜诉判决的最简便、最有力的方法。第五,我国自1949年以来,农村历经土地改革、互助组、合作社、"大跃进"、人民公社化等运动,城市国有企业、集体企业也经历多次合并、分立、转制,导致财产关系混乱和产权界限不清,因土地、建筑物归属发生争执,以致发生大规模的暴力事件。如果《物权法》规定取得时效制度,将有利于减少这类事件的发生,有利于财产关系和社会秩序的稳定。

十四、关于承包经营权的期限

第129条规定:"耕地承包经营权的期限为三十年。草地承包经营权的期限为三十年至五十年;林地承包经营权的期限为三十年至七十年;特殊林木的林地承包经营权的期限,经国务院林业主管部门批准可以延长。"

建议修改为:土地承包经营权的期限一律为五十年。现存土地承包经营权的期限不足五十年的,延长为五十年。

土地承包经营权期限届满时,按原设立条件期限自动延长。但土地承包经营权人明确表示不愿延长的除外。

针对土地的不同用途规定不同的期限,将使农用土地法律关系和法律秩序复杂化。国家仅应限制农业用地转为建设用地。在农业用地范围内,仅对将林地改为耕地有所限制。原则上,将土地用于耕作、养殖、畜牧或者栽种林木,属于承包经营权人的自主权,并且可以根据自然条件和市场条件的变化而适当改变,例如耕地改为林地、耕地改为草地、草地改为林地。对种植林木的种类,更无预先加以限定之理。如预定种植松树,批准承包经营权期限为 30 年,若干年后决定改种银杏树,是否主管部门必须批准将承包经营权期限延长为 70 年?如预定种植银杏树经批准承包经营权期限为 70 年,若干年后发现种植松柏更划算,于是拔去银杏树苗改种松柏,主管部门是否应主动查处并将承包经营权期限改为 30 年或者 50 年?这种以种植什么树种决定承包经营权期限长短的想法,不仅难以实行而且可笑。同是农民,同是土地承包经营权人,张三的权利期限是 30 年,李四的权利期限是 50 年,王五的权利期限是 70 年,是否符合平等、公平的基本原则?农民自己会怎么想?农民同意不同意?出于物权法定原则和农用土地法律秩序统一的要求,土地承包经营权的期限应当统一。因此,建议土地承包经营权期限统一规定为 50 年,并设第 2 款规定期满自动延长,以保障农业经济长期稳定发展。

十五、关于承包经营权可否转让、抵押

第 132 条规定:“土地承包经营权人有权依法自主决定土地承包经营权以转包、出租、互换、转让或者其他方式流转。”

建议修改为:土地承包经营权不得转让和抵押。但国有或集体所有荒山、荒地等以拍卖方式设立的土地承包经营权除外。

如果允许土地承包经营权转让、抵押,用不了多少年,就会出现数以千万计甚至数以亿计的丧失土地的农民,而城市绝对容纳不下这么大量的人口。真要出现数千万甚至上亿的无地农民,且不说如何解决就业、安置的难题,这一事态本身就意味着巨大的社会危险。因此,从

法律政策上不宜允许土地承包经营权转让和抵押。农民生产、生活中的资金需求,如购买农用机具、子女上学、生病住院等急需资金,国家应当专设一套简便的小额贷款制度予以解决。

十六、关于建设用地使用权期限届满后建筑物的归属

建议增加规定建设用地使用权期限届满后地上建筑物的处理规则:

第×条 建设用地使用权期限届满未续期的,建设用地使用权人可以取回其建筑物及其他附着物,并应恢复土地原状。但土地所有人提出以时价购买建设用地使用权人的建筑物及其他附着物时,建设用地使用权人无正当理由,不得拒绝。

建设用地使用权期限届满,建设用地使用权人不取回其建筑物及其他附着物的,可请求土地所有人给予补偿。土地所有人可请求建设用地使用权人在其建筑物及其他附着物可使用期限内,延长建设用地使用权的期限。建设用地使用权人拒绝延期的,不得请求土地所有人补偿。

本条第1款规定,建设用地使用权期限届满时,如果不续期而终止建设用地使用权,建设用地使用权人可以取回属于自己所有的地上物。土地所有人在建设用地使用权人行使地上物取回权时,提出以时价购买建设用地使用权人的地上物的,建设用地使用权人无正当理由不得拒绝。这样规定,既可维护建设用地使用权人对地上物的权利,又可不增加土地所有人恢复原状的负担,并有助于对既存建筑物等的充分利用。

本条第2款规定,建设用地使用权人不行使地上物取回权,并且土地所有人也不行使买取请求权时,建设用地使用权人可以请求土地所有人按照地上物的状况和时价予以补偿。在建设用地使用权人行使地上物补偿请求权时,土地所有人有权要求延长原建设用地使用权的期限,以替代补偿。这样规定,有利于双方合法权益的协调。

十七、关于居住权

第十五章居住权(第181—192条)。

修改意见:删去本章。

欧洲一些国家在19世纪制定民法典,未实行男女平等原则,父亲去世,母亲不能继承遗产,遗产全归子女继承,为解决母亲的居住问题特设居住权制度。20世纪中期以后,这些国家通过对民法典的修改,实行了男女平等原则,承认了妻对夫的继承权,居住权制度已经丧失其存在意义。可见居住权是一种落后的、过时的制度。日本制定民法典时,起草人明确表示日本无规定居住权的必要。《韩国民法典》也不规定居住权。我国自20世纪30年代以来即实行男女平等原则,夫妻相互为继承人,因此民国时期民法未规定居住权。现行《继承法》规定夫妻相互为第一顺序继承人,规定子女有赡养父母的义务,因此迄今未发生所谓父母居住问题。因改革开放前长期实行公房制度,双职工由男方单位分房,离婚时住房常被判归男方,为解决女方暂时居住困难,法院判决女方可继续居住直至再婚。这种裁判上不得已的做法与所谓居住权无关。现今实行住宅商品化政策,公房制度已经废止,夫妻关系存续中取得的房屋为夫妻共有财产,离婚时当然可以根据情况判给任何一方或者由双方分割。如有个别案件,为解决离婚一方暂时居住困难,仍可按照此前的做法,判决其在原房屋中暂时居住直至再婚。至于为个别家庭解决保姆终身居住问题,创设一个新的法律制度,更是不合逻辑。如个别人订立遗嘱载明让保姆终身居住,法院仍可沿用此前的做法,通过在继承人的房屋所有权上设立一个负担来解决。绝无必要创设所谓居住权。

十八、关于典权

建议恢复第二次审议稿“第十五章典权”(第191—205条)。

典权为我国固有物权制度,对东亚各国和地区均有影响,韩国现行民法典仍规定有典权。在我国传统观念中,绝不轻易出卖祖产,遇急需资金或生活困难无其他解决办法时,以设立典权作为替代。出典人将自己所有的不动产交付典权人占有、使用、收益,以换取相当于卖价之资金,而保留该财产的所有权,待日后有能力时可以原价赎回。典权人以支付低于买价之典价,而取得典物之占有、使用、收益权,且日后还有取得典物所有权的可能。出典人与典权人两全其美,各得其所。典权制度因此而兴起,经历代而不衰,但均属于习惯法制度。后因民国时期民法明文规定典权,而变为成文法制度。1949 年后,中央人民政府明令废除民国时期的“六法”,在大陆典权再次成为习惯法制度。

制定《物权法》应如何对待我国习惯法上的典权,学者间存在意见分歧,分为典权保留论与典权废止论。典权保留论的主要理由是:其一,典权为我国独特的不动产物权制度,充分体现中华民族济贫扶弱的道德观念,最具中国特色,保留典权有利于维持民族文化,保持民族自尊。其二,典权可以同时满足用益需要和资金需要,典权人可取得不动产之使用收益及典价之担保,出典人可保有典物所有权而获得相当于卖价之资金,以发挥典物之双重经济效用,为抵押权制度所难以完全取代。其三,随着住宅商品化政策推行,私有房屋数量增加,有房屋因种种原因长期不使用而又不愿出卖者,设定典权可以避免出租或委托他人代管的麻烦,因此应保留典权。典权废止论的主要理由是:其一,典权之所以产生,在于我国传统观念认为变卖祖产属于败家,受人耻笑,而现今市场经济发达,人们观念改变,于急需资金时出卖不动产或设定抵押为正常的经济行为,因此典权无保留必要。其二,随着国际贸易的发展,国内市场与国际市场沟通,导致民法物权制度的趋同,称为物权法的国际化,典权为我国特有制度,现代各主要国家和地区无与之相同者,为适应物权法国际化趋势,宜予废止。其三,我国实行土地国家所有和集体所有制度,就土地设定典权已不可能,就房屋设定典权虽无统计数字,但依法院受理案件的情形推论,出典房屋的实例也极少,保留典权价值不大。

考虑到我国地域辽阔,各地经济发展不平衡,传统观念与习惯之转变不可能整齐划一,纵然少数人拘泥于传统习惯设定典权,物权法上也不能没有相应规则予以规范。曾设想废止典权,对于少数人拘泥于习惯设立的典权关系准用关于附买回权的买卖的规则。但附买回权的买卖为债法制度,其效力较物权弱,一旦买受人将标的物转让他人,买回权势必落空,致出典人利益遭受损害。而依典权制度,典物所有权仍归出典人,其回赎权不致因典物的转让而落空,如其放弃回赎权,则典权人可取得典物所有权。可见,典权制度确有利于当事人利益之保护,并且较为灵活方便。尤其对于因种种原因长期不使用房屋而又不愿出让房屋所有权的人而言,将该房屋设定典权可以避免出租或委托他人代管的种种不便和麻烦,使典权在现代社会具有生命力。随着住房商品化政策之推行,人们所有不动产将大量增加,物权法规定典权,增加一种交易、融资途径,供人们选择采用,于促进经济发展和维护法律秩序有益而无害。

考虑到人民政府和最高人民法院一直承认典权制度的效力,人们依习惯法成立的典权关系,受到人民政府的承认和人民法院的保护。如内务部《关于土地改革地区典当土地房屋问题的处理意见》(草案)(1950年9月30日)规定,“农民间的典当关系,其契约继续有效,可继续承典,亦可依契约自由回赎”。司法部《关于典当处理问题的批复》(1951年11月9日)规定,一般的农村典当关系,今天应仍准其存在。国家房产管理局《关于私房改造中处理典当房屋问题的意见》(1965年12月3日)规定,“今后对于出典房屋一般仍应按照典当关系处理”。最高人民法院《关于贯彻执行民事政策法律的意见(节录)》(1979年2月2日)规定,“劳动人民的房屋典当关系,应予承认。典期届满,准予回赎”。最高人民法院《关于贯彻执行民事政策法律若干问题的意见》(1984年8月30日)第58条规定,“对法律、政策允许范围内的房屋典当关系,应予承认”。迄今最高人民法院关于典权案件的批复有十数件之多。《物权法》如果不规定典权,因物权法定原则之贯彻,无论旧有典权还是新设典权,将一律无效,当事人正当利益难以获得保护,致人民政府和人民法院坚持数十年承认和保护典权关系的法律政策立场突然中断,使人民法院丧失裁判典权案件之判断基准,实非所易。

十九、关于抵押财产的转让

第215条规定:“抵押期间,抵押人经抵押权人同意转让抵押财产的,应当将转让所得价款向抵押权人提前清偿债权或者提存。转让的价款超过债权数额的部分归抵押人所有,不足部分由债务人清偿。

抵押期间,抵押人未经抵押权人同意转让抵押财产的行为无效。”

建议修改为:抵押期间,抵押人转让抵押物的,抵押权人的权利不因此而受影响。

取得抵押物所有权的第三人,可以代替债务人清偿抵押担保的全部债务或者提存经抵押权人同意的金额,而消灭抵押权。

抵押权是存在于抵押物上的物权,抵押人转让抵押物的,对抵押权不发生影响。凭借抵押权所具有的追及力,抵押权人当然可以对已归受让人所有的抵押物行使权利。因此,抵押人转让抵押物,不必征得抵押权人的同意。取得抵押物所有权的第三人,因抵押权的存在将面临抵押物被扣押、拍卖的风险,因此设本条第2款关于涤除权的规定。

二十、关于营业质权

建议在动产质权一节增加关于“营业质权”的规定。

第×条 营业质权,是指当铺营业人以约定的期限和利息向借款人出借款项,并以借款人交付占有的动产为标的而设定的质权。银行存单、存折、股票、债券等有价证券,不得设定营业质权。

当票为营业质权设定的书面凭证。

当铺营业人不得将质物转质。

当铺营业人与借款人在设定营业质权时可以约定,借款人在约定期限届满经过五日仍不能偿还借款本息的,当铺营业人即取得质物的所有权,其所担保的债权亦同时消灭。

当铺营业人与借款人无前款约定的,借款人在约定期限届满时不能偿还借款本息的,当铺营业人得以拍卖或者其他方法变价质物。当铺营业人变价质物所得全部价款,归当铺营业人所有。变价质物所得价款不足清偿当铺营业人的债权时,当铺营业人不得向借款人追偿。

营业质权因当铺(典当行)营业而发生。当铺(典当行)为我国民间长期存在的一种资金融通方式,对于普通人解决一时的资金困难具有显而易见的好处。中华人民共和国成立后,当铺(典当行)营业逐渐消亡。自改革开放以来,各地纷纷开设当铺(典当行),从事以动产质押担保的小额借款业务。中国人民银行将当铺业务归类于非银行金融业务,经中国人民银行批准经营当铺业务的机构,为非银行金融机构。但因缺乏相应的法律规则,致所发生的纠纷难以裁判,影响当铺(典当行)营业的健康发展。按照现行《担保法》第66条关于禁止流质和第71条关于清算的规定,现在的当铺(典当行)营业显然构成违法。因此,建议物权法对营业质权设明文规定,为当铺(典当行)营业提供法律依据,以利于保护当事人的合法权益,建立当铺(典当行)营业合法、公正、健康、有序的法律秩序。

因营业质权为特殊的动产质权,本条规定了区别于一般质权的特殊规则:(1)质物仅以动产为限。银行存单、存折、股票、债券等有价证券,虽在法律上视为动产,但其本身代表一定数额的金钱,持有人不必借助当铺获取资金。且有价证券权利有其特殊变现方法,若允许以有价证券设定营业质权,因营业质权不适用禁止流质约款规则,难保不损害借款人的利益。因此明文规定银行存单、存折、股票、债券等有价证券不得设定营业质权。(2)当铺营业人在借款人偿还所借全部本息时,应当将质物交还借款人。若当铺营业人将质物转质,则可能会影响借款人取回质物。且当铺营业人向借款人出借资金,一般期限较短,金额不大,若允许当铺营业人转质质物,对借款人不利。因此,本条规定当铺营业人不得将质物转质。(3)考虑到借款人通过当铺融通资金,一般期限不长,借款数额和质物的价值也都不大,若严格要求按质权实行方法实行营业质权,不经济、不方便,且与当铺营业习惯相悖。因此,本条明文规定,当铺营业人与借款人在设定营业质权时可以约定,借款人在约定期限届满时不能偿还借款本息时,质物的所有权转移为当铺营业人所有,其所担保的借款债权同时消灭。换言之,营业质权不适用禁止流质约款的规则。(4)鉴于当铺业务的特点是期限短、金额不大,若要求当铺营业人行使营业质权进行清算,势必增加交易成本,妨碍业务的开展。因此,本条规定,借款人在约定期限届满不能偿还借款本息时,当铺营业人得以拍卖或者其他方法变价质物。当铺营业人变价质物所得全部价款,归当铺营业人所有。变价质物所得价款不足以清偿当铺营业人的债权时,当铺营业人不得继续向借款人追偿。

二十一、关于让与担保

建议恢复第二次审议稿关于“让与担保”的规定

我国商品房按揭贷款中所谓“按揭”和抵押不同。抵押担保,必须先有房屋所有权,然后在房屋所有权之上设定一个抵押权。不能在债权之上设定抵押权。大陆法系物权法及我国现行《担保法》不承认“债权”抵押,抵押的标的必须是所有权(我国还有土地使用权)。在日本、德国等大陆法系国家,把我国现在的“按揭”担保称为“让与担保”。可以设立让与担保的,既可以是债权,也可以是所有权,还可以是知识产权。所谓商品房按揭,就是买房人把自己根据商品房预售合同享有的债权和将来取得的房屋所有权,一并让与银行用来担保银行的借款债权。签订按揭协议后的一段时间里,银行只享有债权,当开发商交房并办理产权过户手续之后,银行享有的债权消灭,换成房屋所有权。由此可见,按揭担保有一个从债权担保转变成所有权担保的过程,和抵押担保不同。

为什么不叫“按揭担保”呢?因为“按揭”是广东话,写在法律上也不好看,也不知道是什么意思。有人说,香港人把“按揭”叫作“楼花抵押”,“楼花”就是合同上的债权。即使在香港特区“楼花抵押”也不是真正的抵押。在内地,现行《担保法》规定,只有所有权、土地使用权,亦即现实存在的动产、不动产才能抵押。“让与担保”是一个新的制度,是用来整合、规范现在的商品房“按揭”的。

必须指出,按照“让与担保”,按揭银行的利益将得到妥善的保障。如果在开发商交房并办理产权过户手续之前按揭人陷于不能支付,按揭银行可以直接行使受让的合同债权,请求开发商对自己交房并办理产权过户手续,直接从开发商处得到房屋和房屋所有权。如果在开发商交房并办理产权过户手续之后按揭人陷于不能支付,则按揭银行有权自己决定行使让与担保权的方式,以按揭房屋变价受偿,或者直接从按揭人手中收回按揭房屋,自己成为真正的所有权人。让与担保的最大优点是适用简便,可以回避抵押权实行的严格程序、手续和方法。

反之,物权法不规定“让与担保”,不仅现实中的商品房按揭没有法律依据,而且因商品房按揭所发生的纠纷也难以裁判,按揭银行的利益也不可能获得妥善保障。如果在开发商交房和办证之前按揭人陷于不能支付,因为没有办理抵押登记,按揭银行没有抵押权,其借款债权属于无担保债权,不可能阻止开发商向买房人交房和办理产权过户手续;如果在开发商交房、办理产权过户手续并同时办理抵押登记之后按揭人陷于不能支付,按揭银行虽然可以行使抵押权,但必须遵循物权法关于抵押权行使程序、手续和方法的规定。

除此之外让与担保还与融资租赁有关。现行《合同法》第十四章规定了“融资租赁合同”,这是一种新的合同类型。企业与租赁公司签订融资租赁合同,由租赁公司替该企业垫付购买设备的价款。按照融资租赁合同的“所有权转让条款”,企业把打算购买的设备所有权转让给租赁公司。实际是租赁公司替企业支付购买设备的价款,而企业预先把设备的所有权转让给租赁公司,以担保租赁公司的垫款债权。供应商虽然向企业交付设备,但该企业只得到设备的使用权,设备的所有权已经转让给租赁公司。因此,《合同法》第 242 条规定:“出租人享有租赁物的所有权。”需注意的是,虽然设备的所有权归租赁公司,但租赁公司并不是真正的所有权人,只是用所有权作为担保手段。在企业把租赁公司的租金还清以后,租赁公司必须把设备的所有权归还给企业。这是典型的让与担保,和按揭是同样的原理。所以说,物权法规定让与担保制度,虽然是一个新创,但并不是凭空产生的:一是针对现实中的商品房预售中的按揭担保,要用让与担保制度来规范、整合现实中的按揭担保;二是针对《合同法》上融资租赁合同中的所有权让与担保,为融资租赁合同所规定的“所有权让与”条款提供法律根据。

《物权法草案(第二次审议稿)》若干条文的解释与批判*

引言:《物权法草案(第二次审议稿)》的概要

第二次审议的《物权法草案》是在前面8月草案的基础上作了一些修改形成的,共分为五编,22章,共计297条。结构如下:第一编总则,包括第一章一般规定,第二章物权变动,第三章物权保护;第二编所有权,包括第四章一般规定,第五章所有权的基本类型,第六章建筑物区分所有权,第七章相邻关系,第八章共有,第九章所有权取得的特别规定;第三编用益物权,包括第十章一般规定,第十一章土地承包经营权,第十二章建设用地使用权,第十三章宅基地使用权,第十四章地役权,第十五章典权,第十六章居住权;第四编担保物权,包括第十七章一般规定,第十八章抵押权,第十九章质权,第二十章留置权,第二十一章让与担保;第五编占有,仅第二十二章占有。

《物权法草案(第二次审议稿)》的内容可以分为三类:第一类是正确的规定,这占大多数;第二类是不适当的规定,并不是没有道理,而是不符合中国国情(当然这也只是包括笔者在内的部分学者认为的),无论如何不能说是错误规定,当然也不好说是正确的规定;第三类是显然错误的规定,因为违反常识。笔者现在就对第三类规定作评论。

---

* 本文写作于2004年11月。

一、不动产登记簿的“证据资格”

请看《物权法草案(第二次审议稿)》第17条的规定:“不动产登记簿记载的事项,是物权归属及其内容的根据。”

关于不动产登记制度的一个重要问题是,不动产登记簿在诉讼中起什么作用?能不能作为诉讼证据呢?按照《物权法草案(第二次审议稿)》的规定,不动产物权变动是以“登记生效主义”为原则,“不经登记,不发生物权效力”,既然其效力如此绝对,则不动产登记簿在诉讼中应当是关键证据,应当具有“证据资格”。而不动产登记簿是否具有“证据资格”,需要在物权法上规定下来,这就是《物权法草案(第二次审议稿)》规定第17条的理由。显而易见,本条规定的目的,是要赋予“不动产登记簿”以“证据资格”(亦称“证据能力”),使诉讼当事人可以用“不动产登记簿”这个“有形物”作为“证据”,以证明某种“事实状态”(如“物权”的归属),而绝对不是要赋予不动产登记簿“记载的事项”以“证据资格”。

按照证据法原理,证据分为“人证”和“物证”。所谓“物证”,指以“有形物”作为“证据”,包括“文书”和“检证物”。现行《民事诉讼法》(第63条)将具有证据资格的“文书”称为“书证”,将“检证物”称为“物证”。“书证”再分为“公文书”和“私文书”。不动产登记簿属于“公文书”。无论是根据证据法原理,或者根据现行《民事诉讼法》的规定,唯作为“有形物”的不动产登记簿才能成为法官据以判断案件事实的“证据”,而不动产登记簿所“记载的事项”绝非“证据”。

法律赋予不动产登记簿“证据资格”,只是表明“不动产登记簿”可以作为诉讼“证据”使用,并不是说不动产登记簿“记载的事项”就一定“真实”,法官就一定会采纳。而不动产登记簿所“记载的事项”是否真实,必须由法官作出判断。法官应当如何判断不动产登记簿“记载的事项”是否真实,取决于作为证据的不动产登记簿的“证据力”(证明力)。而关于不动产登记簿的“证据力”,将由《物权法草案(第二次审议稿)》另作规定,亦即下面将要讲到的不动产登记的“权利推定”

效力。

可见,不动产登记簿的"证据资格"与不动产登记簿的"证据力",是两项不同的制度。现在的条文之所以错误,就在混淆了二者。建议将条文中的"记载的事项"五字删去,不然就要闹"笑话"了。

二、不动产登记的"权利推定"效力

请先看笔者负责起草的《物权法草案(建议稿)》第 238 条的规定:"在不动产登记簿上记载某人享有某项物权时,推定该人享有该项权利。在不动产登记簿上涂销某项物权时,推定该项权利消灭。"这就是关于不动产登记簿具有"权利正确性推定"效力的规定,所要解决的是法官应当如何对待不动产登记簿"记载的事项"的"真伪"问题,亦即规定作为证据的不动产登记簿的"证据力"。

值得注意的是,《物权法草案(第二次审议稿)》是将不动产登记的权利推定制度与动产占有的权利推定制度合并规定在一个条文,即该草案第 4 条规定:"除有相反证据证明外,记载于不动产登记簿的人是该不动产的权利人,动产的占有人是该动产的权利人。"

不动产登记的"权利正确性推定"的效力,是什么意思呢?举例来说,张三把产权登记簿复印件提交到法庭,前面已经谈到不动产登记簿具有"证据资格",是合格的证据,法庭就应当认为张三的举证责任已经完成,不再要求张三进一步提供别的证据。但是,法庭究竟采不采纳作为证据的不动产登记簿上记载的内容,取决于"权利正确性推定"制度。首先法庭应当"推定"不动产登记簿上的记载是真实的,不动产登记簿记载"张三是所有权人",法官就"推定""张三是所有权人"。

请注意"推定"这个概念,"推定"是一个技术性概念,它的含义是"把什么当作真实的"。"推定""张三是所有权人",就是"把张三当作所有权人",并不是说"张三真的是所有权人",至于法庭最后是否"认定""张三是所有权人",关键要看争议的对方能否举出相反的证据。因此,法庭"推定""张三是所有权人"之后,就应当问争议方李四有没有"异议"。假设李四看见张三把产权登记簿复印件提交到法庭,登记簿上记载张三是所有权人,李四再也无话可说、不再争执,法庭就应当根据产权登记簿上的记载,作出判决“认定”“张三是所有权人”,亦即判决争议房产归张三所有。但在多数情形下,李四还会坚持争执,对不动产登记簿记载的真实性提出“异议”,主张不动产登记簿上的记载不正确。李四提出的这个“异议”,是对不动产登记簿记载“内容”提出的“异议”。虽然张三拿出产权登记簿作为证据,但李四主张产权登记簿的记载不正确,李四提出异议说:我们当初是合伙买房,只是登记的时候为了方便登记在张三名下。这种情形下,法庭当然不能直接根据登记簿上的记载“认定”“张三是所有权人”,不能就这样“判决”争议房屋归张三所有,也不应当仅仅因为李四对登记簿上的记载有“异议”,就“否定”登记簿的记载、“否定”张三是所有权人,法庭正确的做法是:“责令”主张“异议”的李四就自己提出的“异议”举证。不是说登记簿的记载不正确吗?那就应当举证证明。

如果李四真的举出了充分的证据,证明了不动产登记簿上的记载不正确,例如证明了的确是合伙买房,只是办理登记时图方便或者有别的原因,登记在张三的名下,则法庭应当采纳李四的反证,并直接根据此反证“认定”争议房产“属于张三和李四二人共有”。因为不动产登记簿上的记载只具有“权利推定的效力”,法庭只是据以“推定”“张三是所有权人”,现在这种“推定”已经被李四举出的“反证”所“推翻”。反之,如果李四不能向法庭举出充分的“反证”证明他关于登记簿的记载不真实的“异议”,则法庭应当直接根据不动产登记簿上的记载,“认定”张三是争议房产的所有权人,亦即判决该房产归张三所有。

这里有一个问题,物权法为什么不规定不动产登记簿具有“绝对”的“证据力”,要求法庭必须严格按照登记簿的记载作出判决?这是由社会生活的复杂性决定的。不动产登记簿上记载的物权状况可能与真实的权利状况不一致,这既有当事人方面的原因,也可能有登记机构方面的原因,如登记官员的过错。例如,北京市在某一段时间就推行过一种政策,教师买房可以得到5%价款的优惠。有一对青年夫妻要买房,想得到这个优惠,女方的母亲是退休教师,就以女方母亲的名义买房,享受教师的优惠待遇,最后当然登记在女方母亲的名下,实际上是夫妻二人买房、自己居住,使用女方母亲的名义签订买卖合同并办理产权过户登记。如果夫妻二人白头偕老,将不发生问题,一闹离婚就发生了问题。按照《婚姻法》的规定,该房屋是婚姻关系存续期间取得的财产,属于夫妻共有财产,若离婚,各方可得一半,谁要这个房子谁就得支付一半价款给对方。这个时候,女方母亲出来主张权利,说这个房子的所有权是她的,是她买的房子,并以不动产登记簿作为证据。这种情况下,男方就对登记簿上记载内容的真实性提出"异议",并举出了充分的反证。这个案件,最后当然采纳了男方的反证,推翻了登记簿上的记载,认定该房屋为共有财产。

因此,物权法草案不应规定登记簿具有"绝对"的证据力,正确的做法是规定不动产登记簿具有"权利正确性推定的效力"。亦即作为证据的不动产登记簿,只具有"推定的证据效力"。什么叫"推定的证据效力"?就是首先把它当作真实的来对待,对方如果有异议就责令对方提出反证。如果异议方举出反证,如举出买房时的购房合同书、怎么付款、证人等,证明登记簿上的记载不是真实的,登记簿上的记载就被推翻了,法庭就应当直接根据反证认定争议财产的物权归属。

可见,物权法上不动产登记的"权利推定效力"制度非常重要。由于有这个制度,在审理房屋产权争议案件过程中,谁对产权证或产权登记簿的记载主张"异议",就应当由谁承担举证责任。法庭应当责令"异议"一方举出反证,这叫不动产登记的"权利推定的效力"。"异议"一方能够举出反证,证明财产的产权状况和登记簿的记载不一致,法庭就直接采纳反证,登记簿上的记载就被推翻了。如果异议一方举不出反证或者举出的证据不足以推翻登记簿上的记载,法庭就应当按照产权登记簿的记载来认定产权归属。法院裁判产权争议案件,通常就靠这个制度。

特别要注意的是,不动产登记"权利推定"的规定,实质是规定作为证据的不动产登记簿的"证据力"。同时应当看到,这个制度针对的是物权的静态归属,着重保护登记簿上记载的权利人(登记名义人)。

登记簿上“记载”张三是所有权人,法律就“推定”张三是所有权人,当然是保护张三,使张三免除举证责任,他只要向法庭提交登记簿或者产权证作为证据就够了,对方有异议,法庭要让对方进行反证,把举证责任的负担和风险转移给了异议方。异议方举不出反证,法庭就直接根据不动产登记簿上的记载认定房屋是张三的,这叫作不动产登记的权利推定。不动产登记的权利推定制度,是保护登记簿上记载的权利人,而且不是绝对的保护,实质是免除登记名义人的举证责任,使异议方承担举证责任风险。因此,可以说是一个证据规则,不是实体规则。

在下面我们将看到,《物权法草案》起草人不仅将不动产登记簿的“证据资格”制度混淆于不动产登记的“权利推定”制度,而且进一步将不动产登记的“权利推定”制度混淆于不动产登记的“善意保护”制度。

三、不动产登记的“善意保护”效力

请先看笔者负责的《物权法草案(建议稿)》第239条的规定:“以不动产登记簿为根据取得的不动产物权,不受任何人追夺。但取得人于取得权利时知悉权利瑕疵或者登记有异议抗辩的除外。”

不动产登记的“善意保护”效力是什么意思呢?如在房屋交易中,张三的房屋卖给李四,李四又把房屋卖给王五,最后发生了问题,张三和李四之间的买卖合同被确认无效,根据《合同法》的规定,无效合同不发生所有权转移,李四不能取得所有权。既然张三和李四之间的买卖合同无效了,尽管已经办理了产权过户,但是张三仍要根据法院认定买卖合同无效的判决,到登记机构去涂销李四的所有权登记。因为无效合同不发生所有权转移,所以李四未取得房屋所有权,而李四已经把房屋卖给了王五,李四与王五之间的买卖合同就构成《合同法》第51条所规定的无权处分行为。按照《合同法》第51条的规定,无权处分合同经权利人追认的有效,而张三当然不会追认,因此李四和王五之间的买卖合同无效。这种情形下,因无效合同不发生所有权转移,既然李四和王五之间的买卖合同无效,王五就不能取得房屋的所有权。

但是王五在买房屋的时候去查了不动产登记簿,登记簿上明明记载李四是所有权人,王五才下决心买了该房屋,最后因张三与李四之间的合同无效了,导致李四的所有权被涂销,这些情形王五当然不知道。因而王五属于“善意第三人”,他订立买卖合同时并不知道李四没有房屋的所有权,当时不动产登记簿上明明记载李四是所有权人,王五从李四处购买了房屋并且办了产权过户登记。这种情形下,若严格按照无权处分制度,法院就应当根据张三的请求从王五手中强行收回房屋的所有权并返还给张三,如果法院这样判决,“善意第三人”王五就会遭受损害。

从法律政策上看,“善意第三人”是个特殊的概念。《合同法》第3条规定平等原则,合同当事人法律地位平等,凡属合同“当事人”的,法律上都实行“平等保护”,但法律上对“善意第三人”却实行“特殊保护”,为什么呢?假设买房人王五查了不动产登记簿,登记簿上记载李四是所有权人,之后王五购买该房屋并办了产权过户,最后法院适用无权处分规则强行从王五手里把房子拿走了,王五将来还敢买房吗?他的亲戚朋友还敢买房吗?可以断言,不管谁知道了这个判决都不敢再买房,这样一来市场交易还能进行吗?可见,“第三人”与“当事人”不同,“当事人”的利益属于个人利益,而“第三人”的利益已经不同于一般的个人利益,“善意第三人”的利益关系到社会公共利益,关系到市场交易安全。法律保护“善意第三人”不是简单地保护个人利益,而是保护市场交易的安全,是保护社会公共利益。因此我们看到,民法上凡是“善意第三人”都实行“特殊保护”,因为不如此就不能保护市场交易安全,不能维护市场交易秩序。为什么叫“特殊保护”呢?就是把无权处分制度的效力否定了,作为无权处分制度的“例外”来对待。对于不动产交易的“善意第三人”怎样进行“特殊保护”?这就是物权法上的不动产登记的“善意保护”制度。

请特别注意,《物权法草案(建议稿)》第239条的规定:“以不动产登记簿为根据取得的不动产物权,不受任何人追夺……”所谓“以不动产登记簿为根据取得的不动产物权”,就是前面所举王五的例子,王五查看了不动产登记簿,登记簿记载李四是所有权人,因此从李四手里买了房屋并办理了产权过户登记,取得了该房屋的所有权。所谓"不受任何人追夺",就是"特殊保护",无论根据什么理由,即使根据"无权处分规则"买卖合同无效,都不能从王五手里把该房屋所有权拿走。唯一"例外"就是本条"但书",即王五在订立买卖合同时,虽然不动产登记簿上记载李四是所有权人,但王五已经知道李四与张三的买卖合同存在无效或可撤销的瑕疵,或者登记簿上已有"异议登记"。换言之,买房人王五在订立买卖合同时已经属于"恶意",当然不能得到法律的特殊保护。

按照不动产登记的"善意保护"制度,以不动产登记簿为根据取得的不动产物权,例如房屋所有权,不受任何人追夺。如前面的例子,张三要从王五手里取回房屋所有权,必须举证证明王五属于"恶意",否则法庭应当判决驳回张三的诉讼请求。究其原因,是因为不动产登记簿是由国家专门设立的登记机构掌管的,物权法采登记生效主义,不动产登记具有权利推定的效力,当然受到公众的信赖,不动产交易的第三人既然信赖登记簿,其取得的物权就应当受法律保护。因此,不动产登记的"善意保护"制度,在教科书上又称为不动产登记的"公信力"制度。公众既然相信登记机构,相信登记簿,他因此取得的权利就要受保护,不动产登记的"善意保护"和不动产登记的"公信力",只是名称不同,讲的是同一个制度。

这个制度的关键,是以不动产登记簿为根据"取得"不动产物权,其政策目的是保护不动产交易的善意第三人,而不是保护不动产登记簿上记载的权利人。并且,这种保护是绝对的,使善意第三人取得权利,不存在以反证加以推翻的问题。因此,与前面讲的"权利推定"效力制度截然不同。这两个制度,一个通过举证责任的分配,保护登记簿上记载的名义人,效力是相对的,许可以反证推翻,为解决物权存在的争议提供准则;另一个是出于保护交易安全的政策目的,对不动产交易的善意第三人以特别保护,具有绝对的保护效力。这种权利取得,属于教科书上的原始取得。质言之,前者保护根据登记簿享有物权的人,后者保护根据登记簿取得物权的人,不容混淆。

请看《物权法草案(第二次审议稿)》第25条的规定:"基于不动产登记簿享有的物权,受法律保护,但记载于不动产登记簿的权利人在取得权利时知道或者应当知道该权利有瑕疵的除外。"条文说"享有"的物权,而不说"取得"的物权,不能体现保护交易第三人的政策目的,并与不动产登记的"权利推定"制度发生混淆。起草人居然忘记了草案第4条的规定:"除有相反证据证明外,记载于不动产登记簿的人是该不动产的权利人,动产的占有人是该动产的权利人。"可见一个"享有",一个"取得",一词之差,谬以千里。

四、动产的"善意取得"

我们已经看到,不动产交易的善意第三人,因为不动产物权变动以登记为公示方法,因此可以直接根据不动产登记进行保护,物权法赋予不动产登记"公信力""善意保护"的效力,就可以达到特殊保护不动产交易的善意第三人的政策目的。动产交易的善意第三人怎么办呢?动产物权是以"交付"为公示方法,一般动产物权不要求登记,没有登记簿可以作为根据,因此,动产交易的善意第三人的特殊保护问题,需要创设别的制度予以解决,这就是动产的善意取得制度。

根据特殊保护不动产交易的善意第三人的同样政策上的理由,也应当对动产交易的善意第三人予以特殊保护。如果属于"特殊动产",即法律规定以"登记"为公示方法的动产,如船舶、飞机、机动车以及动产抵押权,可以用登记的"善意保护"制度去保护;法律规定以"交付"为公示方法的动产,没有登记簿作为根据,这就需要创设一个新的制度,以排除无权处分的效力,实现特殊保护善意第三人的政策目的,这就是"动产善意取得"制度。

例如,张三把手机借给李四,李四把手机卖给王五,李四把借来的手机卖了,这叫无权处分。按照《合同法》第51条的规定,如果张三不追认,李四就不能取得处分权,无权处分合同无效。无效合同不发生所有权转移,王五不能取得手机的所有权,张三有权起诉要求王五退还手机。但考虑到第三人王五是善意的,他不知道李四是无权处分,如果强行让他退还手机,将来他就不敢买了,市场交易就不能进行,因此有必要对其进行特殊保护。因此就创设动产善意取得制度,规定动产交易的第三人如果属于善意,从动产交付之时就取得所有权。王五从无处分权人李四手里买手机,如果王五属于善意第三人,一旦李四把手机交到王五手上,王五就取得手机的所有权。自手机交付之时,善意第三人王五取得手机所有权,张三的所有权也同时消灭。张三的损失怎么办呢?他有权请求李四赔偿。这叫动产的善意取得制度。

基于特殊保护善意第三人的政策目的,用登记的"善意保护"制度(登记的"公信力")保护不动产交易的善意第三人,以及特殊动产(船舶、飞机、机动车)交易的善意第三人。因为一般动产没有登记簿,不得已创设动产善意取得制度,以保护一般动产交易的善意第三人。有人不知道这个逻辑关系,提出质问:难道不动产的善意第三人就不保护吗?他不知道不动产的善意第三人已有前面讲的登记公信力制度予以保护。还有的人坚持认为,发生善意取得要以无权处分合同有效为前提条件,这是因为他没有理解善意取得制度是无权处分规则的"例外",正是要用"善意取得制度"否定无权处分规则,以实现特殊保护善意第三人的政策目的。

值得注意的是,现在的《物权法草案(第二次审议稿)》正好发生同样的错误。

《物权法草案(第二次审议稿)》第106条规定:

"无处分权人将不动产或者动产转让给受让人,符合下列情形,受让人即时取得该不动产或者动产的所有权:

(一)受让人在受让时不知道或者不应当知道转让人无处分权的;

(二)以合理的价格有偿转让的;

(三)转让的不动产依法应当登记的已经登记,不需要登记的已经交付给受让人的;

(四)转让合同有效的。

当事人善意取得其他物权的,参照适用前款规定。"

条文规定"即时取得该不动产或者动产的所有权",起草人居然忘记了草案第25条已经规定了不动产登记的“善意保护”制度,把实现同样政策目的的两个制度弄混淆了;条文规定以“转让合同有效”为发生善意取得的前提条件,则更是匪夷所思。如果“转让合同有效”,则受让人基于有效的买卖合同当然取得标的物的所有权,还有规定“善意取得”制度的必要吗?起草人显然未弄懂“善意取得”制度的立法目的,正是针对无权处分合同无效,而强行使善意第三人“原始取得”标的物的所有权。如果无权处分合同有效,则不仅不需要“善意取得”制度,且该第三人之取得所有权将属于“继受取得”。

五、以移转返还请求权代替交付

《物权法草案(第二次审议稿)》第32条规定:“动产物权设立、转让前,第三人占有该动产的,可以通过转让向第三人返还原物的请求权代替交付。转让向第三人返还原物的请求权的,出让人应当通知第三人。物权自出让人通知第三人时发生效力。”

本条规定的是“以返还请求权代替交付”,这个例外规则所针对的是“运输中的动产”和“委托保管中的动产”的买卖、质押。

先看“运输中的动产”买卖,买卖合同订立时,标的物还在承运人的轮船上,而轮船还在海上航行,没有办法进行“交付”,于是按照惯例,将“提单”交给买受人以代替“货物”的“交付”。按照《海商法》第79条的规定,“提单”分为“记名提单”“指示提单”和“不记名提单”,其中“指示提单”可以背书转让,“不记名提单”无须背书即可转让。《海商法》第71条规定,“提单,是指用以证明海上货物运输合同和货物已经由承运人接收或者装船,以及承运人保证据以交付货物的单证”。按照这一规定,“提单”既是证明运输合同成立的证据,也是“承运人保证据以交付货物的单证”,亦即“提单”是请求承运人交付货物的请求权凭证。教科书上称为“债权凭证”,谁持有“提单”,谁就享有请求承运人交付货物的债权请求权。

按照《物权法草案(第二次审议稿)》第32条的规定,货主在转让运输中的货物时,不必等待轮船到达目的港自己去提取货物后再“交付”给受让人,他可以将“提单”交给受让人以代替实际货物的“交付”,因此货物所有权自“提单”交付时移转于受让人。依本条规定,交付“提单”即等于“交付”货物,即发生货物所有权变动的效果,使“提单”因此具有“物权凭证”的性质,谁持有“提单”谁就享有货物的所有权。与所有权移转相同,如货主以货物设定“动产质押”,他也当然可以“交付”提单代替货物的实际“交付”,质权亦于“提单”交付时成立。

再看“保管中的动产”买卖,货主订立买卖合同之时,货物还保管在仓库经营者的库房里,此时货主与仓库经营者之间的仓储保管合同仍然存在。现行《合同法》第 387 条规定:“仓单是提取仓储物的凭证。存货人或者仓单持有人在仓单上背书并经保管人签字或者盖章的,可以转让提取仓储物的权利。”因此,谁持有“仓单”谁就有权提取仓储物,他还可以转让该提取仓储物的债权。存货人或者仓单持有人如果出卖保管中的货物,不必亲自去仓库提取货物后再将该货物实际“交付”于受让人,他只需将“仓单”交付给受让人以代替货物的实际交付。而按照《物权法草案(第二次审议稿)》第 32 条的规定,保管中的货物的所有权,亦于出卖人将“仓单”交付于受让人之时移转于受让人。因本条的规定,“仓单”不仅是债权凭证,同时也具有了“物权凭证”的性质,“仓单”持有人即是该货物的所有权人。

顺便讲到,各主要国家和地区关于“仓单”的立法有“一单主义”与“两单主义”之分。按照“一单主义”的立法,保管人只能开出一个“仓单”,持有人既可以通过“交付”此“仓单”移转货物的所有权,也可以通过“交付”此“仓单”设立动产质权。显而易见,如果已经设立动产质权,此“仓单”在质权人占有之下,出质人(货主)将不可能再转让该货物的所有权。按照“两单主义”的立法,保管人应存货人的请求可以开出两个“仓单”,一个叫“存入仓单”,一个叫“出质仓单”。从理论上说,“存入仓单”用于转让货物的所有权,“出质仓单”用于设立动产质权,二者并行不悖。但在实际上,以“出质仓单”设立动产质权之后,就很难仅以“存入仓单”转让货物的所有权,因为受让人担心所购买的货物有随时被质权人扣押、拍卖的风险。因此,不得已在转让货物所有权时一并交付“存入仓单”和“出质仓单”,“两单”实际上等于“一单”。鉴于我国《合同法》规定的“仓单”系采“一单主义”,即“仓单”既是所有权凭证,可以通过“仓单”交付发生“所有权移转”的效力,也可以通过“仓单”交付发生动产质权设立的效力。一旦货主通过交付“仓单”而设立了“质权”,则该货主不能再转让该货物的所有权,因为“仓单”在质权人占有之下。在一个实际案例中,货主在通过交付“仓单”设立“质权”之后,另以书面“转让协议”方式将货物所有权转让给他人,一审法院判决认定该转让行为无效,二审法院改判该转让行为有效,结果使质权人遭受了重大损害。显而易见,二审判决是错误的,因为“仓单”是“保管中的货物”的“物权凭证”,转让“保管中的货物”应当以“仓单”的交付代替实际货物的“交付”。

必须指出《物权法草案(第二次审议稿)》第32条的错误:一是条文第1句中把“向第三人请求返还原物的请求权”,误为“向第三人返还原物的请求权”,把“返还请求权”的权利人和义务人弄颠倒了;二是条文第2句和第3句,增加规定以出让人“通知第三人”为物权变动的生效条件,是完全错误的。因为,在以“提单”交付代替实物“交付”的情形下,载货船舶在茫茫大海上航行,如何“通知”?仅通知船东而不通知代理船东签发提单并占有货物的船长行不行?有通知的必要吗?在以“仓单”交付代替实物“交付”的情形,保管人事先已经在“仓单”上“签字或者盖章”,还有再通知保管人的必要吗?并且,这样规定是对“提单”“仓单”的“物权凭证”性质的彻底否定,与现行《海商法》关于提单制度和现行《合同法》关于仓单制度的规定显然抵触,在理论上是错误的,在实践上是有害的。使人不解的是,起草人为什么不查一查现行《海商法》和《合同法》的规定?

六、占有改定

请先看笔者负责的《物权法草案(建议稿)》第254条关于“占有改定”的规定:“出让动产物权时出让人有必要继续占有该项动产的,出让人与受让人应该设定一项由受让人取得间接占有的法律关系,以代替实际交付。”条文说“出让动产物权时出让人有必要继续占有该项动产的”，人们会问，既然要出卖该动产，又何以“有必要”继续占有该动产，这难道不是矛盾的吗？按照常理，要出卖就不能继续占有，要继续占有就不要出卖。为什么一方面要出卖，另一方面又要继续占有？这是针对融资租赁的一种特殊形式：“卖出租回”或称“回租”。

假设某个企业急需一笔生产资金，它向银行贷款，银行不贷给它，因为它此前的贷款还没有还，或者银行虽然同意贷款，但要求设立抵押担保，而它的房地产早已抵押给银行了。该企业急需资金而又没有银行愿意贷款给它，这种情形下它想到融资租赁中的“卖出租回”，于是找到一家租赁公司签订买卖合同，将自己最值钱的一条生产线的设备出卖给租赁公司，取得一笔价款以解决企业急需的生产资金。但是它并不是真的要出卖这套生产线，相反它还要靠这条生产线进行生产，因此它“有必要继续占有”这些已经出卖给租赁公司的设备。这种情形，显然不能把这些设备“交付”给买受人租赁公司，以完成设备所有权的移转。怎么样才能够既使该企业“继续占有”这些设备又实现其所有权向租赁公司的移转呢？有办法，该企业再与该租赁公司签订一份租赁合同，把这套生产线的设备再租回来不就行了吗？

现行《合同法》第242条明确规定：“出租人享有租赁物的所有权。承租人破产的，租赁物不属于破产财产。”虽然没有现实的“交付”，但因为签订了租赁合同，《合同法》明确规定租赁公司享有这些设备的所有权，可见正是这个租赁合同代替了设备的实际“交付”，而实现了设备所有权向租赁公司的移转，并同时使该企业作为承租人继续占有这些设备。按照民法关于占有的原理，在租赁合同关系中，承租人是租赁物的“直接占有人”，出租人是租赁物的“间接占有人”。这一租赁合同关系，正是《物权法草案（建议稿）》第254条所谓的“以代替实际交付”这样一项“由受让人取得间接占有的法律关系”。可见，关于“占有改定”的特殊规则，正是针对现实生活中的“卖出租回”这种特殊融资租赁合同形式设定的，其实质是用一项“租赁合同关系”实现标的物的所有权移转，并满足出卖人继续占有该标的物的需要。

值得注意的是,《物权法草案(第二次审议稿)》的起草人没有理解这一点,该草案第33条规定:“动产物权转让时,出让人应当将该动产交付给受让人,但根据双方约定由出让人继续占有该动产的,约定生效时视为交付。”

假设在一份买卖合同中,“双方约定由出让人继续占有”标的物,法院将如何对待这份买卖合同?现行《合同法》第135条规定:“出卖人应当履行向买受人交付标的物或者交付提取标的物的单证,并转移标的物所有权的义务。”显而易见,该买卖合同中这样一个“约定由出让人继续占有”标的物的条款,“剥夺了”买受人请求出卖人交付标的物并移转标的物所有权的“主要权利”,“免除了”出卖人交付标的物并移转标的物所有权的“主要义务”。如果属于“格式合同”,法院将依据《合同法》第40条的规定认定该条款无效;如果不属于“格式合同”,法院将认定构成《合同法》第54条规定的“显失公平”的合同,而根据买受人的请求予以撤销或者变更。可见,条文规定“双方约定由出让人继续占有”,是绝对行不通的,应当改为“双方应该设定一项由受让人取得间接占有的法律关系,以代替实际交付”。这样的法律关系,主要是租赁合同关系,还有借用合同关系。

七、法律行为之外的物权变动

需注意一个问题,并不是所有的物权变动都需要“公示”(登记、交付)。法律行为之外的不动产物权变动不必进行“登记”,法律行为之外的动产物权变动不必进行“交付”。所谓“法律行为之外”的物权变动,有下面几种情形:

(一)因公权力的行使发生的物权变动

《物权法草案(第二次审议稿)》第34条规定:“因人民法院的生效法律文书、人民政府的征收等行为导致物权的设立、变更、转让和消灭的,自法律文书生效之日或者人民政府的征收等行为作出之时发生效力。”法院的生效判决、政府的征收命令,属于公权力的行使行为,所引起的物权变动,按照本条规定,不需要进行“公示”。因法院生效判决导致的物权变动,自判决生效之时发生效力;因政府征收命令导致的物权变动,自政府的征收命令作出之时发生效力。

例如,法院审理产权争议案件,最后作出判决"争议房屋归李四所有"。自判决生效之时李四就得到了该房屋的所有权,亦即自判决生效之时争议房屋的所有权就自动移转于李四名下。显然,这个时候还没有办理产权过户登记,在不动产登记簿上张三仍然是"所有权人",但李四从判决生效时就已经得到了所有权,李四才是"真正的""所有权人"。判决一经生效,李四就可以拿着判决书到登记机构办理"登记"手续。特别要说明的是,李四凭生效判决办理的"登记",不是"过户登记"而是"变更登记"。政府征收也是这样,政府征收命令一经作出,国家就取得所征收土地的所有权。

(二)因继承发生的物权变动

《物权法草案(第二次审议稿)》第35条规定:"因继承取得物权的,自继承开始时发生效力。"本条规定,因继承发生的物权变动,从"继承开始"之时发生效力。什么叫"继承开始"?"继承开始"是继承法上一个重要概念。现行《继承法》第2条规定:"继承从被继承人死亡时开始。"可见,"继承开始"就是"被继承人死亡"之时。按照《继承法》的规定,自"被继承人死亡"之时,被继承人的财产就成为"遗产",其所有权就转移到继承人名下,如果只有一位继承人,"遗产"就归该继承人所有,如果继承人在2人以上的,"遗产"就归全体继承人共有。

实际上,被继承人死亡之时,其是否留有"遗嘱"尚不确定,是按"遗嘱继承"还是按"法定继承"尚不确定,所以还不能确定继承人的人数,不能确定继承人是谁,因此没有办法"分割遗产",没有办法办理"产权过户登记"。但是,被继承人已经死亡,权利主体已经消灭,不能让"遗产"处于无主状态,因此《物权法草案(第二次审议稿)》第35条规定,自"继承开始"(即被继承人死亡)之时,由继承人取得"遗产"的所有权。"遗赠"也准用同样的规定,从被继承人(遗赠人)死亡之时,即"继承开始"之时,遗赠财产的所有权就归受遗赠人。到后来分割遗产时,如果受遗赠人"放弃"受遗赠,则该遗赠财产的所有权就归其他继承人。

需要注意的是,因继承而发生物权变动的规则,对法官裁判案件会有影响。例如,父亲去世以后房产没有分割,由母亲管理使用,最后母亲又去世了,这个财产由在农村的老大继续使用,老二在国外几十年后回来向法院提起诉讼。假设老二以“侵害继承权”为由起诉,老大自然会以诉讼时效经过作为抗辩事由,法院审查诉讼时效确已经过,于是判决驳回老二的诉讼请求。假设老二以“分割共有财产”为由起诉,他不说侵害继承权,因为父亲去世时遗产应由兄弟二人共有,只是共有财产一直在大哥的掌管之下,他现在请求分割共有财产,而请求分割共有财产的请求权不适用诉讼时效,法院就不能驳回。法院查明遗产没有进行过分割,一直处于共有状态,法院就应当认可老二的请求,作出“分割共有财产”的判决。可见,因继承发生物权变动的规则,对当事人、对法院都关系重大。

上面谈到“继承开始”即是“被继承人死亡”之时,而此所谓“死亡”既包括“事实死亡”,如老死、病死、意外事故致死,也包括“宣告死亡”。在“宣告死亡”的情形下,自判决所确定的“死亡之时”“继承开始”。这里顺便讲一个实例,一个人在“大跃进”时期失踪,至1959年,该人所在单位及其配偶均认为其“已经死亡”,在其配偶(母亲)主持之下分割了“遗产”,农村的房屋分给老大,城里的房屋分给老二。后来其配偶也去世了,老大、老二一直相安无事。改革开放以后,因房地产开发,城里的房屋显著升值,于是老大在1999年向法院申请宣告其父亲死亡,法院作出了“宣告死亡”的判决,而这时该人如果活着也有130多岁了。宣告死亡判决下达后,老大立即向法院起诉请求重新分割遗产,因为1959年父亲尚未“死亡”、继承尚未开始。于是,法院于2002年作出判决,认定当年进行的遗产分割无效,并重新分割“遗产”。这样的判决是否正确?当然不正确。在母亲主持分割遗产已经四十多年之后,法院否定四十多年前的遗产分割协议,显然不合情理。法院的失误在于,把“死亡宣告”看作独立的诉讼行为,未注意到法院作出的死亡宣告将发生物权变动的效果,因而未注意到宣告死亡申请人要否定四十年前的遗产分割的意图。最后二审法院以“法律不溯及既往”为根据,先撤销“宣告死亡”的判决,再据此撤销“重新分割遗产”的判决。这一实例的教训是,法院审理案件不可“就事论事”,一定要弄清楚当事人的真实目的,弄清楚案件的实质是什么,避免落入当事人的“圈套”。

(三)因事实行为发生的物权变动

《物权法草案(第二次审议稿)》第36条规定:“因合法建造住房等事实行为设立和消灭物权的,自事实行为成就时发生效力。”所谓“事实行为”,就是指用钢筋、水泥、砖瓦、木石建造房屋,用布料缝制衣服,用木料制作家具等行为。建成一栋房屋就产生房屋的所有权,制成一件衣服就产生衣服的所有权,制作一个书柜就产生书柜的所有权。房屋建成后还没有办理“登记”,但房屋所有权就已经发生。制成一件衣服,还没有“交付”,但衣服的所有权就已经发生。制作一个书柜,还没有“交付”,但书柜的所有权就已经发生。条文所谓“事实行为成就时”,就是房屋建成之时、衣服制成之时、书柜制作完成之时。这些情形所有权之发生,属于法律行为之外的物权变动,按照本条规定自“事实行为”“成就”(完成)之时生效,而不是自“登记”或者“交付”时生效。

(四)上述三种情形的物权变动的“限制”

在上述三种情形,即草案第34条规定因判决和征收、第35条规定因继承和遗赠、第36条规定因事实行为,发生的物权变动,虽然在办理“登记”或者“交付”之前已经发生效力,但是有一个“限制”,就是在完成“登记”或者“交付”之前,所有权人不能进行“处分”。例如,李四因法院判决而取得争议房屋的所有权,或者因继承而取得遗产房屋的所有权,但在李四持判决书或者遗产分割协议书到不动产登记机构办理变更登记之前,不能处分该房屋(出卖、抵押)。例如,建造房屋,虽然房屋一经建成就发生了建设单位的所有权,但建设单位必须先到不动产登记机构办理“所有权初始登记”,然后才能转让该房屋所有权或者设定抵押权。同样,制作衣服、家具,虽然在衣服、家具制作完成之时就已经发生所有权,但在所有权人实际“占有”该衣服、书柜之前(衣服还在缝纫店、书柜还在木工作坊)不能出卖,所有权人必须实际“占有”之后才能出卖。制造船舶、飞机、机动车也是如此,自事实行为成就(组装完成)之时发生船舶、飞机、机动车的所有权,但到有关登记机构办理“所有权初始登记”之后才能处分(出卖或抵押)。

可见上述三种情形发生的物权变动,如为不动产物权而未进行不动产登记的,如为动产物权而未交付占有的,法律限制所有权人的处分权,即限制“进入市场交易”,其政策目的都是为了建立市场交易的物权法律秩序,为了避免不动产登记制度被“架空”。此与物权公示原则的“登记对抗主义”是不同的。但现在的《物权法草案(第二次审议稿)》正好混淆了这一点,其第 37 条规定:“依照本法第三十四条至第三十六条的规定,导致不动产以及船舶、飞行器和机动车等的物权设立、变更、转让和消灭的,应当依法及时补办登记。补办登记前,不得对抗善意第三人。”

按照现在的《物权法草案(第二次审议稿)》第 37 条的规定,建造的房屋、继承的房屋、判决取得的房屋,未办理登记前就可以转让、可以设定抵押,不动产物权变动的登记生效主义就变成“登记对抗主义”,显然是与前面关于物权公示原则的规定冲突的。此外,本条未提及一般动产,则制作的动产、判决取得的动产、继承取得的动产,还没有交付给所有权人“占有”,权利人就可以处分,显然会导致经济生活的混乱。因此,本条应当修改为:“依照本法第三十四条至第三十六条的规定发生的物权变动,如为不动产物权而未进行不动产登记的,如为动产物权而未交付占有的,权利取得人不得处分。”

八、物权请求权

《物权法草案(第二次审议稿)》第三章“物权的保护”规定了一项新的制度,就是“物权请求权”。“物权请求权”是专门针对“物权”的法律救济措施,是“物权”的特殊保护方法。我们知道,“物权”同样受侵权责任制度的保护,“物权”受侵害将发生侵权责任请求权。这样一来,“物权”既受“物权请求权”制度的保护,也受侵权责任制度的保护。我们就必须弄清楚:为什么在民法规定了侵权责任制度之外,还要规定一个“物权请求权”制度?“物权请求权”制度与“侵权责任”制度的区别何在?二者的区别,主要是两点:一是保护对象不同,物权请求权制度的保护对象只是“物权”一种;侵权责任制度的保护对象,包括“物权”“人格权”“知识产权”及其他具有“排他性”效力的民事权利。二是“构成要件”不同,“物权请求权”只有一个构成要件,即存在“物权”;而一般侵权责任的构成要件包括“加害行为”“损害后果”“因果关系”和“过错”,即使特殊侵权责任也须有前三项要件。物权请求权的优点,也正是在于其“构成要件简单”,既然我是房屋的所有权人,我就可以根据这一点行使物权请求权,请求法院保护我的所有权。因为构成要件简单,因此物权请求权行使的程序就特别方便,只需提供证明自己享有“物权”的证据就足够了,法院也仅凭我享有“物权”这一点就给予保护。这就使请求权人避免了就侵权责任的“构成要件”举证的麻烦。因此,民法在侵权责任制度之外特别规定“物权请求权”制度,作为保护“物权”的特殊救济措施。

例如,张三把房屋出租给承租人李四,租赁合同期满后承租人李四不退房,这时出租人张三可以按照违约责任起诉,也可以按照物权请求权起诉,如果张三按照物权请求权起诉,他只要证明自己是房屋所有权人就够了。当法院查明张三真的是所有权人时,法院就会作出判决责令承租人李四限期搬家。可见物权请求权在行使程序上非常简便。反过来,物权请求权也有一个限制,这就是行使物权请求权一定要有“物权”存在。“物权”什么时候存在?“标的物”存在,“物权”就存在。标的物一旦“毁损、灭失”,例如房屋已经烧毁,汽车已掉下悬崖变成一堆废铁,手机已经灭失,这时“物权”(所有权)已经消灭,就不能再行使物权请求权,只能向法院提起侵权责任之诉。这种情形,如果不按照侵权责任起诉而按照物权请求权起诉,法院经查明因标的物消灭而物权已经消灭,当然无所谓“物权请求权”,于是法院作出判决驳回诉讼请求。因为没有物权也就没有物权请求权,只能根据侵权责任起诉。这就是物权请求权和侵权责任的严格划分。也即是,为什么物权在受物权请求权保护之外,还要受侵权责任制度保护的理由。下面介绍具体的物权请求权。

(一)确认物权请求权

《物权法草案(第二次审议稿)》第38条规定:"因物权的归属及其内容发生争议的,利害关系人可以请求确认权利。"这是关于"确认物权请求权"的规定。过去的教科书上并没有"确认物权请求权",迄今也有学者不赞成规定"确认物权请求权",因为"确认物权请求权"是针对法院的,实质上是一种"诉权",不似针对民事主体的"实体权"。起草人认为,按照法律原理,程序法上的"诉权"是为实体法上相应的"实体权"之实现而存在的,换言之,有一种"诉权"就必定有与之相对应的一种"实体权"。既然诉讼法上有"确权之诉",与之对应的物权法上的"实体权"就是"确认物权请求权"。物权法规定"确认物权请求权",就使诉讼法和司法实践中的"确权之诉"有了实体法上的权利根据,于法于理均无违背。按照本条规定,发生物权归属及其内容的争议的利害关系人,享有"确认物权请求权",亦即发生物权争议的任何一方,都可以行使这个请求权,向法院提起"确认物权之诉"。需注意的是,"确认物权请求权"的目的和作用,在于采用诉的方法解决物权争议,维护正常的物权法律秩序,因此"确认物权请求权"不应适用诉讼时效。只要物权争议存在,"确认物权请求权"就存在,不受诉讼时效的限制。

(二)返还请求权

《物权法草案(第二次审议稿)》第39条规定:"无权占有他人不动产或者动产的,权利人可以请求其返还原物。"本条是关于"返还请求权"的规定。返还的对象是被他人占有的物权客体(标的物),无权占有他人物权客体(不动产或者动产)的人,是返还义务人。前面已经谈到,物权请求权的构成要件是"物权"必须存在,而"物权"存在的前提是作为物权客体的"物"(不动产或者动产)必须存在,这个"物"被他人无权占有,就可以根据"物权"行使"返还请求权",请求无权占有人返还"原物"。如果"原物"已经灭失,当然也就无所谓"返还请求权",

原物权人只能行使侵权责任请求权。

“返还请求权”是否适用诉讼时效？按照民法原理，“返还请求权”虽然性质上属于“物权请求权”，但与属于“债权请求权”的“履行请求权”“损害赔偿请求权”类似，应当同样适用诉讼时效。但如果请求返还的财产是办理了登记的财产（不动产、船舶、飞机、机动车），因为诉讼时效期满而允许无权占有人拒绝返还，就势必与登记制度的效力发生冲突。而登记的公示效力、对抗效力、权利推定的效力，是不应该因时间的经过而消灭的，否则就将否定登记制度本身。因此，请求返还办理了登记的动产、不动产的请求权，就不应当适用诉讼时效。例如，张三的房屋所有权是办理了所有权登记的，该房屋被李四无权占有，张三请求无权占有人李四返还房屋的请求权，就不适用诉讼时效。当然，如果被无权占有的财产没有登记，无论是不动产或者动产，其返还请求权都应当适用诉讼时效。

（三）排除妨害请求权

《物权法草案（第二次审议稿）》第41条规定：“妨害行使物权的，权利人可以请求排除妨害。”这是关于“排除妨害请求权”的规定。所针对的是妨害人的“妨害行为”，与后面的“消除危险请求权”针对危险设施等造成的“危险状态”是不同的。排除妨害，就是请求法院判决强行排除妨害人的妨害行为。因此，依据“排除妨害请求权”提起的诉讼，称为“排除妨害之诉”，是以实施妨害行为之人为被告。需注意的是，由规定“排除妨害请求权”的立法目的决定，“排除妨害请求权”不适用诉讼时效，只要妨害行为的结果存在，受妨害的物权人就可以行使此项请求权，提起排除妨害之诉，受理法院就要作出“排除妨害”的判决，强行排除妨害行为及其结果，恢复物权的正常行使。

（四）消除危险请求权

《物权法草案（第二次审议稿）》第42条规定：“有可能危及行使物权的，权利人可以请求消除危险。”这是关于“消除危险请求权”的规定。“消除危险请求权”针对的不是人的行为，而是某种“危险状态”。依据“消除危险请求权”提起的诉讼，称为“消除危险之诉”，是以造成危险状态的树木、设施、建筑物等的所有人或者管理人为被告,受理法院应作出判决责令被告消除该“危险状态”。例如,一棵大树的枝干伸到邻居的院子里,枝干已经枯朽、摇摇欲坠,下面刚好是邻居停放奔驰汽车的车位,邻居提心吊胆:枯枝掉下来把汽车砸坏了怎么办?这就造成一种危险状态。邻居就可以行使消除危险请求权,向法院提起“消除危险之诉”,请求法院责令大树的所有人或者管理人限期把枯枝砍掉,否则许可邻居自己雇人去砍,让被告承担费用。你家的墙随时可能倒塌,威胁到邻居的安全,邻居可以行使“消除危险请求权”,提起“消除危险之诉”,让法院作出判决责令你限期把危墙加固或者拆掉。基于“消除危险请求权”的立法目的,只要“危险状态”存在,就应当责令造成危险状态的设施等的所有人或者管理人予以消除,因此“消除危险请求权”也不适用诉讼时效。

(五)附带的损害赔偿

可能有这样的情况,因为“妨害行为”或者“危险状态”的存在,已经给受害人造成实际的损害(损失),是否许可受害人在行使“排除妨害请求权”或者“消除危险请求权”的同时,一并请求损害赔偿?有两个解决方案:第一个方案是坚持“物权请求权”以恢复“物权之圆满状态”为目的,不许可受害人一并请求损害赔偿。受害人应当在行使“排除妨害请求权”或者“消除危险请求权”之后,依据侵权法的规定另案提起“侵权损害赔偿之诉”。其结果是徒增当事人讼累和程序的繁复,并违反诉讼经济原则。因此,笔者负责的《物权法草案(建议稿)》采第二个方案,第270条规定,受害人在行使“排除妨害请求权”或者“消除危险请求权”的同时,可以一并请求损害赔偿。但此“损害赔偿”不构成一项独立的请求权,必须在行使“排除妨害请求权”或者“消除危险请求权”的同时一并请求。换言之,不允许受害人单独请求损害赔偿,其单独请求损害赔偿必须依据侵权责任的规定。

遗憾的是,《物权法草案(第二次审议稿)》的起草人未能理解许可“附带的损害赔偿”的政策目的,错误地规定了属于物权请求权性质的“损害赔偿请求权”。该草案第43条规定:“侵害物权,造成权利人损害的,权利人可以请求损害赔偿。”导致“物权请求权”制度与“侵权责任”制度的混淆。这样一来,凡物权受侵害,受害人都必然依据本条的规定行使属于物权请求权性质的“损害赔偿请求权”,民法侵权责任制度就被取代(取消)了。而在物权受侵害的情形,法院仅根据“物权”存在一项要件(这是由物权请求权的性质和立法目的决定的),完全不考虑“加害行为”“损害结果”“因果关系”“加害人过错”等要件,怎么可能作出合情、合理、合法的“损害赔偿判决”?有鉴于此,建议将第43条修改为:“在第四十一条和第四十二条的情形,物权人受有损害的,可在请求排除妨害或者消除危险的同时,附带请求损害赔偿。”

例如,你把人家楼梯堵了,人家不得已从阳台架设梯子上下以致发生人身伤害,这笔医药费怎么办?因楼梯被堵,人家没法进出自己的房屋而到外面去住旅馆的那笔费用怎么办?你家的大树枯枝摇摇欲坠,别人不敢在下面停汽车,把汽车停到收费停车场产生的停车费怎么办?这些都是“妨害行为”和“危险状态”给受害人造成的实际损害,应当许可受害人行使“消除危险请求权”和“排除妨害请求权”的同时一并附带请求损害赔偿。这个损害赔偿不是单独的请求权,是附带的,因此法院要在判决“排除妨害”或者“消除危险”的同时一并作出判决。当然,法院作出附带的损害赔偿的前提条件是,这笔“损失”(费用)与“妨害行为”“危险状态”之间有“因果关系”。

现在的《物权法草案(第二次审议稿)》中还有一个条文,即第40条:“造成他人不动产或者动产毁损的,权利人可以请求恢复原状。”按照此条文规定,“不动产或者动产”已经“毁损”,例如房屋已经“毁损”变成一堆残砖断瓦、汽车已经“毁损”变成一堆废铁,原来的“房屋所有权”“汽车所有权”已经不存在,因此当然不再有什么物权请求权,受害人只能根据侵权责任请求赔偿。可见,本条规定的“损害赔偿请求权”属于“侵权责任”性质,而不是“物权请求权”。建议删去本条。

九、动产加工制度

现在再讲“所有权编”的“动产加工”制度。《物权法草案(第二次审议稿)》第119条规定:“加工他人的动产的,加工物的所有权属于材料的所有权人。但是,因加工致使其价值显著大于原材料的价值的,加工人取得该加工物的所有权。法律另有规定或者当事人另有约定的除外。”这就是关于“动产加工”制度的规定。特别要注意的是,此所谓“加工”属于物权法上的制度,与债权法上的“承揽合同”截然不同。

现行《合同法》第十五章规定“承揽合同”,其第251条规定:“承揽合同是承揽人按照定作人的要求完成工作,交付工作成果,定作人给付报酬的合同。承揽包括加工、定作、修理、复制、测试、检验等工作。”基于“承揽合同”的性质和目的,无论是由定作人提供材料,或者由承揽人提供材料,所制作完成之“工作成果”(动产)均归属于定作人。换言之,承揽人完成的“工作成果”的所有权必定属于定作人。定作人从什么时候取得该“工作成果”的所有权呢?鉴于定作人通过承揽人的“工作”而取得“工作成果”(动产)的所有权,属于因“事实行为”而发生的物权变动,按照《物权法草案(第二次审议稿)》第36条的规定,定作人应自“完成工作”的“事实行为”成就之时,取得该“工作成果”的所有权。在现实生活中,我们委托缝纫店制作西服、委托照相馆冲印照片、委托木器厂制作书柜,均不在“承揽合同”中“约定”承揽人所完成的“西服”“照片”“书柜”的所有权归属,为什么?因为承揽合同的性质和目的决定,承揽人所完成的“工作成果”当然归属于定作人,而无须当事人约定。

本条规定的“加工”,属于物权法上的一项“物权制度”,其“适用范围”是加工人“因故意或者过失”,以他人的动产为材料而制作新的动产。换言之,“加工人”既不是“材料”的所有权人,也未受“材料”所有权人的“委托”。因此,所谓“加工”行为,应当构成侵权行为,该“加工人”应依据侵权法的规定,对“材料”的所有权人承担侵权损害赔偿责任。例如,张三误将李四的木料当作自己的木料“加工”完成一个“书柜”,如果李四将张三告上法庭,法庭将根据侵权法的规定判决张三对李四承担侵权损害赔偿责任,即向李四支付相当于该“木料”价款的一笔损害赔偿金,而用该“木料”制成的“书柜”,

当然属于张三所有。假设李四在法庭上表示不愿意接受“损害赔偿金”,而要求取得该“书柜”的所有权怎么办？如果张三对此表示同意的话,法庭当然可以判决该“书柜”的所有权归属于李四,同时判决李四向张三支付该“书柜”价值超过“木料”价值的一笔补偿金,这样一来,李四于判决生效之时即取得该“书柜”的所有权。这种情形,实际上是用“书柜”所有权代替了损害赔偿金。但是,万一出现这样的情形,即李四在法庭上坚持要求取得“书柜”的所有权,而张三却坚持不同意,法庭怎么办呢？这种情形,就需要有一个判断“书柜”所有权归属的法律标准,用来指引法庭裁判并限制其随意性。这个法律标准,就是本条规定的“动产加工”制度。

按照本条第1句规定,“加工物”所有权归属于“材料”所有人,此为“原则”。本条第2句是关于此原则的“例外”规定:“因加工致使其价值显著大于原材料的价值的,加工人取得该加工物的所有权。”在前述假设材料所有人李四和加工人张三均要求取得该“书柜”的所有权的情形,法庭就不再适用侵权法的规则而根据本条第1句关于“一般原则”的规定,判决“木料”所有人李四取得该“书柜”的所有权。如果我们把这个例子改变为:张三误将属于李四的“黄杨木”当作自己的,加工成一尊精美的“黄杨木雕像”,在法庭上双方均坚持要求取得该“雕像”所有权。考虑到“因加工致使”该“雕像”的价值“显著大于”原材料的价值,法庭就应当根据本条第2句关于“例外”规则的规定,判决“加工人”张三取得该“雕像”的所有权,当然应同时根据侵权法的规定判决张三向李四支付一笔相当于“材料”价值的侵权损害赔偿金。

笔者在前面已经谈到,“动产加工”制度与“承揽合同”制度的不同,如果当事人之间存在“承揽合同”,就绝无适用本条“动产加工”制度的余地。只是在“加工人”因故意或者过失而对他人所有的“材料”进行“加工”而不能按照侵权法的规定解决“加工物”所有权归属(即“加工人”和“材料”所有人均要求取得“加工物”所有权)的情形,才能适用本条关于“动产加工”制度的规定。可见,在适用本条的情形,绝对不可能存在"当事人"之间关于"加工物"所有权归属的约定(无论是"事先的"或者"事后的"),并且本条规定在既不能适用合同法也不能适用侵权法的前提下解决本案型的"一般"规则和"例外"规则,因此,绝不可能再有与本条不同的"法律规定"。可见,本条第3句关于"法律另有规定或者当事人另有约定的除外"的规定,属于"画蛇添足",应当删去。

对《物权法草案（第三次审议稿）》的修改意见*

第一编　总　　则

第二条第二款　本法所称物权，指自然人、法人直接支配特定的物的权利，包括所有权、用益物权和担保物权。

建议增加排他性效力，修改为：本法所称物权，指自然人、法人直接支配特定的物并排除他人干涉的权利，包括所有权、用益物权和担保物权。

理由：物权具有“排他性”，具有“排除他人干涉”的效力，这一点具有非常重大的意义。公权力和私权利的界限在什么地方？就在物权的“排他性”。一家人住在房子里，国家机关的公务员就不能随便往里面闯，界限就是物权的“排他性”。由于物权具有排除他人干涉的法律效力，这就划分了公权力和私权利的界限：房屋大门之外，是公权力活动的范围，房屋大门之内是私权利的活动空间，公权力要跨越这个界线，唯有两种办法：一是物权人同意；二是持有搜查证。

《物权法草案》中规定物权的定义，一定要明文规定物权的“排他性”。物权的“直接支配性”，是人类的本能，是“自然属性”，谁都懂。唯独“排他性”，是“法律属性”，要通过法律的明文规定使人们尤其公务员认识物权的“排他性”，明确公权力和私权利的界限。不然的话，像现在有些警察动不动往人家家里闯，动不动就没收人家的三轮车、摩

* 本文写作于2005年7月31日。

托车,强拆人家的房屋,这些违法行为就得不到纠正,依法行政就会遥遥无期。

民事权利有多种,唯具有“排他性”的权利才受刑法、侵权法的保护。进入他人房子偷东西的,构成盗窃罪;当街抢夺财物的,构成抢夺罪。为什么?因为物权具有“排他性”。不具有“排除他人干涉”的效力的权利,如合同上的权利,只能受违约责任的保护。司法实践中,经常涉及“罪与非罪”的界限,而“罪与非罪”的界限,就在于受侵害的权利有没有“排他性”。侵犯具有“排他性”的权利,构成犯罪行为,当然就是“罪”(轻的也要构成侵权责任);侵害不具有“排他性”的权利,只能追究违约责任,当然就是“非罪”。

物权的“排他性”还与判断证据有关。若干年前发生在美国的“辛普森案”,为什么法官当庭宣判辛普森不构成犯罪?关键在于法庭查明联邦警察是在没有搜查证的情形下,翻墙进入辛普森的住宅搜出凶器和血手套的。因为私人住宅所有权具有“排他性”,联邦警察在既没有得到房主同意也没有取得搜查证的情形下翻墙进入他人住宅,构成“违法行为”,而通过“违法行为”取得的证据属于“非法证据”,当然不具有“证据效力”。最高人民法院《关于民事诉讼证据的若干规定》也规定,“违法取得”的证据,不具有证据效力。什么叫“违法取得”?没有事先取得搜查证进入私人住宅、进入具有排他性的物权效力范围,就属于“违法取得”。

第三条 物权的种类和内容,由本法和其他法律规定。

建议增加第2款:当事人违反本条第一款规定而创设的物权,不具有物权的效力。

建议增加第3款:当事人改变本法和其他法律规定的物权内容的约定无效。

理由:物权法定原则不仅是制定物权法的指导性原则,而且是操作性规则。法官于案件裁判中往往以是否符合物权法定原则作为判断标准。符合物权法定原则的有效,违反物权法定原则的无效。物权法定原则的意义,实际上就是排除当事人的意思自治,就是排除当事人创设、变更物权的自由：当事人自己创设的物权无效，当事人改变物权内容的约定无效。为便于正确理解和适用，建议规定第2款和第3款。

第四条　物权应当公示。记载于不动产登记簿的人是该不动产的权利人，动产的占有人是该动产的权利人，但有相反证据证明的除外。法律规定不经登记即可取得物权的，依照其规定。

建议分别规定物权公示原则和权利推定原则。

第四条　物权应当公示。法律规定不经公示即可取得物权的，所取得的物权在进行公示前不得处分。

第×条　记载于不动产登记簿的人是该不动产的权利人，动产的占有人是该动产的权利人，但有相反证据证明的除外。

理由：物权公示原则与不动产登记的权利推定原则和动产占有的权利推定原则是不同的。物权公示原则，属于物权法基本原则。不动产登记的权利推定和动产占有的权利推定原则，是据以转换举证责任的操作性规则。第4条仅应规定物权公示原则，另设专条规定不动产登记的权利推定原则和动产占有的权利推定原则。

建议在本节恢复《物权法草案（第二次审议稿）》第8条关于物权优先于债权原则的规定：

第×条　在特定的不动产或者动产上，既有物权也有债权的，优先保护物权。但法律另有规定的除外。

理由："物权优先于债权原则"是处理物权与债权冲突的基本规则，是法官在司法实践中最常用的裁判规则之一。主要适用于两类案件：一是在"一房多卖"案件中，据以判决已经办理产权过户的买房人得到争议房屋；二是在企业破产和清产还债案件中，据以判决抵押权人优先受偿及出租人取回租赁物。这一原则的例外规则，即条文"但书"所谓"法律另有规定"：一是《合同法》第229条关于买卖不破租赁的规定；二是《企业破产法》关于优先清偿工人工资的规定。如果物权法不作规定，法律素养高的法官仍会将此原则作为法理规则而予以适用，法律素养较低的法官往往会无所适从，势必影响裁判的统一和公正。

第十六条第一款　不动产登记簿记载的事项，是物权归属和内容的根据。

建议修改为:不动产登记簿是物权归属和内容的根据。

理由:按照证据法原理,证据分为“人证”和“物证”。所谓“物证”,指以“有形物”作为“证据”,包括“文书”和“检证物”。现行《民事诉讼法》第63条将具有证据资格的“文书”称为“书证”,将“检证物”称为“物证”。“书证”再分为“公文书”和“私文书”。不动产登记簿,属于“公文书”。无论是根据证据法原理,或者根据现行《民事诉讼法》的规定,唯属于“有形物”的不动产登记簿才能成为法官据以判断案件事实的“证据”,而不动产登记簿所“记载的事项”绝非“证据”。本条规定的目的,是要赋予“不动产登记簿”以“证据资格”,而不是赋予不动产登记簿“记载的事项”以“证据资格”。正如本法第17条规定,“不动产权属证书”而不是不动产权属证书“记载的事项”,是权利人享有该不动产物权的证明。

第十八条 登记机构应当向权利人和利害关系人提供查询、复制登记资料的便利,同时应当对涉及国家机密、商业秘密和个人隐私的内容保守秘密。

建议修改为:登记机构应当提供查询、复制登记资料的便利。

理由:国家建立不动产登记制度的目的,就是要贯彻物权公示原则,将不动产物权变动和不动产物权状况公开出来。因此,不动产登记簿具有公开性,登记机构应当为查询、复制不动产登记簿提供方便。无论企业或者个人,其不动产状况不是商业秘密或者个人隐私,更与国家机密无关,登记机构不承担保密义务。

第十九条 利害关系人对不动产登记簿记载的物权归属等事项有异议的,可以申请异议登记。登记簿记载的权利人书面同意异议登记或者人民法院裁定予以异议登记的,登记机构应当将该异议记载于不动产登记簿。

申请人自登记簿记载的权利人书面同意异议登记之日起三个月内不起诉也不申请更正登记的,或者自人民法院异议登记裁定生效之日起十五日内不起诉的,该异议登记失效。

有证据证明异议登记不当,权利人有权申请登记机构注销异议登记。异议登记造成权利人损害的,权利人可以向异议登记的申请人请求损害赔偿。

建议恢复《物权法草案(2004 年 8 月稿)》第 17 条和第 18 条的规定:

利害关系人对不动产登记簿记载的物权归属等事项有异议的,可以申请异议登记。登记机构应当将该异议记载于不动产登记簿。

申请人自异议登记之日起三个月内不起诉也不申请更正登记的,该异议登记失效。

异议登记不当造成权利人损害的,权利人可以向异议登记的申请人请求损害赔偿。

理由:设立异议登记制度的目的,就是要阻止不动产登记簿上的所有人抢先下手转卖房屋。如果李四认为房屋不是张三的,他到法院起诉前就可以直接到登记机构申请异议登记,登记机构受理申请后,就在不动产登记簿上进行“异议登记”,即将“该异议记载于不动产登记簿”。“异议登记”的作用并不是“禁止”张三转让该房屋,并不是“限制”张三的“处分权”,而仅仅是“提醒”打算购买房屋的第三人注意:该房屋产权存在“争议”。按照一般社会生活经验,打算购买房屋的人看到该房屋产权归属存在“争议”,将不会贸然签订买卖合同,至少他会“暂停”签订合同,等待“争议”的解决。就是用这个办法来“阻止”张三抢先下手转让争议房屋的产权,以保证将来李四胜诉后可以持判决书到登记机构变更登记,能够实实在在地得到该房屋的所有权。

按照异议登记的政策目的,“异议登记”应当有期限限制,异议登记的申请人在“有效期”内既未申请“更正登记”也未向法院“提起诉讼”的,该“异议登记失效”。另外,在提起诉讼的情形,如果最后法院判决没有支持异议一方的诉讼请求,亦即判决认定不动产登记簿上的记载并无错误,登记簿上的“名义人”是真正的“所有权人”,则该所有权人有权请求异议登记的申请人承担损害赔偿责任。这样使异议各方的正当利益得到兼顾,避免异议登记制度的滥用。而《物权法草案(第三次审议稿)》第19条把一个简单方便的“行政(登记)程序”变成了两个程序:一个“诉讼(裁定)程序”再加一个“行政(登记)程序”。

按照《物权法草案(2004年8月稿)》第17条、第18条的规定,当事人对登记的不动产物权有异议,直接到登记机构申请异议登记,然后到法院起诉最终解决争议。现在的草案,要求必须先向法院申请,由法院作出异议登记的裁定(登记簿记载的权利人绝不可能同意异议登记),然后再到登记机构申请作出“异议登记”,而要真正解决争议还要再到法院提起诉讼,经过法院审理,再拿着法院的判决书到登记机构申请“更正登记”。本来很简单,到登记机构申请异议登记,现在改为必须两次到法院。法院解决争议,只需要一个“诉讼程序”,现在预先加上一个异议登记的“裁定程序”。法院作出异议登记的裁定时要不要审查?如果要审查,则法院对异议登记裁定的审查和诉讼中的审查怎么区分?如果法院在诉讼程序中作出异议申请人败诉的判决,则是否说明法院此前作出的异议登记“裁定”错误?现在的草案把问题复杂化了,至少是增加了诉讼成本,增加了当事人的负担,增加了法院的负担。还是恢复到《物权法草案(2004年8月稿)》的规定为好。

第二十条 利害关系人认为不动产登记簿记载错误的,有权申请更正登记。有证据证明登记确有错误的,登记机构应当予以更正。

登记更正后,原权利人在异议登记期间对该不动产作出的处分,登记更正后的权利人未追认的,不发生效力。

修改意见:删去第2款。

理由:异议登记的目的和作用,只是提醒打算购买不动产的人注意该不动产存在产权争议,按照一般社会生活经验,可以在实际上阻止登记簿上的权利人转让该不动产。如果打算购买该不动产的人,看到登记簿记载有异议登记仍然购买了该不动产,一旦最终法院判决异议登记申请人胜诉,即判决争议不动产的所有权属于异议登记申请人,则该不动产买卖合同就成为“无权处分合同”,该不动产的买受人就构成“恶意第三人”,将注定不能获得该不动产所有权。本条第1款规定更正登记,没有必要涉及异议登记,因此删去第2款。

第二十一条 债权人因购买期房等原因,为限制债务人处分该不动产,保障将来取得物权,可以向登记机构申请预告登记。债权人已经支付一半以上价款或者债务人书面同意预告登记的,登记机构应当进行预告登记。

预告登记后,债务人处分该不动产,未经债权人追认的,不发生效力。

建议恢复《物权法草案(第二次审议稿)》第22条的规定:

债权人因购买期房等原因,为限制债务人处分该不动产,保障将来取得物权,可以向登记机构申请预告登记。

预告登记后,债务人处分该不动产的,不发生物权效力。

理由:按照预告登记制度,只要张三与开发商签订了商品房预售合同,张三就可以拿着买卖合同去登记机构办理预告登记,由登记机构在登记簿上记载某号房屋已经卖给了张三,办理预告登记后,开发商把这套房屋卖给其他任何人,都"不发生物权效力"。例如,开发商把已经出售给张三的房屋,再出售给李四,因为张三已经去登记机构办理了"预告登记",开发商与李四之间的买卖合同将"不发生物权效力",注定李四不可能得到该房屋的所有权。这样就保障办理预告登记的买房人张三,在房屋建成后能够得到那套房屋并办理产权过户得到所有权。可见,预告登记制度的立法目的,就是用预告登记来限制开发商"一房多卖",而不是禁止"一房多卖"。债权平等的原则依然存在,无论一套商品房卖给多少个买房人,这些买卖合同仍然有效,但只有办理了"预告登记"的那个买房人才能最终得到房屋的所有权。这样一来,只要办理了"预告登记",其余的买房人就已经知道自己不可能得到房屋所有权,当然也就不买了。这就达到了限制"一房多卖"的目的。质言之,"预告登记"是不动产物权变动的一种特殊的公示方法,而所登记的并不是"物权",仅仅是买卖合同上的"债权"。因为办理了"预告登记",使该债权具有了对抗其他买房人的债权的"物权效力"。《物权法草案(第二次审议稿)》第22条比较完整准确地体现了设立预告登记的政策目的。而《物权法草案(第三次审议稿)》第21条所作的改动,背离了预告登记的政策目的,并使问题复杂化了。

第二十三条 基于不动产登记簿享有的物权受法律保护,但记载于不动产登记簿的权利人在取得权利时知道或者应当知道权利有瑕疵的除外。

建议修改为:基于不动产登记簿取得的物权受法律保护,但在取得权利时知道或者应当知道权利有瑕疵的除外。

理由:本条规定了不动产登记的善意保护制度,亦即教科书上所谓不动产登记的公信力制度。这个制度的关键是,以不动产登记簿为根据“取得”的不动产物权受法律保护,不允许任何人以任何理由予以剥夺。其政策目的是保护不动产交易的善意第三人,而不是保护不动产登记簿上记载的权利人。原条文说“享有”的物权,而不说“取得”的物权,不能体现保护交易第三人的政策目的,并与不动产登记的“权利推定”制度发生混淆。应该将“享有”改为“取得”。

第二十四条第二款 因登记错误,给他人造成损害的,登记机构应当承担赔偿责任;登记机构赔偿后,可以向造成登记错误的责任人追偿。

建议修改为:因登记错误,给他人造成损害的,登记机构应当承担赔偿责任;登记机构赔偿后,可以向因该登记错误不当得利的人追偿。

理由:因登记机构的原因造成登记错误,给他人造成损害,理应由登记机构承担赔偿责任。但因登记错误造成某个权利人或者利害关系人遭受损害的,必定有某个第三人获得不当利益。既然登记机构并未获得利益,则登记机构在承担损害赔偿责任之后,应有权依据不当得利规则向获得不当利益的人追偿。造成登记错误的责任人,作为登记机构的工作人员,靠工资生活,仅应受纪律处分。原条文规定“向造成登记错误的责任人追偿”,根本不现实。一个登记错误可能造成几十万元、几百万元甚至更大的损失,一个公务员如何赔偿得起。其实,因登记错误造成的损失可能数额巨大,让登记机构承担全部赔偿责任也是不适当的。进一步的修改建议是,登记机构依据《国家赔偿法》承担赔偿责任,而由登记错误的受害人自己向因登记错误获得不当得利的人追偿。

第三十一条 *动产物权转让前，出让人应当将该动产交付给受让人，但双方约定由出让人继续占有该动产的，物权自约定生效时发生效力。*

建议修改为：出让动产物权时出让人有必要继续占有该项动产的，可以与受让人设定一项由受让人作为出租人的租赁合同关系，以代替实际交付。

理由：这是针对“卖出租回”这种融资租赁合同形式的特殊规则。假设某个企业急需资金而又没有银行愿意贷款给它。于是它找到一家租赁公司签订一份买卖合同，将自己最值钱的一条生产线的设备出卖给租赁公司，取得一笔价款以解决生产资金问题。但是它并不是真的要出卖这条生产线，相反它还要靠这条生产线进行生产，因此它“有必要继续占有”这些已经出卖给租赁公司的设备。在这种情形下，显然不能把这些设备“交付”给买受人租赁公司，以完成设备所有权的移转。怎么样才能够既使该企业“继续占有”这些设备又实现其所有权向租赁公司的移转呢？办法就是，该企业再与该租赁公司签订一份租赁合同，把这条生产线的设备再租回来。实际上该生产线的设备原地未动，因现行《合同法》第 242 条明文规定“出租人享有租赁物的所有权”，虽然没有现实的“交付”，但因为签订了租赁合同，这个租赁合同代替了设备的实际“交付”，而实现了设备所有权向租赁公司的移转，并同时使该企业作为承租人继续占有这些设备。可见，关于“占有改定”的特殊规则，正是针对现实生活中的“卖出租回”这种特殊融资租赁合同形式的，其实质是用一项“租赁合同关系”实现标的物所有权移转，并满足出卖人继续占有该标的物的需要。

如果按照原文，一份买卖合同中“双方约定由出让人继续占有该动产”，则这个合同条款“剥夺了”买受人请求出卖人交付标的物并移转标的物所有权的“主要权利”，“免除了”出卖人交付标的物并移转标的物所有权的“主要义务”。如果属于“格式合同”，法院将依据《合同法》第 40 条的规定认定该条款无效；如果不属于“格式合同”，法院将认定构成《合同法》第54条规定的“显失公平”的合同,而根据买受人的请求予以撤销或者变更。可见,原文规定“双方约定由出让人继续占有”,是绝对行不通的。

第三十三条 因继承取得物权的,自继承开始时发生效力。

建议增加第2款:因遗赠取得物权的,准用本条第一款的规定。

理由:原文未涉及遗赠。因遗赠取得物权,应当适用与继承同样的规则。

第三十四条 因合法建造、拆除住房等事实行为设立和消灭物权的,自事实行为成就时发生效力。

建议修改为:因事实行为设立和消灭物权的,自事实行为成就时发生效力。

理由:事实行为,除建造房屋外,还有制造宇宙飞船、飞机、船舶、汽车、火车、机器设备,制作家具、玩具、生活用品及缝制衣服,等等。难以一一列举,何以单举“建造住房”一项?不如不列举,以“事实行为”一语涵盖。原文“合法”二字尤为不妥。所谓“违章建筑”,也同样发生建筑物所有权,唯有城市规划部门才有权责令拆除或者给予处罚,其他任何人要擅自予以拆除、毁损,也将构成侵犯财产权的违法行为。

第三十五条 依照本法第三十二条至第三十四条规定,导致不动产物权设立、变更、转让和消灭的,应当依照法律规定办理登记;未经登记,不得对抗善意第三人。

建议修改为:依照本法第三十二条至第三十四条规定发生的物权变动,如为不动产物权而未进行不动产登记的,如为动产物权而未交付占有的,权利取得人不得处分。

理由:上述三种情形发生的物权变动,如为不动产物权而未进行不动产登记的,如为动产物权而未交付占有的,法律限制所有权人的处分权,即限制“进入市场交易”。其政策目的,是为了建立市场交易的物权法律秩序,为了避免不动产登记制度被“架空”。此与物权公示原则的“登记对抗主义”是不同的。但第三次审议稿正好混淆了这一点。按照现在的条文,建造的房屋、继承的房屋、判决取得的房屋,未办理登记前就可以转让、可以设定抵押,不动产物权变动的“登记生效主义”,就变成了“登记对抗主义”。本法第 9 条关于登记生效主义的规定,就毫无意义了。本法规定不动产登记制度的政策目的,也将因此落空。此外,本条原文未提及一般动产,则制作的动产、判决取得的动产、继承取得的动产,还没有交付给所有权人“占有”,权利人就可以处分,显然会导致经济生活的混乱。

第三十九条　造成不动产或者动产毁损的,权利人可以请求恢复原状;不能恢复原状或者恢复原状后仍有损失的,可以请求损害赔偿。

修改意见:删去本条。

理由:“物权请求权”是专门针对“物权”的法律救济措施,是“物权”的特殊保护方法。为什么在侵权责任制度之外,还要有一个“物权请求权”制度?“物权请求权”制度与“侵权责任”制度的区别何在?二者的区别主要是“构成要件”不同。“物权请求权”只有一个构成要件,即存在“物权”;而一般侵权责任的构成要件包括“加害行为”“损害后果”“因果关系”和“过错”,即使特殊侵权责任也须有前三项要件。物权请求权的优点,也正是在于其“构成要件简单”,因此物权请求权行使的程序特别方便,权利人只需证明自己享有“物权”就足够了,法院也仅凭享有“物权”这一点便给予保护。这就使请求权人避免了就侵权责任的“构成要件”进行举证的麻烦。因此,民法在侵权责任制度之外特别规定“物权请求权”制度,作为保护“物权”的特殊救济措施。反过来,物权请求权也有局限性,这就是行使物权请求权一定要有“物权”存在。“物权”什么时候存在?“标的物”存在,“物权”就存在。标的物一旦“毁损、灭失”,例如房屋已经烧毁、汽车已摔下悬崖变成一堆废铁、手机已经灭失,这时“物权”(所有权)已经消灭,就不能再行使物权请求权,只能向法院提起侵权责任之诉。这就是为什么在物权请求权之外,物权还受侵权责任制度保护的理由。不动产或者动产一经毁损,原物权已不存在,行使物权请求权的基础已经丧失,权利人只能依据侵权责任请求保护,本条显然属于侵权责任制度。

第四十二条　侵害物权,造成权利人损害的,权利人可以请求损害赔偿。

修改意见:删去本条。

理由:本条规定“侵害物权,造成权利人损害的,权利人可以请求损害赔偿”,导致“物权请求权”制度与“侵权责任”制度的混淆。按照本条规定,凡物权受侵害,受害人都必然依据本条行使属于物权请求权性质的“损害赔偿请求权”,民法侵权责任制度就被取代了。而在物权受侵害的情形,法院仅根据“物权”存在一项要件,完全不考虑加害行为、损害结果、因果关系、加害人过错等要件,怎么可能作出合情、合理、合法的损害赔偿判决?

第四十四条 权利人请求排除妨害或者消除危险,不适用诉讼时效。

建议修改为:第三十七条规定的确认物权请求权、第四十条规定的排除妨害请求权和第四十一条规定的消除危险请求权,不适用诉讼时效。第三十八条规定的返还请求权,应当适用诉讼时效,但已登记不动产、动产的所有人行使返还请求权的除外。

理由:按照确认物权请求权的政策目的,是要尽量通过法院解决产权争议,以恢复正常的物权秩序,因此确认权利请求权不应适用诉讼时效。“返还请求权”虽然性质上属于“物权请求权”,但与属于“债权请求权”的“履行请求权”“损害赔偿请求权”类似,按照类似问题同样处理的类推法理,应当同样适用诉讼时效。但如果请求返还的财产是办理了登记的财产(不动产、船舶、飞机、机动车),因为诉讼时效期满而允许无权占有人拒绝返还,势必与登记制度的效力发生冲突。而登记的公示效力、对抗效力、权利推定的效力,是不应该因时间的经过而消灭的,否则就将否定登记制度本身。因此,请求返还办理登记的动产、不动产的请求权,不应当适用诉讼时效。

第二编 所 有 权

第四十九条 为了公共利益的需要,县级以上人民政府依照法律规定的权限和程序,可以征收、征用自然人、法人的不动产或者动产,但应当按照国家规定给予补偿;没有国家规定的,应当给予合理补偿。

建议分别规定征收和征用,本条仅规定征收。

第四十九条　为了公共利益的需要,县级以上人民政府依照法律规定的权限和程序,可以征收自然人、法人的不动产,但应当按照国家规定给予补偿;没有国家规定的,应当给予合理补偿。

建议恢复《物权法草案(第二次审议稿)》第48条关于征用的规定。

第×条　因救灾、战争等紧急需要,县级以上人民政府依照法律规定,可以征用自然人、法人的不动产或者动产。被征用的不动产或者动产使用后,应当归还被征用人。被征用的不动产或者动产毁损、灭失的,应当给予补偿。

理由:征收和征用是既有联系又有区别的两项法律制度,其共同点在于强行性。征收的实质是强制收买,它的补偿金就是代价,是商品交换关系,应当大体符合等价交换的原则。征收的对象限于不动产,主要是土地所有权和土地使用权。征用是强制使用,它并不取得什么权利,强行使用之后归还原物,归还不了的照价赔偿。征用的对象包括不动产和动产。征收是和平环境的法律制度,征用是紧急状态下的特别措施。因为征收是和平环境的法律制度,实行征收就可以从容不迫地履行法律规定的权限、程序和手续。政府制作、发布的征收命令属于单方意思表示,必须采用书面形式。国家征收法将规定征收文件的形式要件。反之,征用是紧急状态之下的特别措施,在战争环境之下、紧急状态之下,或者抢险、救灾之时,不能要求履行法定程序,不能要求制作征用文件。国家或者某个地区进入紧急状态,在此紧急状态之下,就可以实行征用。例如,长江大堤决口的时候,只要是在现场指挥抢险的人就可以下命令拦别人的卡车,就可以调别人的货船来堵决口,这个时候没有办法遵循什么"法律规定的权限和程序"。因此,适用征用就只有一个条件,即紧急状态。宣布全国进入紧急状态,或者宣布某一地区进入紧急状态,就可以实施征用,使用之后原物归还,还不了就照价赔偿。

第五十条　国家维护公有制为主体、多种所有制经济共同发展的基本经济制度。

修改意见:删去本条。

理由:本法第1条已经明文表述“维护国家基本经济制度”的立法目的,无须重复规定。

第五十一条 矿产资源、水资源以及城市的土地等属于国家所有。国家所有,及全民所有。

建议修改为:宪法及法律指定的城市市区土地为国家所有。国有土地的所有权由国务院统一行使。

另设一条规定矿藏和地下水:

第×条 矿藏和地下水,属于国家所有。矿藏和地下水的开发,依照法律特别规定。

理由:查《现代汉语词典》(商务印书馆1997年版),“资源”指生产资料或生活资料的天然来源(第1662页)。“矿藏”指地下埋藏的各种矿物的总称(第763页)。“矿产”指地壳中有开采价值的物质(第763页)。照此解释,原文“矿产资源”一语,是指“地壳中有开采价值的物质”的“天然来源”,使人难以理解。不如“矿藏”一词,含义明确。且《宪法》第9条第1款已规定“矿藏”“属于国家所有”。因此建议采用“矿藏”概念,取代“矿产资源”一语。

原文“水资源”,若解释为“水”的“天然来源”,也难以理解。实际上,就是指“水”。“水”分为“地表水”和“地下水”。地表水,包括江河湖泊中的水和地面积蓄的雨水。如果将“地表水”规定为国家所有,其必然的逻辑结果是,遇江河湖泊洪水泛滥及暴雨成灾,造成人民的生命财产损失,就应该由国家承担全部赔偿责任。再说,既然江河湖泊的水是国家财产,则长江、大河昼夜不息,流入大海,岂不是最严重的国有资产流失,应该由哪一个国家机关来承担渎职犯罪的责任?其实,包括江河湖泊的水在内的“地表水”,各主要国家和地区都是用传统民法相邻关系上的取水、用水、排水的制度来解决,不必要也不应该将其规定为国家所有。且江河湖泊的水,无法特定,不能直接支配,不具有排他性,不符合物权的定义,规定为国家所有,也与法理相悖。至于“地下水”,

即蕴含于地层中的水,与矿藏类似,可以与矿藏同样对待。

第五十二条 森林、山岭、草原、荒地、滩涂等自然资源,属于国家所有,但法律规定属于集体所有的除外。

建议修改为:森林、山岭、草原、荒地、滩涂,属于国家所有,但法律规定属于集体所有的除外。

理由:删去“等自然资源”五字,更为准确。

第五十三条 农村和城市郊区的土地、野生动植物资源等,法律规定国家所有的,属于国家所有。

建议修改为:农村和城市郊区的土地,法律规定国家所有的,属于国家所有。

理由:按照《现代汉语词典》关于“资源”的定义,“野生动植物资源”的含义是野生动物和野生植物的“天然来源”,使人难以理解。其实,所谓“野生动植物资源”,就是指“野生动物”和“野生植物”。“野生植物”是土地的附着物,归属于土地的所有权人。国有土地上的“野生植物”自然属于国家所有,无须法律特别规定。同理,集体土地上的“野生植物”当然属于集体所有,私人享有使用权的土地上的“野生植物”当然属于私人所有。怎么能够设想,“法律规定”集体土地和私人享有使用权的土地上的“野生植物”“属于国家所有”?

保护野生动物,本属于公法上的义务,且首先是国家的义务、整个社会的义务。如将“野生动物”规定为“属于国家所有”,则按照民法原理,应由所有人国家自己承担全部保护义务,广大人民群众当然被解除了保护义务。再说,规定珍稀的、有价值的野生动物归国家所有,于情理不合。为什么有害的野生动物,如苍蝇、蚊子、老鼠不规定为国家所有?为什么专挑珍稀的、有价值的野生动物规定为国家所有?另外,将野生动物规定为国家所有,于法理不合。因为野生动物,如穿山甲,今天在我国云南、广西,明天可能就在越南、缅甸境内。其实,野生动物不具有特定性和直接支配性,在被捕获之前,不构成物权的客体。按照传统民法,野生动物属于无主物,国家保护野生动物,只需对民法先占取得加以限制即可。如规定禁渔期、禁猎期,划定野生动物保护区,禁止猎取、捕捞国家保护的野生动物就够了,不必要也不应该规定为国家所有。

第五十四条 道路、电力、通讯、天然气等公共设施,依照法律规定为国家所有的,属于国家所有。

建议修改为:国家投资的道路、电力、通讯、天然气等公共设施,属于国家所有。

理由:即使是"公共设施",也仍然适用"谁投资归谁所有"的民法原理。国家投资的"属于国家所有",集体投资、私人投资的,属于集体所有、私人所有。立法机关能够制定法律规定集体投资、私人投资的公共设施属于国家所有吗?!

建议增加一条规定宗教财产的归属。

第×条 寺庙、宫观、教堂、清真寺的不动产和动产,属于宗教法人所有。

理由:宗教财产,包括佛教的寺庵、道教的宫观,天主教、基督教和东正教的教堂,伊斯兰教的清真寺,及供奉各种神明的庙宇。根据现行的国家政策,教会(天主教、基督教和东正教)的房产,为中国教会所有。佛教和道教的庙观及所属房产为社会所有(僧道有使用权和出租权),带家庙性质的小尼庵为私人所有,伊斯兰教的清真寺及所属房屋则为信教群众集体所有。在实际房屋产权登记中,无论何种寺庙宫观,均将宗教协会登记为所有权人。首先,"社会所有"一词只能代表不确定的人群,而不能形成明确的、肯定的法律关系主体。把宗教财产规定为社会所有,实际上是把宗教财产当成了无主财产,给侵犯宗教财产提供了可乘之机。其次,规定为"信教群众集体所有"也不妥,因为信教群众既然已经把钱物捐了出去,主观上不存在做宗教财产所有人的意思。且信教群众从来就没有形成一个成员固定的组织形态,不能成为宗教财产的所有权主体。最后,规定为宗教协会所有,违背了信教群众捐献钱物的心愿,信教群众并不是要将钱物捐给由僧众道徒组成的宗教协会,而是通过寺庙等给予他们心中的神仙、上帝、真主。由宗教协会所有,也有违宗教教规信条——僧众道徒等不能成为宗教财产的所有人。依据民法原理并参考发达国家的经验,建议规定一切宗教财产,包括不动产和动产,都属于作为宗教法人的寺庙宫观所有。物权法明文规定宗教财产归宗教法人所有,有利于对宗教财产的法律保护,有利于切实贯彻国家宗教政策和民族政策。第三次审议稿不规定宗教财产的归属,令人费解!

第六十五条 私人对依法取得的房屋、收入、生活用品等生活资料享有所有权。

私人对依法取得的生产工具、原材料等生产资料享有所有权。

建议修改为:私人对依法取得的不动产和动产享有所有权。

理由:生活资料、生产资料是经济学上的术语,不能代替民法上的动产、不动产概念。

第六十六条 国家保护私人储蓄、投资及其收益。

国家保护私人的财产继承权及其他合法权益。

修改意见:删去本条。

理由:储蓄、投资和财产继承,非物权关系,不属于本法第2条规定的调整范围。

第六十八条 国家、集体和私人依法可以设立合资经营企业、合作经营企业,也可以设立独资企业。国家、集体和私人所有的不动产和动产,投到企业的,由出资人按照出资比例享有资产收益、重大决策以及选择经营管理者等权利。

修改意见:删去本条。

理由:非物权关系,不属于本法第2条规定的调整范围。

第七十条 国有企业、集体企业直接负责的主管人员,以无偿或者低价折股、低价出售等手段将国有企业、集体企业的财产转让,造成国有企业、集体企业财产流失的,应当依法承担民事责任和行政责任;构成犯罪的,依法追究刑事责任。

修改意见:删去本条。

理由:非物权关系,不属于本法第2条规定的调整范围。应当由国有资产管理法、刑法予以规定。

第七十一条 国有企业、集体企业直接负责的主管人员严重不负责任,造成国有企业、集体企业破产或者严重亏损的,应当依法承担民事责任和行政责任;构成犯罪的,依法追究刑事责任。

修改意见:删去本条。

理由:非物权关系,不属于本法第2条规定的调整范围。应当由国有资产管理法、刑法予以规定。

第一百一十条 无处分权人将不动产或者动产转让给受让人的,所有权人有权追回,但符合下列情形的,受让人即时取得该不动产或者动产的所有权:

(一)在受让时不知道或者不应当知道转让人无处分权;

(二)以合理的价格有偿转让;

(三)转让的财产依照法律规定应当登记的已经登记,不需要登记的已经交付给受让人;

(四)转让合同有效。

受让人依照前款规定取得不动产或者动产的所有权的,原所有权人有权向无处分权人请求赔偿损失。

当事人善意取得其他物权的,参照前两款规定。

建议修改为:无处分权人将动产转让给受让人的,所有权人有权追回,但符合下列情形的,受让人即时取得该动产的所有权:

(一)受让人在受让时不知道或者不应当知道出让人无处分权;

(二)以合理的价格有偿转让;

(三)转让的动产已经交付给受让人。

受让人依照前款规定取得动产的所有权的,原所有权人有权向无处分权人请求赔偿损失。

当事人善意取得其他物权的,参照前两款规定。

理由:基于特殊保护善意第三人的政策目的,用不动产登记的"善意保护"制度,保护不动产交易的善意第三人。因为一般动产没有登记簿,不得已创设动产善意取得制度,以保护一般动产交易的善意第三人。原文规定"即时取得该不动产或者动产的所有权",起草人居然忘记了本法第23条已经规定了不动产登记的“善意保护”制度，把实现同样政策目的的两个制度弄混淆了。原文规定以“转让合同有效”为发生善意取得的前提条件，则更是匪夷所思，如果“转让合同有效”，则受让人基于有效的买卖合同当然取得标的物的所有权，还有规定“善意取得”制度的必要吗？起草人显然未弄懂“善意取得”制度的立法目的，正是针对无权处分合同无效，而强行使善意第三人“原始取得”标的物的所有权。

第一百一十七条　遗失物自发布招领公告之日起半年内无人认领的，归国家所有。

建议修改为：遗失物自发布招领公告之日起半年内无人认领的，归拾得人所有。

理由：遗失物价值甚微，规定为“归国家所有”，对国库并无补益，反有与民争利之嫌，不如采各主要国家和地区的通例，规定为“归拾得人所有”。

第一百二十一条　因加工、附合、混合而产生的物的归属，有约定的，按照约定；没有约定或者约定不明确的，依照法律规定；法律没有规定的，依照充分发挥物的效用以及保护无过错的当事人的原则确定。因一方当事人的过错或者确定物的归属给另一方当事人造成损失的，应当给予赔偿。

修改意见：删去本条，代之以关于加工、附合、混合的具体判断标准。

关于加工，恢复第二次审议稿第119条（删去第3句）。

第×条　加工他人的动产的，加工物的所有权属于材料的所有权人。但加工增加的价值显著大于原材料的价值的，由加工人取得加工物的所有权。

关于附合，以第二次审议稿第120条的规定为基础稍作修改。

第×条　动产因附合而成为他人不动产的重要成分，且不能分离或分离不符合经济原则的，由对不动产享有物权的人取得该动产的所有权。

动产与他人动产附合,且非毁损不能分离或分离不符合经济原则的,由主物所有人取得合成物的所有权。

动产与动产混合,不能识别,或识别不符合经济原则,准用本条第二款的规定。

理由:明文规定加工、附合、混合的判断标准,方便法院裁判。

建议增加一条规定货币和有价证券所有权归属的判断标准。

第×条 占有货币者取得货币的所有权。

无记名有价证券所有权的取得,准用本条第一款的规定。

记名有价证券与指示有价证券所有权的取得,依照有关法律的规定。

理由:明文规定货币和有价证券归属的判断标准,方便法院裁判。

建议增加关于取得时效的规定。

第×条 以所有的意思,十年间和平、公然、连续占有他人之动产者,取得其所有权。但其占有之始为善意并无过失者,为五年。

第×条 现时登记为不动产所有人,虽未实际取得该项权利,但占有该不动产并依所有人身份行使其权利的,自其权利登记之日起满二十年而未被涂销登记者,实际取得该不动产所有权。

本条规定可准用于建设用地使用权、土地承包经营权、地役权和典权。

第×条 以自主占有的意思,和平、公开、持续占有他人未经登记的不动产满二十年者,可以请求登记为该不动产的所有权人。

本条规定,不适用于国有土地所有权。但可准用于建设用地使用权、土地承包经营权、地役权和典权。

第×条 取得时效的中止、中断,准用关于诉讼时效的规定。

理由:各主要国家和地区民法均规定取得时效制度。按照取得时效制度,张三所有的某项财产被李四占有,经过法律规定的期间之后,李四即可取得该财产的所有权,而张三对该财产的所有权因此消灭。取得时效制度的合理性在于:第一,非权利人李四以为自己是所有人,长期占有该项财产,经过相当长的时间之后,人们已经相信李四是该财产的所有权人,并与其发生各种法律关系。在这种情形下,如果要恢复张三对该财产的占有,势必要推翻这些已经存在的法律关系,引起法律秩序的混乱。第二,由于李四占有该财产已经过相当长的时间,例如20年,证明该财产所有权归属的证据已经很难收集,即使收集到一些证据,也往往难辨真假。直接以该财产的占有事实为根据,使占有人李四取得所有权,可以避免法院收集和判断证据的困难,可以减少讼累。第三,张三虽然是该财产的所有权人,却长期未行使其权利,李四虽然不是真正的所有权人,却长期实际行使权利,与其保护长期不行使权利的所有权人张三,不如保护长期积极行使权利的非所有权人李四,更能发挥该财产的效用。第四,当就某项财产的所有权归属发生争执时,通常要求双方举出证据,证明自己是该财产的所有权人。但经常发生这样的情形,因为年代久远,证据湮灭,证人死亡,很难判断该财产真实的权属。现实占有该财产的一方,就可以援引取得时效制度保护自己的利益。他只要证明自己占有该项财产已经达到法律规定的时效期间,法院就应当根据取得时效制度,认定他为该项财产的所有权人。因此,取得时效制度,是现实占有财产的一方获得胜诉判决的最简便、有力的方法。第五,我国自1949年以来,农村历经土地改革、互助组、合作社、"大跃进"、公社化等运动,城市国有企业、集体企业也经历多次合并、分立、转制,导致财产关系混乱和产权界限不清。因土地、建筑物归属发生争执,以致发生大规模的暴力事件。如果物权法规定取得时效制度,将有利于减少这类事件的发生,有利于财产关系和社会秩序的安定。

第三编　用益物权

第一百二十五条　国家实行自然资源有偿使用制度,但法律另有规定的除外。

修改意见:删去本条。

理由:自然资源包括土地、矿藏、地下水、野生动物等。其中,"土地”实行有偿使用制度,“矿藏和地下水”实行有偿取得制度,一般“野生动物”实行无偿取得(先占)制度。因此说“实行自然资源有偿使用制度”不妥。且本条性质上属于《宪法》内容,不宜在本法规定。

第一百二十九条 耕地承包经营权的期限为三十年。草地承包经营权的期限为三十年至五十年。林地承包经营权的期限为三十年至七十年。特殊林木的林地承包经营权的期限,经国务院林业主管部门批准可以延长。

修改意见:土地承包经营权的期限一律为50年。现存土地承包经营权的期限不足50年的,延长为50年。

土地承包经营权期限届满时,按原设立条件期限自动延长。但土地承包经营权人明确表示不愿延长的除外。

理由:针对土地的不同用途规定不同的期限,将使农用土地法律关系和法律秩序复杂化。国家仅应限制农业用地转为建设用地。在农业用地范围内,仅对将林地改为耕地有所限制。原则上,将土地用于耕作、养殖、畜牧或者栽种林木,属于承包经营权人的自主权,并且可以根据自然条件和市场条件的变化而适当改变,例如耕地改为林地,耕地改为草地,草地改为林地。对种植林木的种类,更无预先加以限定之理。如预定种植松树,批准承包经营权期限为30年,若干年后决定改种银杏树,是否主管部门必须批准将承包经营权期限延长为70年?如预定种植银杏树经批准承包经营权期限为70年,若干年后发现种植松柏更划算,于是拔去银杏树苗改种松柏,主管部门是否应主动查处并将承包经营权期限改为30年或者50年?这种以种植什么树种决定承包经营权期限长短的想法,不仅难以实行而且可笑。同是农民,同是土地承包经营权人,张三的权利期限为30年,李四的权利期限为50年,王五的权利期限为70年,是否符合平等、公平的基本原则?农民自己会怎么想?农民同意不同意?出于物权法定原则和农用土地法律秩序统一的要求,土地承包经营权的期限应当统一。因此,建议土地承包经营权期限统一规定为50年,并设第2款规定期满自动延长,以保障农业经济长期稳定发展。

第一百三十二条　土地承包经营权人有权依法自主决定土地承包经营权以转包、出租、互换、转让或者其他方式流转。

修改意见:土地承包经营权不得转让和抵押。但国有或集体所有荒山、荒地等以拍卖方式设立的土地承包经营权除外。

理由:如果允许土地承包经营权转让、抵押,用不了多少年,就会出现数以千万计甚至数以亿计的丧失土地的农民,而城市绝对容纳不下这么大量的人口。真要出现数千万甚至上亿的无地农民,且不说如何解决就业、安置的难题,这一事态本身就意味着巨大的社会危险。因此,从法律政策上不宜允许土地承包经营权转让和抵押。农民生产、生活中的资金需求,如购买农用机具、子女上学、生病住院等急需资金,国家应当通过专设一套简便的小额贷款制度予以解决。

第一百三十三条　土地承包经营权人将土地承包经营权以转包、出租、互换、转让或者其他方式流转,当事人应当采取书面形式订立相应的合同,但流转的期限不得超过原土地承包经营权合同剩余的期限。将土地承包经营权转让的,应当经发包人同意;将土地承包经营权转包、出租、互换或者以其他方式流转的,应当报发包人备案。

修改意见:土地承包经营权人将土地承包经营权以转包、出租、互换或者其他方式流转,当事人应当采取书面形式订立合同,但流转的期限不得超过原土地承包经营权合同剩余的期限。

土地承包经营权人将土地承包经营权转包、出租、互换或者以其他方式流转的,应当报发包人备案。

理由:删去“转让”,理由同上。

第一百三十四条　土地承包经营权人将土地承包经营权互换、转让,当事人要求登记的,应当向县级以上地方人民政府申请土地承包经营权登记;未经登记,不得对抗善意第三人。

修改意见:土地承包经营权人将土地承包经营权互换的,应当向县级以上地方人民政府申请土地承包经营权登记;未经登记,不得对抗善意第三人。

理由:删去“转让”,理由同上。

建议增加规定建设用地使用权期限届满后地上建筑物的处理规则。

第×条 建设用地使用权期限届满未续期的,建设用地使用权人可以取回其建筑物及其他附着物,并应恢复土地原状。但土地所有人提出以时价购买建设用地使用权人的建筑物及其他附着物时,建设用地使用权人无正当理由,不得拒绝。

建设用地使用权期限届满,建设用地使用权人不取回其建筑物及其他附着物的,可请求土地所有人给予补偿。土地所有人可请求建设用地使用权人在其建筑物及其他附着物可使用期限内,延长建设用地使用权的期限。建设用地使用权人拒绝延期的,不得请求土地所有人补偿。

理由:本条第1款规定,建设用地使用权期限届满时,如果不续期而终止建设用地使用权,建设用地使用权人可以取回属于自己所有的地上物。土地所有人在建设用地使用权人行使地上物取回权时,提出以时价购买建设用地使用权人的地上物的,建设用地使用权人无正当理由不得拒绝。这样规定,既可维护建设用地使用权人对地上物的权利,又可不增加土地所有人恢复原状的负担,并有助于对既存建筑物等的充分利用。

本条第2款规定,建设用地使用权人不行使地上物取回权,并且土地所有人也不行使买取请求权时,建设用地使用权人可以请求土地所有人按照地上物的状况和时价予以补偿。在建设用地使用权人行使地上物补偿请求权时,土地所有人有权要求延长原建设用地使用权的期限,以替代补偿。这样规定,有利于双方合法权益的协调。

第十五章 居住权(第一百八十一条至第一百九十二条)

修改意见:删去本章。

理由:因欧洲一些国家在19世纪制定民法典,未实行男女平等原则,父亲去世,母亲不能继承遗产,遗产全归子女继承,为解决母亲的居住问题特设居住权制度。20世纪中期以后,这些国家通过对民法典的修改,已经实行了彻底的男女平等原则,承认了妻对夫的继承权,居住权制度已经丧失其存在意义。可见居住权制度是一种落后的、过时的制度。日本制定民法典时,起草人明确表示日本无规定居住权的必要。《韩国民法典》也不规定居住权。中国自 20 世纪 30 年代以来即实行男女平等原则,夫妻相互为继承人,因此民国时期民法未规定居住权。我国现行《继承法》规定夫妻相互为第一顺序继承人,现行《婚姻法》规定子女有赡养父母的义务,因此迄今未发生所谓父母居住问题。因改革开放前长期实行公房制度,双职工由男方单位分房,离婚时住房常被判归男方,为解决女方暂时居住困难,法院判决女方可继续居住直至再婚。这种裁判上不得已的做法,与所谓居住权无关。现今实行住宅商品化政策,公房制度已经废止,夫妻关系存续中取得的房屋为夫妻共有财产,离婚时当然可以根据情况判给任何一方或者由双方分割。如有个别案件,为解决离婚一方暂时居住困难,仍可按照此前的做法,判决他在原房屋中暂时居住直至再婚。至于为个别家庭解决保姆终身居住问题,创设一个新的法律制度,更是不合逻辑。如个别人订立遗嘱载明让保姆终身居住,法院仍可沿用此前的做法,通过在继承人的房屋所有权上设立一个负担来解决,绝无必要创设所谓居住权。

建议恢复第二次审议稿"第十五章典权"(第 191 条至第 205 条)。

理由:典权为中国固有物权制度,对东亚各主要国家和地区均有影响,韩国现行民法典仍规定有典权。在中国传统观念中,绝不轻易出卖祖产,遇急需资金或生活困难无其他解决办法时,以设立典权作为替代。出典人将自己所有的不动产交付典权人占有、使用、收益,以换取相当于卖价之金额,而保留该财产的所有权,待日后有能力时可以原价赎回。典权人以支付低于买价之典价,而取得典物之占有、使用、收益权,且日后还有取得典物所有权的可能。出典人与典权人各取所需,典权制度因此而兴起,经历代而不衰,但均属于习惯法制度。后因民国时期民法明文规定典权,而变为成文法制度。1949 年,中央人民政府明令废除民国时期的"六法",在我国大陆典权再次成为习惯法制度。

制定物权法应如何对待我国习惯法上的典权,学者间存在分歧,分为典权保留论与典权废止论。典权保留论的主要理由是:其一,典权为我国独特的不动产物权制度,充分体现中华民族济贫扶弱的道德观念,最具中国特色,保留典权有利于维持民族文化,保持民族自尊。其二,典权可以同时满足用益需要和资金需要,典权人可取得不动产之使用、收益及典价之担保,出典人可保有典物所有权而获得相当于卖价之资金,以发挥典物之双重经济效用,抵押权制度难以完全取代。其三,随着住宅商品化政策之推行,人民私有房屋数量增加,其有房屋因种种原因长期不使用而又不愿出卖者,设定典权可以避免出租或委托他人代管的麻烦,因此应保留典权。典权废止论的主要理由是:其一,典权之所以产生,在于我国传统观念认为变卖祖产属于败家,受人耻笑,而现今市场经济发达,人们的观念发生改变,于急需资金时出卖不动产或设定抵押,为正常的经济行为,因此典权无保留必要。其二,随着国际贸易的发展,国内市场与国际市场沟通,导致民法物权制度的趋同,称为物权法的国际化,典权为我国特有制度,现代各主要国家和地区无与之相同者,为适应物权法国际化趋势,宜予废止。其三,我国实行土地国家所有和集体所有制度,就土地设定典权已不可能,就房屋设定典权之例虽无具体统计数字,但依法院受理案件的情形推论,出典房屋的实例也极少,保留典权价值不大。

考虑到我国地域辽阔,各地经济发展不平衡,传统观念与习惯之转变不可能整齐划一,纵然少数人拘于传统习惯设定典权,物权法上也不能没有相应规则予以规范。曾设想废止典权,对于少数人拘于习惯设立的典权关系准用关于附买回权的买卖的规则。但附买回权的买卖为债法制度,其效力较物权弱,一旦买受人将标的物转让他人,买回权势必落空,致出典人利益遭受损害。而依典权制度,典物所有权仍归出典人,其回赎权不至于因典物的转让而落空,如其放弃回赎权,则典权人可取得典物所有权。可见,典权制度确有利于当事人利益之保护,并且较为灵活方便。尤其对于因种种原因长期不使用房屋而又不愿出让房屋所有权的人而言,将该房屋设定典权可以避免出租或委托他人代管的种种不便和麻烦,使典权在现代社会具有生命力。随着住房商品化政策之推行,人们所有不动产数量将大量增加,物权法规定典权,增加一种交易、融资途径，供人们选择采用，于促进经济发展和维护法律秩序有益而无害。

考虑到我人民政府和最高人民法院一直承认典权制度的效力，人们依习惯法成立的典权关系，受到人民政府的承认和人民法院的保护。如内务部《关于土地改革地区典当土地房屋问题的处理意见（草案）》（1950 年 9 月 30 日）规定："农民间的典当关系，其契约继续有效，可继续承典，亦可依契约自由回赎。"司法部《关于典当处理问题的批复》（1951 年 11 月 9 日）规定：一般的农村典当关系，今天应仍准其存在。国家房产管理局《关于私房改造中处理典当房屋问题的意见》（1965 年 12 月 3 日）规定，"今后对于出典房屋一般仍应按照典当关系处理"。最高人民法院《关于贯彻执行民事政策法律的意见（节录）》（1979 年 2 月 2 日）规定，"劳动人民的房屋典当关系，应予承认。典期届满，准予回赎"。最高人民法院《关于贯彻执行民事政策法律若干问题的意见》（1984 年 8 月 30 日）第 58 条规定，"对法律、政策允许范围内的房屋典当关系，应予承认"。迄今最高人民法院关于典权案件的批复，有十数件之多。《物权法》如果不规定典权，因物权法定原则之贯彻，无论旧有典权或者新设典权，都将一律无效，当事人正当利益难以获得保护，致人民政府和人民法院坚持数十年承认和保护典权关系的法律政策立场突然中断，使人民法院丧失裁判典权案件之判断基准，实非所宜。

第四编　担保物权

第二百一十五条　抵押期间，抵押人经抵押权人同意转让抵押财产的，应当将转让所得价款向抵押权人提前清偿债权或者提存。转让的价款超过债权数额的部分归抵押人所有，不足部分由债务人清偿。

抵押期间，抵押人未经抵押权人同意转让抵押财产的行为无效。

修改意见：抵押期间，抵押人转让抵押物的，抵押权人的权利不因此而受影响。

取得抵押物所有权的第三人，可以代替债务人清偿抵押担保的全部债务或者提存经抵押权人同意的金额,而消灭抵押权。

理由:抵押权是存在于抵押物上的物权,抵押人转让抵押物的,对抵押权不发生影响。凭借抵押权所具有的追及力,抵押权人当然可以对已归受让人所有的该抵押物行使权利。因此,抵押人转让抵押物,不必征得抵押权人的同意。取得抵押物所有权的第三人,因抵押权的存在将面临抵押物被扣押、拍卖的风险,因此设本条第2款关于涤除权的规定。

第二百二十七条 最高额抵押担保的债权确定前,部分债权转让的,最高额抵押权不得转让,但当事人另有约定的除外。

修改意见:最高额抵押担保的债权确定前,部分债权转让的,最高额抵押权不得转让。

理由:最高额抵押权与其所担保的债权之间不具有从属性。最高额抵押权并不从属于特定债权,而仅从属于基础关系。最高额抵押担保的债权确定前,部分债权的让与,仅使该部分债权脱离最高额抵押权的担保范围,最高额抵押权并不随该部分债权的转让而转让,不容许当事人作相反的约定。因此删去“但书”。

建议在动产质权一节增加关于“营业质权”的规定。

第×条 营业质权,是指当铺营业人以约定的期限和利息向借款人出借款项,并以借款人交付占有的动产为标的而设定的质权。银行存单、存折、股票、债券等有价证券,不得设定营业质权。

当票为营业质权设定的书面凭证。

当铺营业人不得将质物转质。

当铺营业人与借款人在设定营业质权时可以约定,借款人在约定期限届满经过五日仍不能偿还借款本息的,当铺营业人即取得质物的所有权,其所担保的债权亦同时消灭。

当铺营业人与借款人无前款约定的,借款人在约定期限届满时不能偿还借款本息的,当铺营业人得以拍卖或者其他方法变价质物。当铺营业人变价质物所得全部价款,归当铺营业人所有。变价质物所得价款不足清偿当铺营业人的债权时,当铺营业人不得向借款人追偿。

理由:营业质权因当铺(典当行)营业而发生。当铺(典当行)为我国民间长期存在的一种资金融通方式,对于普通人解决一时的资金困难,具有显而易见的好处。中华人民共和国成立后,当铺(典当行)营业逐渐消亡。自改革开放以来,各地纷纷开设当铺(典当行),从事以动产质押担保的小额借款业务。中国人民银行将当铺业务归于非银行金融业务,经中国人民银行批准经营当铺业务的机构,为非银行金融机构。但因缺乏相应法律规则,而致所发生的纠纷难以裁判,影响到当铺(典当行)营业的健康发展。按照现行《担保法》第 66 条关于禁止流质和第 71 条关于清算的规定,现在的当铺(典当行)营业,显然构成违法。因此,建议物权法对营业质权设明文规定,为当铺(典当行)营业提供法律依据,以利于保护当事人合法权益,建立当铺(典当行)营业合法、公正、健康、有序的法律秩序。

因营业质权为特殊的动产质权,本条规定了区别于一般质权的特殊规则:(1)质物仅以动产为限。银行存单、存折、股票、债券等有价证券,虽在法律上视为动产,但其本身代表一定数额的金钱,持有人不必借助当铺获取资金。且有价证券权利有其特殊变现方法,若允许以有价证券设定营业质权,因营业质权不适用禁止流质约款规则,难保不损害借款人的利益。因此明文规定银行存单、存折、股票、债券等有价证券不得设定营业质权。(2)当铺营业人在借款人偿还所借全部本息时,应当将质物交还给借款人。若当铺营业人将质物转质,则可能会影响借款人取回质物。且当铺营业人向借款人出借资金,一般期限较短,金额不大,若允许当铺营业人转质质物,对借款人不利。因此,本条规定当铺营业人不得将质物转质。(3)考虑到借款人通过当铺融通资金,一般期限不长,借款数额和质物的价值都不大,若严格要求按质权实行方法实行营业质权,不经济、不方便,且与当铺营业的习惯相悖。因此,本条明文规定,当铺营业人与借款人在设定营业质权时可以约定,借款人在约定期限届满时不能偿还借款本息时,质物的所有权转移为当铺营业人所有,其所担保的借款债权同时消灭。换言之,营业质权不适用禁止流质约款的规则。(4)鉴于当铺业务的特点在于期限短、金额不大,若要求当铺营业人行使营业质权时进行清算,势必增加交易成本,妨碍业务的开展。因此,本条规定,借款人在约定期限届满时不能偿还借款本息时,当铺营业人得以拍卖或者其他方法变价质物。当铺营业人变价质物所得全部价款,归当铺营业人所有。变价质物所得价款不足清偿当铺营业人的债权时,当铺营业人不得继续向借款人追偿。

建议恢复第二次审议稿关于“让与担保”的规定。

理由:我国商品房“按揭”贷款中所谓“按揭”和抵押不同。抵押担保,必须先有房屋所有权,然后在房屋所有权之上设定一个抵押权。不能在“债权”之上设定抵押权。大陆法系物权法及我国现行《担保法》,不承认“债权”抵押,抵押的标的必须是“所有权”(我国还有土地使用权)。在日本、德国等大陆法国家,把我国现在的“按揭”担保称为“让与担保”。可以设立“让与担保”的,既可以是债权,也可以是所有权,还可以是知识产权。所谓商品房按揭,就是买房人把自己根据商品房预售合同享有的债权和将来取得的房屋所有权,一并让与银行,用来担保银行的借款债权。签订按揭协议后的一段时间里,银行手中只有债权,当开发商交房并办理产权过户之后,银行手中的债权消灭,换成房屋所有权。因此可见,“按揭”担保有一个从债权担保转变成所有权担保的过程,和抵押担保不同。

为什么不叫“按揭担保”呢?因为“按揭”是广东话,写在法律上也不好看,也不知道是什么意思。有人说,人家香港人把这个“按揭”叫作“楼花抵押”。“楼花”就是合同上的“债权”。即使在中国香港特区,“楼花抵押”也不是真正的“抵押”。在中国内地,现行《担保法》规定,只有所有权、土地使用权,亦即现实存在的动产、不动产才能抵押。“让与担保”是一个新的制度,是用来整合、规范现在的商品房“按揭”的。

必须指出,按照“让与担保”,按揭银行的利益将得到妥善的保障。如果在开发商交房并办理产权过户之前按揭人陷于不能支付,按揭银行可以直接行使受让的合同债权,请求开发商对自己交房并办理产权过户,直接从开发商处得到房屋和房屋所有权。如果在开发商交房并办理产权过户之后按揭人陷于不能支付,则按揭银行有权自己决定行使让与担保权的方式,以按揭房屋变价受偿,或者直接从按揭人手中收回按揭房屋,自己成为真正的所有权人。"让与担保"的最大优点,正是其行使简便,可以回避抵押权实行的严格程序、手续和方法。

反之,物权法不规定"让与担保",不仅现实中的商品房按揭没有法律依据,因商品房按揭所发生的纠纷案件难以裁判,按揭银行的利益也不可能获得妥善保障。如果在开发商交房和办证之前按揭人陷于不能支付,因为没有办理抵押登记,按揭银行没有抵押权,其借款债权属于无担保债权,不可能阻止开发商向买房人交房和办理产权过户;如果在开发商交房、办理产权过户并同时办理抵押登记之后按揭人陷于不能支付,按揭银行虽然可以行使抵押权,但必须遵循物权法关于抵押权行使程序、手续和方法的规定。

除此之外,"让与担保"还与融资租赁有关。现行《合同法》第十四章规定"融资租赁合同",这是一种新的合同类型。企业与租赁公司签订一个融资租赁合同,由租赁公司替该企业垫付购买设备的价款。按照融资租赁合同的"所有权转让条款",企业把打算购买的设备所有权转让给了租赁公司。实际是租赁公司替企业支付购买设备的价款,而企业预先把设备的所有权转让给租赁公司,以担保租赁公司的垫款债权。供应商虽然对企业交付设备,但这个企业只得到设备的使用权,设备的所有权已经转让给了租赁公司。因此,《合同法》第 242 条规定,"出租人享有租赁物的所有权"。须注意的是,虽然所有权归了租赁公司,但租赁公司并不是真正的所有权人,只是用这个所有权作为担保手段。以后这个企业把租赁公司的租金还清以后,租赁公司必须把设备的所有权归还给企业。这是典型的让与担保,和"按揭"是同样的原理。所以说,物权法规定让与担保制度,虽然是一个新创,但并不是凭空产生的,一是针对现实中的商品房预售中的"按揭"担保,要用"让与担保"制度来规范、整合现实中的"按揭"担保;二是针对我们《合同法》上融资租赁合同中的"所有权让与"担保,为融资租赁合同所规定的"所有权让与"条款提供法律根据。

对《物权法草案（第四次审议稿）》的修改意见*

一、关于物权优先于债权原则

《物权法草案(第二次审议稿)》第 8 条规定:“在特定的不动产或者动产上,既有物权也有债权的,优先保护物权。但法律另有规定的除外。”这就是教科书所谓“物权优先于债权原则”,第三次审议稿删去这一条文,第四次审议稿亦未恢复,不知何故?

物权优先于债权原则,是处理物权与债权冲突的基本规则,是法官在司法实践中最常用的裁判规则之一。主要适用于两类案件:一是在“一房多卖”案件中,据以判决已经办理产权过户的买房人得到争议房屋;二是在企业破产和清产还债案件中,据以判决抵押权人优先受偿及出租人取回租赁物。这一原则的例外规则,即条文“但书”所谓“法律另有规定的除外”的规则包括:一是《合同法》第 229 条关于买卖不破租赁的规定;二是《企业破产法》关于优先清偿工人工资的规定。如果物权法不作规定,法律素养高的法官仍会将此原则作为法理规则而予以适用,法律素养较低的法官往往会无所适从或者任意裁判,势必影响裁判的统一和公正。因此还是在物权法上明文规定为好。

建议恢复《物权法草案(第二次审议稿)》关于物权优先于债权原则的规定:

第×条　在特定的不动产或者动产上,既有物权也有债权的,优先保护物权。但法律另有规定的除外。

---

* 本文写作于 2005 年 11 月 29 日。

二、关于不动产登记簿的证据资格

第16条第1款规定:“不动产登记簿记载的事项,是物权归属和内容的根据。”

本条第1款规定的目的,是要赋予“不动产登记簿”以“证据资格”,而绝对不是要赋予不动产登记簿“记载的事项”以“证据资格”。正如本法第17条规定“不动产权属证书”是“权利人享有该不动产物权的证明”,而不是规定不动产权属证书“记载的事项”是“权利人享有该不动产物权的证明”。

按照证据法原理,证据分为“人证”和“物证”。所谓“物证”,指以“有形物”作为“证据”,包括“文书”和“检证物”。现行《民事诉讼法》第63条将具有证据资格的“文书”称为“书证”,将“检证物”称为“物证”。“书证”再分为“公文书”和“私文书”。不动产登记簿属于“公文书”。无论是根据证据法原理,还是根据现行《民事诉讼法》的规定,属于“有形物”的不动产登记簿才能成为法官据以判断案件事实的“证据”,而不动产登记簿所“记载的事项”绝非“证据”。

本条规定“不动产登记簿”具有证据资格,第17条第1句规定“不动产权属证书”具有证据资格,因此,在对涉及产权争议案件的审理中,当事人可以“不动产登记簿”(复印件)和“不动产权属证书”作为诉讼证据。第17条第2句进一步规定“不动产登记簿”的证据力优于“不动产权属证书”的证据力,亦即当“不动产登记簿”记载的事项与“不动产权属证书”记载的事项不一致时,法庭应当以“不动产登记簿为准”。

虽然本法第17条第2句规定,当“不动产登记簿”记载的事项与“不动产权属证书”记载的事项不一致时,应当以“不动产登记簿为准”,但并不等于不动产登记簿“记载的事项”就一定是“真实的”。“不动产登记簿”具有证据资格,与不动产登记簿“记载的事项”是否真实不是一回事。不动产登记簿“记载的事项”是否真实,需要法庭依据本法第5条规定的“不动产登记的权利推定”规则予以判定。按照本法第5条的规定,不动产登记簿"记载的事项"被法律推定为真实,即只在无"相反证据证明"的情形,不动产登记簿"记载的事项"才会被法庭"认定为真实";在有"相反的证据证明"的情形,法庭将直接根据该"相反的证据"作出与不动产登记簿的记载"相反"的事实认定,亦即,不动产登记簿"记载的事项"的真实性被"相反的证据"所推翻。

因此,建议将第16条第1款修改为:不动产登记簿是物权归属和内容的根据。

三、关于预告登记

《物权法草案(第四次审议稿)》第20条第1款规定:"当事人约定买卖期房或者设立、转让其他不动产物权,债权人为限制债务人处分该不动产,保障将来取得物权,可以向登记机构申请预告登记。债权人已经支付一半以上价款或者债务人书面同意预告登记的,登记机构应当进行预告登记。预告登记后,债务人未经债权人同意处分该不动产的,不发生物权效力。"

按照预告登记制度,只要张三与开发商签订了商品房预售合同,张三就可以拿着买卖合同去登记机构办理预告登记,由登记机构在登记簿上记载某号房屋已经卖给了张三,办理预告登记后,开发商把这套房屋再卖给其他任何人,都将"不发生物权效力"。例如开发商把已经出售给张三的房屋,再出售给李四,因为张三已经去登记机构办理了"预告登记",开发商与李四之间的买卖合同将"不发生物权效力",注定李四不可能得到该房屋的所有权。这样就可保障办理了预告登记的买房人张三,在房屋建成后能够得到该房屋并办理产权过户得到所有权。

可见,预告登记制度的立法目的,就是用来限制开发商"一房多卖",而不是禁止"一房多卖"。债权平等的原则依然存在,无论一套商品房被卖给多少买房人,这些买卖合同仍然有效,但只有办理了"预告登记"的那个买房人才能最终得到房屋所有权。这样一来,只要办理了"预告登记",其余的买房人就已经知道自己不可能得到房屋的所有权,当然也就不买了。这就达到了限制"一房多卖"的目的。质言之,

"预告登记"是不动产物权变动的一种特殊的公示方法,而所登记的并不是"物权",仅仅是买卖合同上的"债权"。因为办理了"预告登记",使该债权具有了对抗其他买房人的债权的"物权效力"。《物权法草案(第二次审议稿)》第22条规定:"债权人因购买期房等原因,为限制债务人处分该不动产,保障将来取得物权,可以向登记机构申请预告登记。预告登记后,债务人处分该不动产的,不发生物权效力。"这一规定比较准确地体现了设立预告登记制度的政策目的。

令人不解的是,《物权法草案(第三次审议稿)》和《物权法草案(第四次审议稿)》却为预告登记增设了"前提条件",即"债权人已经支付一半以上价款或者债务人书面同意预告登记的,登记机构应当进行预告登记",亦即,仅在"债权人已经支付一半以上价款或者债务人书面同意预告登记的"的情形,登记机构才予以办理预告登记。如果债权人支付价款未达一半以上,也无债务人的书面同意,则登记机构将不予进行预告登记。显而易见,起草人认为在债权人支付价款未达一半以上的情形,如登记机构按照买房人的申请进行了预告登记,使开发商不能再"一房多卖",将损害开发商的利益。于是用为预告登记增设前提条件的办法,平衡开发商与买房人之间的利益。

必须指出,这一条文设计完全不符合商品房预售的实际情况。开发商所规定的"价款支付方式",只是"付现"和"按揭"两种,由买房人选择其中一种。如果买房人选择了"付现"方式,则应于正式签订商品房预售合同时一次性支付"价款全额"。如果买房人选择了"按揭"方式,则在正式签订商品房预售合同前,买房人必须与开发商指定的银行签订"按揭借款合同",通常"按揭金额"为房款全额的70%至80%,于"按揭借款合同"生效后,由按揭银行一次性支付给开发商。其余20%~30%的金额称为"首付金",应由买房人在正式签订商品房预售合同时一次性支付给开发商。可见,无论商品房预售的价款支付采取何种方式,开发商在签订正式的商品房预售合同之时已经收讫房款全额。起草人出于保护开发商利益的目的,为预告登记增设"债权人已经支付一半以上价款或者债务人书面同意预告登记的"这一前提条件,显属无的放矢、杞人忧天。

为什么要创设预告登记制度?因为在商品房预售合同关系中,开发商始终处于优势地位,买房人处于劣势地位。开发商凭借自己的优势地位规定房款支付方式,限定买房人必须在“付现”和“按揭”二者中选择其一,已经足够维护开发商自己的利益,何至于需要起草人为之特别操心。值得起草人特别操心的是,如何保护处于劣势地位的买房人的合法权益。物权法设立预告登记制度的政策目的,正是要限制开发商滥用其优势地位,限制开发商搞“一房多卖”从而损害买房人的合法权益。

因此,建议恢复《物权法草案(第二次审议稿)》第22条的规定:

债权人因购买期房等原因,为限制债务人处分该不动产,保障将来取得物权,可以向登记机构申请预告登记。

预告登记后,债务人处分该不动产的,不发生物权效力。

四、关于不动产登记的“善意保护”

第22条规定:“基于不动产登记簿享有的物权受法律保护,但记载于不动产登记簿的权利人在取得权利时知道或者应当知道权利有瑕疵的除外。”

本条规定的不动产登记的善意保护制度,亦即教科书上所谓不动产登记的公信力制度。该制度的关键,是以不动产登记簿为根据“取得”的不动产物权受法律保护,不允许任何人以任何理由予以剥夺。其政策目的是保护不动产交易的善意第三人,而不是保护不动产登记簿上记载的权利人。原条文说“享有”的物权,而不说“取得”的物权,不能体现保护不动产交易的善意第三人的政策目的,并与不动产登记的“权利推定”制度发生混淆。应该将“享有”改为“取得”。

也许起草人会争辩说,本条的目的不是要保护不动产交易的善意第三人,而是要保护不动产登记簿记载的权利人。但是,不动产登记簿记载的权利人的保护问题,已经规定在本法第5条:“记载于不动产登记簿的人是该不动产的权利人,但有相反证据证明的除外。”亦即教科书所谓“不动产登记的权利推定”制度。

按照本法第5条的规定,不动产登记簿具有“权利正确性推定”的效力。在产权争议案件的审理中,如果当事人一方提交不动产登记簿作为诉讼证据,法官应当“推定”该不动产登记簿“记载的事项”是真实的,如不动产登记簿记载“张三是所有权人”,法官就应当“推定”“张三是所有权人”。“推定”是一个技术性概念,“推定”“张三是所有权人”,就是“把张三当作所有权人”,并不是说“张三真的是所有权人”。至于法官最后是否“认定”“张三是所有权人”,关键要看是否有“相反的证据证明”。

当法官“推定”“张三是所有权人”之后,如果争议的对方李四对不动产登记簿“记载的事项”的真实性提出“异议”,主张不动产登记簿上的记载不正确。在这种情形下,法官既不能直接根据登记簿上的记载“认定”“张三是所有权人”,“判决”争议房屋归张三所有,也不能仅仅因为李四对登记簿上的记载有“异议”就“否定”登记簿记载事项的真实性,“否定”张三是所有权人,而应当“责令”主张“异议”的李四就自己的“异议”举证,即举证证明不动产登记簿的记载不正确。

如果李四真的举出了充分的证据,证明不动产登记簿的记载不正确,例如,证明争议房产的真正所有权人是李四而不是张三,则法官应当采纳李四的反证,并直接根据此反证“认定”争议房产“属于李四所有”。在这种情形下,不动产登记簿记载事项的真实性即被“相反的证据”所推翻。反之,如果李四不能举出充分的“反证”证明他关于登记簿的记载不真实的“异议”,则法庭就应当根据不动产登记簿上的记载,“认定”张三是争议房屋的所有权人,亦即判决该房屋归张三所有。

由于物权法规定了不动产登记的“权利推定效力”这个制度,在审理不动产权属争议案件过程中,谁对不动产登记簿的记载主张“异议”,就应当由谁承担举证责任和举证不能的风险。可见,这个制度的政策目的是保护不动产登记簿记载的权利人,法院通常依靠该制度裁判不动产权属争议案件。

需要说明的是,起草人把本应规定在“不动产登记”一节的“不动产登记的权利推定”制度,与本应安排在“动产物权变动”一节的“动产占有的权利推定”制度,合并为一个条文,规定在第一章“一般规定”中的第5条。因此,“不动产登记”一节当然没有理由重复规定不动产登记簿记载的权利人的保护问题。

姑且不论是否与本法第5条的规定重复,本条第2句“但记载于不动产登记簿的权利人在取得权利时知道或者应当知道权利有瑕疵的除外”,也与保护不动产登记簿记载的权利人的目的不符。即使“基于不动产登记簿享有物权”的人,“在取得权利时知道或者应当知道该权利有瑕疵”,也绝对不能据此否定不动产登记簿记载的权利人的权利。只要没有人对不动产登记簿记载的真实性主张异议,甚至即使有人对此主张异议,如果主张异议一方不能举出“相反的证据证明”不动产登记簿的记载错误,则不动产登记簿记载的权利人“基于不动产登记簿享有的物权”,依然应当受到法律的保护。怎么能够设想,仅仅因为“记载于不动产登记簿的权利人在取得权利时知道或者应当知道权利有瑕疵”,法律就不保护甚至剥夺其权利。

既然本法就不动产登记专设一节,既然本节第9条规定不动产物权变动采取“登记生效主义”,则通过赋予不动产登记“善意保护”效力亦即教科书所谓“公信力”,以保护不动产交易的善意第三人,也就是理所当然的事。

因此,应当用能够准确体现不动产交易动态的“取得”一词取代原条文的“享有”一词,使本条准确体现不动产登记的善意保护的政策目的,避免歧义和与本法第5条的重复。建议修改为:基于不动产登记簿取得的物权受法律保护,但在取得权利时知道或者应当知道权利有瑕疵的除外。

五、关于登记机构的过错责任

第23条第2款规定:“因登记错误,给他人造成损害的,登记机构应当承担赔偿责任;登记机构赔偿后,可以向造成登记错误的责任人追偿。”

因登记机构的原因造成登记错误,给他人造成损害,理应由登记机构承担赔偿责任。但因登记错误致使某个权利人或者利害关系人遭受损害的,必定有某个第三人获得不当利益。既然登记机构并未获得利益,则登记机构在承担损害赔偿责任之后,应有权依据不当得利规则向获得不当利益的人追偿。造成登记错误的责任人,作为登记机构工作人员,仅应受纪律处分。原条文规定"向造成登记错误的责任人追偿",根本不现实。一个登记错误可能造成几十万元、几百万元甚至更大的损失,一个公务员如何赔偿得起。其实,因登记错误造成的损失可能数额巨大,让登记机构承担全部赔偿责任也是不适当的。

本条规定将登记错误导致损害混同于一般侵权行为。一般侵权行为,是一个原因(加害行为)导致损害结果,而登记错误致损是两个原因竞合导致损害结果。例如,登记机构误将张三的房屋登记在李四名下,这一登记错误并不必然发生损害张三利益的结果,须再有李四将误登记在自己名下的房屋转卖他人的行为,才会发生损害张三利益的结果。如果李四发现这一登记错误之后,未将该房屋作为自己的财产予以转卖,则张三可以通过更正登记程序,纠正此登记错误,维护自己的权益,登记机构于发现此登记错误时,亦可依职权纠正此错误登记,避免张三的利益受损。因此,登记错误致损,属于侵权法上所谓"原因竞合"的侵权行为,与一般侵权行为不同。且在登记错误致损的情形下,张三遭受损害,必有李四获得不当利益。张三遭受多大损害,李四就获得多大不当利益。怎么能够简单套用一般侵权责任和使用人责任的规则,而置发生竞合的另一个原因及不当得利人的存在于不顾。

因此,建议修改为:因登记错误,给他人造成损害的,登记机构应当承担赔偿责任;登记机构赔偿后,可以向因该登记错误不当得利的人追偿。

六、关于占有改定

第31条规定:"动产物权转让时,出让人应当将该动产交付给受让人,但双方约定由出让人继续占有该动产的,物权自约定生效时发生效力。”

这是针对“卖出租回”这种融资租赁合同形式的特殊规则。假设某个企业急需资金而又没有银行愿意贷款给它。于是找到一家租赁公司签订一份买卖合同,将自己最值钱的一条生产线的设备出卖给租赁公司,取得一笔价款以解决生产资金问题。但是它并不是真的要出卖这条生产线上的设备,相反还要靠这条生产线进行生产,因此它“有必要继续占有”这些已经出卖给租赁公司的设备。这种情形,显然不能把这些设备“交付”给买受人租赁公司,以完成设备所有权的移转。怎么样才能够既使该企业“继续占有”这些设备又实现其所有权向租赁公司的移转呢?办法就是,该企业与该租赁公司签订一份租赁合同,把这些设备再租回来。实际上该生产线的设备原地未动,因现行《合同法》第242条明文规定“出租人享有租赁物的所有权”,虽然没有现实的“交付”,但因为签订了租赁合同,租赁合同代替了设备的实际“交付”,而实现了设备所有权向租赁公司的移转,并同时使该企业作为承租人继续占有这些设备。可见,关于“占有改定”的特殊规则,正是针对现实生活中的“卖出租回”这种特殊融资租赁合同形式的,其实质是用一项“租赁合同关系”实现标的物所有权移转,并满足出卖人继续占有该标的物的需要。

如果按照原文,一份买卖合同中“双方约定由出让人继续占有该动产”,则这个合同条款“剥夺了”买受人请求出卖人交付标的物并移转标的物所有权的“主要权利”,“免除了”出卖人交付标的物并移转标的物所有权的“主要义务”。如果属于“格式合同”,法院将依据《合同法》第40条的规定认定该合同无效;如果不属于“格式合同”,法院将认定构成《合同法》第54条规定的“显失公平”的合同,而根据买受人的请求予以撤销或者变更。可见,原文规定“双方约定由出让人继续占有”,是绝对行不通的。

因此,建议修改为:出让动产物权时出让人有必要继续占有该项动产的,可以与受让人设定一项由受让人作为出租人或者出借人的合同关系,以代替实际交付。

七、关于物权请求权

第39条规定:“造成不动产或者动产毁损的,权利人可以请求恢复原状;不能恢复原状或者恢复原状后仍有损失的,可以请求损害赔偿。”

“物权请求权”是专门针对“物权”的法律救济措施,是“物权”的特殊保护方法。为什么在侵权责任制度之外还要有一个“物权请求权”制度?“物权请求权”制度与“侵权责任”制度的区别何在?二者的区别主要是“构成要件”不同,“物权请求权”只有一个构成要件,即存在“物权”;而一般侵权责任的构成要件包括加害行为、损害后果、因果关系和过错,即使特殊侵权责任也须有前三项要件。物权请求权的优点,正是在于其“构成要件简单”,因此物权请求权行使的程序就特别方便,只需证明自己享有“物权”就足够了,法院也仅凭原告享有“物权”这一点就给予保护。这就使请求权人避免了就侵权责任的“构成要件”举证的麻烦。因此,民法在侵权责任制度之外特别规定“物权请求权”制度,作为保护“物权”的特殊救济措施。

反过来,物权请求权也有局限性,这就是行使物权请求权一定要有“物权”存在。“物权”什么时候存在?“标的物”存在,“物权”就存在。标的物一旦“毁损、灭失”,例如房屋已经烧毁、汽车已掉下悬崖变成一堆废铁、手机已经灭失,这时“物权”(所有权)已经消灭,就不能再行使物权请求权,只能向法院提起侵权责任之诉。这就是为什么在物权请求权之外物权还受侵权责任制度保护的理由。不动产或者动产一经毁损,原物权就已不存在,行使物权请求权的基础已经丧失,权利人只能依据侵权责任请求保护,本条显然属于侵权责任制度。

因此,建议删去本条。

第42条规定:“侵害物权,造成权利人损害的,权利人可以请求损害赔偿。”

本条规定导致“物权请求权”制度与“侵权责任”制度的混淆。按照民法原理,物权请求权以恢复物权的圆满状态为目的,而通过判决损害赔偿金以填补受害人遭受的损害,是侵权责任制度的目的,不是物权请求权的目的。按照本条规定,凡物权受侵害,受害人都必然依据本条行使属于物权请求权性质的“损害赔偿请求权”,民法侵权责任制度就被取代了。而在物权受侵害的情形,法院仅根据“物权”存在一项要件,完全不考虑加害行为、损害结果、因果关系、加害人过错等要件,以及是否存在免除、减轻责任的事由,怎么可能作出合情、合理、合法的损害赔偿判决?

因此,建议删去本条。

在删去上述两条之后,则本章规定的“物权请求权”包括第36条规定的确认物权请求权、第37条规定的返还原物请求权、第39条规定的排除妨害请求权及第40条规定的消除危险请求权。此与物权法理论及国外立法例相符合。

与此有关的一个问题是,如果因为“妨害行为”或者“危险状态”的存在,已经给受害人造成实际的损害(损失),此项损害(损失)是否许可受害人在行使“排除妨害请求权”或者“消除危险请求权”的同时,一并请求损害赔偿?若坚持“物权请求权”以恢复“物权之圆满状态”为目的,不许可受害人一并请求损害赔偿,则受害人应当在行使“排除妨害请求权”或者“消除危险请求权”之后,依据侵权法的规定另案提起“侵权损害赔偿之诉”。其结果是徒增当事人讼累和程序的繁复,并违反诉讼经济原则。

因此,建议增设一条:在第39条和第40条的情形中,物权人受有损害的,可在请求排除妨害或者消除危险的同时,附带请求损害赔偿。

第43条规定:“权利人请求排除妨害或者消除危险,不适用诉讼时效。”

本条规定排除妨害请求权和消除危险请求权不适用诉讼时效,当然是正确的。鉴于“确认物权请求权”的目的和作用,在于采用诉的方法解决物权争议,维护正常的物权法律秩序,因此“确认物权请求权”不应适用诉讼时效,只要物权争议存在,“确认物权请求权”就存在,不受诉讼时效的限制。

因此,建议将本条修改为:行使确认物权请求权、排除妨害请求权和消除危险请求权,不适用诉讼时效。

八、关于野生动植物资源属于国家所有

第53条规定:“农村和城市郊区的土地、野生动植物资源等,法律规定国家所有的,属于国家所有。”

按照《现代汉语词典》关于“资源”的定义,“野生动植物资源”的含义是野生动物和野生植物的“天然来源”,使人难以理解。其实,所谓“野生动植物资源”,就是指“野生动物”和“野生植物”。“野生植物”是土地的附着物,归属于土地的所有权人。国有土地上的“野生植物”自然属于国家所有,无须法律特别规定。同理,集体土地上的“野生植物”当然属于集体所有,私人享有使用权的土地上的“野生植物”当然属于私人所有。怎么能够设想,“法律规定”集体土地和私人享有使用权的土地上的“野生植物”“属于国家所有”?

保护野生动物,本属于公法上的义务,且首先是国家的义务、整个社会的义务。如将“野生动物”规定为“属于国家所有”,则按照民法原理,应由所有人国家自己承担全部保护义务,广大人民群众当然被解除了保护义务。首先,规定珍贵的、有价值的野生动物归国家所有,于情理不合。为什么有害的野生动物,如苍蝇、蚊子、跳蚤、蟑螂、老鼠不规定为国家所有?为什么将珍稀的、有价值的野生动物规定为国家所有?其次,将野生动物规定为国家所有,于法理不合。因为野生动物,如穿山甲,今天在我国云南、广西,明天可能就在越南、缅甸境内。其实,野生动物不具有特定性和直接支配性,在被捕获之前,不构成物权的客体。按照传统民法,野生动物属于无主物,国家保护野生动物,只需对民法先占取得制度加以限制即可。如规定禁渔期、禁渔区、禁猎期、禁猎区,划定野生动物保护区,禁止猎取、捕捞国家保护的野生动物就够了,不必要也不应该规定为国家所有。

因此,建议删去“野生动植物”等属于国家所有的规定。

九、关于公共设施属于国家所有

第55条规定:“道路、电力、通讯、天然气等公共设施,依照法律规定为国家所有的,属于国家所有。”

即使是“公共设施”,也仍然适用“谁投资归谁所有”的民法原理。国家投资的“属于国家所有”,集体投资、私人投资的,属于集体所有、私人所有。国家要取得集体投资、私人投资的“公共设施”的所有权,必须采用“征收”程序并给予合理补偿。怎么能够设想,立法机关制定法律规定集体投资、私人投资的公共设施属于国家所有?

我国自实行对外开放政策以来,不仅制定了一系列给予外企、外商各种优惠待遇的法律法规,而且一再保证“不采取国有化措施”,并修改现行《宪法》明文规定对“非公有制经济”实行平等保护、规定“私有财产不受侵犯”。现在却在物权法上明文规定“道路、电力、通讯、天然气等公共设施,依照法律规定为国家所有的,属于国家所有”,向国际社会发出将对属于“非公有制经济”的财产实行“国有化”的信号!必将严重动摇国际社会对我国政府的信任!至少会使外企和国内非公有制经济单位不再敢投资于“道路、电力、通讯、天然气等公共设施”。在我国政府正在全力争取“市场经济国家地位”的关键时刻,物权法草案规定这一与我国对外、对内经济政策不相符的条文,真是匪夷所思。

因此,建议修改为:国家投资的道路、电力、通讯、天然气等公共设施,属于国家所有。

十、关于宗教财产的归属

宗教财产,包括佛教的寺庵、道教的宫观,天主教、基督教和东正教的教堂,伊斯兰教的清真寺,及供奉各种神明的庙宇。根据现行的国家政策,教会(天主教、基督教和东正教)的房产,为中国教会所有。佛教和道教的庙观及所属房产为社会所有(僧道有使用权和出租权),带家庙性质的小尼庵为私人所有,伊斯兰教的清真寺及所属房屋则为信教群众集体所有。在实际房屋产权登记中,无论何种寺庙宫观,均将宗教协会登记为所有权人。首先,“社会所有”一词只能代表不确定的人群,而不能形成明确的、固定的法律关系主体;把宗教财产规定为社会所有,实际上是把宗教财产当成无主财产,给侵犯宗教财产提供了可乘之机。其次,规定为“信教群众集体所有”也不妥,因为信教群众既然已经把钱物捐了出去,主观上不存在作为宗教财产所有人的意思。且信教群众从来就没有形成一个成员固定的组织形态,不能成为宗教财产的所有权主体。最后,规定为宗教协会所有,违背了信教群众捐献钱物的心愿,信教群众并不是要把钱物捐给由僧众道徒组成的宗教协会,而是通过寺庙等捐给他们心中的神仙、上帝、真主。由宗教协会所有,也有违宗教教规信条——僧众道徒等不能成为宗教财产的所有人。根据民法原理并参考发达国家的立法经验,应规定一切宗教财产,包括不动产和动产,都属于作为宗教法人的寺庙宫观所有。物权法明文规定宗教财产归宗教法人所有,有利于对宗教财产的法律保护,有利于切实贯彻国家宗教政策和民族政策。《物权法草案(第四次审议稿)》几乎对所有的财产类型都设有明文规定,而偏偏不规定宗教财产的归属,令人费解。

因此,建议增加一条规定宗教财产的归属:寺庙、宫观、教堂、清真寺的不动产和动产,属于宗教法人所有。

十一、关于善意取得

第110条规定:“无处分权人将不动产或者动产转让给受让人的,所有权人有权追回,但符合下列情形的,受让人即时取得该不动产或者动产的所有权:

(一)在受让时不知道或者不应当知道转让人无处分权;

(二)以合理的价格有偿转让;

(三)转让的财产依照法律规定应当登记的已经登记,不需要登记的已经交付给受让人;

(四)转让合同有效。

受让人依照前款规定取得不动产或者动产的所有权的,原所有权人有权向无处分权人请求赔偿损失。

当事人善意取得其他物权的,参照前两款规定。"

基于特殊保护善意第三人的政策目的,及本法关于不动产物权变动采取"登记生效主义",因此本法第22条已规定不动产登记的"善意保护"制度,亦即教科书所谓"不动产登记的公信力原则",特殊保护不动产交易的善意第三人。因为一般动产物权变动以交付为公示方法,没有登记簿,不得已创设动产善意取得制度,以保护一般动产交易的善意第三人。原文规定"即时取得该不动产或者动产的所有权",起草人居然忘记了本法第22条已经规定了不动产登记的"善意保护"制度,把实现同样政策目的的两个制度弄混淆了。原文规定以"转让合同有效"为发生善意取得的前提条件,更是匪夷所思,如果"转让合同有效",则受让人基于有效的买卖合同当然取得标的物的所有权,还有适用"善意取得"制度的必要吗?民法创设"善意取得"制度的立法目的,正是针对无权处分合同无效,而强行使善意第三人"原始取得"动产的所有权。如果无权处分合同因权利人追认或者处分人事后取得处分权而变成有效,则受让人基于有效的买卖合同而取得标的物的所有权,应属于所谓"继受取得"。

本条之所以发生上述混淆和错误,与如何借鉴外国和地区立法例有关。关于不动产物权变动,各国和地区立法例均以"登记"为公示方法,但有登记生效主义与登记对抗主义之别。采登记生效主义的立法例,均赋予不动产登记以"公信力",用来保护不动产交易的善意第三人;而一般动产没有登记制度,不得已创设"善意取得制度",专用于保护动产交易的善意第三人。采登记对抗主义的立法例,根据生效的债权合同直接发生物权变动,其是否登记取决于当事人自愿,如果登记则使已经发生的物权变动具有对抗效力,不登记则物权变动不具有对抗效力,因此采登记对抗主义的立法例不赋予登记以"公信力",当然不能靠不动产登记的公信力来保护不动产交易的善意第三人。

于是我们看到,采登记生效主义的立法例,如德国民法,并用两个制度以实现保护善意第三人的政策目的,即用不动产登记的公信力制度保护不动产交易的善意第三人,用善意取得制度保护动产交易的善意第三人;采登记对抗主义的立法例,如法国民法和日本民法,用一个制度实现保护善意第三人的政策目的,即用善意取得制度保护不动产交易的善意第三人和动产交易的善意第三人。

《物权法草案(第四次审议稿)》第9条既然规定"登记生效主义",则其逻辑结果必定是用赋予不动产登记"公信力"的办法保护不动产交易的善意第三人,用"善意取得"制度保护动产交易的善意第三人。不动产登记的公信力制度,应当规定在《物权法草案》的"不动产登记"一节,善意取得制度应当规定在"动产物权变动"一节或者动产"所有权取得"一节。质言之,第110条规定"动产和不动产的善意取得"制度,仿自采登记对抗主义的法国民法和日本民法,与本法所采登记生效主义是抵触的、不相容的。

本条之所以发生混淆和错误,也与如何参考学者的理论有关。不同的学者关于同一问题有不同的观点,可能有多种原因,其中一个原因是所据以展开理论论述的制度前提不同。关于发生"善意取得"是否以"转让合同有效"为前提,即是适例。

在德国民法中,因严格区分"债权行为"(负担行为)与"物权行为"(处分行为),采物权行为独立性和无因性理论模式。买卖合同属于债权行为,仅发生交货、付款的债务,不能发生标的物所有权移转的效果。当事人双方须另外订立一个以移转标的物所有权为目的的物权行为(物权合同),作为发生物权变动的根据。办理房屋产权过户登记,不是凭买卖合同,而是凭物权合同,即"物权合同+登记",发生不动产物权变动。在动产买卖,亦以"物权合同+交付",发生动产物权变动。且作为原因行为的买卖合同无效,不影响物权合同的效力,称为"物权行为无因性"。在这一立法模式之下,合同法上关于"无权处分行为"的规则,亦严格区分"债权行为"(负担行为)与"物权行为"(处分行为),如出卖人无处分权,则仅"物权行为"(处分行为)无效,其买卖合同(债权行为)并不无效。与此相应,发生动产善意取得的前提条件也就是"买卖合同有效、处分行为无效"。我国台湾地区民法学者在论述“动产善意取得”时,指出以“转让合同有效”为条件,正是以其立法和理论仿德国民法,采所谓物权行为独立性和无因性理论模式为立法根据的。

但我国起草中的物权法和现行合同法并未采取所谓“物权行为独立性和无因性”理论模式,而是采取“债权行为+登记(交付)生效主义”的所谓折中主义模式。现行《合同法》第51条规定:“无处分权的人处分他人财产,经权利人追认或者无处分权的人订立合同后取得处分权的,该合同有效。”这里明文规定的是“合同有效”,不是“处分行为有效”。相反,权利人不追认且处分人事后也未取得处分权的,是“该合同无效”,而不是“处分行为无效”“转让合同有效”。

因此,在物权法草案和现行《合同法》所采取的物权变动理论模式之下,无权处分的合同,如果经权利人追认或者无权处分人事后取得处分权,则转让合同有效,受让人根据有效的转让合同获得标的物的所有权,当然不发生适用“善意取得”制度的问题。如果权利人不追认且无权处分人事后也没有取得处分权,则转让合同无效,这种情形才有适用“善意取得”制度的可能性。

未注意我国物权法草案采取的立法理论模式和现行《合同法》第51条关于无权处分的规定,而不当引用台湾地区学者关于“无权处分”和“善意取得”的论述,以解释说明物权法草案关于“善意取得”制度的规定,正是本条误将“转让合同有效”规定为发生“善意取得”前提条件的原因。

因此,建议将本条修改为:

无处分权人将动产转让给受让人的,所有权人有权追回,但符合下列情形的,受让人即时取得该动产的所有权:

(一)受让人在受让时不知道或者不应当知道出让人无处分权;

(二)以合理的价格有偿转让;

(三)转让的动产已经交付给受让人。

受让人依照前款规定取得动产的所有权的,原所有权人有权向无处分权人请求赔偿损失。

当事人善意取得其他物权的，参照前两款规定。

十二、关于取得时效

各主要国家和地区民法均规定取得时效制度。按照取得时效制度，张三所有的某项财产被李四占有，经过法律规定的期间之后，李四即可取得该财产的所有权，而张三对该财产的所有权因此消灭。取得时效制度的合理性在于：第一，非权利人李四自以为自己是所有人，长期占有该项财产，经过相当长的时间之后，人们已经相信李四是该财产的所有权人，并与其发生各种法律关系。在这种情形下，如果恢复张三对该财产的占有，势必要推翻这些已经存在的法律关系，引起法律秩序的混乱。第二，由于李四占有该财产已经过相当长的时间，例如 20 年，证明该财产所有权归属的证据已经很难收集，即使收集到一些证据，也往往难辨真假。直接以该财产的占有事实为根据，使占有人李四取得所有权，可以避免法院收集和判断证据的困难，减少讼累。第三，张三虽然是该财产的所有权人，却长期未行使其权利，李四虽然不是真正的所有权人，却长期实际行使权利，与其保护长期不行使权利的所有权人张三，不如保护长期积极行使权利的非所有权人李四，更能发挥该财产的效用。第四，当就某项财产的所有权归属发生争执时，通常要求双方举出证据，证明自己是该财产的所有权人。但经常发生这样的情形，因为年代久远，证据湮灭，证人死亡，很难判断该财产真实的权属。现实占有该财产的一方，就可以援引取得时效制度保护自己的利益，他只要证明自己占有该项财产已经达到法律规定的时效期间，法院就应当根据取得时效制度，认定他为该项财产的所有权人。因此，取得时效制度是现实占有财产一方获得胜诉判决的最简便、有力的方法。第五，我国自 1949 年以来，农村历经土地改革、互助组、合作社、“大跃进”、公社化等运动，城市国有企业、集体企业也经历多次合并、分立、转制，导致财产关系混乱和产权界限不清，因土地、建筑物归属发生争执，以致发生大量严重的暴力事件。如果物权法规定取得时效制度，将有利于减少这类事件的发生，有利于财产关系和社会秩序的安定。

因此,建议增加关于取得时效的规定。

第×条　以所有的意思,十年间和平、公然、连续占有他人之动产者,取得其所有权。但其占有之始为善意并无过失者,为五年。

第×条　现时登记为不动产所有人,虽未实际取得该项权利,但占有该不动产并依所有人身份行使其权利的,自其权利登记之日起满二十年而未被涂销登记者,实际取得该不动产所有权。

本条规定可准用于建设用地使用权、土地承包经营权、地役权和典权。

第×条　以自主占有的意思,和平、公开、持续占有他人未经登记的不动产满二十年者,可以请求登记为该不动产的所有权人。

本条规定,不适用于国有土地所有权。但可准用于建设用地使用权、土地承包经营权、地役权和典权。

第×条　取得时效的中止、中断,准用关于诉讼时效的规定。

十三、关于承包经营权可否转让、抵押

第132条规定:"土地承包经营权人有权依法自主决定土地承包经营权以转包、出租、互换、转让或者其他方式流转。"

第135条规定:"土地承包经营权人有稳定的收入来源的,经发包方同意,可以将承包经营权抵押。实现抵押权的,不得改变承包地的用途。"

如果允许土地承包经营权转让、抵押,用不了多少年,就会出现数以千万计甚至数以亿计的丧失土地的农民,而城市绝对容纳不下这么大量的人口。真要出现数千万甚至上亿的无地农民,且不说如何解决就业、安置的难题,这一事态本身就意味着巨大的社会危险。因此,从法律政策上不宜允许土地承包经营权转让和抵押。农民生产、生活中的资金需求,如购买农用机具、子女上学、生病住院等急需资金,国家应当专设一套面向农民的简便的小额贷款制度,并参考发达国家和地区的经验设立一项基金,为农民提供担保,使需要资金的农民通过简便的手续、无须自己提供担保,即可获得贷款。至于农民因迁入城市等原因转让土地承包经营权,当作为例外处理。

因此,建议删去《物权法草案(第四次审议稿)》第132条和第135条,另设一条规定:土地承包经营权不得转让和抵押。但国有或集体所有荒山、荒地等以拍卖方式设立的土地承包经营权除外。

十四、关于居住权

第十五章居住权(第181—191条)。

因欧洲一些国家在19世纪制定民法典,未实行男女平等原则,父亲去世,母亲不能继承遗产,遗产全归子女、孙子女等继承,为解决母亲的居住问题特设居住权制度。20世纪中期以后,在女权运动的推动之下,这些国家通过对民法典的修改,已经实行了彻底的男女平等原则,承认了妻对夫的继承权,居住权制度已经丧失其存在意义。可见居住权是一种落后的、过时的制度。日本制定民法典时,起草人明确表示日本无规定居住权的必要。《韩国民法典》也不规定居住权。我国自20世纪30年代以来即实行男女平等原则,夫妻相互为继承人,因此民国时期民法未规定居住权。我国现行继承法规定夫妻相互为第一顺序继承人,现行婚姻法规定子女有赡养父母的义务,因此迄今未发生所谓父母居住问题。

因改革开放前长期实行公房制度,双职工由男方单位分房,离婚时住房常被判归男方,为解决女方暂时的居住困难,法院判决女方可继续居住直至再婚。这种裁判上不得已的做法,与所谓居住权无关。现今实行住宅商品化政策,公房制度已经废止,夫妻关系存续中取得的房屋为夫妻共有财产,离婚时当然可以根据情况判给任何一方或者由双方分割。如有个别案件,为解决离婚一方暂时居住困难,仍可按照此前的做法,判决其在原房屋中暂时居住直至再婚。

至于为个别家庭解决保姆终身居住问题,创设一个新的法律制度,更是不合逻辑。特别要注意的是,现今的"保姆"与我国历史上曾经存在的"保姆"是不同的。历史上的"保姆",不仅为雇主照顾子女而且大多用自己的乳汁喂养雇主的婴幼儿,实际上是"乳母""奶娘",在雇主家庭有某种地位,被哺乳的孩子成年后让该“保姆”(“乳母”)继续居住甚至为其养老送终,并不少见。但现在的“保姆”仅提供家庭劳务,与历史上的“保姆”(“乳母”)判然有别,不再有被当作“乳母”对待的可能。因此,用历史上有将“保姆”当作亲人对待的所谓“传统”,以论证物权法应当规定“居住权”,难有说服力。如真有个别人与保姆产生深厚感情,订立遗嘱让保姆终身居住,法院仍可沿用此前的做法,通过在继承人的房屋所有权上设立一个负担来解决。其实,这样的人完全可以订立遗嘱将其不动产、动产遗赠给保姆,杭州不就有这样的案例吗!绝无必要为极其特殊的、极少发生的情形而在我国物权法上创设所谓居住权。

因此,建议断然删去本章。

十五、关于典权

典权为我国固有物权制度,对东亚各主要国家和地区均有影响,韩国现行民法典仍规定有典权(传世权)。在我国传统观念中,绝不轻易出卖祖产,遇急需资金或生活困难无其他解决办法时,以设立典权作为替代。出典人将自己所有的不动产交付典权人占有、使用、收益,以换取相当于卖价之金额,而保留该财产的所有权,待日后有能力时可以原价赎回。典权人以支付低于买价之典价,而取得典物之占有、使用、收益权,且日后还有取得典物所有权的可能。出典人与典权人两全其美,各得其所。典权制度因此而兴起,经历代而不衰,但均属于习惯法制度。后因民国时期民法明文规定典权,而变为成文法制度。1949 年,因我国中央人民政府明令废除民国时期的“六法”,在我国大陆典权再次成为习惯法制度。

制定物权法应如何对待我国习惯法上的典权,学者意见分歧,分为典权保留论与典权废止论。典权保留论的主要理由是:(1)典权为我国独特的不动产物权制度,充分体现中华民族济贫扶弱的道德观念,最具中国特色,保留典权有利于维持民族文化,保持民族自尊;(2)典权可以同时满足用益需要和资金需要,典权人可取得不动产之使用、收益及典价之担保,出典人可保有典物所有权而获得相当于卖价之资金,以发挥典物之双重经济效用,为抵押权制度所难以完全取代;(3)随着住宅商品化政策之推行,人民私有房屋数量增加,其私有房屋因种种原因长期不使用而又不愿出卖者,设定典权可以避免出租或委托他人代管的麻烦,因此应保留典权。

典权废止论的主要理由是:(1)典权之所以产生,在于我国传统观念认为变卖祖产属于败家,受人耻笑。而现今市场经济发达,人民观念改变,于急需资金时出卖不动产或设定抵押,为正常的经济行为,因此典权无保留必要。(2)随着国际贸易的发展,国内市场与国际市场沟通,导致民法物权制度的趋同,称为物权法的国际化。典权为我国特有制度,现代各主要国家和地区无与之相同者,为适应物权法国际化趋势,宜予废止。(3)我国实行土地国家所有和集体所有制度,就土地设定典权已不可能,就房屋设定典权虽无统计数字,但依法院受理案件的情形推论,出典房屋的实例也极少,保留典权价值不大。

考虑到我国地域辽阔,各地经济发展不平衡,传统观念与习惯之转变不可能整齐划一,纵然少数人拘泥于传统习惯设定典权,物权法上也不能没有相应规则予以规范。曾设想废止典权而对于少数人拘泥于习惯设立的典权关系准用关于附买回权的买卖的规则。但附买回权的买卖为债法制度,其效力较物权弱,一旦买受人将标的物转让他人,买回权势必落空,致出典人利益遭受损害。而依典权制度,典物所有权仍归出典人,其回赎权不至于因典物的转让而落空,如其放弃回赎权,则典权人可取得典物所有权。可见,典权制度确有利于当事人利益之保护,并且较为灵活方便。尤其对于因种种原因长期不使用房屋而又不愿出让房屋所有权的人而言,将该房屋设定典权可以避免出租或委托他人代管的种种不便和麻烦,使典权在现代社会具有生命力。随着住房商品化政策之推行,人民所有不动产数量将大量增加,物权法规定典权,增加一种交易、融资途径,供人民选择采用,于促进经济发展和维护法律秩序有益而无害。

考虑到我人民政府和最高人民法院一直承认典权制度的效力,人们依习惯法成立的典权关系,受到人民政府的承认和人民法院的保护。如内务部《关于土地改革地区典当土地房屋问题的处理意见(草案)》(1950 年 9 月 30 日)规定:“农民间的典当关系,其契约继续有效,可继续承典,亦可依契约自由回赎。”司法部《关于典当处理问题的批复》(1951 年 11 月 9 日)规定:一般的农村典当关系,今天应仍准其存在。国家房产管理局《关于私房改造中处理典当房屋问题的意见》(1965 年 12 月 3 日)中规定:“今后对于出典房屋一般仍应按照典当关系处理。”最高人民法院《关于贯彻执行民事政策法律的意见》(1979 年 2 月 2 日)规定:“劳动人民的房屋典当关系,应予承认。典期届满,准予回赎。”最高人民法院《关于贯彻执行民事政策法律若干问题的意见》(1984 年 8 月 30 日)第 58 条规定:“对法律、政策允许范围内的房屋典当关系,应予承认。”迄今最高人民法院关于典权案件的批复,有十数件之多。物权法如果不规定典权,因物权法定原则之贯彻,无论旧有典权或者新设典权,将一律无效,当事人正当利益难以获得保护,致人民政府和人民法院坚持数十年承认和保护典权关系的法律政策立场突然中断,使人民法院丧失裁判典权案件之判断基准,实非所宜。

因此,建议恢复第二次审议稿“第十五章典权”(第 191 条至第 205 条)。

十六、关于营业质权

营业质权因当铺(典当行)营业而发生。当铺(典当行)为我国民间长期存在的一种资金融通方式,对于普通人解决一时的资金困难,具有显而易见的好处。中华人民共和国成立后,当铺(典当行)营业逐渐消亡。自改革开放以来,各地纷纷开设当铺(典当行),从事以动产质押担保的小额借款业务。中国人民银行将当铺业务归类于非银行金融业务,经中国人民银行批准经营当铺业务的机构,为非银行金融机构。但因缺乏相应法律规则,而致所发生的纠纷难以裁判,影响到当铺(典当行)营业的健康发展。按照《物权法草案(第四次审议稿)》第 233 条(现行《担保法》第 66 条)关于禁止流质和第 244 条(现行《担保法》第

71条)关于清算的规定,现在的当铺(典当行)营业,显然构成违法。因此,建议物权法对营业质权设明文规定,为当铺(典当行)营业提供法律依据,以利于保护当事人合法权益,建立当铺(典当行)营业合法、公正、健康、有序的法律秩序。

因营业质权为特殊的动产质权,应规定区别于一般质权的特殊规则:(1)质物仅以动产为限。银行存单、存折、股票、债券等有价证券,虽在法律上视为动产,但其本身代表一定数额的金钱,持有人不必借助当铺获取资金。且有价证券权利有其特殊变现方法,若允许以有价证券设定营业质权,因营业质权不适用禁止流质约款规则,难保不损害借款人的利益。因此明文规定银行存单、存折、股票、债券等有价证券不得设定营业质权。(2)当铺营业人在借款人偿还所借全部本息时,应当将质物交还借款人。若当铺营业人将质物转质,则可能会影响借款人取回质物。且当铺营业人向借款人出借资金,一般期限较短,金额不大,若允许当铺营业人转质质物,对借款人不利。因此,应规定当铺营业人不得将质物转质。(3)考虑到借款人通过当铺融通资金,一般期限不长,借款数额和质物的价值也都不大,若严格要求按质权实行方法公开拍卖,既不经济,也不方便,且与当铺营业从来的习惯相悖。因此,应许可当铺营业人与借款人在设定营业质权时可以约定,借款人在约定期限届满时不能偿还借款本息时,质物的所有权转移为当铺营业人所有,其所担保的借款债权同时消灭。换言之,营业质权不适用禁止流质约款的规则。(4)鉴于当铺业务的特点是期限短、金额不大,若要求当铺营业人进行清算,势必增加交易成本,妨碍业务的开展。因此,不宜要求进行清算,借款人在约定期限届满不能偿还借款本息时,当铺营业人变价质物所得全部价款,应归当铺营业人所有,变价质物所得价款不足清偿当铺营业人的债权时,当铺营业人也不得继续向借款人追偿。

因此,建议在动产质权一节增加关于“营业质权”的规定。

第×条　营业质权,是指当铺营业人以约定的期限和利息向借款人出借款项,并以借款人交付占有的动产为标的而设定的质权。银行存单、存折、股票、债券等有价证券,不得设定营业质权。

当票为营业质权设定的书面凭证。

当铺营业人不得将质物转质。

当铺营业人与借款人在设定营业质权时可以约定,借款人在约定期限届满经过五日仍不能偿还借款本息的,当铺营业人即取得质物的所有权,其所担保的债权亦同时消灭。

当铺营业人与借款人无前款约定的,借款人在约定期限届满时不能偿还借款本息的,当铺营业人得以拍卖或者其他方法变价质物。当铺营业人变价质物所得全部价款,归当铺营业人所有。变价质物所得价款不足清偿当铺营业人的债权时,当铺营业人不得向借款人追偿。

十七、关于让与担保

我国商品房"按揭"贷款中所谓"按揭"和抵押不同。抵押担保,必须先有房屋所有权,然后在房屋所有权之上设定一个抵押权。不能在"债权"之上设定抵押权。大陆法系物权法及我国现行《担保法》不承认"债权"抵押,抵押的标的必须是"所有权"(还有土地使用权)。在日本、德国等大陆法系国家,把我国现在的"按揭"担保称为"让与担保"(因经济政策上的理由,这些国家不允许"商品房预售",因此仅承认"动产让与担保",不承认"不动产让与担保")。可以设立"让与担保"的,既可以是债权,也可以是所有权,还可以是知识产权。所谓商品房按揭,就是买房人把自己根据商品房预售合同享有的债权和将来取得的房屋所有权,一并让与银行,用来担保银行的借款债权。签订按揭协议后的一段时间里,银行手中只有债权,当开发商交房并办理产权过户手续之后,银行手中的债权消灭,变换成房屋所有权。由此可见,按揭担保有一个从债权担保转变成所有权担保的过程,和抵押担保不同。

为什么不叫"按揭"担保呢?因为"按揭"是广东话,写在法律上也不好看,也不知道是什么意思。有人说,香港特区把"按揭"叫作"楼花抵押"。"楼花"就是合同上的"债权"。即使在香港特区,"楼花抵押"也不是真正的"抵押"。在内地,现行《担保法》规定,只有所有权、土地使用权,亦即现实存在的动产、不动产才能抵押。“让与担保”是一个新的制度,是用来整合、规范现在的商品房“按揭”的。

必须指出,按照“让与担保”,按揭银行的利益将得到妥善的保障。如果在开发商交房并办理产权过户手续之前按揭人陷于不能支付,按揭银行可以直接行使受让的合同债权,请求开发商对自己交房并办理产权过户手续,直接从开发商处得到房屋和房屋所有权。如果在开发商交房并办理产权过户手续之后按揭人陷于不能支付,则按揭银行有权自己决定行使让与担保权的方式,以按揭房屋变价受偿,或者直接从按揭人手中收回按揭房屋,自己成为真正的所有权人。“让与担保”的最大优点是行使简便,可以回避设立和行使抵押权的严格程序、手续和方法。

反之,物权法不规定“让与担保”,不仅现实中的商品房按揭没有法律依据,因商品房按揭所发生的纠纷案件难以裁判,按揭银行的利益也不可能获得妥善保障。如果在开发商交房和办证之前按揭人陷于不能支付,因为没有办理抵押登记,按揭银行没有抵押权,其借款债权属于无担保债权,且不可能阻止开发商向买房人交房和办理产权过户手续。如果在开发商交房、办理产权过户手续并同时办理抵押登记之后按揭人陷于不能支付,按揭银行虽然可以行使抵押权,但必须遵循物权法关于抵押权行使程序、手续和方法的规定。

除此之外,“让与担保”还与融资租赁有关。现行《合同法》第十四章规定了“融资租赁合同”,这是一种新的合同类型。企业与租赁公司签订融资租赁合同,由租赁公司替该企业垫付购买设备的价款。按照融资租赁合同的“所有权转让条款”,企业把打算购买的设备所有权转让给租赁公司。实际是租赁公司替企业支付购买设备的价款,而企业预先把设备的所有权转让给租赁公司,以担保租赁公司的垫款债权。供应商虽然向企业交付设备,但该企业只得到设备的使用权,设备的所有权已经转让给了租赁公司。因此,《合同法》第 242 条规定,“出租人享有租赁物的所有权”。需注意的是,虽然设备的所有权归租赁公司,但租赁公司并不是真正的所有权人,所有权只是作为担保手段。在企业把租赁公司的租金还清以后,租赁公司必须把设备的所有权归还给企业。这是典型的让与担保,和“按揭”是同样的原理。所以说,物权法规定让与担保制度,虽然是一个新创,但并不是凭空产生的:一是针对现实中的商品房预售中的“按揭”担保,要用“让与担保”制度来规范、整合现实中的“按揭”担保;二是针对《合同法》上融资租赁合同中的“所有权让与”担保,为融资租赁合同所规定的“所有权让与”条款提供法律根据。

因此,建议恢复第二次审议稿关于“让与担保”的规定。

十八、关于浮动抵押

第203条规定:“经当事人书面协议,企业、个体工商户、农户可以将现有的以及将来拥有的动产抵押,债务人不履行到期债务,债权人有权就约定实现抵押权时的动产优先受偿。”

本条规定了“浮动抵押”。浮动抵押,或称企业担保,是以企业全部财产包括动产、不动产、知识产权和债权设立抵押的一项新型担保制度。从担保物权制度的发展看,浮动抵押发生最晚,源于英国判例法上的浮动担保,后为大陆法系国家所仿效。

在此之前盛行“企业财产集合抵押”,或称“财团抵押”。实行企业财产集合抵押,须将企业全部动产、不动产和工业产权作成一份“财产目录清单”并在不动产登记机关进行登记。在设定企业财产集合抵押之后,企业财产发生变化如设备更新等,必须相应地变更、修改“财产目录清单”,并到登记机关重新进行登记。集合抵押“财产目录清单”的制作和变更、修改及重新登记,将耗费大量的人力、物力。设定企业财产集合抵押权后,“财产目录清单”所列各项财产被禁止处分,也不利于企业的经营活动。

浮动抵押制度正好可以克服企业财产集合抵押制度的上述缺点。设定浮动抵押,无须制作财产目录清单,也不必就各项财产进行公示,仅需以书面形式订立浮动抵押合同并在企业法人登记机关进行登记即可,手续非常简便。设立浮动抵押之后,企业新取得的财产,将自动成为浮动抵押的标的物。设立浮动抵押之后,企业对财产的处分权不受限制,企业仍可自由转让财产或者设定抵押。且浮动抵押的标的物包括企业全部有形财产、无形财产和债权,显著增强了企业的担保功能。

但浮动抵押终究属于一种特殊的担保形态。因在浮动抵押权实行之前,企业仍可自由处分其财产,如在债权届期之前企业财产急剧减少、企业经营状况严重恶化,都将影响浮动抵押权之实现,甚至使债权人设立担保权的目的落空,对债权人甚为不利。有鉴于此,各主要国家和地区遂对浮动抵押权的设定人和受担保债权予以限制。如《日本企业担保法》规定,唯股份有限公司发行公司债,可以设定浮动抵押。这是因为对股份有限公司的财产状况有严格的监管制度,其运营状况通常也较稳定,股份有限公司设定浮动抵押对债权人的风险较小。股份有限公司发行公司债,通常金额大且期限长,适于设定浮动抵押予以担保。鉴于我国《公司法》规定,国有企业采取国有独资有限责任公司形式,如我国物权法创设浮动抵押制度,应规定设定人限于公司法人,将国有独资有限责任公司包括在内,以方便国有独资有限责任公司采用浮动抵押方式。考虑到以浮动抵押方式进行项目融资的日益普遍,因此应扩大受浮动抵押担保的债权范围,包括项目融资和发行公司债。

浮动抵押,性质上为一种约定担保权,应遵循普通抵押权之设定方式,即应采用书面形式订立浮动抵押合同,并向登记机关办理登记。考虑到浮动抵押权至实行之前其标的物一直处于浮动状态,不可能在不动产登记机构进行登记,且浮动抵押权的实行将导致设定法人的清算和消灭,因此为方便浮动抵押权的实行和保障债权人利益,应以负责公司法人登记的工商行政管理机关作为设定浮动抵押权的登记机关。

浮动抵押权是存在于公司所有的不特定财产上的担保权,须待浮动抵押权确定后,才能发挥其担保作用。浮动抵押权的实行,为其确定事由,其理自明。设定公司破产将导致浮动抵押权实行,企业合并将导致合并前的公司一方或双方解散,亦将导致浮动抵押权的实行,因此,浮动抵押权的实行、企业合并或设定公司破产,同为浮动抵押权确定的事由。浮动抵押权一经确定,浮动抵押权人即对确定时属于公司的全体财产享有优先受偿的权利。

需特别注意的是,浮动抵押权的实行不同于普通抵押权的实行。实行浮动抵押权,应由浮动抵押权人向法院提出实行申请。法院受理浮动抵押权人的申请后,经审查符合实行条件的,应作出浮动抵押权实行的决定,同时发布浮动抵押权开始实行的公告和查封公司总财产的公告,并指定财产管理人负责管理公司总财产。财产管理人应当在公司总部所在地的工商行政管理机关进行浮动抵押权开始实行的登记。浮动抵押权的实行,必然导致公司的清算和消灭,因此应适用公司破产和清产还债的程序。

由上可知,浮动抵押制度的创设,是我国物权法上的一项重大举措。我国是否已经具备采用浮动抵押的社会经济条件?我国银行、企业界和法律实务界是否具备正确运用浮动抵押制度的条件?应如何发挥浮动抵押的正面功能而规避其消极作用?笔者也难免举棋不定,心存犹豫。

《物权法草案(第四次审议稿)》第203条规定:“经当事人书面协议,企业、个体工商户、农户可以将现有的以及将来拥有的动产抵押,债务人不履行到期债务,债权人有权就约定实现抵押权时的动产优先受偿。”其与发达国家通行的浮动抵押制度的区别在于:(1)将设定人的范围扩及一切企业(包括公司企业、非公司企业、合伙企业、个体企业)和个体工商户、普通农户。(2)仅规定动产可以设定浮动抵押,而将不动产、知识产权和债权等财产排除在浮动抵押标的物范围之外。

相对而言,不动产(包括土地使用权、建筑物和其他土地附着物)的价值要大,如果再加上知识产权和股票、票据等证券债权和普通债权,所发挥的担保功能要比仅以动产设定浮动抵押的担保功能大很多。个体工商户、普通农户究竟有多少动产可以设定浮动抵押,究竟能够起多大的作用?个体工商户、普通农户设定浮动抵押,在哪一个机关进行登记?

尤需注意的是,对于个体工商户、普通农户现在的和将来拥有的动产,甚至对于个体企业、合伙企业、非公司企业现在的和将来拥有的动产，缺乏可行的监管制度，如何避免“骗贷骗保”行为的发生？如何保障债权人的利益？

从改革开放以来因轻率开放“证券回购”“委托贷款”和“保证保险的汽车融资”等，引发欺诈丛生，造成金融秩序混乱及使银行遭受重大损害的严重教训，足可断言，在学术界关于浮动抵押缺乏理论研究、司法实务界关于实行浮动抵押缺乏心理准备的条件下，《物权法草案（第四次审议稿）》第203条规定所谓“动产浮动抵押”制度，是非常轻率、非常危险的，建议断然删去。

对《物权法草案(2006年6月6日修改稿)》的修改意见*

一、第1条规定:“为明确物的归属,保护权利人的物权,发挥物的效用,维护社会主义市场经济秩序,维护国家基本经济制度(另一方案:依照宪法),制定本法。”

修改意见:不赞成另一方案“依照宪法,制定本法”。

理由:我国迄今的立法,如《担保法》《合同法》《保险法》《产品质量法》等,均未在第1条写上“依照宪法,制定本法”,而是采用写明“为什么什么制定本法”的“立法理由”模式。这可以说是我国立法的一项“惯例”。现今制定物权法,当然要遵循此项立法“惯例”。特别要指出的是,我国实行人民代表大会制度,全国人民代表大会的“立法权”直接来源于全国人民,而不是来自《宪法》。就是《宪法》本身,也是全国人民代表大会制定的。全国人民代表大会拥有“全部立法权”,当然有权制定《宪法》和“法律”,其“立法权”并非来自《宪法》,如在所制定的每一部法律的第1条写上“依照宪法,制定本法”,将直接抵触人民代表大会制度本身。个别法理学教授以《物权法草案》未在第1条写上“依照宪法”字样为根据,指责《物权法草案》及其起草者“违反宪法”。如果最终颁布的《物权法》第1条真的写上“依照宪法,制定本法”字样,不仅有悖于我国人民代表大会制度的本质,并且等于公开承认此前全国人民代表大会及其常务委员会制定的一切法律,包括《合同法》

---

* 本文原载《云南大学学报(法学版)》2006年第6期。

《担保法》《保险法》《婚姻法》《继承法》等,均构成个别法理学教授所谓的“违反宪法”,必将陷全国人民代表大会及其常务委员会于尴尬境地。

二、建议恢复《物权法草案(第二次审议稿)》第8条关于物权优先原则的规定:“在特定的不动产或者动产上,既有物权也有债权的,优先保护物权。但法律另有规定的除外。”

理由:物权优先于债权原则,是处理物权与债权冲突的基本规则,是法官在司法实践中最常用的裁判规则之一。主要适用于两类案件:一是在“一房多卖”案件中,据以判决已经办理产权过户手续的买房人得到争议房屋;二是在企业破产和清产还债案件中,据以判决抵押权人优先受偿及出租人取回租赁物。这一原则的例外规则,即条文“但书”所谓“法律另有规定的除外”:一是《合同法》第229条关于买卖不破租赁的规定;二是《企业破产法》关于优先清偿工人工资的规定。如果物权法不作规定,法律素养高的法官仍会将此原则作为法理规则而予以适用,法律素养较低的法官往往会无所适从或者任意裁判,势必影响裁判的统一和公正。还是在《物权法》上明文规定为好。

三、第31条规定:“因继承或者受遗赠取得物权的,自继承或者受遗赠开始时发生效力。”

修改意见:建议删去条文后段中的“受遗赠”三个字。

理由:继承法上只有“继承开始”,没有“受遗赠开始”。现行《继承法》第2条规定:“继承从被继承人死亡时开始。”根据这一规定,被继承人死亡之时,即“继承开始”。现行《继承法》第5条规定:“继承开始后,按照法定继承办理;有遗嘱的,按照遗嘱继承或者遗赠办理;有遗赠扶养协议的,按照协议办理。”根据这一规定,“继承开始”是“遗嘱继承”“遗赠”“法定继承”的同一前提条件,一旦“继承开始”,既可以发生“继承”也可以发生“遗赠”的法律效果。本条只需规定,“因继承或者受遗赠取得物权的,自继承开始时发生效力”。加上“受遗赠开始”一语,属于画蛇添足。

四、第37条规定:“造成不动产或者动产毁损的,权利人可以请求恢复原状。”

修改意见:建议删去本条。

理由:“物权请求权”是专门针对“物权”的法律救济措施,是“物权”的特殊保护方法。物权请求权的优点,在于其构成要件简单,因此物权请求权行使的程序特别方便,只需证明自己享有物权就足够了,法院也仅凭原告享有物权这一点就给予保护。这就使请求权人避免了就侵权责任的构成要件举证的麻烦。因此,民法在侵权责任制度之外特别规定物权请求权制度,作为保护物权的特殊救济措施。反过来,物权请求权也有局限性,这就是行使物权请求权一定要有“物权”存在。物权什么时候存在?标的物存在,物权就存在。标的物一旦毁损、灭失,例如房屋已经烧毁、汽车已掉下悬崖变成一堆废铁、手机已经灭失,这时物权(所有权)已经消灭,就不能再行使物权请求权,只能向法院提起侵权责任之诉。不动产或者动产一经毁损,原物权已不存在,行使物权请求权的基础已经丧失,受害人只能依据侵权责任请求保护,无所谓物权请求权存在。

五、第42条规定:“侵害物权,造成权利人损害的,权利人可以请求损害赔偿。”

修改意见:建议删去本条。

理由:本条规定导致“物权请求权”制度与“侵权责任”制度的混淆。按照民法原理,物权请求权以恢复物权的圆满状态为目的,而通过判决损害赔偿金以填补受害人遭受的损害,是侵权责任制度的目的,不是物权请求权的目的。按照本条规定,凡物权受侵害,受害人都必然依据本条行使属于物权请求权性质的损害赔偿请求权,侵权责任制度就被取代了。而在物权受侵害的情形,法院仅根据物权存在一项要件,完全不考虑加害行为、损害结果、因果关系、加害人过错等要件,以及是否存在免除、减轻责任的事由,怎么可能作出合情、合理、合法的损害赔偿判决。

六、建议增设一条:“在第三十八条和第三十九条的情形,物权人受有损害的,可在请求排除妨害或者消除危险的同时,附带请求损害赔偿。”

理由:草案第38条规定排除妨害请求权、第39条规定消除危险请求权,与此有关的一个问题是,如果因为妨害行为或者危险状态的存在,已经给受害人造成实际的损害(损失),此项损害(损失)是否许可受害人在行使排除妨害请求权或者消除危险请求权的同时一并请求损害赔偿?若坚持物权请求权以恢复物权之圆满状态为目的,不许可受害人一并请求损害赔偿,则受害人应当在行使排除妨害请求权或者消除危险请求权之后,依据侵权法的规定另案提起侵权损害赔偿之诉。其结果是徒增当事人讼累和程序的繁复,并违反诉讼经济原则。因此,应当许可权利人在行使排除妨害请求权或者消除危险请求权的同时,附带请求损害赔偿。

七、第42条规定:“权利人请求排除妨害或者消除危险,不适用诉讼时效。”

建议修改为:“行使确认物权请求权、排除妨害请求权和消除危险请求权,不适用诉讼时效。”

理由:本条规定排除妨害请求权和消除危险请求权不适用诉讼时效,当然是正确的。鉴于确认物权请求权的目的和作用,在于采用诉的方法解决物权争议,维护正常的物权法律秩序,避免当事人之间因争议长期不能获得解决而酿成恶性事件。因此确认物权请求权不应适用诉讼时效,只要物权争议存在,确认物权请求权就存在,不受诉讼时效的限制。

八、第49条规定:“国家维护公有制为主体、多种所有制经济共同发展的基本经济制度。国家保障国有经济的巩固和发展,发挥国有经济在国民经济中的主导作用;国家保护城乡集体经济组织的合法的权利和利益,鼓励、指导和帮助集体经济的发展;国家保护个体经济、私营经济等非公有制经济的合法的权利和利益,鼓励、支持和引导非公有制经济的发展,并对非公有制经济依法实行监督和管理。”

修改意见:建议删去本条。

理由:本条“照搬”“宪法条文”,目的是要“堵”个别法理学教授的

"嘴"。个别法理学教授指责《物权法草案》起草者"搞私有化",纯属无稽之谈。法制工作委员会组织起草物权法,自有其合法性,所起草的《物权法草案》内容是否适当,应由全国人大常务委员会及全国人民代表大会审议决定。草案已经在第1条明文表述"立法理由",没有必要再照搬任何"宪法条文"。

如果真的加上这个条文,就会起反作用,会使人理解为:个别法理学教授指责《物权法草案》起草者"搞私有化",《物权法草案》起草者便赶忙搬"宪法条文"予以招架,说明《物权法草案》起草者理不直、气不壮!这与个别法理学教授指责《物权法草案》"奴隶般抄袭资产阶级的民法",民法学者就举出关于"土地承包经营权"等的规定以证明《物权法草案》"没有奴隶般抄袭"一样,至少是不明智的。

其实,个别法理学教授指责《物权法草案》"违反宪法""搞私有化""奴隶般抄袭资产阶级民法",是"项庄舞剑",别有其居心。个别法理学教授在《三问物权法起草者》一文中讲得很清楚,其与《物权法草案》起草者的根本分歧在于:不赞成对国家财产、集体财产和私人财产的"平等保护"。该文提出反问:如果不对国家财产实行特殊保护,不规定"国家财产神圣不可侵犯",还叫什么"社会主义"?显而易见,这里所谓的"社会主义",是改革开放前单一公有制基础上的计划经济,绝不是现今多种所有制经济基础上的社会主义市场经济。靠"照搬宪法条文"是"堵"不住他们的"嘴"的。反驳个别法理学教授的谬论,不是《物权法草案》的本分。

九、第54条规定:"法律规定属于国家所有的野生动植物资源,属于国家所有。"

修改意见:建议删去本条。

理由:按照《现代汉语词典》关于"资源"的定义,"野生动植物资源"的含义是野生动物和野生植物的"天然来源",使人难以理解。其实,所谓"野生动植物资源",是指"野生动物"和"野生植物"。"植物"无论是"野生"还是"家生",只要生长在土地上,就是土地的附着物,就是土地的组成部分,归属于土地的所有权人。国有土地上的"野生植物”自然属于国家所有,无须法律特别规定。同理,集体土地上的“野生植物”当然属于集体所有,私人享有使用权的土地上的“野生植物”当然属于私人所有。怎么能够设想,“法律规定”集体土地和私人享有使用权的土地上的“野生植物”“属于国家所有”?

保护野生动物,本属于公法上的义务,且首先是国家的义务、整个社会的义务。如将“野生动物”规定为“属于国家所有”,则按照民法原理,应由所有人国家自己承担全部保护义务,广大人民群众当然被解除了保护义务。首先,规定珍贵的、有价值的野生动物归国家所有,于情理不合。为什么有害的野生动物,如苍蝇、蚊子、跳蚤、蟑螂、老鼠不规定为国家所有?为什么珍稀的、有价值的野生动物规定为国家所有?其次,将野生动物规定为国家所有,于法理不合。因为野生动物,如穿山甲,今天在我国云南、广西,明天可能就在越南、缅甸境内。其实,野生动物不具有特定性和直接支配性,在被捕获之前,不构成物权的客体。按照传统民法理论,野生动物属于无主物,国家保护野生动物,只需对民法先占取得制度加以限制即可。如规定禁渔期、禁渔区、禁猎期、禁猎区,划定野生动物保护区,禁止猎取、捕捞国家保护的野生动物就够了,不必要也不应该规定为国家所有。

十、第56条规定:“道路、电力、通讯、天然气等公共设施,依照法律规定为国家所有的,属于国家所有。”

建议修改为:“国家投资的道路、电力、通讯、天然气等公共设施,属于国家所有。”

理由:即使是“公共设施”,也仍然适用“谁投资归谁所有”的民法基本原理。国家投资的“属于国家所有”,集体投资、私人投资的,属于集体所有、私人所有。国家要取得集体投资、私人投资的“公共设施”的所有权,必须采用“征收”程序并给予合理补偿。怎么能够设想,立法机关制定法律规定集体投资、私人投资的公共设施属于国家所有?

我国自实行对外开放政策以来,不仅制定了一系列给予外企、外商各种优惠待遇的法律法规,而且“不采取国有化措施”,并修改现行《宪法》明文规定对“非公有制经济”实行平等保护,规定“私有财产不受侵犯”,如今却在《物权法》中明文规定“道路、电力、通讯、天然气等公共设施,依照法律规定为国家所有的,属于国家所有”,向国际社会发出将对属于“非公有制经济”的财产实行“国有化”的信号,必将严重动摇国际社会对我国政府的信赖,至少将使外企和国内非公有制经济单位不敢再投资“道路、电力、通讯、天然气等公共设施”。在我国政府正全力争取“市场经济国家地位”的关键时刻,《物权法草案》规定这一与我国对外、对内经济政策不相符的条文,真是匪夷所思。

十一、第70条规定:“私人的储蓄、投资及其收益,受法律保护。国家依照法律规定保护私人的财产继承权及其他合法权益。”

修改意见:建议删去本条。

理由:储蓄、投资和财产继承,非物权关系,不属于本法第2条规定的调整范围。

十二、第71条规定:“国家、集体和私人依法可以出资设立有限责任公司、股份有限公司或者其他企业。国家、集体和私人所有的不动产和动产,投到企业的,由出资人按照约定或者出资比例享有资产收益、重大决策以及选择经营管理者等权利。”

修改意见:建议删去本条。

理由:非物权关系,不属于本法第2条规定的调整范围。

十三、建议增加一条规定宗教财产的归属:“寺庙、宫观、教堂、清真寺的不动产和动产,属于宗教法人所有。”

理由:宗教财产,包括佛教的寺庵、道教的宫观,天主教、基督教和东正教的教堂,伊斯兰教的清真寺,及供奉各种神明的庙宇。根据现行国家政策,教会(天主教、基督教和东正教)的房产,为中国教会所有;佛教和道教的庙观及所属房产为社会所有(僧道有使用权和出租权);带家庙性质的小尼庵为私人所有;伊斯兰教的清真寺及所属房屋则为信教群众集体所有。在实际房屋产权登记中,无论何种寺庙宫观,均将宗教协会登记为所有权人。首先,“社会所有”一词只能代表不确定的人群,而不能形成明确的、肯定的法律关系主体。把宗教财产规定为社会所有,实际上是把宗教财产当成无主财产,给侵犯宗教财产提供了可乘之机。其次，规定为“信教群众集体所有”也不妥，因为信教群众既然已经把钱物捐了出去，主观上不存在作宗教财产所有人的意思。且信教群众从来就没有形成一个成员固定的组织形态，不能成为宗教财产的所有权主体。最后，规定为宗教协会所有，违背了信教群众捐献钱物的心愿，信教群众并不是要把钱物捐给由僧众道徒组成的宗教协会，而是通过寺庙等给予他们心中的神仙、上帝、真主。由宗教协会所有，也有违宗教教规信条——僧众道徒等不能成为宗教财产的所有人。根据民法原理并参考发达国家的经验，应规定一切宗教财产，包括不动产和动产，都属于作为宗教法人的寺庙宫观所有。物权法明文规定宗教财产归宗教法人所有，有利于对宗教财产的法律保护，有利于切实贯彻国家宗教政策和民族政策。《物权法草案》几乎对所有的财产类型都没有明文规定，而偏偏不规定宗教财产的归属，无论如何是说不过去的。

十四、第六章“业主的建筑物区分所有权”。

修改意见：删去章名中的“业主的”三个字；删去本章所有条文中的“业主”一词，而代之以“建筑物区分所有人”概念。条文中的“业主大会”改为“建筑物区分所有人大会”；“业主委员会”改为“管理委员会。”

理由：“业主”非法律概念。民间用语“业主”，所指称的不限于“所有权人”，企业主、厂主、店主、作坊主等均可称为“业主”，不能准确表示“建筑物区分所有权人”的含义。即使解为“所有权人”，在“建筑物区分所有权”概念之前增加“业主的”三个字，就是“所有权人的建筑物区分所有权”，语义繁复难解。在法律上，“所有权”就是“所有权”，不可称为“所有权人的所有权”。“建筑物区分所有权”不能称为“业主的”或者“所有权人”的建筑物区分所有权。正如“不动产所有权”不能称为“业主的不动产所有权”或者“所有权人的不动产所有权”，“动产所有权”不能称为“业主的动产所有权”或者“所有权人的动产所有权”，“不动产抵押权”不可称为“抵押权人的不动产抵押权”。

十五、第110条规定：“无处分权人将不动产或者动产转让给受让

人的,所有权人有权追回,但符合下列情形的,受让人即时取得该不动产或者动产的所有权:

(一)在受让时不知道或者不应当知道转让人无处分权;

(二)以合理的价格有偿转让;

(三)转让的财产依照法律规定应当登记的已经登记,不需要登记的已经交付给受让人;

(四)转让合同有效。

受让人依照前款规定取得不动产或者动产的所有权的,原所有权人有权向无处分权人请求赔偿损失。

当事人善意取得其他物权的,参照前两款规定。"

修改意见:删去第1款"(四)转让合同有效",将本条修改为:

"无处分权人将不动产或者动产转让给受让人的,所有权人有权追回,但符合下列情形的,受让人即时取得该不动产或者动产的所有权:

(一)受让人在受让时不知道或者不应当知道出让人无处分权;

(二)以合理的价格有偿转让;

(三)转让的动产已经交付给受让人。

受让人依照前款规定取得动产的所有权的,原所有权人有权向无处分权人请求赔偿损失。

当事人善意取得其他物权的,参照前两款规定。"

理由:关于不动产物权变动,各立法例均以"登记"为公示方法,但有登记生效主义与登记对抗主义之别。采登记生效主义的立法例,均赋予不动产登记以"公信力",用来保护不动产交易的善意第三人。而一般动产没有登记制度,不得已创设"善意取得制度",专用于保护动产交易的善意第三人。采登记对抗主义的立法例,根据生效的债权合同直接发生物权变动,其是否登记取决于当事人自愿,如果登记则使已经发生的物权变动具有对抗效力,不登记则物权变动不具有对抗效力,因此采登记对抗主义的立法例不赋予登记以"公信力",当然不能靠不动产登记的公信力以保护不动产交易的善意第三人。

因此,我们看到采登记生效主义的立法例,如德国民法和我国台湾地区"民法",并用两个制度以实现保护善意第三人的政策目的,即用不动产登记的"公信力"制度保护不动产交易的善意第三人,用"善意取得制度"保护动产交易的善意第三人;采登记对抗主义的立法例,如法国民法和日本民法,用一个制度实现保护善意第三人的政策目的,即用善意取得制度保护不动产交易的善意第三人和动产交易的善意第三人。

本法第9条既然规定"登记生效主义",则其逻辑结果必定是用赋予不动产登记"公信力"的办法保护不动产交易的善意第三人,用"善意取得"制度保护动产交易的善意第三人。不动产登记的"公信力"制度,应当规定在"不动产登记"一节,善意取得制度应当规定在"动产物权变动"一节或者动产"所有权取得"一节。

笔者在对《物权法草案(第四次审议稿)》的修改意见中,建议保留原草案第22条关于不动产登记公信力的规定,同时从原草案第110条关于"动产和不动产的善意取得"的规定中,删去"和不动产"字样,改为"动产善意取得制度",专用于保护动产交易的善意第三人。而现在的草案却将原草案第22条关于不动产登记公信力的规定删去,坚持用一个条文统一保护不动产交易和动产交易的善意第三人,实质上是将不动产登记的公信力制度和动产善意取得制度合并规定为一个条文,可以看出起草人建立统一的善意第三人保护制度的良苦用心。这样规定的一个优点是,可据以反驳个别法理学教授关于《物权法草案》起草人"奴隶般抄袭资产阶级民法"的指责;另一个优点是,可以兼顾依照本法规定采登记对抗主义的不动产物权,如土地承包经营权。

但无论如何,本条规定以"转让合同有效"为发生善意取得的前提条件显然是错误的。如果"转让合同有效",则受让人基于有效的转让合同当然取得标的物的所有权,还有适用"善意取得"制度的必要吗?民法创设"善意取得"制度(和不动产登记的"公信力"制度)的立法目的,正是针对无权处分合同无效,而强行使善意第三人"原始取得"动产的所有权。

特别应当注意的是,本法规定的善意取得制度,与《合同法》第 51 条规定的无权处分制度,构成特别法与一般法的逻辑关系。1996 年的《合同法草案(1996 年 6 月稿)》关于无权处分制度的规定是:“无权处分合同,权利人不予追认且处分人事后没有得到处分权的,合同无效;但不能对抗已经依法取得财产权的善意第三人。”考虑到“但书”所谓“依法取得财产权”,属于物权法上的不动产登记的公信力制度和动产善意取得制度,因此正式颁布的《合同法》把第 51 条中的“但书”删去,而留待物权法予以规定。可见,《合同法》第 51 条规定的无权处分制度属于原则规定,本条关于善意取得的规定属于例外规定。依本条发生善意取得的前提条件,是依《合同法》第 51 条的规定,“无权处分行为”因权利人不予追认且处分人事后未得到处分权,而致“转让合同无效”。如果无权处分行为因权利人追认或者处分人事后取得处分权而变成“转让合同有效”,则受让人基于有效的合同当然取得标的物的所有权,也就绝无适用物权法善意取得制度和公信力制度的余地。

起草人坚持以“转让合同有效”作为发生“善意取得”的前提条件,显然是受我国台湾地区民法学著作的影响,这就需要了解现行《合同法》第 51 条关于无权处分制度与我国台湾地区“民法”关于无权处分制度的异同。为此,须从我国台湾地区“民法”所规定的物权变动模式说起。

我国台湾地区“民法”的物权变动模式,仿自德国民法。在德国民法中,严格区分“债权行为”(负担行为)与“物权行为”(处分行为),采物权行为独立性和无因性理论模式。买卖合同属于债权行为,仅发生交货、付款的债务,不能发生标的物所有权移转的效果。当事人双方须另外订立一个以移转标的物所有权为目的的“物权行为”(物权合同),作为发生物权变动的根据。办理房屋产权过户登记,不是凭买卖合同,而是凭物权合同,即“物权合同 + 登记”,发生不动产物权变动。在动产买卖中,以“物权合同 + 交付”,发生动产物权变动。且作为原因行为的买卖合同无效,不影响物权合同的效力,称为“物权行为无因性”。在这一立法模式之下,其合同法上关于“无权处分行为”的规则,亦严格区分“债权行为”(负担行为)与“物权行为”(处分行为),如权利人不予追认且处分人事后也未得到处分权,则仅“物权行为”(处分行为)无效,其买卖合同(债权行为)并不无效。而“买卖合同有效”“处分行为无效”,其结果仍然是“合同不能履行”,仍然是买受人不能获得标的物的所有权。

因此,在德国民法和我国台湾地区“民法”中,在无权处分合同因权利人不予追认且处分人事后也未得到处分权的情形,处分行为无效、买卖合同有效,最终结果是“合同不能履行”。这种情形下,买受人如果属于善意第三人,须根据物权法上的公信力制度或者善意取得制度才能获得标的物的所有权。其适用公信力制度和善意取得制度的前提条件,是“买卖合同有效、处分行为无效”。我国台湾地区民法学者在论述“动产善意取得”时,指出以“转让合同有效”(处分行为无效)为条件,正是因为其立法和理论仿德国民法,采所谓物权行为独立性和无因性理论模式为立法根据。

但我国起草中的物权法和现行《合同法》并未采取所谓“物权行为独立性和无因性”理论模式,而是采取“债权行为+登记(交付)生效主义”的所谓折中主义模式。现行《合同法》第51条规定:“无处分权的人处分他人财产,经权利人追认或者无处分权的人订立合同后取得处分权的,该合同有效。”这里明文规定的是“合同有效”,不是“处分行为有效”。相其,权利人不追认且处分人事后也未取得处分权的,则是“该合同无效”,而不是仅“处分行为无效”而“转让合同有效”。

因此,在《物权法草案》和现行《合同法》所采取的物权变动理论模式之下,无权处分的合同,如果经权利人追认或者处分人事后取得处分权,则转让合同有效,受让人根据有效的转让合同获得标的物的所有权,当然不发生适用“善意取得”制度的问题;如果权利人不追认且处分人事后也没有取得处分权,则转让合同无效,这种情形才有适用“善意取得”制度的可能性。

未注意我国《物权法草案》采取的立法理论模式和现行《合同法》第51条关于无权处分的规定,不当引用我国台湾地区学者关于“无权处分”和“善意取得”的论述,正是本条误将“转让合同有效”规定为发生“善意取得”前提条件的原因。

十六、第129条规定:“耕地的承包期为三十年。草地的承包期为三十年至五十年。林地的承包期为三十年至七十年;特殊林木的林地承包期,经国务院林业行政主管部门批准可以延长。”

建议修改为:“土地承包经营权的期限一律为五十年。现存土地承包经营权的期限不足五十年的,延长为五十年。

土地承包经营权期限届满时,按原设立条件期限自动延长。但土地承包经营权人明确表示不愿延长的除外。”

理由:本条所要规定的是“承包经营权的期限”,而不是“承包期”。“承包经营权的期限”与“承包期”是两个完全不同的概念。前者是“用益物权”的存在期限,后者是“合同”的有效期限。第三次审议稿称为“承包经营权的期限”是正确的,本条改称“承包期”不妥。本条的问题不仅在于误用“承包期”概念,还在于针对土地的不同用途规定不同的期限,将使农用土地法律关系和法律秩序复杂化。

国家仅应限制农业用地转为建设用地。在农业用地范围内,仅对将林地改为耕地有所限制。原则上,将土地用于耕作、养殖、畜牧或者栽种林木,属于承包经营权人的自主权,并且可以根据自然条件和市场条件的变化适当改变,例如耕地改为林地、耕地改为草地、草地改为林地。尤其对种植的草和林木的种类,更无预先加以限定之理。

本条依据所种植的草和树的类别规定不同的承包经营权期限,所导致的第一个问题是,必须预先制定一个草地和林地承包经营权期限的“目录单”,其中明确规定种哪一种草为30年、哪一种草为35年、哪一种草为40年、哪一种草为45年、哪一种草为50年,种何种树为30年、何种树为35年、何种树为40年、何种树为45年、何种树为50年、何种树为60年、何种树为70年、何种树经批准可以延长期限。问题是,“目录单”由什么人、什么机构、依据什么样的理论的和实践的权威根据予以制定?第二个问题是,权利人采用“间作法”在同一块草地上种植不同种类的草,在同一块林地上种植不同种类的树,或者采用“轮作法”在同一块草地上轮流种植不同种类的草,在同一块林地上轮流种植不同种类的树,应当依哪一种草或者哪一种树决定其承包经营权的期限?第三个问题是,在根据某种草或者树确定承包经营权的期限以后,在该期限之内改种别的种类的草或树怎么办?如预定种植松树,批准承包经营权期限为30年,若干年后决定改种银杏树,是否主管部门必须批准将承包经营权期限延长为70年?如预定种植银杏树经批准承包经营权期限为70年,若干年后发现种植苹果树更划算,于是改种苹果树,主管部门是否应主动查处并将承包经营权期限改为30年?当主管部门决定予以查处之时,权利人拔去苹果树,种植银杏树怎么办?当主管部门决定免予查处之后,权利人再拔去银杏树再种植苹果树又怎么办?

这种以种植的树和草的种类决定承包经营权期限长短的想法,不仅难以实行而且是不合情理的。同是农民,同是土地承包经营权人,张三的权利期限为30年,李四的权利期限为50年,王五的权利期限为70年,是否符合平等、公平的基本原则?农民自己会怎么想?农民同意不同意?种什么草、栽什么树,属于农民的生产经营自主权,有什么必要予以干涉?这种规定不同的承包经营权期限的立法,会产生什么样的社会效果呢?出于物权法定原则和农用土地法律秩序统一的要求,出于维护农民生产经营自主权和农村经济稳定发展的要求,土地承包经营权的期限应当统一。建议将土地承包经营权期限统一规定为50年,并规定期满自动延长,以保障农业经济的长期稳定发展。

十七、第203条规定:“经当事人书面协议,企业、个体工商户、农户可以将现有的以及将来拥有的动产抵押,债务人不履行到期债务或者出现当事人约定的实现抵押权的情形,债权人有权就约定实现抵押权时的动产优先受偿。”

修改意见:建议删去本条。

理由:本条规定“浮动抵押”。浮动抵押,或称企业担保,是以企业全部财产包括动产、不动产、知识产权和债权设立抵押的一项新型担保制度。从担保物权制度的发展看,浮动抵押发生最晚,源于英国判例法中的浮动担保,后为大陆法系国家所仿效。

在此之前盛行“企业财产集合抵押”,或称“财团抵押”。实行企业财产集合抵押,须将企业全部动产、不动产和工业产权作成一份“财产目录清单”,并在不动产登记机关进行登记。在设定企业财产集合抵押之后,企业财产发生变化如设备更新等,必须相应地变更、修改“财产目录清单”,并到登记机关重新进行登记。集合抵押“财产目录清单”的制作和变更、修改及重新登记,将耗费大量的人力、物力。设定企业财产集合抵押权后,“财产目录清单”所列各项财产被禁止处分,也不利于企业的经营活动。

浮动抵押制度正好可以克服企业财产集合抵押制度的上述缺点。设定浮动抵押,无须制作财产目录清单,也不必就各项财产进行公示,仅需以书面形式订立浮动抵押合同并在企业法人登记机关进行登记即可,手续非常简便。设立浮动抵押之后,企业新取得的财产,将自动成为浮动抵押的标的物。设立浮动抵押之后,企业对财产的处分权不受限制,企业仍可自由转让财产或者设定抵押。且浮动抵押的标的物包括企业全部有形财产、无形财产和债权,显著增强了企业的担保功能。

但浮动抵押终究属于一种特殊的担保形态。因在浮动抵押权实行之前,企业仍可自由处分其财产,如在债权届期之前企业财产急剧减少、企业经营状况严重恶化,都将影响浮动抵押权之实现,甚至使债权人设立担保权的目的落空,对债权人甚为不利。有鉴于此,各主要国家和地区遂对浮动抵押权的设定人和受担保债权予以限制。如《日本企业担保法》规定,唯股份有限公司发行公司债,可以设定浮动抵押。这是因为对股份有限公司的财产状况有严格的监管制度,其运营状况通常也较稳定,股份有限公司设定浮动抵押对债权人的风险较小。股份有限公司发行公司债,通常金额大且期限长,适于设定浮动抵押予以担保。鉴于我国《公司法》规定,国有企业采取国有独资有限责任公司形式,如我国物权法创设浮动抵押制度,应规定设定人限于公司法人,将国有独资有限责任公司包括在内,以方便国有独资有限责任公司采用浮动抵押方式。考虑到以浮动抵押方式进行项目融资的日益普遍,因此应扩大受浮动抵押担保的债权范围,包括项目融资和发行公司债。

浮动抵押,性质上为一种约定担保权,应遵循普通抵押权之设定方式,即应采用书面形式订立浮动抵押合同,并向登记机关办理登记。考虑到浮动抵押权至实行之前其标的物一直处于浮动状态,不可能在不动产登记机关进行登记,且浮动抵押权的实行将导致设定法人的清算和消灭,因此为方便浮动抵押权的实行和保障债权人利益,应以负责公司法人登记的工商行政管理机关作为设定浮动抵押权的登记机关。

浮动抵押权是存在于公司所有的不特定财产上的担保权,须待浮动抵押权确定后,才能发挥其担保作用。浮动抵押权实行,为其确定事由,其理自明。设定公司破产将导致浮动抵押权实行,企业合并将导致合并前的公司一方或双方解散,亦将导致浮动抵押权的实行,因此,浮动抵押权的实行、企业合并或设定公司破产,同为浮动抵押权确定的事由。浮动抵押权一经确定,浮动抵押权人即对确定时属于公司的全体财产享有优先受偿的权利。

需特别注意的是,浮动抵押权的实行不同于普通抵押权的实行。实行浮动抵押权,应由浮动抵押权人向法院提出实行申请。法院受理浮动抵押权人的申请后,经审查符合实行条件的,应作出浮动抵押权实行的决定,同时发布浮动抵押权开始实行的公告和查封公司总财产的公告,并指定财产管理人负责管理公司总财产。财产管理人应当在公司总部所在地的工商行政管理机关进行浮动抵押权开始实行的登记。浮动抵押权的实行,必然导致公司的清算和消灭,因此应适用公司破产程序和清产还债程序。

由上可知,浮动抵押制度的创设,是我国物权法上的一项重大举措。我国是否已经具备适用浮动抵押的社会经济条件?我国银行、企业界和法律实务界是否具备正确运用浮动抵押制度的条件?应如何发挥浮动抵押的正面功能而规避其消极作用?笔者也举棋不定,心存犹豫。

本条关于动产浮动抵押的规定,与发达国家通行的浮动抵押制度的区别在于:(1)将设定人的范围扩及一切企业(包括公司企业、非公司企业、合伙企业、个体企业)和个体工商户、普通农户;(2)仅规定动产可以设定浮动抵押,而将不动产、知识产权和债权等财产排除在浮动抵押标的范围之外。

相对而言,不动产(包括土地使用权、建筑物和其他土地附着物)的价值要大,如果再加上知识产权和股票、票据等证券债权和普通债权,所发挥的担保功能肯定要比仅以动产设定浮动抵押的担保功能大很多。个体工商户、普通农户究竟有多少动产可以设定浮动抵押,究竟能够起多大的作用?个体工商户、普通农户设定浮动抵押,应在哪一个机关进行登记?

尤需注意的是,对于个体工商户、普通农户现在的和将来拥有的动产,甚至对于个体企业、合伙企业、非公司企业现在的和将来拥有的动产,缺乏可行的监管制度,如何避免"骗贷骗保"行为的发生?如何保障债权人的利益?从改革开放以来,因轻率开放"证券回购""委托贷款""委托理财"和"保证保险的汽车融资"等,引发欺诈丛生,造成金融秩序混乱和银行等遭受重大损害的严重教训,足可断言,在学术界关于浮动抵押尚缺乏理论研究、司法实务界关于实行浮动抵押尚缺乏心理准备以及在哪一个机关进行浮动抵押登记的问题尚未解决的条件下,物权法规定所谓"动产浮动抵押"制度,是非常轻率、非常危险的,应断然删去。

十八、建议在动产质权一节增加关于"营业质权"的规定:"营业质权,是指当铺营业人以约定的期限和利息向借款人出借款项,并以借款人交付占有的动产为标的而设定的质权。银行存单、存折、股票、债券等有价证券,不得设定营业质权。

当票为营业质权设定的书面凭证。

当铺营业人不得将质物转质。

当铺营业人与借款人在设定营业质权时可以约定,借款人在约定期限届满经过五日仍不能偿还借款本息的,当铺营业人即取得质物的所有权,其所担保的债权亦同时消灭。

当铺营业人与借款人无前款约定的,借款人在约定期限届满时不能偿还借款本息的,当铺营业人得以拍卖或者其他方法变价质物。当铺营业人变价质物所得全部价款,归当铺营业人所有。变价质物所得价款不足清偿当铺营业人的债权时,当铺营业人不得向借款人追偿。”

理由:营业质权因当铺(典当行)营业而发生。当铺(典当行)为我国民间长期存在的一种资金融通方式,对于普通人解决一时的资金困难具有显而易见的好处。中华人民共和国成立后,当铺(典当行)营业逐渐消亡。自改革开放以来,各地纷纷开设当铺(典当行),从事以动产质押担保的小额借款业务。中国人民银行将当铺业务归类于非银行金融业务,经中国人民银行批准经营当铺业务的机构为非银行金融机构。但因缺乏相应法律规则,致所发生的纠纷难以裁判,影响了当铺(典当行)营业的健康发展。

按照本法第 220 条(现行《担保法》第 66 条)关于禁止流质的规定及第 230 条(现行《担保法》第 71 条)关于清算的规定,现在的当铺(典当行)营业显然构成违法。因此,建议《物权法》对营业质权进行明文规定,为当铺(典当行)营业提供法律依据,以利于保护当事人合法权益,建立当铺(典当行)营业合法、公正、健康、有序的法律秩序。

因营业质权为特殊的动产质权,应规定区别于一般质权的特殊规则,包括:(1)质物仅以动产为限。银行存单、存折、股票、债券等有价证券,虽在法律上视为动产,但其本身代表一定数额的金钱,持有人不必借助当铺获取资金。且有价证券权利有其特殊变现方法,若允许以有价证券设定营业质权,因营业质权不适用禁止流质约款规则,难保不损害借款人的利益。因此明文规定银行存单、存折、股票、债券等有价证券不得设定营业质权。(2)当铺营业人在借款人偿还所借全部本息时,应当将质物交还借款人。若当铺营业人将质物转质,则可能会影响借款人取回质物。且当铺营业人向借款人出借资金,一般期限较短,金额不大,若允许当铺营业人转质质物,对借款人不利。因此,应规定当铺营业人不得将质物转质。(3)考虑到借款人通过当铺融通资金,一般期限不长,借款数额和质物的价值也都不大,若严格要求按质权实行方法公开拍卖,既不经济,也不方便,且与当铺营业习惯相悖。因此,应许可当铺营业人与借款人在设定营业质权时可以约定,借款人在约定期限届满时不能偿还借款本息的,质物的所有权转移为当铺营业人所有,其所担保的借款债权同时消灭。换言之,营业质权不适用禁止流质约款的规则。(4)鉴于当铺业务的特点是期限短、金额不大,若要求当铺营业人进行清算,势必增加交易成本,妨碍业务的开展。因此,不宜要求进行清算,借款人在约定期限届满不能偿还借款本息时,当铺营业人变价质物所得全部价款应归当铺营业人所有。变价质物所得价款不足清偿当铺营业人的债权时,当铺营业人也不得继续向借款人追偿。

十九、建议恢复第二次审议稿关于"让与担保"的规定。

理由:我国商品房"按揭"贷款中所谓"按揭"和抵押不同。抵押担保必须先有房屋所有权,然后在房屋所有权之上设定一个抵押权。不能在"债权"之上设定抵押权。大陆法系物权法及我国现行《担保法》不承认"债权"抵押,抵押的标的必须是"所有权"(还有土地使用权)。在日本、德国等大陆法系国家,把我国现在的"按揭"担保称为"让与担保"(因经济政策上的理由,这些国家不允许"商品房预售",因此仅承认"动产让与担保",不承认"不动产让与担保")。可以设立"让与担保"的,既可以是债权,也可以是所有权,还可以是知识产权。所谓商品房按揭,就是买房人把自己根据商品房预售合同享有的债权和将来取得的房屋所有权一并让与银行,用来担保银行的借款债权。签订按揭协议后的一段时间里,银行手中只有债权,当开发商交房并办理产权过户手续之后,银行手中的债权消灭,变换成房屋所有权。因此可见,按揭担保有一个从债权担保转变成所有权担保的过程,和抵押担保不同。

为什么不叫"按揭担保"呢?因为"按揭"是广东话,写在法律上也不好看,也不知道是什么意思。有人说,香港人把"按揭"叫作"楼花抵押"。"楼花"就是合同上的"债权"。即使在香港特区,"楼花抵押"也不是真正的"抵押"。在内地,现行《担保法》规定,只有所有权、土地使用权,亦即现实存在的动产、不动产才能抵押。"让与担保"是一个新的制度,是用来整合、规范现在的商品房"按揭"的。

必须指出的是,按照“让与担保”,按揭银行的利益将得到妥善的保障。如果在开发商交房并办理产权过户手续之前按揭人陷于不能支付,按揭银行可以直接行使受让的合同债权,请求开发商对自己交房并办理产权过户手续,直接从开发商处得到房屋和房屋所有权。如果在开发商交房并办理产权过户手续之后按揭人陷于不能支付,则按揭银行有权自己决定行使让与担保权的方式,以按揭房屋变价受偿,或者直接从按揭人手中收回按揭房屋,自己成为真正的所有权人。“让与担保”的最大优点是行使简便,可以回避设立和行使抵押权的严格程序、手续和方法。

反之,物权法不规定“让与担保”,不仅现实中的商品房按揭没有法律依据,而且因商品房按揭所发生的纠纷案件更是难以裁判,按揭银行的利益也不可能获得妥善保障。如果在开发商交房和办证之前按揭人陷于不能支付,因为没有办理抵押登记,按揭银行没有抵押权,其借款债权属于无担保债权,且不可能阻止开发商向买房人交房和办理产权过户手续。如果在开发商交房、办理产权过户手续并同时办理抵押登记之后按揭人陷于不能支付,按揭银行虽然可以行使抵押权,但必须遵循《物权法》关于抵押权行使程序、手续和方法的规定。

除此之外,“让与担保”还与融资租赁有关。现行《合同法》第十四章规定“融资租赁合同”,这是一种新的合同类型。企业与租赁公司签订融资租赁合同,由租赁公司替该企业垫付购买设备的价款。按照融资租赁合同的“所有权转让条款”,企业把打算购买的设备所有权转让给租赁公司。实际是租赁公司替企业支付购买设备的价款,而企业预先把设备的所有权转让给租赁公司,以担保租赁公司的垫款债权。供应商虽然向企业交付设备,但该企业只得到设备的使用权,设备的所有权已经转让给租赁公司。因此,《合同法》第 242 条规定:“出租人享有租赁物的所有权。”需注意的是,虽然所有权归租赁公司,但租赁公司并不是真正的所有权人,只是用所有权作为担保手段。以后在该企业把租赁公司的租金还清以后,租赁公司必须把设备的所有权归还给企业。这是典型的“让与担保”,和“按揭”是同样的原理。

所以说,《物权法》规定让与担保制度,虽然是一个新创,但并不是凭空产生的。一是针对现实中的商品房预售中的“按揭”担保,要用“让与担保”制度来规范、整合现实中的“按揭”担保;二是针对《合同法》上融资租赁合同中的“所有权让与”担保,为融资租赁合同所规定的“所有权让与”条款提供法律根据。

二十、建议增加关于取得时效的规定。

第×条 以所有的意思,十年间和平、公然、连续占有他人之动产者,取得其所有权,但其占有之始为善意并无过失者,为五年。

第×条 现时登记为不动产所有人,虽未实际取得该项权利,但占有该不动产并依所有人身份行使其权利的,自其权利登记之日起满二十年而未被涂销登记者,实际取得该不动产所有权。

本条规定可准用于用益物权。

第×条 以自主占有的意思,和平、公开、持续占有他人未经登记的不动产满二十年者,可以请求登记为该不动产的所有权人。

本条规定,不适用于国有土地所有权。但可准用于用益物权。

第×条 取得时效的中止、中断,准用关于诉讼时效的规定。

理由:各主要国家和地区民法均规定取得时效制度。按照取得时效制度,张三所有的某项财产被李四占有,经过法律规定的期间之后,李四即可取得该财产的所有权,而张三对该财产的所有权因此消灭。取得时效制度的合理性在于:第一,非权利人李四自以为自己是所有人,长期占有该项财产,经过相当长的时间之后,人们已经相信李四是该财产的所有权人,并与其发生各种法律关系。这种情形,如果要恢复张三对该财产的占有,势必要推翻这些已经存在的法律关系,引起法律秩序的混乱。第二,由于李四占有该财产已经过相当长的时间,例如20年,证明该财产所有权归属的证据已经很难收集,即使收集到一些证据,也往往难辨真假,因此,直接以该财产的占有事实为根据,使占有人李四取得所有权,可以避免法院收集和判断证据的困难,减少讼累。第三,张三虽然是该财产的所有权人,却长期未行使其权利,李四虽然不是真正的所有权人,却长期实际行使权利,与其保护长期不行使权利的所有权人张三,还不如保护长期积极行使权利的非所有权人李四,更能发挥该财产的效用。第四,当就某项财产的所有权归属发生争执时,通常要求双方举出证据,证明自己是该财产的所有权人。但经常发生这样的情形,因为年代久远,证据湮灭,证人死亡,很难判断该财产真实的权属。现实占有该财产的一方,就可以援引取得时效制度保护自己的利益,其只要证明自己占有该项财产已经达到法律规定的时效期间,法院就应当根据取得时效制度认定他为该项财产的所有权人。因此,取得时效制度是现实占有财产的一方获得胜诉判决的最简便、有利的方法。第五,我国自 1949 年以来,农村历经土地改革、互助组、合作社、“大跃进”、公社化等运动,城市国有企业、集体企业也经历多次合并、分立、转制,导致财产关系混乱和产权界限不清。因土地、建筑物归属发生争执,以致发生大量严重的暴力事件。若《物权法》规定取得时效制度,将有利于减少这类事件的发生,有利于财产关系和社会秩序的安定。

对《物权法草案（第五次审议稿）》的修改意见*

一、第1条规定："为明确物的归属，保护权利人的物权，发挥物的效用，维护社会主义市场经济秩序，维护国家基本经济制度，根据宪法，制定本法。"

建议删去"根据宪法"四个字。

第1条规定"根据宪法，制定本法"是错误的。请注意，《物权法草案》前四次审议稿的第1条均无"根据宪法"四个字，仅规定制定本法的立法目的，属于"立法目的"条款。现行《合同法》《担保法》《婚姻法》《收养法》《专利法》《商标法》《信托法》《海商法》《保险法》《证券法》等的第1条，也未出现"根据宪法"四个字，均属于"立法目的"条款。本条增加"根据宪法"四个字，将本条"立法目的"条款与"立法权源"条款混淆。

在人民代表大会体制之下，全国人民代表大会拥有包括"立法权"在内的全部国家权力，其立法权并非来自宪法的授权，当然不需规定所谓"立法权源"条款，只需在第1条明示立法目的，即"为了什么什么，制定本法"就够了。这就是我国立法惯例中的"立法目的"条款。

二、第5条规定："物权的种类和内容，由法律规定；法律未作规定的，符合物权特征的权利，视为物权。"

建议删去本条第2句"法律未作规定的，符合物权特征的权利，视为物权"。

---

* 本文写作于2006年10月27日。

本条因增加“法律未作规定的,符合物权特征的权利,视为物权”一句,导致物权法基本原则的根本性改变,即由“物权法定原则”变为“物权自由原则”。这一基本原则的改变,在理论上是错误的,在实践中是有害的。

物权法规定“物权法定原则”,其目的在于排除当事人的意思自治,不允许当事人协商创设物权种类和变更物权的内容。因为物权的性质和效力与合同权利不同。合同权利(债权)属于“相对权”,仅在当事人之间有效,不具有排他性,因此可以实行“合同自由原则”。当事人自由订立合同、创设债权,只能约束双方当事人,原则上不会损害国家、社会和他人利益。而物权属于“绝对权”,具有排除他人干涉的效力。“直接支配”的效力,加上“排除他人干涉”的效力,实际上就是对社会财产的“独占”。物权就是对现存有形财产的“独占权”。实行“物权自由原则”,无异于许可通过创设新的物权类型或者改变原有物权的内容而达到“独占”本属于国家、社会和他人的财产的目的。

物权法规定“物权法定原则”还有一个理由,即物权是市场交易的前提和结果。市场交易,是商品与货币的交易,亦即物权与物权的交易。现行《合同法》第 130 条规定:“买卖合同是出卖人转移标的物的所有权于买受人,买受人支付价款的合同。”物权既是市场交易的前提,也是市场交易的结果。

既然物权是市场交易的前提和结果,是市场交易得以进行的前提条件,则作为市场交易的前提的物权,其种类和内容就必须统一化、标准化,不能允许自由创设物权类型和改变物权内容,否则就会使市场交易复杂化,使市场交易难以进行。因此,基于保障市场交易顺利进行和建立全国统一的大市场的法律政策理由,必须实行“物权法定原则”,必须由“法律”规定物权的种类和内容。这与实行“货币法定原则”和“有价证券法定原则”是出于同样的法律政策理由。

应当注意,“视为”是一个极特殊的法律概念,是由法律直接作出的不允许推翻的“认定”,一经“视为”,即无任何救济途径。因此,“视为”仅适用于“事实”的认定,而不适用于“权利”或者“法律行为”的认定。且作为“视为”前提的,必须是某种确定的“事实”。例如现行《继承法》第25条规定,继承人在继承开始后、遗产处理前,“没有表示的,视为接受继承”。受遗赠人在知道受遗赠后2个月内,“没有表示的,视为放弃受遗赠”。现行《合同法》第16条规定,“采用数据电文形式订立合同,收件人指定特定系统接收数据电文的,该数据电文进入该特定系统的时间,视为到达时间;未指定特定系统的,该数据电文进入收件人的任何系统的首次时间,视为到达时间”。

依照本条规定,将“符合物权特征的权利”视为物权,而什么是“物权特征”?物权具有哪些“特征”?什么叫“符合”物权特征?是不确定的,见仁见智的,怎么能够据以“视为物权”。本条将“视为”这个特殊的法律概念和法律技术适用于“权利”认定,并且根据不确定的、见仁见智的所谓“物权特征”,作出“物权”认定,在法理上是完全错误的,必将导致法律秩序的混乱。

如果“物权法定原则”可以被否定,而代之以“物权自由原则”,凡属于“法律未作规定的,符合物权特征的权利”,均可以“视为物权”,则“货币法定原则”“有价证券法定原则”亦可被否定,而代之以“货币自由原则”“有价证券自由原则”,凡是“符合货币特征的”“符合有价证券特征的”的,诸如“代金券”“饭菜票”“返券”“优惠券”“借据”“欠条”等,均可视为“货币”,均可视为“有价证券”。这是非常危险的,不堪设想的。

如果我国物权法规定“物权自由原则”,凡是“法律未作规定的,符合物权特征的权利”,均被“视为物权”,则在我国境内活动的外商、外国律师等,必然会在他们所参与的经济活动中采用他们自己熟悉的本国法律规定的物权类型。而这些物权类型,当然属于本条所谓“法律未作规定的,符合物权特征的权利”,我国政府和人民法院就应当将其“视为物权”,必将对我国的法律制度和国家主权造成巨大的冲击和损害。物权法定原则的重要功能在于否定我国法律未规定的、任何外国法律上的物权类型,以维护我国国家主权和法律制度,怎么能够轻易否定“物权法定原则”?

起草人将“物权法定原则”改为“物权自由原则”,可能是受个别学者的理论观点的影响。须知学术研究的规律,是所谓“存同而求异”,即尽量说别人没有说过的话,而国家立法的规律则相反,是所谓“存异而求同”。个别学者所谓“物权法定原则相对化”的观点,是缺乏事实根据和理由的。自《法国民法典》以来200年,自《德国民法典》《日本民法典》以来100年,法律未作规定而由法院判例认可的“新物权”类型仅有“让与担保”一种,而发达国家先由法院判例认可“让与担保”的效力,而后再通过修改法律或者制定特别法实现“让与担保立法化”的实践说明,“物权法定原则”并不会阻碍市场经济的发展。

迄今各主要国家和地区的物权法上,“物权法定原则”的地位并未发生任何动摇,且不说没有哪一个国家以“物权自由原则”取而代之,甚至没有哪一个民法学者提出过这样的主张。可以断言,我国物权法否定“物权法定原则”,而代之以“物权自由原则”,必将导致我国物权秩序乃至整个法律秩序的极大混乱。

三、建议恢复《物权法草案(第二次审议稿)》第8条关于物权优先原则的规定:“在特定的不动产或者动产上,既有物权也有债权的,优先保护物权。但法律另有规定的除外。”

物权优先于债权原则是处理物权与债权冲突的基本规则,是法官在司法实践中最常用的裁判规则之一。主要适用于两类案件:一是在“一房多卖”案件中,据以判决已经办理产权过户手续的买房人得到争议房屋;二是在企业破产和清产还债案件中,据以判决抵押权人优先受偿及出租人取回租赁物。这一原则的例外规则,即条文“但书”所谓“法律另有规定的除外”包括:一是《合同法》第229条关于买卖不破租赁的规定;二是《企业破产法》关于优先清偿工人工资的规定。如果物权法不作规定,法律素养高的法官仍会将此原则作为法理规则而予以适用,法律素养较低的法官往往会无所适从或者任意裁判,势必影响裁判的统一和公正。还是在物权法上明文规定为好。

四、第51条规定:“道路、电力设施和油气管道等公共设施,依照法律规定为国家所有的,属于国家所有。”

建议修改为:“国家投资的道路、电力、通讯、天然气等公共设施,属于国家所有。”

即使是“公共设施”,也仍然适用“谁投资归谁所有”的民法基本原理。国家投资的“属于国家所有”,集体投资、私人投资的,属于集体所有、私人所有。国家要取得集体投资、私人投资的“公共设施”的所有权,必须采用“征收”程序并给予合理补偿。怎么能够设想,立法机关制定法律规定集体投资、私人投资的公共设施属于国家所有?

我国自实行对外开放政策以来,不仅制定了一系列给予外资、外商各种优惠待遇的法律法规,而且保证“不采取国有化措施”,并修改现行《宪法》明文规定对“非公有制经济”实行平等保护,规定“私有财产不受侵犯”。如今却在物权法中明文规定“道路、电力设施和油气管道等公共设施,依照法律规定为国家所有的,属于国家所有”,向国际社会发出将对属于“非公有制经济”的财产实行“国有化”的信号,必将动摇国际社会对我国政府的信赖。至少会使外企和国内非公有制经济单位也不敢再投资“道路、电力设施和油气管道等公共设施”,使已经投资“道路、电力设施和油气管道等公共设施”的外资、外商、外企和私人企业立即撤资。在我国政府全力争取“市场经济国家地位”的关键时刻,《物权法草案》规定这一与我国对外、对内经济政策不相符的条文,真是匪夷所思。

五、建议增加一条规定宗教财产的归属:“寺庙、宫观、教堂、清真寺的不动产和动产,属于宗教法人所有。”

宗教财产,包括佛教的寺庵、道教的宫观,天主教、基督教和东正教的教堂,伊斯兰教的清真寺,及供奉各种神明的庙宇。根据现行的国家政策,教会(天主教、基督教和东正教)的房产,为中国教会所有。佛教和道教的庙观及所属房产为社会所有(僧道有使用权和出租权),带家庙性质的小尼庵为私人所有,伊斯兰教的清真寺及所属房屋则为信教群众集体所有。在实际房屋产权登记中,无论何种寺庙宫观,均将宗教协会登记为所有权人。

首先,“社会所有”一词只能代表不确定的人群,而不能形成明确的、肯定的法律关系主体。把宗教财产规定为社会所有,实际上是把宗教财产当成无主财产,给侵犯宗教财产提供了可乘之机。其次,规定为“信教群众集体所有”也不妥,因为信教群众既然已经把钱物捐了出去,主观上不存在作宗教财产所有人的意思。且信教群众从来就没有形成一个成员固定的组织形态,不能成为宗教财产的所有权主体。最后,规定为宗教协会所有,违背了信教群众捐献财物的心愿,信教群众并不是要把钱物捐给僧众道徒组成的宗教协会,而是通过寺庙等给予他们心中的神仙、上帝、真主。由宗教协会所有,也有违宗教教规信条——僧众道徒等不能成为宗教财产的所有人。

根据民法原理并参考发达国家的经验,应规定一切宗教财产,包括不动产和动产,都属于作为宗教法人的寺庙宫观所有。物权法明文规定宗教财产归宗教法人所有,有利于对宗教财产的法律保护,有利于切实贯彻国家宗教政策和民族政策。《物权法草案》几乎对所有的财产类型都设有明文规定,而偏偏不规定宗教财产的归属,无论如何是说不过去的,与党中央和政府关于保护宗教组织和信教群众合法权益的一贯方针是不一致的。

六、第六章“业主的建筑物区分所有权”。

修改意见:删去章名中的“业主的”三个字;删去本章所有条文中的“业主”一语,而代之以“建筑物区分所有人”概念;条文中的“业主大会”改为“建筑物区分所有人大会”;“业主委员会”改为“管理委员会”。

“业主”非法律概念。民间用语“业主”,所指称的不限于“所有权人”,企业主、厂主、店主、作坊主等均可称为“业主”,不能准确表示“建筑物区分所有权人”的含义。即使解为“所有权人”,在“建筑物区分所有权”概念之前增加“业主的”三个字,就是“所有权人的建筑物区分所有权”,语义繁复难解。在法律上,“所有权”就是“所有权”,不可称为“所有权人的所有权”。“建筑物区分所有权”,不能称为“业主的”或者“所有权人”的建筑物区分所有权,正如“不动产所有权”不能称为“业主的不动产所有权”或者“所有权人的不动产所有权”,“动产所有权”不能称为“业主的动产所有权”或者“所有权人的动产所有权”，“不动产抵押权”不可称为“抵押权人的不动产抵押权”。

七、第124条规定：“耕地的承包期为三十年。草地的承包期为三十年至五十年。林地的承包期为三十年至七十年;特殊林木的林地承包期,经国务院林业行政主管部门批准可以延长。”

建议修改为：“土地承包经营权的期限一律为五十年。现存土地承包经营权的期限不足五十年的,延长为五十年。

土地承包经营权期限届满时,按原设立条件期限自动延长。但土地承包经营权人明确表示不愿延长的除外。”

本条所要规定的是“承包经营权的期限”,而不是“承包期”。“承包经营权的期限”与“承包期”是两个完全不同的概念。前者是“用益物权”的存在期限,后者是“合同”的有效期限。第三次审议稿称为“承包经营权的期限”是正确的,本条改称“承包期”不妥。本条的问题不仅在于误用“承包期”概念,还在于针对土地的不同用途规定不同的期限,将使农用土地法律关系和法律秩序复杂化。

国家仅应限制农业用地转为建设用地。在农业用地范围内,仅对将林地改为耕地有所限制。原则上,将土地用于耕作、养殖、畜牧或者栽种林木,属于承包经营权人的自主权,并且可以根据自然条件和市场条件的变化适当改变,例如耕地改为林地、耕地改为草地、草地改为林地,尤其对种植的草和林木的种类,更无预先加以限定之理。

本条依据所种植的草和树的类别规定不同的承包经营权期限,所导致的第一个问题是,必须预先制定一个草地和林地承包经营权期限的“目录单”,明确规定种哪一种草为30年?哪一种草为35年?哪一种草为40年?哪一种草为45年?哪一种草为50年?种何种树为30年?何种树为35年?何种树为40年?何种树为45年?何种树为50年?何种树为60年?何种树为70年?何种树经批准可以延长期限?问题是,这样的“目录单”由什么人、什么机构、依据什么样的理论的和实践的权威根据予以制定?第二个问题是,权利人采用“间作法”在同一块草地上种植不同种类的草,在同一块林地上种植不同种类的树,或者采用“轮作法”在同一块草地轮流种植不同种类的草，在同一块林地上轮流种植不同种类的树，应当依哪一种草或者哪一种树决定其承包经营权的期限？第三个问题是，在根据某种草或者树决定承包经营权的期限以后，在该期限内改种别的种类的草或树怎么办？如预定种植松树，批准承包经营权期限为30年，若干年后决定改种银杏树，是否主管部门必须批准将承包经营权期限延长为70年？如预定种植银杏树经批准承包经营权期限为70年，若干年后发现种植苹果树更划算，于是拔去银杏树苗改种苹果树，主管部门是否应主动查处并将承包经营权期限改为30年？当主管部门决定予以查处之时，权利人又拔去苹果树栽上银杏树怎么办？当主管部门决定免予查处后，权利人再拔去银杏树种上苹果树又怎么办？

这种以种植的树和草的种类决定承包经营权期限长短的想法，不仅难以实行而且不合情理。同是农民，同是土地承包经营权人，张三的权利期限为30年，李四的权利期限为50年，王五的权利期限为70年，是否符合平等、公平的基本原则？农民自己会怎么想？农民同意不同意？种什么草、栽什么树，属于农民的生产经营自主权，有什么必要予以干涉？这种规定不同的承包经营权期限的立法，会产生什么样的社会效果？出于物权法定原则和农用土地法律秩序统一及维护农民生产经营自主权和农村经济稳定发展的要求，土地承包经营权的期限应当统一。建议将土地承包经营权期限统一规定为50年，并规定期满自动延长，以保障农业经济的长期稳定发展。

八、第185条规定：“经当事人书面协议，企业、个体工商户、农户可以将现有的以及将来拥有的动产抵押，债务人不履行到期债务或者出现当事人约定的实现抵押权的情形，债权人有权就约定实现抵押权时的动产优先受偿。”

修改意见：建议删去本条。

本条规定“浮动抵押”。浮动抵押，或称企业担保，是以企业全部财产包括动产、不动产、知识产权和债权设立抵押的一项新型担保制度。从担保物权制度的发展看，浮动抵押发生最晚，源于英国判例法上的浮动担保,后为大陆法系国家所仿效。

在此之前盛行“企业财产集合抵押”,或称“财团抵押”。实行企业财产集合抵押,须将企业全部动产、不动产和工业产权作成一份“财产目录清单”,并在不动产登记机关进行登记。在设定企业财产集合抵押之后,若企业财产发生变化如设备更新等,必须相应地变更、修改“财产目录清单”,并到登记机关重新进行登记。此集合抵押“财产目录清单”的制作和变更、修改及重新登记,将耗费大量的人力、物力。设定企业财产集合抵押权后,“财产目录清单”所列各项财产被禁止处分,也不利于企业的经营活动。

浮动抵押制度正好可以克服企业财产集合抵押制度的上述缺点。设定浮动抵押,无须制作财产目录清单,也不必就各项财产进行公示,仅需以书面形式订立浮动抵押合同并在企业法人登记机关进行登记即可,手续非常简便。设立浮动抵押之后,企业新取得的财产,将自动成为浮动抵押的标的物。设立浮动抵押之后,企业对财产的处分权不受限制,企业仍可自由转让财产或者设定抵押。且浮动抵押的标的物,包括企业全部有形财产、无形财产和债权,显著增强了企业的担保功能。

但浮动抵押终究属于一种特殊的担保形态。因在浮动抵押权实行之前,企业仍可自由处分其财产,如在债权届期之前企业财产急剧减少、企业经营状况严重恶化,都将影响浮动抵押权之实现,甚至使债权人设立担保权的目的落空,对债权人甚为不利。有鉴于此,各主要国家和地区遂对浮动抵押权的设定人和受担保债权予以限制。如《日本企业担保法》规定,唯股份有限公司发行公司债,可以设定浮动抵押。这是因为对股份有限公司的财产状况有严格的监管制度,其运营状况通常也较稳定,股份有限公司设定浮动抵押对债权人的风险较小。股份有限公司发行公司债,通常金额大且期限长,适于设定浮动抵押予以担保。

鉴于我国《公司法》规定,国有企业采取国有独资有限责任公司形式,如果我国物权法创设浮动抵押制度,应规定设定人限于公司法人,将国有独资有限责任公司包括在内,以方便国有独资有限责任公司采用浮动抵押方式。考虑到以浮动抵押方式进行项目融资的日益普遍，还应扩大受浮动抵押担保的债权范围，包括项目融资和发行公司债。

浮动抵押性质上为一种约定担保权，应遵循普通抵押权之设定方式，即应采书面形式订立浮动抵押合同，并向登记机关办理登记。考虑到浮动抵押权至实行之前其标的物一直处于浮动状态，不可能在不动产登记机关进行登记，且浮动抵押权的实行将导致设定法人的清算和消灭，因此为方便浮动抵押权的实行和保障债权人的利益，应以负责公司法人登记的工商行政管理机关作为设定浮动抵押权的登记机关。

浮动抵押权是存在于公司所有的不特定财产上的担保权，须待浮动抵押权确定后，才能发挥其担保作用。浮动抵押权实行，为其确定事由，其理自明。设定公司破产将导致浮动抵押权实行，企业合并将导致合并前的公司一方或双方解散，亦将导致浮动抵押权的实行。因此，浮动抵押权的实行、企业合并或设定公司破产，同为浮动抵押权确定的事由。浮动抵押权一经确定，浮动抵押权人即对确定时属于公司的全部财产享有优先受偿的权利。

需特别注意的是，浮动抵押权的实行不同于普通抵押权的实行。实行浮动抵押权，应由浮动抵押权人向法院提出实行申请。法院受理浮动抵押权人的申请后，经审查符合实行条件的，应作出浮动抵押权实行的决定，同时发布浮动抵押权开始实行的公告和查封公司总财产的公告，并指定财产管理人负责管理公司总财产。财产管理人应当在公司总部所在地的工商行政管理机关进行浮动抵押权开始实行的登记。浮动抵押权的实行，必然导致公司的清算和消灭，因此应适用公司破产程序和清产还债程序。

由上可知，浮动抵押制度的创设，是我国物权法上的一项重大举措。我国是否已经具备采用浮动抵押的社会经济条件？我国银行、企业界和法律实务界是否具备正确运用浮动抵押制度的条件？应如何发挥浮动抵押的正面功能而规避其消极作用？笔者也难免举棋不定，心存犹豫。

本条关于动产浮动抵押的规定，其与发达国家通行的浮动抵押制度的区别在于:(1)将设定人的范围扩及一切企业(包括公司企业、非公司企业、合伙企业、个体企业)和个体工商户、普通农户。(2)仅规定动产可以设定浮动抵押,而将不动产、知识产权和债权等财产排除在浮动抵押标的范围之外。

相对而言,不动产(包括土地使用权、建筑物和其他土地附着物)的价值要大,如果再加上知识产权和股票、票据等证券债权和普通债权,所发挥的担保功能肯定要比仅以动产设定浮动抵押发挥的担保功能大很多。个体工商户、普通农户究竟有多少动产可以设定浮动抵押,究竟能够起多大的作用?个体工商户、普通农户设定浮动抵押,在哪一个机关进行登记?

尤需注意的是,对于个体工商户、普通农户现在和将来拥有的动产,甚至对于个体企业、合伙企业、非公司企业现在的和将来拥有的动产,缺乏可行的监管制度,如何避免"骗贷骗保"行为的发生?如何保障债权人的利益?从改革开放以来因轻率开放"证券回购""委托贷款""委托理财"和"保证保险的汽车融资"等,引发欺诈丛生,造成金融秩序混乱和银行等遭受重大损害的严重教训来看,足可断言,在学术界关于浮动抵押尚缺乏理论研究、司法实务界关于实行浮动抵押尚缺乏心理准备以及在哪一个机关进行浮动抵押登记的问题尚未解决的条件下,物权法规定所谓"动产浮动抵押"制度,是非常轻率、非常危险的,应断然删去。

九、建议在动产质权一节增加关于"营业质权"的规定:"营业质权,是指当铺营业人以约定的期限和利息向借款人出借款项,并以借款人交付占有的动产为标的而设定的质权。银行存单、存折、股票、债券等有价证券,不得设定营业质权。

当票为营业质权设定的书面凭证。

当铺营业人不得将质物转质。

当铺营业人与借款人在设定营业质权时可以约定,借款人在约定期限届满经过五日仍不能偿还借款本息的,当铺营业人即取得质物的所有权,其所担保的债权亦同时消灭。

当铺营业人与借款人无前款约定的,借款人在约定期限届满时不能偿还借款本息的,当铺营业人得以拍卖或者其他方法变价质物。当铺营业人变价质物所得全部价款,归当铺营业人所有。变价质物所得价款不足清偿当铺营业人的债权时,当铺营业人不得向借款人追偿。”

营业质权因当铺(典当行)营业而发生。当铺(典当行)为我国民间长期存在的一种资金融通方式,对于普通人解决一时的资金困难具有显而易见的好处。中华人民共和国成立后,当铺(典当行)营业逐渐消亡。自改革开放以来,各地纷纷开设当铺(典当行),从事以动产质押担保的小额借款业务。中国人民银行将当铺业务归类于非银行金融业务,经中国人民银行批准经营当铺业务的机构为非银行金融机构。但因缺乏相应法律规则,致所发生的纠纷难以裁判,影响当铺(典当行)营业的健康发展。

按照本法第220条(现行《担保法》第66条)关于禁止流质的规定及第230条(现行《担保法》第71条)关于清算的规定,现在的当铺(典当行)营业显然构成违法。因此,建议物权法对营业质权设明文规定,为当铺(典当行)营业提供法律依据,以利于保护当事人的合法权益,建立当铺(典当行)营业合法、公正、健康、有序的法律秩序。

因营业质权为特殊的动产质权,应规定区别于一般质权的特殊规则。

(1)质物仅以动产为限。银行存单、存折、股票、债券等有价证券,虽在法律上视为动产,但其本身代表一定数额的金钱,持有人不必借助当铺获取资金。且有价证券权利有其特殊变现方法,若允许以有价证券设定营业质权,因营业质权不适用禁止流质约款规则,难保不损害借款人的利益。因此明文规定银行存单、存折、股票、债券等有价证券不得设定营业质权。

(2)当铺营业人在借款人偿还所借全部本息时,应当将质物交还借款人。若当铺营业人将质物转质,则可能会影响借款人取回质物。且当铺营业人向借款人出借资金,一般期限较短,金额不大,若允许当铺营业人转质质物,对借款人不利。因此,应规定当铺营业人不得将质物转质。

(3)考虑到借款人通过当铺融通资金,一般期限不长,借款数额和质物的价值也都不大,若严格要求按质权实行方法公开拍卖,既不经济,也不方便,且与当铺营业习惯相悖。因此,应许可当铺营业人与借款人在设定营业质权时可以约定,借款人在约定期限届满时不能偿还借款本息时,质物的所有权转移为当铺营业人所有,其所担保的借款债权同时消灭。换言之,营业质权不适用禁止流质约款的规则。

(4)鉴于当铺业务的特点是期限短、金额不大,若要求当铺营业人进行清算,势必增加交易成本,妨碍业务的开展。因此,不宜要求进行清算,借款人在约定期限届满不能偿还借款本息时,当铺营业人变价质物所得全部价款应归当铺营业人所有,变价质物所得价款不足清偿当铺营业人的债权时,当铺营业人也不得继续向借款人追偿。

如果物权法规定"营业质权",就为当铺(典当行)整个"行业"及其从业者提供了生存、发展的法律基础,如果不作规定,就使当铺(典当行)整个行业及其从业者的行为成为"违法",可见,规定"营业质权"或者不规定"营业质权",是关系我国市场经济中一个"行业"及其数十万从业人员合法生存的大问题,望立法机关及物权法起草者熟记之。

十、第228条规定:"债务人或者第三人有权处分的下列权利可以出质:

(一)汇票、支票、本票;

(二)债券、存款单;

(三)仓单、提单;

(四)可以转让的股权;

(五)可以转让的注册商标专用权、专利权、著作权等知识产权中的财产权;

(六)公路、桥梁等收费权;

(七)应收账款;

(八)法律、行政法规规定可以出质的其他财产权利。"

建议删去"(六)公路、桥梁等收费权"和"(七)应收账款"。

本条在第四次审议稿的基础上，增加规定“公路、桥梁等收费权”和“应收账款”可以设立权利质权是完全错误的。在经济生活中，可以发挥融资担保作用的，不限于担保物权制度。“公路、桥梁等收费权”和“应收账款”融资属于典型的“债权转让”，是《合同法》上的制度，而与物权法上的“权利质权”制度无关。

质权担保的实质，是在“质押标的”之上创设一个“质权”，由质权人直接或者间接“控制”“质押标的”。在动产质押情形，质权人通过直接占有“质押动产”，达到“控制”目的；在权利质押情形，质权人通过直接占有“质押权利”的“权利凭证”，或者通过办理“权利质押登记”，以达到“控制”目的。因此，动产质权“自出质人交付质押财产时发生效力”，即以移转该动产之“占有”为生效要件，质权人一旦丧失对该动产的“占有”，其动产质权即应归于消灭。权利质权“自权利凭证交付质权人时发生效力”或者自“办理出质登记时发生效力”，即以移转“权利凭证”之“占有”或者以“出质登记”为生效要件，质权人一旦丧失对该“权利凭证”之“占有”或者“出质登记”被“涂销”，其权利质权即应归于消灭。

因此，可以设立“权利质权”的权利必须具备两个条件：一是有“权利凭证”或者有“登记制度”；二是质权人可以通过占有“权利凭证”或者通过办理“出质登记”达到控制该项权利的目的。如果某项权利既没有“权利凭证”也没有“登记制度”，或者质权人不能通过占有“权利凭证”或者办理“出质登记”达到控制该项权利的目的，则该项权利不能用于设立“权利质权”。

“公路、桥梁等收费权”和“应收账款债权”就属于不能设立“权利质权”的权利。因为，即使为“公路、桥梁等收费权”和“应收账款债权”创设某种“权利凭证”，或者为其创设“出质登记”制度，移转该“权利凭证”之“占有”或者办理“出质登记”也不能达到“控制”该“公路、桥梁等收费权”和“应收账款债权”的目的。

实际上，以“公路、桥梁等收费权”和“应收账款债权”融资，根本没有必要设立“权利质权”，只需将“公路、桥梁等收费权”和“应收账款债权”转让给银行,由银行直接向往来车辆收取“过路费”“过桥费”,直接向债务人收取“应收账款”就行了。现今国际上对以“公路、桥梁等收费权”和“应收账款”融资,均一律采用“债权转让”方式,而不采用“权利质权”方式,其理由在此。

如前所述,“公路、桥梁等收费权”不符合设立“权利质权”的条件,即使按照第233条的规定向有关主管部门办理了“出质登记”,难道出质人就不向往来车辆收取“过桥费”“过路费”了?除非银行(派员或者委托他人)“直接”行使该项“公路、桥梁等收费权”,直接向往来车辆收取“过桥费”“过路费”,就绝难“控制”该项“公路、桥梁等收费权”,绝难实现其担保融资的目的。我们为什么不采纳现今国际上的成功经验,而要规定既违背法理又不具备操作可能性的“公路、桥梁等收费权”质押呢?

本条增加规定“应收账款”作为“权利质权”的标的,是要适应银行界关于开展“应收账款融资”(receivables financing)和“保理”(factoring)业务的要求。如前所述,“应收账款”不符合设立“权利质权”的条件,因此国际上“应收账款融资”和“保理”普遍采用“债权转让”方式,不采用“权利质押”方式。这在1988年的《国际保理公约》和2001年的《联合国国际贸易中应收款转让公约》中有非常明确的规定。

按照《国际保理公约》第1条第2款的规定,“保理合同”的要件包括:(1)供货方向保理商转让应收账款债权;(2)保理商至少应承担以下四项职能中的两项:①提供融资;②账户管理;③收款;④防范债务人违约。但《国际保理公约》的适用范围有所限制,且未解决禁止转让条款对应收账款转让的效力,及同一应收账款债权重复转让问题。为了进一步促进应收账款融资,消除法律规则的不确定性,平衡转让方、受让方和债务人利益,联合国国际贸易法委员会1992年提议起草、于2001年7月完成《联合国国际贸易中应收款转让公约》,经联合国大会通过后向各国和地区开放签字。

按照《联合国国际贸易中应收款转让公约》的规定:不限制应收账款债权转让的目的(第2条);许可对未来应收账款债权的转让(第5

条);合同禁止转让条款及对应收账款转让的一切限制,均不影响应收账款转让的有效性(第 9 条);区分转让通知与付款指示(第 13 条);债务人的付款义务解除以收到付款指示为界(第 17 条);禁止债务人放弃因受让人欺诈或者自己行为能力欠缺所产生的抗辩(第 19 条)。特别应当注意的是,《联合国国际贸易中应收款转让公约》对应收账款债权重复转让的解决办法。

于同一债权人将同一应收账款债权重复转让给数个受让人的情形,应由哪一个受让人享有该项应收账款债权?美国建议的方案是"依注册时间先后";德国的方案是"依转让合同成立时间先后";英国、日本和西班牙的方案是"依债务人收到转让通知时间的先后"。鉴于上述国家均固执己见、互不让步,最后《联合国国际贸易中应收款转让公约》只好设计一个"附件",并列规定上述三种方案,供参加方选择。

"附件"第一节和第二节规定"依注册时间先后"的规则及国际注册体系;第三节规定"依转让合同成立时间先后"的规则;第四节规定"依债务人收到转让通知时间的先后"的规则。《联合国国际贸易中应收款转让公约》第 42 条规定,参加方可随时声明:其将接受"附件"第一节所列优先规则的约束并参加依"附件"第二节所组建的"国际注册体系";或者接受"附件"第三节所列规则的约束;或者接受"附件"第四节所列规则的约束。

鉴于《联合国国际贸易中应收款转让公约》涉及受让人对应收账款的权利是否优先于同一债务人的其他债权人的问题,特别是"附件"第一节对同一应收账款债权的重复转让规定了"依注册时间先后"的规则,并在第二节规定了"国际注册体系",容易使人联想到物权法上的作为担保物权之一的"优先权",以及将公约所规定的"转让资料的注册"混淆于物权法上的"物权登记"。银行界一些人主张将"应收账款"纳入"权利质权",其原因盖在于此。

其实,无论《国际保理公约》或者《联合国国际贸易中应收款转让公约》,所规定的都是"应收账款债权转让",并无只言片语涉及"质押""权利质押""应收账款债权质押"及"担保权""担保物权""担保权益”,这是由国际上“应收账款融资”普遍采用“债权转让”方式的实践,及“应收账款债权”的性质决定其不适于采用“权利质押”方式所决定的。

《联合国国际贸易中应收款转让公约》第22条和第30条规定“受让人对应收账款的权利是否优先于其他请求人的权利,由让与人所在地的法律管辖”,与物权法上的“优先权”无关。第42条及“附件”所要解决的是,同一应收账款债权重复转让时哪一个转让合同有效的问题,即使选择第一节和第二节的方案,受“依注册时间先后”规则的约束,由将转让资料在国际注册体系最先注册的受让人享有权利,也不产生所谓“担保权”,因此与物权法上的“抵押权登记”和“权利质权登记”截然不同。

我国现行《合同法》第79条至第81条关于“债权转让”的规定,为我国银行界开展“应收账款转让”融资和“保理”业务提供了初步的、基本的法律框架。其不足之处,如未解决“禁止转让条款”的效力、未区分“转让通知”与“支付指示”、未解决同一应收账款债权重复转让的问题等,可在制定民法典合同编时参考《联合国国际贸易中应收款转让公约》相关规定予以补充完善。现在的草案,轻率地将“应收账款”纳入“权利质权”,必将导致金融秩序和法律秩序的混乱,对于银行界开展“保理”和“应收账款融资”业务有百害而无一利。

十一、建议恢复第二次审议稿关于“让与担保”的规定。

我国商品房“按揭”贷款中所谓“按揭”和抵押不同。抵押担保,必须先有房屋所有权,然后在房屋所有权之上设定一个抵押权。不能在“债权”之上设定抵押权。大陆法系物权法及我国现行《担保法》不承认“债权”抵押,抵押的标的必须是“所有权”(还有土地使用权)。在日本、德国等大陆法系国家,把我国现在的“按揭”担保称为“让与担保”(因经济政策上的理由,这些国家不允许“商品房预售”,因此仅承认“动产让与担保”,不承认“不动产让与担保”)。可以设立“让与担保”的,既可以是债权,也可以是所有权,还可以是知识产权。

所谓商品房按揭,就是买房人把自己根据商品房预售合同享有的债权和将来取得的房屋所有权,一并让与银行,用来担保银行的借款债权。签订按揭协议后的一段时间里,银行只享有债权,当开发商交房并办理产权过户手续之后,银行享有的债权消灭,转换为房屋所有权。由此可见,“按揭”担保有一个从债权担保转变成所有权担保的过程,和抵押担保不同。

为什么不叫“按揭担保”呢?因为“按揭”是广东话,写在法律上也不好看,也不知道是什么意思。有人说,香港人把“按揭”叫作“楼花抵押”。“楼花”就是合同上的“债权”。即使在香港特区,“楼花抵押”也不是真正的“抵押”。在内地,现行《担保法》规定,只有所有权、土地使用权,亦即现实存在的动产、不动产才能抵押。“让与担保”是一个新的制度,是用来整合、规范现在的商品房“按揭”的。

必须指出,按照“让与担保”,按揭银行的利益将得到妥善的保障。如果在开发商交房并办理产权过户手续之前按揭人陷于不能支付,按揭银行可以直接行使受让的合同债权,请求开发商对自己交房并办理产权过户手续,直接从开发商处得到房屋和房屋的所有权。如果在开发商交房并办理产权过户手续之后按揭人陷于不能支付,则按揭银行有权自己决定行使让与担保权的方式,以按揭房屋变价受偿,或者直接从按揭人手中收回按揭房屋,自己成为真正的所有权人。“让与担保”的最大优点是行使简便,可以回避设立和行使抵押权的严格程序、手续和方法。

反之,物权法不规定“让与担保”,不仅现实中的商品房按揭没有法律依据,因商品房按揭所发生的纠纷难以裁判,按揭银行的利益也不可能获得妥善保障。如果在开发商交房和办证之前按揭人陷于不能支付,因为没有办理抵押登记,按揭银行没有抵押权,其借款债权属于无担保债权,且不可能阻止开发商向买房人交房和办理产权过户手续。如果在开发商交房、办理产权过户手续并同时办理抵押登记之后按揭人陷于不能支付,按揭银行虽然可以行使抵押权,但必须遵循物权法关于抵押权行使程序、手续和方法的规定。

除此之外,“让与担保”还与融资租赁有关。现行《合同法》第十四章规定了“融资租赁合同”,这是一种新的合同类型。企业与租赁公司签订融资租赁合同,由租赁公司替该企业垫付购买设备的价款。按照融资租赁合同的“所有权转让条款”,租赁公司替企业支付购买设备的价款,而企业预先把设备的所有权转让给租赁公司,以担保租赁公司的垫款债权。供应商虽然企业交付设备,但该企业只得到设备的使用权,设备的所有权已经转让给租赁公司。因此,《合同法》第242条规定,“出租人享有租赁物的所有权”。需注意的是,虽然设备的所有权归租赁公司,但租赁公司并不是真正的所有权人,只是用所有权作为担保手段。在企业把租赁公司的租金还清以后,租赁公司必须把设备的所有权归还企业。这是典型的让与担保,和“按揭”是同样的原理。

所以说,物权法规定让与担保制度,虽然是一个新创,但并不是凭空产生的:一是针对现实中的商品房预售中的“按揭”担保,要用“让与担保”制度来规范、整合现实中的“按揭”担保;二是针对《合同法》上融资租赁合同中的“所有权让与”担保,为融资租赁合同所规定的“所有权让与”条款提供法律根据。

十二、建议增加关于取得时效的规定。

第×条　以所有的意思,十年间和平、公然、连续占有他人之动产者,取得其所有权。但其占有之始为善意并无过失者,为五年。

第×条　现时登记为不动产所有人,虽未实际取得该项权利,但占有该不动产并依所有人身份行使其权利的,自其权利登记之日起满二十年而未被涂销登记者,实际取得该不动产所有权。

本条规定可准用于用益物权。

第×条　以自主占有的意思,和平、公开、持续占有他人未经登记的不动产满二十年者,可以请求登记为该不动产的所有权人。

本条规定,不适用于国有土地所有权。但可准用于用益物权。

第×条　取得时效的中止、中断,准用关于诉讼时效的规定。

各主要国家和地区民法均规定了取得时效制度。按照取得时效制度,张三所有的某项财产被李四占有,经过法律规定的期间之后,李四即可取得该财产的所有权,而张三对该财产的所有权因此消灭。取得时效制度的合理性在于以下几个方面。

第一,非权利人李四以为自己是所有人,长期占有某项财产,经过相当长的时间之后,人们已经相信李四是该财产的所有权人,并与其发生各种法律关系。这种情形,如果要恢复张三对该财产的占有,势必要推翻这些已经存在的法律关系,引起法律秩序的混乱。

第二,由于李四占有该财产已经过相当长的时间,例如20年,证明该财产所有权归属的证据已经很难收集,即使收集到一些证据,也往往难辨真假,直接以该财产的占有事实为根据,使占有人李四取得所有权,可以避免法院收集和判断证据的困难,减少讼累。

第三,张三虽然是该财产的所有权人,却长期未行使其权利,李四虽然不是真正的所有权人,却长期实际行使权利,与其保护长期不行使权利的所有权人张三,还不如保护长期积极行使权利的非所有权人李四,更能发挥该财产的效用。

第四,当就某项财产的所有权归属发生争执时,通常要求双方举出证据,证明自己是该财产的所有权人。但经常发生这样的情形,因为年代久远,证据湮灭,证人死亡,很难判断该财产真实的权属。现实占有该财产的一方,就可以援引取得时效制度保护自己的利益。他只要证明自己占有该财产已经达到法律规定的时效期间,法院就应当根据取得时效制度,认定他为该项财产的所有权人。因此,取得时效制度是现实占有财产的一方获得胜诉判决的最简便、最有力的方法。

第五,我国自1949年以来,农村历经土地改革、互助组、合作社、“大跃进”、人民公社化等运动,城市国有企业、集体企业也经历多次合并、分立、转制,导致财产关系混乱和产权界限不清,因土地、建筑物归属发生争执,以致发生大量严重的暴力事件。物权法规定取得时效制度,将有利于减少这类事件的发生,有利于财产关系和社会秩序的安定。

《物权法草案（第六次审议稿）》的若干问题*

一、不宜规定“根据宪法”，制定本法

《物权法草案(第六次审议稿)》第1条规定:“为了维护国家基本经济制度,维护社会主义市场经济秩序,明确物的归属,发挥物的效用,保护权利人的物权,根据宪法,制定本法。”

请注意,物权法草案前四次审议稿的第1条均无“根据宪法”四个字,仅规定制定本法的立法目的,属于“立法目的”条款。现行《合同法》《担保法》《婚姻法》《收养法》《专利法》《商标法》《信托法》《海商法》《保险法》《证券法》等的第1条,也未出现“根据宪法”四个字,均属于“立法目的”条款。本条增加“根据宪法”四个字,将本条“立法目的”条款与“立法权源”条款混淆。

二、是“物权法定”还是“物权自由”

《物权法草案(第六次审议稿)》第5条规定:“物权的种类和内容,由法律规定;法律未作规定的,符合物权性质的权利,视为物权。”

本条因增加“法律未作规定的,符合物权性质的权利,视为物权”一句,导致物权法基本原则的根本性改变,即由“物权法定原则”变为“物权自由原则”。这一基本原则的改变,在理论上是错误的,在实践中是有害的。

物权法规定“物权法定原则”,其目的在于排除当事人的意思自

---

* 本文写作于2007年1月7日。

治,不允许当事人协商创设物权种类和变更物权的内容。因为物权的性质和效力与合同权利不同。合同权利(债权)属于"相对权",仅在当事人之间有效,不具有排他性,因此可以实行"合同自由原则"。当事人自由订立合同、创设债权,只能约束双方当事人,原则上不会损害国家、社会和他人利益。而物权属于"绝对权",具有排除他人干涉的效力。"直接支配"的效力,加上"排除他人干涉"的效力,实际上就是对社会财产的"独占"。物权就是对现存有形财产的"独占权"。实行"物权自由原则",无异于许可通过创设新的物权类型或者改变原有物权的内容,而达到"独占"本属于国家、社会和他人的财产的目的。

物权法规定"物权法定原则"还有一个理由,即物权是市场交易的前提和结果。市场交易,是商品与货币的交易,亦即物权与物权的交易。现行《合同法》第130条规定:"买卖合同是出卖人转移标的物的所有权于买受人,买受人支付价款的合同。"物权既是市场交易的前提,也是市场交易的结果。

既然物权是市场交易的前提和结果,是市场交易得以进行的前提条件,则作为市场交易的前提的物权,其种类和内容必须统一化、标准化,不能允许自由创设物权类型和改变物权内容,否则就会使市场交易复杂化并难以进行。因此,基于保障市场交易顺利进行和建立全国统一的大市场的法律政策理由,必须实行"物权法定原则",必须由"法律"规定物权的种类和内容。这与实行"货币法定原则"和"有价证券法定原则",出于同样的法律政策理由。

应当注意,"视为"是一个极特殊的法律概念,是由法律直接作出的不允许推翻的"认定",一经"视为",即无任何救济途径。因此,"视为"仅适用于"事实"的认定,而不适用于"权利"或者"法律行为"的认定。且作为"视为"前提的必须是某种确定的"事实"。例如现行《继承法》第25条规定,继承人在继承开始后、遗产处理前,"没有表示的,视为接受继承"。受遗赠人在知道受遗赠后2个月内,"没有表示的,视为放弃受遗赠"。现行《合同法》第16条规定,"采用数据电文形式订立合同,收件人指定特定系统接收数据电文的,该数据电文进入该特定系统的时间,视为到达时间;未指定特定系统的,该数据电文进入收件人的任何系统的首次时间,视为到达时间”。

依照本条规定,将“符合物权性质的权利”视为物权,而什么是“物权性质”?物权具有哪些“特征”,什么叫“符合”物权性质?是不确定的,是见仁见智的,怎么能够据以“视为物权”。本条将“视为”这个特殊法律概念和法律技术,适用于“权利”认定,并且根据不确定的、见仁见智的所谓“物权性质”,作出“物权”认定,在法理上是完全错误的,必将导致法律秩序的混乱。

如果“物权法定原则”可以被否定,而代之以“物权自由原则”,凡属于“法律未作规定的,符合物权性质的权利”,均可以“视为物权”,则“货币法定原则”“有价证券法定原则”亦可被否定,而代之以“货币自由原则”“有价证券自由原则”,凡是“符合货币性质的”“符合有价证券性质的”的,诸如“代金券”“饭菜票”“返券”“优惠券”“借据”“欠条”等,均可视为“货币”“有价证券”。这是非常危险的、不堪设想的。

如果我国物权法规定“物权自由原则”,凡是“法律未作规定的,符合物权性质的权利”,均被“视为物权”,那么在我国境内活动的外商、外企和外国律师,必然会在他们所参与的经济活动中,采用他们自己熟悉的本国法律规定的物权类型。而这些物权类型,当然属于本条所谓“法律未作规定的,符合物权性质的权利”,我国政府和人民法院就应当将其“视为物权”,但必将对我国的法律制度和国家主权造成巨大的冲击和损害。“物权法定原则”的重要功能,在于否定我国法律未规定的、任何外国法律规定的物权类型,以维护我国的国家主权和法律制度,怎么能够轻易否定“物权法定原则”?

起草人将“物权法定原则”改为“物权自由原则”,可能是受个别学者的理论观点的影响。学术研究的规律,是所谓“存同而求异”,即尽量说别人没有说过的话,而国家立法的规律则相反,是所谓“存异而求同”。个别学者所谓“物权法定原则相对化”的观点,是缺乏事实根据和理由的。自《法国民法典》以来200年,自《德国民法典》《日本民法典》以来100年,法律未作规定而由法院判例认可的“新物权”类型仅有“让与担保”一种,而发达国家先由法院判例认可“让与担保”的效力,而后再通过修改法律或者制定特别法实现“让与担保立法化”的实践说明,“物权法定原则”并不会阻碍市场经济的发展。

也许有个别民法学者,鉴于物权法草案规定的物权种类较少,因此主张“缓和”物权法定、增加某种灵活性,不是全无道理。但他们没有注意到发达国家的成功经验,是在坚持“物权法定原则”不变的前提下,由法院采用法律解释及补充方法,如解释“法定原则”之所谓“法”包括“习惯法”在内,最终达到某种灵活性和相对化的效果。没有哪一个国家是从立法上改变物权法定原则、规定物权自由原则,来实现所谓灵活性和相对化的。

我们看到无论是大陆法系国家还是英美法系国家,也无论是否制定成文的民法典或者物权法,均无例外地实行和坚持“物权法定原则”。迄至今日,“物权法定原则”的基本原则地位并未发生动摇,没有哪一个国家或者地区用“物权自由原则”取而代之。甚至没有任何“民法学者”提出过这样的建议。可以断言,我国物权法否定“物权法定原则”,而代之以“物权自由原则”,必将导致我国物权秩序乃至整个法律秩序的极大混乱。因此,建议人大常委会第七次审议时,断然删去本条第2句“法律未作规定的,符合物权性质的权利,视为物权”。

三、不宜规定“野生动物资源属于国家所有”

《物权法草案(第六次审议稿)》第49条规定:“野生动物资源属于国家所有。”

按照《现代汉语词典》的解释,“资源”的含义是“天然来源”。“野生动物资源”一语似有两种解释:其一,解释为“野生动物”的“天然来源”;其二,解释为作为“一种资源”的“野生动物”。解释为“野生动物”的“天然来源”,显然不通。只能采第二种解释,即作为“一种资源”的“野生动物”。显而易见,本条所谓“野生动物资源”一语,实质上就是指“野生动物”。所谓“野生动物资源”属于国家所有,也就是“野生动物”属于国家所有。

按照民法原理,处在“野生状态”的“野生动物”,不在“人的控制、支配之下”,属于“无主物”。换言之,处在“野生状态”的“野生动物”,不是“所有权”的客体,不属于任何人所有。“野生动物”一旦被“捕获”,被置于“人的控制、支配之下”,才成为“捕获者”的所有物,才成为“所有权”的客体。因“捕获”野生动物而取得对该被“捕获”的“野生动物”的所有权,就是民法上所谓“先占取得”制度。俗话“沿山打鸟,见者有份”,就是“先占取得”。

保护野生动物,本属于公法上的义务,属于国家的义务、整个社会的义务。如将“野生动物”规定为“属于国家所有”,则按照民法原理,应由所有人国家自己承担全部保护义务,广大人民群众当然被解除了保护义务,反与保护野生动物的目的相悖。其实,按照民法原理,野生动物属于无主物,国家保护野生动物,只需对民法先占取得制度加以限制即可。这也正是各主要国家和地区保护野生动物的经验所在。例如,规定禁渔期、禁渔区、禁猎期、禁猎区,划定野生动物保护区,禁止猎取、捕捞国家保护的野生动物就够了,不必要也不应该规定为国家所有。因此,笔者在此前提交立法机关的修改意见中一再建议删去“野生动物资源属于国家所有”的规定。第五次审议稿删去了,第六次审议稿又恢复了。

“野生动物”之“野生”,意指“处于人力不能控制、不能支配状态”,而区别于“处在人力控制、支配状态”的“饲养动物”和“猎获物”。本法第 2 条第 3 款规定“本法所称物权,是指权利人对特定的物享有直接支配和排他的权利”。“野生动物”在被“捕获”之前,不是“特定的物”,无法对其“直接支配”,当然不是“物权”“所有权”的客体,任何人不能对“野生动物”享有物权。如穿山甲,今天在我国云南、广西,明天可能在越南、缅甸境内。物权法规定野生动物属于国家所有,不仅违背“法理”“情理”,而且必将引发极大的“法律问题”。

物权法规定“野生动物资源属于国家所有”,凡“野生动物”均属于“国有财产”,依据本法第 45 条的规定,应当由“国务院代表国家行使所有权”。国务院将如何行使对“野生动物”的所有权?如何对“野生动物”行使“直接支配和排他的权利”？如何保护属于国家所有的“野生动物”，避免发生“国有资产流失”？发生“野生动物”越境或者死亡（如近年因禽流感，昆明市民不敢投喂食物致大批红嘴鸥饿死），应当由哪一个机关、哪一位领导对此承担渎职责任？如何行使对“野生动物”的有效管束而避免其造成伤害？如何履行避免“野生动物”伤害、危及人们的人身、生命和财产安全的“一般注意义务”？

一旦发生“野生动物”造成人们的人身、生命和财产损害事件，按照现行《民法通则》关于侵权行为的规则，当然应由国务院对于受害人承担民事赔偿责任。近年来，新闻媒体报道因“野生动物”造成人们的人身和财产损害事件层出不穷。凡大象、野猪、豺狼、虎、豹、野狗、野猫、黄鼠狼、毒蛇、蜈蚣、蝎子、毒虫等所造成的一切人身伤害，家畜、家禽和其他财产损失，均应由国务院承担损害赔偿责任。不仅如此，苍蝇、蚊子、跳蚤、蟑螂、老鼠也属于“国家所有”的“野生动物”，它们传播病菌导致人们患病甚至死亡，其“因果关系”早经科学证明，当然亦应由国务院代表国家承担损害赔偿责任。

更有甚者，“禽流感”病毒由“候鸟”传播，其“因果关系”已经科学证明，既然物权法规定我国境内包括“候鸟”在内的一切“野生动物”均属于“国家所有”，则近年各地因发生“禽流感”而致饲养家禽被大批“捕杀”的广大农户，就可以依据物权法的规定和《民法通则》的规定，要求国务院赔偿他们因此遭受的经济损失。

立法机关如此轻率地规定“野生动物资源属于国家所有”，将国务院推上了“野生动物”致损赔偿责任案件的“被告席”。让国务院领导去承担因“野生动物”出境、死亡导致“国有资产流失”的渎职责任，让国务院包揽一切“野生动物”伤害人、畜、家禽及传播疾病的赔偿责任。其在理论上的错误和实际上的危害，不容低估，建议人大常委会第七次审议《物权法草案》时删去本条。

四、不宜规定“国有化”措施

《物权法草案（第六次审议稿）》第 52 条规定：“铁路、公路、电力设施、电信设施和油气管道等基础设施,依照法律规定为国家所有的,属于国家所有。”

按照民法原理,“铁路、公路、电力设施、电信设施和油气管道等基础设施”是不动产的一部分,当然应适用“谁投资归谁所有”的民法原则。国家投资的基础设施,当然归国家所有。本条所针对的,显然不是国家投资的基础设施,而是私人、非公有制企业投资的基础设施。按照现行《宪法》的规定,私人、非公有制企业投资建设的基础设施,当然属于私人、非公有制企业所有,任何组织和个人均不得侵犯。国家要想取得依法属于私人、非公有制企业所有的基础设施的所有权,在现代法治条件下,唯一的途径是实行“征收”。

现行《宪法》和《物权法草案》中都对“征收”设有明文规定。《物权法草案》第 42 条规定,“为了公共利益的需要,依照法律规定的权限和程序,可以征收集体所有的土地和单位、个人的房屋及其他不动产”。本条所谓“铁路、公路、电力设施、电信设施和油气管道等基础设施”,就属于“其他不动产”。《物权法草案》在规定“征收”的第 42 条之外专门设立本条,其目的显然是要绕过国家“征收”制度。请注意,条文说“依照法律规定为国家所有”,而对于是否符合“公共利益的需要”,是否“给予补偿”,却闭口不谈。可见,本条规定的是实行计划经济、统制经济的国家曾经普遍采用过的“国有化”措施。

历史经验表明,任何国家一旦实行计划经济、统制经济,必然要采取“国有化”措施,通过颁布和执行所谓“国有化”法令,将属于私人、非公有制企业的基础设施、工业设施甚至农用土地统统收归国有。质言之,“国有化”措施是与计划经济和统制经济相联系的,是实行计划经济体制和统制经济体制必然采用的法律手段。反之,任何国家一旦实行市场经济体制,必然要承认、尊重和切实保护私人、非公有制企业的财产所有权。即使于特殊情形,需要强行取得属于私人、非公有制企业所有的不动产所有权,或者需要强行使用属于私人、非公有制企业的动产和不动产,也只能依法实行“征收”“征用”,绝对不能采用所谓“国有化”措施。

中国实行改革开放,成功实现由计划经济向市场经济转轨,社会主义市场经济体制已经确立,并由现行《宪法》及本法明文规定对非公有制经济和私有财产实行平等保护,也就从经济基础和上层建筑两个方面堵塞了采取“国有化”措施的可能性。如在和平时期,国家出于公共利益的目的,需要强行取得属于私人、非公有制企业的基础设施的所有权,则应当按照现行《宪法》和物权法关于“征收”法定条件的规定,实行“征收”;如在战争时期或因抢险救灾,需要强行使用属于私人、非公有制企业的基础设施,则应当按照现行《宪法》和物权法关于“征用”的规定,实行“征用”。怎么能够设想,可以绕过国家征收制度和征用制度,而直接通过法律规定剥夺私人、非公有制企业对于“铁路、公路、电力设施、电信设施和油气管道等基础设施”的所有权?

改革开放初期,我国政府对外宣布实行开放、引进外资的政策。但整个20世纪80年代和90年代初期,到中国境内投资的实际上只是一些私人企业、中小企业,及所谓“来料加工”“三来一补”企业。外国的大型企业、技术先进企业,长久犹豫不决、迟疑徘徊,不敢到中国境内投资,为什么?它们所担心的,是中国政府一旦采取“国有化”措施,会使它们血本无归。90年代中期以后,中国政府宣布实行社会主义市场经济体制,并用长期的实践证明对外资企业给予同等保护之后,一些大企业、跨国公司才陆续进入中国。

国际资本之所以不敢贸然进入中国市场,之所以长期犹豫徘徊、顾虑重重,是有其历史教训的。20世纪初,苏联在“十月革命”以后出现了经济困难,宣布实行所谓“新经济政策”,就包括实行对外开放、引进外资的政策。西方一些对苏联本不抱敌视态度的企业家,相信了苏联政府关于保护外资的承诺,纷纷到苏联境内投资、设厂,对苏联国民经济的恢复发挥了很大作用。不料苏联在经济恢复、渡过危机之后,突然宣布结束所谓“新经济政策”并颁布“国有化”法令,将所有外资企业的资产统统收归国有,使这些企业遭受“血本无归”的惨重损失。

中国加入世贸组织,并不等于自动取得了市场经济国家地位,为了取得市场经济国家地位,还必须与各主要国家和地区进行谈判,说服这些国家和地区相信中国实行社会主义市场经济不是暂时的、权宜之计,消除它们对中国实行"国有化"措施的疑虑。中国政府花费了巨大努力,才使国际社会相信了中国政府关于不实行"国有化"的承诺,而现在《物权法草案》居然明文规定国家将对属于私人、非公有制企业的基础设施采取"国有化"措施,这与中国争取市场经济国家地位、继续坚持改革开放和实行社会主义市场经济体制,显然是严重抵触、背道而驰的。

《物权法草案》为与现行《宪法》保持一致而专设第 4 条明文规定"国家实行社会主义市场经济"和"国家的、集体的和私人的物权受法律保护,任何单位和个人不得侵犯"即"平等保护原则"的同时,却又专设本条明文规定"国有化"措施,向国际社会发出中国政府将对属于私人、非公有制企业的基础设施实行"国有化"的信号。其理由何在?目的何在?

前已述及,"国有化"措施与中国已经确立的社会主义市场经济体制是根本抵触的,只要中国坚持改革开放、坚持社会主义市场经济体制,就绝对不能、绝对不应采取"国有化"措施!退一万步言之,即使有人对此抱有怀疑,认为社会主义市场经济不是中国长远之计,认为最终会有采取"国有化"措施的一天,也大可不必在物权法上设立明文规定!在我国政府全力争取"市场经济国家地位"的关键时刻,《物权法草案》这一规定与我国对外、对内经济政策不相符的条文,不仅匪夷所思,而且危害无穷。

《物权法草案》第 52 条关于"国有化"措施的规定,必将严重损害中国政府的形象;必将严重动摇好不容易树立起来的国际社会对中国政府的信赖;必将导致国内外私人、非公有制企业再也不敢投资"铁路、公路、电力设施、电信设施和油气管道等基础设施",必将导致已经投资"铁路、公路、电力设施、电信设施和油气管道等基础设施"的私人、非公有制企业撤走资金;必将导致正在就投资"铁路、公路、电力设施、电信设施和油气管道等基础设施"进行签约谈判的私人、非公有制企业赶快终止谈判,其危害性不容低估。因此,建议人大常委会第七次审议《物权法草案》时删去本条。

五、承包经营权的期限应当统一规定为 50 年

《物权法草案(第六次审议稿)》第 126 条规定:“耕地的承包期为三十年。草地的承包期为三十年至五十年。林地的承包期为三十年至七十年;特殊林木的林地承包期,经国务院林业行政主管部门批准可以延长。”

本条所要规定的是“承包经营权的期限”,而不是“承包期”。“承包经营权的期限”与“承包期”是两个完全不同的概念,即前者是“用益物权”的存在期限,后者是“合同”的有效期限。第三次审议稿称为“承包经营权的期限”是正确的,本条改称“承包期”不妥。本条的问题不仅在于误用“承包期”的概念,还在于针对土地的不同用途规定不同的期限,将使农用土地法律关系和法律秩序复杂化。

国家仅应限制农业用地转为建设用地。在农业用地范围内,仅对将林地改为耕地有所限制。原则上,将土地用于耕作、养殖、畜牧或者栽种林木,属于承包经营权人的自主权,并且可以根据自然条件和市场条件的变化适当改变,例如耕地改为林地、耕地改为草地、草地改为林地。尤其对种植的草和林木的种类,更无预先加以限定之理。

本条依据所种植的草和树的类别规定不同的承包经营权期限,所导致的第一个问题是,必须预先制定一个草地和林地承包经营权期限的“目录单”,明确规定种哪一种草为 30 年?哪一种草为 35 年?哪一种草为 40 年?哪一种草为 45 年?哪一种草为 50 年?种何种树为 30 年?何种树为 35 年?何种树为 40 年?何种树为 45 年?何种树为 50 年?何种树为 60 年?何种树为 70 年?何种树经批准可以延长期限?问题是,这样的“目录单”由什么人、什么机构、依据什么样的理论的和实践的权威根据予以制定?第二个问题是,权利人采用“间作法”在同一块草地上种植不同种类的草,在同一块林地上种植不同种类的树,或者采用“轮作法”在同一块草地轮流种植不同种类的草,在同一块林地上轮流种植不同种类的树,应当依哪一种草或者哪一种树决定其承包

经营权的期限?第三个问题是,在根据某种草或者树决定承包经营权期限以后,在该期限之内改种别的种类的草或树怎么办?如预定种植松树,批准承包经营权期限为30年,若干年后决定改种银杏树,是否主管部门必须批准将承包经营权期限延长为70年?如预定种植银杏树经批准承包经营权期限70年,若干年后发现种植苹果树更划算,于是拔去银杏树苗改种苹果树,主管部门是否应主动查处并将承包经营权期限改为30年?当主管部门决定予以查处之时,权利人又拔去苹果树栽上银杏树怎么办?当主管部门决定免予查处之后,权利人再拔去银杏树种上苹果树又怎么办?

这种以种植的树和草的种类决定承包经营权期限长短的想法,不仅难以实行而且不合情理。同是农民,同是土地承包经营权人,张三的权利期限为30年,李四的权利期限为50年,王五的权利期限为70年,是否符合平等、公平的基本原则?农民自己会怎么想?农民同意不同意?种什么草、栽什么树,属于农民的生产经营自主权,我们有什么必要予以干涉?这种采用不同的承包经营权期限的立法,会产生什么样的社会效果?出于物权法定原则和农用土地法律秩序统一及维护农民生产经营自主权和农村经济稳定发展的要求,土地承包经营权期限应当统一。建议将土地承包经营权期限统一规定为50年,并规定期满自动延长,以保障农业经济的长期稳定发展。

六、不可轻率规定“动产浮动抵押”

《物权法草案(第六次审议稿)》第182条规定:“经当事人书面协议,企业、个体工商户、农户可以将现有的以及将来拥有的动产抵押,债务人不履行到期债务或者出现当事人约定的实现抵押权的情形,债权人有权就约定实现抵押权时的动产优先受偿。”

本条规定了“动产浮动抵押”。浮动抵押,或称企业担保,是以企业全部财产包括动产、不动产、知识产权和债权设立抵押的一项新型担保制度。从担保物权制度的发展看,浮动抵押发生最晚,源于英国判例法上的浮动担保,后为大陆法系国家所仿效。要讲这个条文,首先要讲抵押,要讲为什么会从抵押中发展出浮动抵押。

我们说的抵押权是担保法上规定的一般抵押权。作为一般抵押权,它的标的物是不动产,要办理登记,而且对于一般抵押权而言,一个抵押物要办理一个抵押登记。如果一个企业有两栋大楼,按照一般抵押权,它应该订立两个抵押合同,办理两次抵押登记,最后产生两个不动产抵押权,这叫一般抵押权。这样的规定,对一般企业会造成限制,存在不足之处。一个企业可以有若干栋大楼,除办公大楼,还有厂房、宿舍及其他一些贵重财产,要一一设定抵押权,要签多个合同,办理多次抵押登记,会增加很多麻烦。若分成若干个抵押权以后,担保价值就会受到影响,这是一般抵押权的不足。

鉴于一般抵押权的不足,法律上产生了一种新的抵押权,这种新的抵押权在日本叫财团抵押。现行《担保法》上有一个规定,就是企业的不动产、动产可以一并抵押。按照这一规定,如果一个企业有很多不动产,还有很多动产,它就可以把这些不动产和动产编制一个财产清单,然后将财产清单拿去登记机关登记,办理抵押权登记,设定一个抵押权。这种抵押权的优点是手续简单,它仅办理一次抵押登记。这些财产合起来一起抵押,比分开抵押的担保价值更大,对企业更为有利。这样,从一般抵押权发展出动产、不动产的集合抵押权。动产、不动产的集合抵押有其优点,但后来发现也存在缺点。例如,对于企业,要制定一个财产清单非常困难,并且一旦财产被列入财产清单并办理了抵押登记,这些财产就不能动,否则就要变更登记。新买的设备要变更登记,财产转让要变更登记,这就限制了企业的生产经营。

在这样的条件下,就产生了一种更新的抵押方式,叫浮动抵押。浮动抵押就是抵押物是不确定的。因为抵押物是不确定的,设定就非常的简便。一个企业签订一个抵押协议,将其现有财产以及将来取得的财产抵押给某个债权人,登记的时候不要财产清单,只需把抵押协议拿到企业登记机关办理登记,手续非常简单,避免了制定财产清单的困难,这就叫浮动抵押。

浮动抵押的缺点也是显而易见的,以现在所有以及将来所有的财产设定抵押,现在的财产如果将来不在了怎么办?现代市场经济风险是巨大的,有很多少小企业、中型企业甚至一些比较大的企业倒闭破产。从法律上说,它们是企业法人,企业法人消灭必须清算。实际生活中,很多中小企业破产没有进行清算。假设一个不诚实的企业,把它现在所有的财产以及将来所有的财产抵押给银行,然后把这些财产转卖了。浮动抵押标的不特定,没有财产清单,性质上这些财产是可以转卖的,此时银行的债权怎么保障?这种担保必然潜伏着欺诈、骗贷骗保的危险,所以,发达国家引进该制度时采取了对应措施。

首先,限定浮动抵押的设定人必须是大规模的企业——股份有限公司。为什么股份有限公司可以设定浮动抵押呢?因为股份有限公司的资本金巨大,承受风险的能力较强。另外,根据《公司法》的规定,股份有限公司的规制比较严格,法律法规比较健全,对内部、外部关系有严格的管理,更不用说还有企业登记、信息披露等一系列制度。其次,浮动抵押仅限于担保发行公司债。如果一个股份有限公司要发行公司债券,其必须是上市公司,并且要遵守发行公司债的相关法律法规,有严格的实体与程序上的条件。从这两个方面限定浮动抵押的设定,目的在于防止骗贷骗保,保障银行的合法权益。随着社会的发展,自20世纪90年代以来,有另一类债权也可以设定浮动抵押,即项目融资。但是,只有大型企业的大型的项目融资才可以设定浮动抵押。

浮动抵押由于抵押物不特定,其实现方式也是特殊的。一般抵押权的实行,依《担保法》的规定向法院起诉,适用《民事诉讼法》中规定的企业的破产程序、清偿还债程序。一般抵押权的实行,从严格意义上说连诉都不必要。《合同法》第286条规定了承包人的优先受偿权,关于它的实行,《合同法》中规定向人民法院申请执行就行了,不必起诉,相当于国外的"对物之诉",比较简便。法院受理行使抵押权的申请,就查封抵押标的物发布拍卖公告,公告期满没有人提出异议,法院便决定交付拍卖,债权人就拍卖所得价款优先受偿,程序上非常简便。浮动抵押则不同,因为它的标的物不确定,因此必须动用《民事诉讼法》中的破产程序、清产还债程序。一旦执行浮动抵押权,债权人向法院提出申请,法院应马上作出执行浮动抵押权的裁定,查封抵押人的全部财产,同时指定财产管理人清理、登记抵押人所有的财产,然后根据破产程序、清偿还债程序进行拍卖,使抵押权人优先受偿。可见浮动抵押权的执行是很特殊的。

我们已经介绍了浮动抵押制度,现在来看《物权法草案(第六次审议稿)》。首先,它将标的物限定为动产。浮动抵押的标的物本应是抵押人现在所有和将来所有的全部财产,包括企业的动产、不动产、知识产权、债权等,因此可以担保较大的借款,可以发挥较大的担保作用。而草案将不动产、知识产权、债权等全部排除在外,仅剩下动产。一个企业,不动产是最值钱的,动产往往不怎么值钱,同时又将那些值钱的知识产权、股权、债权等排除在外,这种在标的物上的限定是不合适的。其次,在设立浮动抵押的主体上没有作出限制,没有限定于大企业,把主体扩大到所有企业甚至个体工商户、农户。在我国,公司企业包括股份有限公司、有限责任公司,非公司企业包括合伙企业等。对于大多数中小企业来说,它们有多少动产?它们在市场中经受风险的能力很低,破产了怎么办?除了企业,还有个体工商户,个体工商户的财力更有限,经受风险的能力更小。还有农户,农户的动产很少,价值也很低。所以说,草案在主体上不加限制,扩大到所有企业、个体工商户、农户,毫无理由。这样做的结果必然会滋生骗保骗贷,致使浮动抵押权人的权利就等于零。

所以,这样规定是危险的,它会进一步助长骗保骗贷。在现代市场经济中,诈骗丛生,骗的是谁?小骗子骗个人,骗的是退休的老太太、老头。大骗子骗的是谁?就是银行。改革开放以来,银行遭受的诈骗、欺诈、骗保骗贷何其多!不然为何有如此巨大的不良资产,如此多的呆账需要国家专门制定法律法规予以解决?这都是因为它们遭受到了欺诈而造成的,再加上我们的银行转入市场经济的时间不长,它们的管理制度不严,你看凡是银行上当受骗的,一定是内外勾结。这样的教训特别多。改革开放以来,最早推出的委托贷款,最后导致银行遭受多大损失?!还有债券回购,导致多大损失?!然后是机动车保证保险的融资贷款,导致银行多大损失?! 现在物权法轻率地规定动产浮动抵押,可以预见将会导致又一个诈骗银行、骗保骗贷的浪潮,必将给各银行造成巨大的损失,导致市场经济秩序极大的混乱。

七、是“权利质权”还是“债权转让”

《物权法草案(第六次审议稿)》第224条规定:“债务人或者第三人有权处分的下列权利可以出质:(一)汇票、支票、本票;(一)债券、存款单;(三)仓单、提单;(四)可以转让的股权;(五)可以转让的注册商标专用权、专利权、著作权等知识产权中的财产权;(六)公路、桥梁等收费权;(七)应收账款;(八)法律、行政法规规定可以出质的其他财产权利。”

本条在现行《担保法》关于权利质权规定的基础上,增加规定“公路、桥梁等收费权”和“应收账款”可以设立权利质权。在经济生活中,可以发挥融资担保作用的,不限于担保物权制度。“公路、桥梁等收费权”和“应收账款”融资,属于典型的“债权转让”,是《合同法》上的制度,而与物权法上的“权利质权”制度无关。规定公路、桥梁等收费权和应收账款可以设定权利质权,在理论上是错误的,在实践中是有害的。

为什么规定公路、桥梁等收费权和应收账款可以作为权利出质呢?因为起草人没有注意到,现实生活中发挥融资担保作用的不一定都是担保物权。担保物权可以担保融资,但担保物权以外的担保手段、融资手段还有很多,如“指定账户”“债权转让”“共同债务人”,都是担保手段。我们的保证不是担保手段吗?那个定金不也是担保手段吗?押金不也是担保手段吗?所以说发挥担保作用不等于就是担保物权,担保物权是发挥担保作用手段中的一种。

这里讲到了共同债务人,共同债务人在《担保法》中没有规定,实际上一些成熟的企业及一些有经验的律师常常采用这样的担保手段。什么叫共同债务人呢?比如,甲企业向银行贷款,银行对它的信用没有信心,通常找一个大企业或公司作为保证人,保证人起到担保作用。如果银行的律师或法律顾问比较精明,他会让银行找个大型企业在借款合同中的借款人一栏签字。这样一来,该借款合同就是两个借款人,一个是真正的借款企业,另一个是名义上的借款企业,该企业起担保作用的。这就运用了债权法上的连带债权、连带债务这个制度。两个债务人之间是连带责任,到执行债权的时候,银行想告谁就告谁,谁有钱就告谁,所以这是一种最有利、最简便的担保形式。这并没有产生担保物权,甚至连担保权都没有产生,只是利用连带债权债务,是作为债务人发挥担保功能。

在担保物权中,一个权利、一个标的物为什么可以设立担保呢？动产质权与不动产抵押权,一个是移转占有,一个是不移转占有。不移转标的物的占有,叫作抵押,但是要办理抵押登记;转移标的物的占有,叫作质押,产生质权,不需要登记。不动产抵押为什么不需要移转占有呢？原因在于标的物是不动产,是不可移动的财产,用老百姓的话说,“跑得了和尚跑不了庙”。这个庙跑不掉,抵押权人的权利附着在这个庙上,和尚跑了,我向法院申请,拍卖你这个庙就行了。不动产是不可以移动的,符合“跑得了和尚跑不了庙”的一般社会经验,因此设立抵押不需要移转占有。动产不行,动产会跑,不但汽车会跑,摩托车也会跑,机器设备也会被别人抬走,马牛羊也会跑,那怎么办呢？非移转占有不可。为什么要移转占有？设定担保物权后,债务人把动产卖了、送人了,人也跑了,这时候债权人遭受损害就毫无救济之道。因此,动产质押非移转占有不可。法律上规定,动产质押以移转占有为生效条件,还进一步规定,一旦质权人丧失对动产的占有,权利就消灭。

再说权利质权。权利是无形的、无体的,怎么判断它是动还是不动呢？适合权利质押的不是一般的权利,而是有权利凭证的权利。这个权利凭证不是一般意义上理解的权利凭证,是有价证券,即汇票、本票、支票、仓单、提单,还有股票和债券。注意,权利凭证是需要法律明文规定、严格限制的,汇票票面应该有哪些字、有什么图案,背面应该划分几栏,怎么背书,怎么转手等,法律都有严格的规定。必须注意,可以作为权利质押的不是一般的权利凭证,而是有价证券。

什么是有价证券？大家想一想《海商法》中的提单、《合同法》中的仓单,教科书上叫债权凭证。什么是债权凭证呢？就是债权的享有和行使,必须以该凭证为根据。谁拿着提单,谁就有权提货,谁就享有提货的债权。仓单也是如此。提单、仓单不仅是债权凭证,它们还是物权凭证。为什么说是物权凭证呢？提单交付就代表物的交付,代表所有权的过户,谁持有提单,就推定谁是货物的所有权人。可见,仓单、提单不是一般的权利凭证,它是有价证券,是债权凭证,还是物权凭证。汇票、本票、支票、股票和债券等,只是债权凭证,不是物权凭证。

设立权利质押,需将权利凭证交给质权人占有。为什么要把权利凭证交给质权人占有呢？在权利质押的情形下,只有把权利凭证交给债权人,他才放心。为什么他会放心？因为仓单、提单、汇票等这些权利凭证的性质决定了谁拿着这些权利凭证,谁就享有这些权利。要提货、取款必须根据权利凭证,权利凭证就代表金钱债权,就代表货物所有权,代表提取货物、得到货币的权利。因此要移转权利凭证的占有,质权人通过占有权利凭证来达到控制这些权利的目的。那么,没有权利凭证的某些权利要设立质押,怎么办呢？比如可以质押的股权一些公司债不发行票面的权利凭证,而是记账式。对于这些权利虽然没有权利凭证,但有登记制度,可以通过质押登记达到控制这些权利的目的。

这就是说,设立权利质押的权利一定要有条件,不是所有的权利都可以设立权利质押。这个条件就是,要么有权利凭证,要么有登记制度,并且可以通过移转权利凭证的占有或者通过办理质押登记来达到控制质押的权利的目的。反过来,如果一个权利既没有权利凭证也没有登记制度,或者虽有权利凭证或者登记制度,但不能通过移转权利凭证的占有或者通过办理质押登记来达到控制该项权利的目的,就不能设立权利质权。公路、桥梁收费权和应收账款,是既没有权利凭证,也没有登记制度的权利,也就不能通过移转权利凭证的占有或办理质押登记来控制该项权利。

公路、桥梁收费权不适于设立权利质押。因为,它既没有权利凭证也没有登记制度。有人问,我们通过物权法给它创设一个权利凭证,或者给它设计一个登记制度不就行了吗?退一步讲,如果创设一个公路、桥梁收费权凭证,设计一个公路、桥梁收费权登记制度,能否通过移转凭证的占有或办理登记达到控制公路、桥梁收费权的目的呢?大家想一想,过往车辆来来往往,谁来收费?还不是原来的权利人去收费吗?既然设立了权利质押却仍由原来的权利人去收费,你怎么控制他的钱袋?

有人会说,我们再建立一个制度,要求债务人必须在债权人银行开立账户,他收的过路费必须存入这个账户。这样做当然可以达到控制该权利的目的,但这样做就属于另外一个担保手段,叫指定账户。他只要设立指定账户就够了,又何必画蛇添足设立权利质押?还有一个办法,就是由贷款银行自己收费或者委托中介机构收费。这不就是合同法上的债权转让吗?公路、桥梁收费权的权利性质决定了,过往车辆非收费不可。办理了所谓的登记也好,移转了所谓的权利凭证也好,只要让权利人自己收费,就控制不了该项权利,就不能对贷款银行起什么担保作用。

据银行方面介绍,现在某些银行接受以公路收费权担保融资的做法是,仍然由借款人自己收取过路费,再由贷款银行专人专车到收费站接收当天收费金额,存入借款人在贷款银行开设的特定账户。显而易见,其所采取的担保方式绝非“权利质押”,而属于“指定账户”。所谓“指定账户”担保方式,是双方在贷款合同上附加“指定账户”条款,约定借款人所收取的某项金额必须存入在贷款银行开设的特定账户,该账户内金额的支取使用必须经贷款银行同意。“指定账户”担保方式亦有不足,这就是借款人可能违背约定而不将收取金额存入指定的账户。前述由贷款银行每天派专人专车到收费站接收当天收费金额的做法,正是要弥补“指定账户”担保方式的这一不足。可见,公路、桥梁收费权融资,最为简便、可靠的担保方式是由贷款银行自己(或者委托他人)收取过路费、过桥费,亦即采取债权转让方式。

应收账款也不能设立权利质押。什么是应收账款?就是出口商在出口商品后对进口商所享有的货款债权,叫应收账款债权。出口商出口货物后怎么收回货款呢?教科书上说可以采取信用证的方式。过去的教科书说信用证是最安全的,那么到底安不安全呢?看看改革开放以来人民法院受理的信用证诈骗案件数量,就知道信用证这种方式并不是安全的,容易滋生信用证诈骗。同时进口商要开出信用证,要先拿一笔钱存在银行开立信用证账户,银行才会开出信用证,而这样一笔钱存在银行,就会影响进口商的经营,对进出口的发展不利。因此 20 世纪 90 年代发展出一种新的方式,这种新的方式叫“保理”。

“保理”是什么意思?就是应收账款债权的转让。按照 1988 年《国际保理公约》的规定,出口商把应收账款债权转让给出口商所在地的银行,受让应收账款债权的银行,要么为出口商提供融资,要么为出口商收款,要么替出口商管理账户,或者为出口商防范债务人违约。出口商把应收账款债权转让给银行以后,只要该银行提供了上述四种功能中的两种,就构成保理合同,银行叫保理商。

保理商受让应收账款债权之后怎么办呢?它会把该项应收账款债权转让给进口商所在国的银行,这个银行往往就是进口商的开户行。进口商所在国的银行在受让应收账款债权以后怎么办呢?向进口商要钱就行了。万一进口商有抗辩权,如产品质量不合格,或者有同时履行抗辩权,拒绝付款怎么办?在这种情况下,进口商所在国的银行就又把应收账款债权反方向地转让给出口商所在国的银行。出口商所在国的银行取得应收账款债权以后再找出口商退钱,若不退就在出口商的账户中扣掉。这就是保理,是用来代替信用证的一种制度。

但是 1988 年《国际保理公约》对保理有限制。首先,银行要么承担融资,要么收款,有这样的目的限制。其次,限于进出口合同,限于商人之间的合同中的应收账款债权才可以实行保理。该公约没有解决一个问题,就是进出口合同中有禁止转让条款怎么办?进出口合同当事人约定了一个禁止转让条款,如果出口商把应收账款债权转让给银行,那么当事人之间的禁止转让条款对于受让人有效还是无效?能不能对抗受让人?如果能够对抗受让人,转让就无效,受让人就不能得到应收账款债权。

关于这个问题,《国际保理公约》没有达成一致的意见。存在两种方案:以美国为首的意见是不能对抗受让人,当事人在合同上有禁止转让条款,这个禁止转让条款只在当事人之间有效,不能对抗应收账款债权转让的受让人。其他国家认为,当事人之间禁止转让,这也是合同自由,既然符合合同自由,是当事人真实意思表示,当然具有对抗他人的效力。于是《国际保理公约》规定,参加国可以选择保留,使禁止转让条款有效。《国际保理公约》还遗漏了一个重要的问题没有解决,就是一个出口商把一笔应收账款重复转让给两个以上的银行、两个以上的受让人时怎么办?哪一个转让有效?哪一个受让人享有权利?《国际保理公约》中根本没有讨论这个问题,没有提出对策。因此,这不利于国家间应收账款转让的发展。

由于《国际保理公约》有这些缺点,联合国国际贸易法委员会在1992年提议起草一个应收账款融资与应收账款转让的国际公约。该公约在2001年完成,在联合国大会通过后向各主要国家和地区开放签字。该公约起草的时候叫作《联合国国际贸易中应收账款融资与应收账款转让公约》,最后完成以后,把"应收账款融资"删去了,就叫《联合国国际贸易中应收款转让公约》。为什么要把"应收账款融资"删掉呢?因为该公约对应收账款转让废除了目的限制。《国际保理公约》规定银行要么融资,要么收款,等等,从目的上进行限制。《联合国国际贸易中应收款转让公约》把任何限制都取消了,只要把应收账款债权转让给银行,就叫应收账款转让,就适用《联合国国际贸易中应收款转让公约》。

前面讲到,进出口合同,才可以适用《国际保理公约》,现在《联合国国际贸易中应收款转让公约》把合同性质的限制也取消了。国内的合同、进出口合同,甚至对方是消费者的合同,都可以适用该公约,都可以进行应收账款转让。并且,将来的应收账款,还没有发生的应收账款债权,或者签订了合同还没有交货,将来可能发生的应收账款债权也可以转让。前面讲到当事人在合同中规定了禁止转让条款的情形,《联合国国际贸易中应收款转让公约》明确禁止转让条款不能对抗受让人。不仅禁止转让条款不能对抗受让人,当事人在合同上对应收账款债权转让所附加的任何限制,对于受让人都是无效的。当然,应收账款基础合同中的禁止转让条款在当事人之间还是有效的。《联合国国际贸易中应收款转让公约》在债权法上的债权转让通知之外,规定了付款指示,并且规定如果债务人收到付款指示以后还把货款还给原来的债权人,他不能免责。换言之,债务人能否免责以收到付款指示为标准。

特别值得注意的是,《联合国国际贸易中应收款转让公约》对于重复转让有规定。关于重复转让,一个应收账款债权转让给了两三个银行,有两三个受让人,哪一个受让人享有应收账款债权呢?美国的方案是,应当按照应收账款转让在国际注册体系的注册时间的先后为准,注册在先的受让人享有应收账款债权。德国的方案是,以债权转让合同成立的时间先后为准,成立在先的债权转让合同有效,后面的债权转让合同就无效,成立在先的债权转让合同的受让人享有权利。德国人的理论就是,一个应收账款债权,转让给张三之后,就没有权利再转让给李四,再转让给李四就构成无权处分,当然不能够有效,他们严格以债权转让合同的成立时间先后为准。英国、日本、西班牙采取第三种方案,以债务人收到债权转让通知的时间为准。债务人收到债权转让的通知,第一份转让通知上的受让人享有应收账款债权。

这三种方案在《联合国国际贸易中应收款转让公约》制定过程中达不成一致意见。所以公约中不得已设计了一个附则,附则中同时规定了这三种方案、三种规则,然后专门有一条规定,参加方可以随时声明接受附则中三种方案中的哪一种。如果接受第一种,以注册登记的时间为准的话,同时要加入一个专门的国际注册体系;如果接受第二种方案,以合同成立的时间先后为准,声明就可以了;接受第三种方案,以接到债权转让的通知先后为准,只要随时声明就可以。

由于《联合国国际贸易中应收款转让公约》附件中规定了三种方案,第一种方案中谈到以注册时间先后为准,并谈到了注册体系,很容易使人联想到物权法上的登记。但是这个注册是物权登记吗？是不是因为登记就产生了一个担保权呢？《联合国国际贸易中应收款转让公约》规定，参加方接受第一种方案，以注册的时间先后为准，要求加入一个国际注册体系，使一些人误认为这就是担保权登记。登记决定了先后顺序，这不就是担保权吗？这可能是把应收账款这个债权转让误解为权利质权的原因。《联合国国际贸易中应收款转让公约》和《国际保理公约》都是规定应收账款债权转让，没有讲到权利质押或者应收账款债权质押，没有讲到担保物权、担保权益等，就是一个债权转让制度。物权法却将应收账款纳入权利质权制度。

据了解，目前我国绝大多数银行都没有开展保理业务，都没有开展这样一种应收账款债权转让的业务，对于这两个公约不熟悉。只有个别银行，例如交通银行，在制作的合同文本中，有一个保理合同的文本。立法机关在作规定的时候开了一个专家论证会，请的都是银行方面的专家。据说会上的一致意见是，《物权法草案》要规定应收账款权利质押。这样，就把一个普通的债权转让制度在物权法上作为权利质押来规定，和国际的实践截然相反。

有的学者也主张应收账款债权质押，理由是《物权法草案》未规定让与担保。他们没有注意到发达国家的“让与担保”适用于物权和物权取得权。例如，购房人将已经享有的房屋所有权、土地使用权让与贷款银行，或者将请求开发商交房及移转房屋所有权和土地使用权的权利让与贷款银行，以担保银行对于购房人的贷款债权。再如，承租人将所购买机器设备的所有权让与租赁公司，以担保租赁公司为承租人向设备供应商垫付价款的债权。简而言之，“让与担保”适用于动产、不动产所有权的让与和用益物权的让与，以及取得动产、不动产所有权及用益物权的权利的让与。而以金钱债权作为融资担保，如属于特别金钱债权，可以采用权利质押方式；如属于普通金钱债权，则可采用债权转让方式。《物权法草案》没有规定让与担保制度，并不妨碍应收账款债权融资，因为应收账款属于普通金钱债权，直接采取现行《合同法》上的债权转让方式就行了。

应收账款债权属于既没有债权凭证也没有登记制度的普通金钱债权,其权利行使无须根据权利凭证或者办理登记,当然不能通过移转权利凭证的占有或者办理质押登记,达到控制该权利的目的。即使在物权法通过后,为应收账款债权创设所谓权利凭证或者登记制度,将所谓权利凭证交给质权人占有或者办理所谓质押登记,也对应收账款债权的债务人没有约束力,既不能阻止应收账款债权人向应收账款债务人追偿,也不能阻止应收账款债务人向应收账款债权人清偿。债务人一旦向应收账款债权人清偿,该应收账款债权当然消灭,该应收账款债权上附着的贷款银行的权利质权也当然随之消灭。

如果应收账款债权融资采取债权转让方式,一旦应收账款债权人与贷款银行成立债权转让合同,贷款银行即成为该项应收账款的新债权人,原债权人即从该债权债务关系中退出。债务人一旦收到债权转让通知或者知道债权转让事实,就不能再向原债权人清偿。如该债务人在收到债权转让通知或者知道债权转让事实之后仍向原债权人清偿,其对于受让人贷款银行的债务并不消灭,仍然要对受让人贷款银行承担债务清偿责任。

质言之,债权转让的实质是原有债权债务关系的债权主体的变更,对于债务人当然具有约束力。而债权质押,是在原有债权债务关系之外,由债权人(质押人)与贷款银行(质权人)成立另一法律关系(质押合同关系)。基于合同相对性原理,此项质押合同关系对于作为第三人的债务人无约束力。如果贷款银行(债权人)不能通过占有债权凭证或者办理质押登记,阻止债权人(质押人)对债务人行使债权、阻止债务人对债权人(质押人)清偿债务,则该贷款银行(债权人)的权益将得不到任何保障。可见,应收账款债权不适于债权质押,只适于债权转让,是由应收账款债权属于普通金钱债权的性质所决定的。

如前所述,《物权法草案》规定应收账款债权质押,在理论上是错误的,在实践上是有害的。如果不删掉它,将来银行开展保理业务,以应收账款担保融资,不是适用《合同法》关于债权转让的规定,而是适用物权法的规定,不仅难以操作,并且将有极大的害处。

第二部分

物权法解析

《中华人民共和国物权法》的制定*

一、中国制定物权法的背景

(一)制定物权法是改革开放和实行社会主义市场经济体制的必然要求

中华人民共和国成立后,曾几次起草民法典。第一次是1954年开始,至1956年12月完成《民法草案》,分为总则、所有权、债、继承四编,共525条。此后开展整风、反右运动而致起草工作中断。第二次是1962年开始,至1964年7月完成《民法草案试拟稿》,仅分三编:总则、财产的所有、财产的流转。因1963年开始的"四清运动"而中断。这两次起草的民法典草案,都未规定物权法编,未采用物权概念。

中共中央十一届三中全会决定实行对外开放政策,发展商品生产和商品交换,民法典起草工作再次提上日程。自1979年11月至1982年5月,先后起草了《民法草案》(1—4稿)。至1982年,立法机关考虑到经济体制改革刚刚开始,各种经济关系处在变动中,决定暂停民法典起草工作,转而采取先分别制定民事单行法,待条件具备时再制定民法典的立法方针。至1985年,已先后颁布《经济合同法》《涉外经济合同法》《继承法》《专利法》《商标法》等单行法。鉴于民事立法中若干基本原则和基本制度不应由单行法分别规定,1986年颁布《民法通则》。因关于是否采用物权概念发生分歧,致《民法通则》未采用物权概念,而用"财产所有权和与财产所有权有关的财产权"一语代替。

---

* 本文原载吴汉东、陈小君主编:《私法研究》(第6卷),法律出版社2008年版。

进入20世纪90年代,改革开放的方向和目标已经确定,这就是建立和实行社会主义市场经济体制。因废止资金使用的行政拨款制度,改行资金有偿使用的借款合同制度,因而注意到担保物权制度的作用;因改革国有土地使用的行政划拨制度,实行国有土地出让的有偿使用制度,发生土地所有权与使用权的分离,要求创设新的法律制度和权利类型。

自20世纪80年代中期开始,发生了严重的"三角债"问题和金融机构的巨额不良债权问题,原因是担保物权制度的缺位。至90年代初,立法、司法和理论界已就承认物权概念和制定物权法达成共识,并于1993年开始起草《担保法》,于1995年通过并施行。《担保法》规定了包括一般抵押权、最高额抵押权、动产质权、权利质权和留置权的担保物权制度,为保障金融机构的债权和回避融资风险提供了有效手段,对于防止"三角债"和减少金融机构不良债权发挥了重要作用。同时,《担保法》的制定和实施,也为采用用益物权制度规范土地使用关系、为物权法的制定铺平了道路。

(二)制定物权法是巩固改革开放成果,发展社会主义市场经济的必然要求

市场经济体制下的资金供给采取融资方式,关键是融资风险问题。无论在正常的经济环境或者经济环境发生异常变动的情况下,要切实保障金融机构都能够按期收回贷款本金和利息,尽量减少和避免发生不良债权,唯有依赖完善的担保物权制度。

从境外立法看,凡市场经济发达的国家和地区,均有完善的担保物权制度。担保物权,属于物的担保,相对于人的担保即保证合同更为切实可靠,是确保金融机构债权和化解金融风险最有效的法律手段。中国在发生"三角债"和金融机构遭遇巨额不良债权之后,于1995年制定《担保法》规定了担保物权制度,虽然属于"亡羊补牢",且受到不动产登记制度和登记机构不统一的制约,却仍然对此后避免和减少"三角债"和不良债权发挥了重大作用。因此,有必要在总结《担保法》实施以来实践经验的基础上,参考发达国家和地区的经验,通过制定物权

法以完善担保物权制度,保障金融机构的合法权益,化解和回避融资风险,保障社会主义市场经济持续稳定发展。

中国在90年代初开始实行国有土地有偿使用制度,采用行政法规形式规定国有土地使用权出让、转让制度。由于当时没有制定物权法,没有用益物权制度,甚至没有物权概念,企业以支付出让金为代价所取得的对于国有土地的使用权,已经与合同债权不相符合。但究竟属于什么性质的权利,其权利具有什么样的法律效力,应当如何从法律上予以规范和给予保护,这些问题都不清楚。例如,当时的制度规定建设用地使用权期限届满,地上建筑物无偿归属于土地所有权人,以及土地闲置2年地方政府即可强行无偿收回土地等,均与用益物权性质不符,不利于切实保护国有土地使用关系各方的合法权益,不利于建立和维护国有土地使用的法律秩序。因此,有必要制定物权法,规定完善的用益物权制度,实现建设用地使用关系的物权化,切实保障国有土地使用关系各方的合法权益,减少和避免国有土地出让、转让中的违法行为,促进国有土地的合理使用,保障国有土地使用关系的法律秩序,从而巩固改革开放所取得的成果并促进社会主义市场经济的发展。

中国农村经济体制改革的基本经验,可以归结为农地所有权与农地使用权的分离,即由原来人民公社体制之下的集体所有、集体使用,改为集体所有、农户使用。此前所采取的法律形式是合同形式,这种以家庭联产承包责任制合同为基础的农地使用关系,存在若干缺点:(1)农户根据承包合同取得的土地使用权,属于债权性质,法律效力较低,特别是债权属于相对权,不能抗拒来自发包人和乡村干部的各种干涉和侵害。这是广大农村经常发生侵害农民权益的行为而不能彻底解决的原因。(2)债权性农地使用权以承包合同的期限为期限,容易导致农户的短期行为,不利于农村经济长期稳定发展。(3)农地使用权转包或出租须经发包方同意,不利于土地资源的优化配置。(4)农户所享有的权利和负担的义务,取决于承包合同的规定,难以做到明确和公平合理,并经常发生发包方单方面修改合同,加重农户负担、损害农户利益的情形。(5)于承包农地被国家征收时,仅补偿土地所有权人,作为农地使用权人的承包户不能获得补偿,对承包农户极不公平。因此,有必要制定物权法,规定用益物权制度,为实现农地使用关系的物权化提供法律根据,使农户对农地的使用权由债权转变成物权,具有对抗土地所有权人的效力,使改革开放以来实行的家庭联产承包合同制度平稳过渡到用益物权制度,保护广大农户的经营自主权,进一步激发其生产积极性,保障中国农村经济的长期持续稳定发展,从而巩固农村改革的成果并促进社会主义市场经济的发展。

(三)制定物权法是保护人民群众财产权,全面建设小康社会的必然要求

中华人民共和国历史上,曾经发生过侵犯人民私有财产的违法行为。在50年代后期刮起所谓"共产风",即以人民公社名义无偿剥夺社员房屋、禽畜、农具、林木等私有财产,严重损害了人民群众的生产积极性和党在人民群众中的威信。60年代初期,中共中央决定纠正"共产风",对"共产风"期间无偿剥夺的私有财产进行清理和退赔。1962年9月27日,中国共产党第八届中央委员会第十次全体会议通过《农村人民公社工作条例修正草案》(以下简称"六十条"),首次规定了社员私有财产的保护问题。

"六十条"第41条规定,"社员家庭副业的产品和收入,都归社员所有,都归社员支配"。第44条规定:"人民公社社员,在社内享有政治、经济、文化、生活福利等方面一切应该享受的权利。人民公社的各级组织,对于社员的一切权利,都必须尊重和保障。……要保障社员个人所有的一切生活资料,包括房屋、家具、衣被、自行车、缝纫机等,和在银行、信用社的存款,永远归社员所有,任何人不得侵犯。要保障社员自有的农具、工具等生产资料,保障社员自有的牲畜,永远归社员所有,任何人不得侵犯……"第45条规定:"社员的房屋,永远归社员所有。……任何单位、任何人,都不准强迫社员搬家。不得社员本人同意,不付给合理的租金或代价,任何机关、团体和单位,都不能占用社员的房屋。如果因为建设或者其他的需要,必须征用社员的房屋,应该严格执行国务院有关征用民房的规定,给以补偿,并且对迁移户作妥善的安置……"

在贯彻执行“六十条”和中共中央关于经济工作的“调整、巩固、充实、提高”的“八字方针”,逐步克服由于工作失误和严重自然灾害造成的困难,国民经济开始发展之后,中共中央再次采取了错误的思想路线,发动了持续10年之久的“文化大革命”。“文化大革命”期间,发生了侵犯人民人身权和财产权的违法行为,留下惨痛的教训。这就是,必须切实保护人民人身权和私有财产权,而且保护人民的人身权和私有财产权必须依靠法律。为此,必须尽快制定保护人民人身权和私有财产权的法律制度。

1986年通过、1987年起实施的《民法通则》第75条规定,“公民的合法财产受法律保护,禁止任何组织或者个人侵占、哄抢、破坏或者非法查封、扣押、冻结、没收”。所具有的重大意义在于,承认公民私有财产属于法律上的权利,并赋予公民私有财产权对抗“任何组织或者个人侵占、哄抢、破坏或者非法查封、扣押、冻结、没收”的法律效力。但以《民法通则》第75条为基础的保护私有财产法律制度存在严重不足,这就是在财产权保护的指导思想上,没有贯彻对国家、集体和私有财产的平等保护原则。

在这种特殊保护国家财产的指导思想之下,不可能切实、妥善地保护人民私有财产权益。当人民私有财产受到来自一般人的侵犯时,法律尚可发挥保护受害公民、制裁加害人的作用;当人民私有财产受到国家机关、地方政府滥用行政权力的侵害时,法律保护的天平往往向国家机关、地方政府和国有企业一方倾斜,人民私有财产不可能获得平等的法律保护;当人民私有财产的保护与对国家财产的保护发生冲突时,必然要牺牲私人的财产权益而确保国家的财产权益。进入21世纪以来发生的“强制拆迁”“圈地热潮”等滥用公权力、侵犯人民私有财产权的严重事件,充分表明了这一点。

经过近30年的改革,中国社会经济状况已经发生根本性的变革,其基本特征是公有制经济与非公有制经济并存。在公有制经济和非公有制经济的基础上实行社会主义市场经济,非公有制经济和公有制经济在法律地位上应当是平等的,不应有高低贵贱之分,要求获得平等的法律保护。因此,要求完善保护私有财产的法律制度,特别要抛弃因所有制不同而区别对待的陈旧观念,仅着重于财产之取得是否合法,公民合法取得的财产应当受到与对国家财产和集体财产同等的法律保护。

社会主义市场经济发展的结果是,广大人民群众的财产状况发生重大变化。城镇长期实行的对于国家机关干部、企事业单位职工的低工资制度、生活消费品的计划供应制度和福利房制度已经废止,城镇人口的生活水平大幅度提高。大部分城镇居民,或者从本单位购买原居住的公房,或者购买商品房,都有了私有房屋。据2005年统计,城镇人均住房面积为26平方米以上。许多家庭有了机动车,加上彩电、冰箱、洗衣机等家用电器的普及,城镇居民普遍拥有了一定数量的不动产和动产。农村改革使广大农村人口,除西部自然条件特别恶劣的少数地区外,不仅解决了温饱问题,而且生活水平有了很大提高。尤其在东部和中部经济比较发达的地区,农民居住的房屋由草房、土坯房改为砖瓦房,再由砖瓦房改为二三层的楼房,城乡差距正在缩小。据2005年统计,农村人均住房面积为29平方米以上。这就要求从法律上对于私人财产包括动产和不动产物权给予明确规定并予以切实、平等的法律保护。

广大人民群众私有财产的保护问题,与实现中共中央提出的全面建设小康社会的目标有关。全面建设小康社会的目标的实现,最终要由全体人民实际拥有的私有财产的总量来验证。而小康社会的实现,要靠广大人民群众自身的劳动积极性的进一步发挥,要靠激发和维持全社会的创造活力。怎么样才能进一步激发广大人民群众的生产积极性?才能维持全社会的创造活力?其必要条件是,广大人民群众积累的财产能够受到与国家财产、集体财产同等的、切实的法律保护。因此,有必要制定物权法,进一步完善保护私有财产的法律制度。

(四)制定物权法是限制公权力的滥用,真正实现依法行政的需要

改革开放以来,滥用行政权力,侵犯公民人身权的违法行为、侵犯公民和法人财产权的违法行为十分严重和普遍,这些严重违法行为的发生,有其深层次的原因,那就是法律观念问题。长期支配领导干部和

公务员的思想和行为的法律观念,是公法观念、公权观念。公法观念和公权观念,把国家自身当成目的,认为整个社会生活,无论是政治生活还是民事生活,都应当受公权力的支配。政府、行政机关、领导干部、公务员是行政权力的执掌者,是管理者,人民是被管理者,人民必须服从他们的管理。而按照私法观念和私权观念,国家本身不是目的,国家存在的目的,国家机关、公务员的职责,是为了保护人民的私权,为大多数人民谋利益。这是两种截然不同的法律观念。

中国曾经长期实行单一公有制和计划经济,在这样的经济基础之上不可能自发产生私法观念、私权观念。改革开放以来,主要是从上到下、运用行政手段推行向市场经济的转轨,虽然中央的公权力有所削弱,但地方的公权力膨胀了、扩张了。加之没有及时制定一部完善的民法典,致使社会生活中长期缺乏私法观念和私权观念,造成私权软弱而公权强大,公法观念、公权观念一直占据支配地位,支配着公务员队伍、领导干部的思想和行为。虽然自改革开放以来制定的许多法律、法规,其内容是符合市场经济的本质和要求的,是符合民主和法治方向的,但由于整个社会在观念层面上还是公法观念、公权观念占据支配地位,造成这些正确的、进步的、规定保护人民人身权利和财产权利的法律法规得不到切实的实施。

这有些像哲学解释学上说的“语境”“前见”。现在的许多法律、法规究其内容,是符合市场经济和民主法治的要求的,但解释、适用这些法律、法规的“语境”和“前见”是属于计划经济的。中国的经济基础已经转轨到市场经济体制上来,在制度层面虽然制定了许多反映市场经济和民主法治的法律、法规,但由于采用渐进式改革,导致公权力的强大和滥用,公法观念、公权观念一直占据支配地位。在公法观念、公权观念这种“语境”和“前见”之下,那些反映市场经济和民主法治要求的法律法规不可能得到正确的实施。

现在中国政府提出了“全面推进依法行政”的目标。但依法行政首先并不是行政程序问题,而是公权力的界限问题。公权与私权之间的界线,不是靠行政法来确定的,而是靠私法来确定的。物权法规定人民和企业享有的动产和不动产"物权",是"排他性"的权利。物权的"排他性",不仅排除一般人的干涉,而且"排除国家的干涉"。警察没有事先取得搜查证,强行进入他人房屋,就要构成违法行为,所搜出的物证属于非法证据,不具有证据效力。物权界限之外,属于公共场所,是公权力活动的范围;物权界限之内,是私权利的活动空间。

现实中发生滥用公权力、严重侵犯公民财产的违法行为,一个重要原因是公务员队伍、地方政府领导人不具有物权观念、私权观念。例如地方政府成立所谓"拆迁办",动用公权力强拆老百姓的房屋;整顿交通秩序没收所谓"黑出租""黑摩的"并予以销毁;为了市容、市貌而没收、毁损流动摊贩的商品和三轮车;等等。其用心可能是好的,却构成严重的违法行为,造成的影响是极为恶劣的,尤其严重损害了人民政府在广大人民群众中的形象和威信。

因此,有必要制定物权法,通过物权法规定的物权定义,使警察、公务员、国家机关干部、地方党政领导人知道物权具有"排除他人干涉"的效力,认识物权是"排他性"的权利,牢固树立物权观念、私权观念。只有这样,才能够限制公权力的滥用,才能真正实行依法行政,才能真正实现民主法治、公平正义的和谐社会。

二、中国物权法立法的开始

1998 年 1 月 13 日,第八届全国人大常委会王汉斌副委员长邀请 5 位民法教授①座谈民法典起草工作,5 位教授一致认为起草民法典的条件已经具备,王汉斌副委员长遂决定恢复民法典起草工作,并委托 9 位学者专家组成民法起草工作小组②,负责起草民法典草案和物权法草案。

---

① 中国政法大学的江平教授、中国社会科学院法学研究所的王家福研究员和梁慧星研究员、清华大学的王保树教授、中国人民大学的王利明教授。

② 民法起草工作小组的 9 位成员是:江平(中国政法大学)、王家福(中国社会科学院法学研究所)、魏振瀛(北京大学)、王保树(清华大学)、梁慧星(中国社会科学院法学研究所)、王利明(中国人民大学)、肖峋(法制工作委员会退休干部)、魏耀荣(法制工作委员会退休干部)、费宗祎(最高人民法院退休法官)。

1998年3月25—27日召开民法起草工作小组第一次会议，议定“三步走”的规划：第一步，制定统一合同法，实现市场交易规则的完善、统一和与国际接轨[③]；第二步，从1998年起，用4～5年的时间制定《物权法》，实现财产归属关系基本规则的完善、统一和与国际接轨；第三步，在2010年前制定民法典，最终建立完善的法律体系的目标。

这次会议专门讨论了梁慧星预先拟定的《中国物权法立法方案（草案）》。该立法方案的主要内容如下：

（一）制定物权法的指导思想

（1）强调个人利益和社会公益协调发展的权利思想，在强化对个人和企业权利切实保护的同时，兼顾对社会公益的保护，禁止权利滥用。（2）坚持对财产所有权的一体保护原则，凡合法取得的财产，不分公有或私有给予同样的保护。不以生产资料所有制性质划分所有权类别。仅对公有物、公用物（国家专有财产）作特别规定。（3）国家基于公益目的并予公正补偿，可以征收农村集体的土地所有权和个人、企业土地使用权。非公益目的用地，由国家批给指标，再由用地单位与土地所有权人或使用权人协商签约。（4）鉴于国有企业实行公司化改组后，国家与企业之间的财产关系属于公司法调整的范围，且企业财产权中包括物权、债权、知识产权及人格权，应分别适用各有关法律规定，因此不宜在物权法上概括规定“国有企业财产”的归属问题。（5）实行农地使用关系的物权化，农地使用权期限为50年，期满无法定事由，即自动延长。通过土地登记实现由债权方式的承包合同关系向物权关系的平稳过渡。

（二）制定物权法的基本原则

（1）在坚持一物一权主义的前提下，将建筑物区分所有权、企业担保等作为例外规定。（2）坚持物权法定主义原则，尽量将切合中国实际的新型物权形式纳入本法，以期适应现代化市场经济的要求。

③ 《合同法》的起草始于1993年，1993年10月拟订《合同法立法方案》，1994年1月正式开始起草，1995年1月产生《合同法建议稿》，1998年形成正式草案提交人大常委会审议，1999年3月15日经第九届全国人大第二次会议通过，同年10月1日起生效。

(3)坚持物权变动的公示原则与公信原则,不动产物权变动以登记为公示方法,动产物权变动以交付或占有为公示方法。(4)鉴于物权行为独立性和无因性理论违背交易之实态和人们的认识,徒使法律关系复杂化,对出卖人显失公平,其保护交易安全的作用已经被善意取得制度所取代,物权法不宜采取。(5)鉴于物权变动的登记要件主义,既便于实行又能保障交易安全,且为我国《民法通则》所采,因此没必要变更,应在物权法中明文规定。《海商法》和《民用航空法》中的登记对抗主义为物权法登记要件主义之例外。(6)建立统一的、与行政管理脱钩的不动产登记制度。实现五个统一,即法律根据、法律效力、登记机关、登记程序和权属文书的统一。建议设立统一的、与行政管理脱钩的不动产登记局,可考虑隶属于区、县基层法院或区、县司法局。

(三)物权法应规定的物权种类

所有权,即完全物权。其中应规定建筑物区分所有权,并规定不动产相邻关系。与完全物权相对应的是限制物权,即不完全物权,分为用益物权和担保物权两大类。拟将作为物权的土地使用权根据使用目的区分为两种,用于建筑房屋或其他建筑物的,称为基地使用权;用于耕种、养殖、畜牧等目的的,称为农地使用权。传统的地役权应予保留,改称邻地利用权。不规定典权,实务中如有发生,视为附买回约款的买卖。担保物权中,首先,应规定抵押权,包括最高额抵押、动产抵押、动产与不动产集合抵押、企业担保(浮动担保);其次,规定质权,包括动产质权和权利质权,并规定最高额质权;最后,留置权仍保留。物权法不规定一般优先权,《海商法》中的船舶优先权和《民用航空法》中的航空器优先权作为特别法上的制度。另外规定占有为事实上的支配状态,作为一种类似物权加以规定。让渡担保和香港特区法中的“按揭”(mortgage),似难以在物权法中规定,可考虑以后制定特别法。

(四)物权法的结构

各主要国家和地区物权法的结构模式大别为二。德国、日本及我国台湾地区“民法”采“五分结构”:总则、所有权、用益物权、担保物权、占有;法国、意大利民法为“三分结构”:财产、所有权、用益物权(不包括担保物权)。建议物权法采五分结构(下略)。

民法起草工作小组在讨论此立法方案之后作出决议:委托梁慧星负责按照该方案起草一部物权法草案。鉴于王利明不同意该立法方案的用益物权、建筑物区分所有权、共有和相邻关系部分,民法起草工作小组也委托王利明就其不同意部分起草物权法草案。

1999年3月,梁慧星领导的物权法立法研究课题组④完成《物权法草案建议稿》(以下称“社科院草案”)⑤,并提交法制工作委员会。同年4月法制工作委员会在北京前门饭店召开《物权法草案》专家讨论会⑥,讨论社科院草案。

2000年12月王利明领导的中国人民大学课题组完成《物权法草案建议稿》⑦,同月28日、29日法制工作委员会在北京北郊九华山庄召开物权法专家讨论会⑧,讨论王利明负责的《物权法草案》(以下称“人民大学草案”)中的国家财产所有权和集体所有权部分。⑨

④ 课题组成员:梁慧星、孙宪忠、邹海林、张广兴、陈华彬、陈甦、崔建远、渠涛、侯利宏。

⑤ 包括:第一章总则;第二章所有权;第三章基地使用权;第四章农地使用权;第五章邻地利用权;第六章典权;第七章抵押权;第八章质权;第九章留置权;第十章让与担保;第十一章占有;第十二章附则。共435条。

⑥ 出席会议的除民法起草工作小组成员外,有谢怀栻、孙宪忠、尹田、崔建远、陈华彬、陈甦、邹海林等。由法制工作委员会顾昂然、胡康生、王胜明主持会议。会期共4天,其中3天讨论《物权法草案》,1天讨论梁慧星受委托起草的《中国民法典大纲草案》。

⑦ 第一章总则(第一节一般规定,第二节物,第三节物权的公示,第四节物权请求权);第二章所有权(第一节所有权通则,第二节国家所有权,第三节集体所有权,第四节公民个人所有权,第五节社团和宗教组织的所有权,第六节共有,第七节建筑物区分所有权,第八节优先购买权,第九节相邻关系);第三章用益物权(第一节土地使用权,第二节农村土地承包经营权,第三节宅基地使用权,第四节地役权,第五节典权,第六节空间利用权,第七节特许物权);第四章担保物权(第一节抵押权,第二节质权,第三节留置权,第四节优先权);第五章占有;第六章附则。共575条。

⑧ 出席会议的学者专家:江平、王家福、梁慧星、费宗祎、肖峋、魏耀荣、尹田、孙宪忠、崔建远、郭明瑞、陈小君、覃有土、房绍坤、钱明星等。由法制工作委员会顾昂然、胡康生、王胜明主持会议。

⑨ 实际上只讨论国家财产权问题,主要争论点是:物权法是规定国家财产特殊保护原则,还是规定国家、集体、私人财产平等保护原则?是否规定国有企业的财产权问题?是否规定国有资产的管理问题?国家所有权是否区分为中央的所有权和地方的所有权?

2001年5月法制工作委员会完成《物权法草案(内部稿)》[10],同月22日至29日在北京昌平蟒山度假村召开《物权法草案》专家讨论会[11],讨论该内部稿。[12] 2001年年底,法制工作委员会在社科院草案和人民大学草案基础上完成正式的《物权法草案》。2002年1月下旬,法制工作委员会将《中华人民共和国物权法草案(征求意见稿)》[13]印发部分省、市及中央有关部门和法律教学研究单位征求意见。按照原计划应当在2002年提交常委会审议,在2003年提交十届全国人大大会审议通过。

三、《中华人民共和国物权法》的审议经过

因中国加入WTO,要求改善国内法制环境,第九届全国人大常委会李鹏委员长要求在2002年完成民法典草案并经常委会审议一次。2002年1月11日法制工作委员会在人民大会堂宾馆召开民法典起草

---

⑩ 包括:第一章一般规定;第二章物权的设立、变更、转让和消灭;第三章物权请求权;第四章所有权;第五章土地承包经营权;第六章建设用地使用权;第七章宅基地使用权;第八章邻地利用权;第九章占有;第十章附则。共10章,191条。

⑪ 出席会议的学者专家:王家福、江平、王利明、梁慧星、费宗祎、魏耀荣、肖峋、唐德华、奚晓明、李凡、钱明星、孙宪忠、郭明瑞、崔建远、陈甦;法制工作委员会干部:顾昂然、胡康生、王胜明、孙礼海等。由胡康生、王胜明主持会议。

⑫ 主要争论点是:如何规定基本原则?是否规定物权定义、物的定义?是否规定物权的优先效力、追及效力?如何规定不动产登记制度和登记机构应否统一、如何统一?不动产登记的公信力与善意取得制度的关系?是否规定不动产登记的权利推定和动产占有的权利推定?如何规定物权请求权?国家所有权是否区分中央所有权与地方所有权?是否规定取得时效?用益物权的名称,叫土地承包经营权还是农地使用权,建设用地使用权还是基地使用权?是否规定担保物权亦即是否保留担保法?

⑬ 包括六个部分,27章,共336条:总则(第1—39条):第一章一般规定(第1—8条);第二章物权的设立、变更、转让和消灭;第三章物权的保护,所有权(第40—115条);第四章一般规定;第五章国家所有权;第六章集体所有权;第七章私人所有权;第八章建筑物区分所有权;第九章相邻关系;第十章共有;第十一章所有权取得的特别规定,用益物权(第116—247条);第十二章一般规定;第十三章土地承包经营权;第十四章建设用地使用权;第十五章宅基地使用权;第十六章邻地利用权;第十七章典权;第十八章居住权;第十九章探矿权,采矿权;第二十章取水权;第二十一章渔业权;第二十二章驯养权,狩猎权,担保物权(第248—323条);第二十三章一般规定;第二十四章抵押权;第二十五章质权;第二十六章留置权;第二十七章让与担保,占有(第324—334条);附则(第335—336条)。

工作会议[14]，由法工委副主任胡康生代表立法机关委托6位学者专家分头起草民法典各编的条文草案[15]，《物权法草案(征求意见稿)》将作为《民法草案》的物权法编。

在6位受托人相继完成各编条文草案后，法制工作委员会于2002年4月16—19日召开《民法草案》专家讨论会。[16] 在对受托人起草的各编条文草案进行讨论之后，于19日上午集中讨论民法典结构体例。王家福研究员建议民法典设十编，包括总则、人格权、物权、知识产权、债权总则、合同、侵权行为、亲属、继承、涉外民事关系的法律适用。经过讨论，其中八编，包括总则、物权、债权总则、合同、侵权行为、亲属、继承、涉外民事关系的法律适用，获得一致同意。对于是否设人格权编和知识产权编，未达成一致意见。[17]

法制工作委员会在受托人起草的各编草案基础上，用5个月的时间进行删节、修改、整理、编纂，形成九编制的《民法草案(9月稿)》，包括：第一编总则；第二编人格权；第三编物权；第四编知识产权；第五编合同；第六编侵权行为；第七编亲属；第八编继承；第九编涉外民事关系的法律适用。2002年9月16—25日法制工作委员会在西皇城根宾馆

---

[14] 参加人：民法起草工作小组成员江平、王家福、费宗祎、梁慧星、王利明、魏耀荣、肖峋；中国社会科学院法学研究所郑成思教授、中国政法大学巫昌桢教授、国家工商行政管理局王学政司长；最高人民法院副院长唐德华、庭长奚晓明、副庭长李凡；法律委员会副主任委员顾昂然、法制工作委员会副主任胡康生、法制工作委员会民法室主任王胜明及民法室干部。主持人：胡康生。

[15] 委托中国社会科学院法学研究所梁慧星研究员负责起草总则编、债权总则编和合同编；中国人民大学法学院王利明教授负责起草人格权编和侵权行为编；中国社会科学院法学研究所郑成思研究员负责起草知识产权编；最高人民法院唐德华副院长负责起草民事责任编；中国政法大学巫昌桢教授负责起草亲属编和继承编；最高人民法院退休法官费宗祎负责起草涉外民事关系的法律适用编。

[16] 参加人：江平、王家福、费宗祎、巫昌祯、刘慧珊、郑成思、梁慧星、王利明、魏耀荣、肖峋、唐德华等。

[17] 梁慧星不赞成设人格权编；梁慧星和郑成思不赞成设知识产权编。

召开《民法草案》专家讨论会[18],讨论该《民法草案》。[19]

9月16—25日的专家讨论会后,本应在《民法草案(9月稿)》基础上进行修改、增删,形成提交全国人大常委会审议的正式法律草案。但出人意料的是,法制工作委员会竟将《民法草案(9月稿)》的"合同编""亲属编""继承编""知识产权编"草案废弃,而将现行《合同法》《婚姻法》《收养法》和《继承法》原封不动地编入,形成"汇编式"的《民法草案》。

2002年12月23日第九届全国人大常委会第三十一次会议审议《中华人民共和国民法草案》,会后将此草案在新闻媒体公布征求修改意见。[20] 而学术界和司法实务界针对该草案发表肯定性意见的不多。[21] 2003年法制工作委员会曾就《民法草案》第二编物权法中的主要问题,先后在北京、重庆、吉林、辽宁、安徽、江苏等地进行调查研究,并与国务院法制办、国土资源部、建设部、农业部等部门座谈。

2004年6月,第十届全国人大常委会再次变更立法计划,搁置《民

---

[18] 其中,15—19日讨论总则、人格权、合同、侵权行为等编,参加者除民法起草工作小组成员外,有费安玲、马俊驹、王轶、段匡、王卫国、张广兴、尹田、张谷、孙宪忠、崔建远、郭明瑞、唐德华、李凡、姚新华、王学政、郑成思、张新宝、巫昌祯、陈宪杰、宋笛。

[19] 讨论会上主要争论点如下:(1)是否规定"非法人团体"?(2)是否规定"权利滥用的禁止原则"?(3)是否规定"无法律规定时可以适用习惯,无法律规定和习惯时可以适用公认的法理"?(4)关于法人的分类,是分为社团法人与财团法人,或是营利法人与非营利法人,或是沿用企业法人与非企业法人的分类?(5)是否保留"法律行为制度"?(6)是否规定"间接代理"?(7)是否保留"债法总则"和"债权"概念?(8)人格权是否独立设编?(9)如何看待法人的本质以及法人是否有"一般人格权"?(10)侵权行为是否独立设编,以及是采大陆法系模式还是英美法系模式?(11)是单独规定"物权请求权",还是纳入侵权行为法编?

[20] 《民法草案(征求意见稿)》包括9编:第一编总则(117条);第二编物权法(329条);第三编合同法(454条);第四编人格权法(29条);第五编婚姻法(50条);第六编收养法(33条);第七编继承法(35条);第八编侵权责任法(68条);第九编涉外民事关系的法律适用(94条)。共1209条。

[21] 梁慧星在2003年3月召开的第十届全国政协会议上提交题为《关于纠正民法典立法的任意性的建议》的提案,建议废弃这一"汇编式"的《民法草案》,另在法律委员会之下设立由学者、法官、律师组成的起草小组,研拟《民法立法方案》,明定立法方针、指导思想、基本原则、基本制度和结构体例,据以起草一部逻辑严密、体系完整、内容进步,既符合我国实际又与国际接轨的中国《民法草案》。

法草案》的审议修改工作,恢复《物权法草案》的修改、审议。[22] 同年7月法制工作委员会召开法院系统物权法研讨会,8月召开物权法专家研讨会。[23] 10月22日,第十届全国人大常委会第十二次会议对《物权法草案》进行第二次审议。会后,法律委员会、法制工作委员会召开座谈会,听取中央有关部门、单位、专家的意见,并就审议稿中关于不动产登记、国有资产管理、建筑物区分所有权等问题,在北京、上海、河北进行调查研究。

2005年6月26日,第十届全国人大常委会第十六次会议第三次审议《物权法草案》,并决定向社会公布。7月10日新闻媒体公布《中华人民共和国物权法草案(征求意见稿)》,向社会各界征求修改意见。截至8月20日,立法机关共收到包括26个省、市和15个较大的市的人大常委会、47个中央有关部门、16个大公司、22个法学教学研究机构和一些法学专家提出的修改建议共11543件。[24]

2005年8月12日北京大学法理学教授巩献田发表题为《一部违背宪法和背离社会主义基本原则的物权法草案》的公开信,指责《物权法草案》规定平等保护原则违反《宪法》,奴隶般抄袭资产阶级的法律,与国民党"六法全书"没有本质区别,有利于富人、不利于穷人。由此引发所谓《物权法草案》违宪的政治争论。

2005年9月26日,人大常委会委员长吴邦国召开座谈会,提出修改《物权法草案》需要把握的三点原则:一是要坚持正确的政治方向;二是要立足于中国实际;三是重点解决现实生活中迫切需要规范的问题,不必求全。10月22日,第十届全国人大常委会第十八次会议第四次审议《物权法草案》,并决定将草案提交全国人大会议审议通过的时

---

[22] 据人民网2003年6月16日报道:在今天举行的第十届全国人大常委会第四次委员长会议上,全国人大常委会副委员长兼秘书长盛华仁就全国人大常委会今年的立法计划作了汇报。根据立法计划安排,全国人大常委会确定年内将修改《民法草案》中的物权法编等30件法律草案,待条件成熟时适时安排审议。

[23] 参加会议的民法学者有:王家福、魏振瀛、王利明、崔建远、郭明瑞、孙宪忠、尹田、孟勤国、徐国栋、王轶等。

[24] 转引自彭东昱:《一路走来物权法》,载《广州律师》2007年3月号。

间推迟至2007年。

2006年1月16—17日，全国人大常委会副委员长兼秘书长盛华仁，受吴邦国委员长的委托，在人民大会堂主持召开专题座谈会，讨论物权法制定过程中遇到的重大问题，听取中央有关部门负责同志和专家的意见。[25] 法律委员会、法制工作委员会于4月组织调查研究组赴上海、江苏、河南、湖南等地，就国有企业财产权、城镇集体所有权、建筑物区分所有权、土地承包经营权、宅基地使用权、土地征收、拆迁补偿等问题进行调查研究，听取基层群众和有关方面的意见。法律委员会、法制工作委员会于6月在北京召开《物权法草案》立法论证会，就"公共利益"概念、应收账款质押等几个专业性较强的问题，听取法学教学、研究单位和有关部门专家的意见。

2006年8月22日，第十届全国人大常委会第二十三次会议第五次审议《物权法草案》，在提交审议的说明中强调必须坚持平等保护原则[26]，在草案的所有权一章专设一个条文予以规定[27]，并增加关于基本经济制度和防止国有企业财产流失的规定。9月27日，王兆国副委员长召开小型专家讨论会[28]，讨论即将提交常委会进行第六次审议的草案，该草案将关于基本经济制度和平等保护原则的条文移入第一章[29]，

---

[25] 据媒体报道，会议参加者一致认为，《物权法草案》符合宪法规定，符合中国现阶段的基本国情，体现了改革开放以来中共中央的方针政策，总体上适应全面建设小康社会对物权法律制度的要求。参见欧阳斌：《一部法律引发的姓社姓资争论》，载刘贻清、张勤德主编：《"巩献田旋风"实录——关于〈物权法（草案）〉的大讨论》，中国财政经济出版社2007年版，第364页。

[26] 全国人大法工委会副主任委员胡康生在作说明时说："坚持我国的基本经济制度和对国家财产、集体财产和私有财产给予平等保护是一个统一的有机体。没有前者，就会改变社会主义性质；没有后者，就违背了市场经济原则，反过来又会损害基本经济制度。"转引自《南方周末》记者苏永通：《中国物权立法历程：从未如此曲折 从未如此坚定》，载《南方周末》2007年3月22日。

[27] 《物权法草案》第42条规定：国家、集体和私人所有权受法律保护。禁止任何单位和个人用任何手段侵占或者破坏国家、集体和私人的财产。

[28] 除全国人大和政府部门的干部外，民法学者王家福、梁慧星、王利明应邀出席了会议。

[29] 《物权法草案》第4条规定：国家的、集体的和私人合法的物权受法律保护，任何单位和个人不得侵犯。

并将第一章章名“一般规定”改为“基本原则”。10月27日，第十届全国人大常委会第二十四次会议第六次审议《物权法草案》。12月26日，第十届全国人大常委会第二十五次会议第七次审议《物权法草案》，认为草案已经成熟，决定提请2007年3月召开的第十届全国人大第五次会议审议通过。

2007年1月12日，全国人大常委会办公厅将《物权法草案》发送各位全国人大代表，并有计划地组织各省、市、区全国人大代表研读、讨论《物权法草案》，做好审议准备。2007年3月5日，第十届全国人大第五次会议召开，3月8日王兆国副委员长代表常务委员会作关于《中华人民共和国物权法草案》的说明，近3000名人大代表对《物权法草案》进行了审议，3月16日《物权法》以高票获得通过。同日，国家主席胡锦涛签署主席令第62号，公布《中华人民共和国物权法》，自2007年10月1日起施行。

四、如何看待所谓“物权法违宪”的政治争论

改革开放以来的重要民事立法，如《民法通则》[30]、新《合同法》[31]，均曾受到来自计划经济体制和传统理论的挑战，而《物权法草案》遭遇的来自意识形态的挑战最为严峻。2005年秋，因北京大学法理学教授巩献田的一封公开信[32]，指责《物权法草案》及其起草人背离社会主义

---

[30] 因《民法通则(草案)》采纳了大民法观点，因而受到持大经济法观点的学者和官员的抵制。一些经济法学者向中共中央上书，要求停止《民法通则》的起草，而代之以起草经济法典或者经济法大纲。1986年1月立法机关在北京召开《民法通则(草案)》专家讨论会，同时国务院经济法规研究中心却在广州召开所谓经济法大纲专家讨论会，指名批判《民法通则》是“资产阶级民法观点”。

[31] 因新《合同法(草案)》规定合同自由原则，取消行政机关对合同的监督管理和行政性仲裁，因此受到一些行政部门和少数经济法学者的批判，被指为“资产阶级民法观点”。

[32] 北京大学法理学教授巩献田在一封给中共中央的公开信中，给《物权法草案》及其起草人横加四项罪名：(1)背离《苏俄民法典》的社会主义传统，迎合资本主义民法原则，奴隶般地抄袭资产阶级民法；(2)背离中国革命根据地和中华人民共和国成立后的人民民主法制的优良传统，迎合资产阶级的旧法传统，与国民党的“六法全书”没有根本区别；(3)背离《民法通则》的社会主义原则，迎合资本主义全球化和新自由主义经济学；(4)背离马克思主义的立法原则，迎合资产阶级的立法原则，是一部开历史倒车的物权法。

和违反宪法而挑起论战。[33] 这场争论因物权法最终获得高票通过而宣告结束。现在的问题是,应当如何看待这场争论?

这有一个背景,即在中国实行单一公有制的计划经济遭遇失败,加上连续不断的政治运动,使国民经济濒临崩溃边缘的危急关头,邓小平和中共中央当机立断,决定实行改革开放。改革开放在共产党的历史上,在马克思主义的历史上,在社会主义运动的历史上,都是没有先例的。决定实行改革开放,没有任何理论根据,更不用说法律根据,当然不可能做到思想统一。实行改革开放是不得已的,属于危机对策的性质。在决定改革开放之时,改革开放的方向谁也说不清楚,因此邓小平讲"摸着石头过河"。

中国自 1978 年实行改革开放以来,围绕改革的方向发生过三次大争论。

第一次争论是 1980 年到 1984 年,围绕社会主义商品经济问题展开。1984 年中共十二届三中全会作出《中共中央关于经济体制改革的决定》,明确提出了"有计划的商品经济"概念,得到邓小平的高度评价,邓小平将其称为"新的政治经济学""讲了老祖宗没有讲过的新话"[34]。

第二次争论是 1989 年到 1992 年,围绕建立市场经济体制展开。1987 年,中共中央十三大报告提出"国家调节市场,市场引导企业"。这个提法遭到一些人的批判,认为是资产阶级自由化的表现,他们反对进一步改革开放,反对搞市场经济。这场争论以 1992 年邓小平南方谈话的发表而告终。南方谈话有三个要点:其一,社会主义也有市场,资本主义也有计划,"姓社姓资"不要再争论;其二,让一部分人、一部分地区先富起来;其三,十多年体制改革实践的感性认识,上升到理性认识,就是废止单一公有制的计划经济体制,实行社会主义市场经济体制。邓小平南方谈话发表之后,通过党的文件和修改《宪法》,明文规

---

[33] 参见刘贻清、张勤德主编:《"巩献田旋风"实录——关于〈物权法(草案)〉的大讨论》(中国财政经济出版社 2007 年版)一书。

[34] 皇甫平:《如何看改革的第三次大争论》,载金羊网,2006 年 6 月 1 日访问。皇甫平是《人民日报》原副总编辑周瑞金的笔名。

定废止单一公有制的计划经济体制、实行社会主义市场经济体制,承认非公有制经济是社会主义市场经济的重要组成部分,使中国的改革开放在排除种种思想干扰之后,继续向前推进。

前两次争论都是由邓小平出来讲话,以肯定改革的方向而告终结。[35] 但关于改革开放方向问题的分歧并未真正解决。关键在于中国的改革开放和建立社会主义市场经济体制(特别是承认非公有制经济),在马克思主义和社会主义运动的历史上是没有先例的。从马克思、恩格斯、列宁、斯大林和毛泽东的著作中,不可能找到现成的理论依据,与马克思、恩格斯和列宁所设想的社会主义理论模式不符,与斯大林和毛泽东所领导的在单一公有制基础上实行计划经济的社会主义实践经验不符。就像当年毛泽东领导起义军上井冈山、以农村包围城市,与马克思、恩格斯指导的法国巴黎公社革命和列宁领导的俄国十月革命,依靠中心城市的产业工人暴动夺取国家政权的实践经验不符一样。这就留下了再次发生"姓社姓资"争论的可能性。

进入21世纪以来,改革开放和社会主义市场经济在取得伟大成就的同时,发生了两大严重社会问题:一个是国有资产的严重流失,另一个是两极分化的扩大。加上出现房价高、看病贵、教育乱收费等新矛盾、新问题,导致一些人对改革产生怀疑,那些本来就不赞成改革开放的人因此认为改革开放搞糟了、搞错了,于是形成"一股新的否定改革、反对改革的思潮"[36],这就是自2004年开始,围绕中国国有企业改革、医疗、教育、住房改革、贫富差距等问题展开的第三次大争论。

2004年以来的这一股新的否定改革、反对改革的思潮,由三部分组成:一是民粹主义倾向的滋长,这在网络中十分明显,他们以嘲讽、挖苦、打倒权威为快事;二是年轻人情绪化,他们对当前就学难、就医难、就业难、住房难等现状极为不满,因而迁怒于改革,认为都是改革的错;三是有一部分人一直抱着极"左"观点,从来不认同改革,利用改革过

---

[35] 参见皇甫平:《如何看改革的第三次大争论》,载金羊网,2006年6月1日访问。

[36] 皇甫平:《改革不可动摇》,载新浪财经,2006年1月25日访问。

程中产生的问题,将争论引入意识形态,重现“姓社、姓资”之争,从而定论改革失败。他们否定市场经济,否定改革,要走回头路,这是要害。[37]

中国围绕改革的三次大争论,前两次都是由邓小平出来讲话,肯定改革的方向而告终结。这一次却不同,不再可能像前两次那样,依靠邓小平那样的领导人出来讲话,肯定改革方向而终结争论。历史的风云际会,一部民事法律被推到这场决定中国改革开放的前途命运的政治争论的风口浪尖上,社会主义市场经济体制与单一公有制的计划经济体制的再次较量,被转换为要物权法还是要社会主义的二择一的命题。[38] 就这样,中国的前途命运——是坚持社会主义市场经济体制,还是倒退回单一公有制的计划经济体制的历史抉择,被托付给了一部民事法律——物权法。

2007 年 3 月 16 日,第十届全国人大第五次会议就《物权法草案》进行表决的结果表明:中国人民明智地选择了物权法,选择了社会主义市场经济体制。

---

[37] 参见皇甫平:《如何看改革的第三次大争论》,载金羊网,2006 年 6 月 1 日访问。

[38] 使人油然联想起 100 年前《日本民法典》论争中的所谓“民法出而忠孝亡”。

《中华人民共和国物权法》的若干问题*

一、物权法与中国特色社会主义

中国特色社会主义与此前的社会主义的根本区别何在？根本区别就在于对待私有财产的态度。此前的一切社会主义理论和实践，均视私有财产为“万恶之源”，均以消灭私有财产为目标。既然否定私有财产，消灭私有财产，当然就不可能、不必要制定保护私有财产的法律。我们看到，无论是1922年的《苏俄民法典》、1964年的《苏俄民法典》、1978年的《匈牙利民法典》，还是我国改革开放前起草的《民法草案》，均未规定物权概念，均没有物权法的一席之地，其根本原因在此。

中国自十一届三中全会以来实行的改革开放和中国特色社会主义的伟大实践，在对待私有财产这个问题上，采取了与此前的社会主义理论和实践截然不同的态度，即私有财产不再被视为“万恶之源”。我们不仅在政策上承认了私有财产的正当性，而且在法律上明确承认了私有财产的合法性。《宪法》和《物权法》明文规定对私有财产和公有财产实行平等保护。承认私有财产的合法性，当然也就承认了私有经济的合法性，现行《宪法》和《物权法》均明文规定非公有制经济，亦即私营经济是社会主义市场经济的重要组成部分。现行《宪法》规定国家实行社会主义市场经济体制，亦即在作为主体的公有制经济和作为重要组成部分的非公有制经济的基础上实行的市场经济。这就是中国特色社会主义，就是中国特色社会主义与单一公有制计划经济的社会主

---

* 本文源自作者于2007年12月11日于北京师范大学法学院的讲座。

义的根本区别。

中国特色社会主义,就是社会主义市场经济。社会主义市场经济,区别于计划经济,不可能靠行政手段来组织和运作,必须依赖法律手段,必须建立健全中国特色社会主义法律体系。请注意在第十届全国人大第五次会议上,提请全国人大审议《物权法草案》的说明中指出:《物权法》是中国特色社会主义法律体系中,“起支架作用”的法律。什么叫支架作用?显然是特别强调制定一部以平等保护为基本原则的《物权法》,对于坚持走中国特色社会主义的伟大道路具有决定性的意义。十七大报告强调,要“毫不动摇地巩固和发展公有制经济,毫不动摇地鼓励、支持、引导非公有制经济发展,坚持平等保护物权”。可见《物权法》与中国特色社会主义的密切关系,是否制定和实施以平等保护为基本原则的物权法,的确是关系到是否高举中国特色社会主义伟大旗帜、坚持中国特色社会主义伟大道路的大是大非问题。

二、如何看待所谓“物权法违宪”的争论

中国自1978年实行改革开放以来,围绕改革的方向发生过三次大争论。第一次争论是1980年到1984年,围绕社会主义商品经济问题展开。第二次争论是1989年到1992年,围绕建立市场经济体制展开。1987年,党中央十三大报告提出“国家调节市场,市场引导企业”。这个提法遭到一些人的批判,认为是资产阶级自由化的表现,他们反对进一步改革开放,反对搞市场经济。这场争论以1992年邓小平南方谈话的发表而告终。

前两次争论都是以邓小平出来讲话,肯定改革的方向而告终结。但关于改革开放方向问题的分歧并未真正解决。其关键在于,中国的改革开放和建立社会主义市场经济体制,特别是承认非公有制经济,在马克思主义和社会主义运动的历史上是没有先例的。从马克思、恩格斯、列宁、斯大林和毛泽东的著作中,不可能找到现成的理论依据,与马克思、恩格斯和列宁所设想的、斯大林和毛泽东所领导的在单一公有制基础上实行计划经济的社会主义实践经验不符。就像当年毛泽东领导

起义军上井冈山、以农村包围城市，与马克思、恩格斯指导的法国巴黎公社革命和列宁领导的俄国十月革命，依靠中心城市的产业工人暴动、直接夺取国家政权的实践经验不符一样。这就留下再次发生“姓社姓资”争论的可能性。

进入 21 世纪以来，改革开放和社会主义市场经济在取得伟大成就的同时，发生了两大严重社会问题：一个是国有资产的严重流失，另一个是两极分化的扩大。加上出现房价高、看病贵、教育乱收费等新矛盾、新问题，导致一些人对改革产生怀疑，那些本来就不赞成改革开放的人因此认为改革开放搞糟了、搞错了，于是从 2004 年开始形成一股新的否定改革、反对改革的思潮。这一思潮由三部分组成：一是民粹主义倾向的滋长，有些人以底层人民群众的代言人自居，经常鼓吹一些不切合实际的方案，如主张在政治、经济、社会、文化各个领域全面强化政府的管制。二是所谓新“左”派，多数是留学欧美的文学青年，将欧美“左”派杂志的观点搬进来，根本不了解中国的实际情况，宣扬改革开放面临的主要问题就是要反对殖民化，认为经济、文化领域都要反对殖民化，鼓吹计划经济的优越性，宣扬“大跃进”“文化大革命”创造了什么好东西等。三是一直抱着极“左”观点，不认同改革的“老左”派。他们利用改革过程中产生的问题，重新挑起“姓社姓资”之争，否定市场经济，否定改革，要走回头路。

他们连篇累牍地摘抄马克思主义经典著作的词句，却闭口不提“实践是检验真理的唯一标准”这一马克思主义的精髓，闭口不提邓小平关于建立社会主义市场经济体制的南方谈话。喋喋不休地鼓吹单一公有制的计划经济体制的优越性，拼命向市场经济体制改革泼脏水，却闭口不提规定“国家实行社会主义市场经济”的现行《宪法》第 15 条。极力反对《物权法》规定对国家、集体、私人财产实行平等保护，顶礼膜拜所谓《苏俄民法典》开创的社会主义传统理论，强烈要求恢复所谓国家财产特殊保护原则，以所谓“新马克思主义派”相互标榜，号召所谓“新马派”“老马派”联合所谓“新左派”，共同抵制所谓“市场化改革”。一言以蔽之，就是挑战中共中央十一届三中全会决定改革开放的既定方针,反对现行《宪法》确立的社会主义市场经济体制,要求走单一公有制的计划经济的回头路。

围绕改革的第三次争论,已经不再可能像前两次那样,依靠邓小平那样的领导人出来讲话,肯定改革方向而终结争论。恰好在这时立法机关公布《物权法草案》征求意见,历史风云际会将这部民事法律推到这场政治争论的风口浪尖上,社会主义市场经济体制与单一公有制的计划经济体制的再次较量,被转换为要《物权法》还是要社会主义的二择一的命题。就这样,中国的前途命运——是坚持社会主义市场经济体制,还是倒退回单一公有制的计划经济体制的历史抉择,被托付给了一部民事法律——《物权法》。

党中央和胡锦涛总书记高度重视《物权法草案》的审议和修改情况,《物权法草案》的修改一直是在党中央和胡锦涛总书记的直接关心下进行的。2006 年 12 月 15 日中央政治局常委会再次讨论了《物权法草案》。会上,全国人大常委会党组就《物权法草案》审议中涉及的重大问题作了全面汇报,政治局常委进行了认真讨论。中央政治局常委会充分肯定了全国人大常委会的工作,尤其是 2005 年 7 月《物权法草案》向社会公布以后所做的工作。原则同意全国人大常委会党组的汇报及《物权法草案》。要求第十届全国人大常委会第二十五次会议认真审议《物权法草案》,进一步修改完善后按计划提请 2007 年 3 月召开的全国人大第五次会议审议。要求加大工作力度,统一思想认识,确保《物权法》立法工作的顺利进行,确保《物权法草案》顺利通过。

按照中央政治局常委会的要求,2006 年 12 月 22 日,全国人大常委会党组委托盛华仁等同志向各民主党派中央、全国工商联负责人和无党派人士通报了《物权法草案》的有关情况。12 月 23 日,召开全国人大常委会中共党员委员第八次会议,吴邦国委员长传达了 12 月 15 日中央政治局常委会议的精神,要求把思想统一到中央精神上来,希望同志们花点时间,静下心来,认认真真地研读《物权法草案》,认真研读后,希望同志们积极做工作、统一认识,按照中央精神引导好分组审议。

12 月 26 日召开的第十届全国人大常委会第二十五次会议第七次

审议《物权法草案》。12 月 29 日,第十届全国人大常委会第二十五次会议决定,将《物权法草案》提请 2007 年 3 月召开的第十届全国人大第五次会议审议通过。2007 年 1 月 12 日全国人大常委会办公厅将《物权法草案》发送各位全国人大代表,并有计划地组织各省、市、区全国人大代表研读、讨论《物权法草案》,做好审议准备。

2007 年 1 月 16 日中共中央办公厅下发《关于物权法草案的有关情况的通报》,要求各地区各部门党委(党组)要充分认识制定《物权法》的重要意义,加强领导,统一思想,周密部署,精心组织,认真细致地做好保证《物权法草案》顺利通过的有关工作。做好宣传报道,正确引导舆论,为制定《物权法》营造良好的舆论氛围。各省(自治区、直辖市)和有关部门要组织全国人大代表认真研读、讨论《物权法草案》,正确理解草案的基本原则和主要内容,全面准确地领会《宪法》的有关规定和党的十一届三中全会以来的路线方针政策,把思想统一到中央精神上来,确保第十届全国人大第五次会议顺利通过《物权法草案》。

2007 年 3 月 16 日,第十届全国人大第五次会议就《物权法草案》进行表决,《物权法》以高票获得通过。表明中国人民没有受新、老“左”派的蛊惑,他们明智地选择了《物权法》,也即是选择了坚持社会主义市场经济体制,坚持走中国特色社会主义伟大道路,坚持十一届三中全会确定的思想政治路线,由此宣告了关于改革方向的第三次政治争论的终结,为党的十七大召开创造了良好的条件。

三、物权法如何回应社会重大改革

20 世纪 80 年代初改革资金使用体制,由“无偿拨款”改为采取“融资方式”,因缺乏有效担保手段而发生严重的“三角债”和巨额不良债权问题。1995 年制定《担保法》,虽属于“亡羊补牢”,且受到不动产登记制度和登记机构不统一的制约,却仍然对此后避免和减少“三角债”和不良债权发挥了重大作用。为了保障金融机构的合法权益,化解和回避融资风险,保障社会主义市场经济持续稳定地发展,《物权法》在总结《担保法》实施以来的实践经验的基础上,参考发达国家和地区的经验,完善了担保物权制度(第十五章担保物权的一般规定、第十六章抵押权、第十七章质权、第十八章留置权)。

20 世纪 80 年代初进行农村经济体制改革,废止人民公社制度,实行家庭联产承包责任制。农户根据承包合同取得的农地使用权,属于债权性质,法律效力较低,不能抗拒来自发包人和乡村干部的各种干涉和侵害,且农地使用权以承包合同的期限为期限,容易导致农户的短期行为。因此,《物权法》借鉴市场经济发达国家和地区的永佃权制度,实现农地使用权的物权化,切实保护广大农户的经营自主权,保障农村经济的长期持续稳定发展(第十章用益物权的一般规定、第十一章土地承包经营权)。

20 世纪 90 年代开始改革建设用地使用权制度,由"无偿划拨"改为"有偿出让"。由于当时没有制定《物权法》,没有用益物权制度,甚至没有物权概念,致使企业有偿取得的建设用地使用权的性质不明,不利于切实保护建设用地使用关系各方的合法权益和建立法律秩序。因此,《物权法》借鉴市场经济发达国家和地区民法上的地上权制度,实现建设用地使用关系的物权化,切实保障国有土地使用关系各方的合法权益,建立和维护国有土地使用关系的法律秩序(第十章用益物权的一般规定、第十二章建设用地使用权)。

四、物权法针对重大社会问题采取了哪些法律对策

(一)重构国家征收制度

《物权法》第 42 条规定:"为了公共利益的需要,依照法律规定的权限和程序可以征收集体所有的土地和单位、个人的房屋及其他不动产。"明文规定"公共利益"为实行征收的法定条件,将商业目的用地排除在征收制度的适用范围之外。企业取得商业用地,不能再采用国家征收的形式,应向地方政府申请获得用地指标,然后由企业自己与指标确定区域的土地使用权人(农地承包经营权人、城镇居民)按照《合同法》的规定平等协商,签订土地出让合同,政府概不插手。

什么是公共利益?概括规定还是列举规定?发生争论时由谁判

定？判断标准是什么？这个标准就是：一是取得项目用地的代价（补偿金）和建设这个项目的资金由谁负担；二是建设完成后的项目或者工程是用于营利目的还是非营利目的。

（二）建立统一的、与行政管理脱钩的不动产登记制度

针对多个登记机构分别办理不动产登记及滥用登记谋取不当利益的现实，有必要建立统一的不动产登记制度。《物权法》第10条明确规定："不动产登记，由不动产所在地的登记机构办理。国家对不动产实行统一登记制度。统一登记的范围、登记机构和登记办法，由法律、行政法规规定。"第13条规定："登记机构不得有下列行为：（一）要求对不动产进行评估；（二）以年检等名义进行重复登记；（三）超出登记职责范围的其他行为。"第22条规定："不动产登记费按件收取，不得按照不动产的面积、体积或者价款的比例收取。具体收费标准由国务院有关部门会同价格主管部门规定。"

（三）创设异议登记制度和预告登记制度

为防止登记簿上的权利人抢先下手转让权利，使获得胜诉判决的真正权利人遭受损害，增设"异议登记制度"（《物权法》第19条第2款）；为保护商品房预售合同的买房人的权益，阻止开发商"一房多卖"，增设"预告登记制度"（《物权法》第20条）。预告登记可以用于保护最先抵押借款的银行。

（四）创设物权变动与原因行为的区分原则

为了纠正裁判实务及《担保法》混淆原因行为（买卖合同、抵押合同）的生效和物权变动结果（所有权过户、抵押权成立）生效的错误，创设"原因行为与物权变动的区分原则"，规定不动产物权变动，"依照法律规定应当登记的，自记载于不动产登记簿时发生效力"（《物权法》第14条），买卖合同和抵押合同等原因行为，"自合同成立时生效；未办理物权登记的，不影响合同效力"（《物权法》第15条）。

五、物权法在大陆法系概念体系基础上有哪些创新

（一）采取折中主义物权变动模式

关于物权变动模式，不采德国民法所谓物权行为独立性和无因性

理论，而将法国、日本的“债权合意主义”与德国的“登记要件主义”相结合，构成“债权合意＋登记（交付）生效”的折中主义模式。不动产物权变动以“登记生效主义”为原则（《物权法》第6条、第9条、第139条、第187条），以“登记对抗主义”为例外（《物权法》第129条、第158条）；一般动产物权变动实行“交付生效主义”（《物权法》第6条、第23条），特别动产（船舶、航空器和机动车）采“登记对抗主义”（《物权法》第23条）。

实际上，早在《物权法》起草之前，1999年通过的《合同法》就已采取物权变动的折中主义模式，体现在以下条文。《合同法》第130条规定“买卖合同是出卖人转移标的物的所有权于买受人，买受人支付价款的合同”。《合同法》第132条第1款规定“出卖的标的物，应当属于出卖人所有或者出卖人有权处分”。《合同法》第133条规定“标的物的所有权自标的物交付时起转移，但法律另有规定或者当事人另有约定的除外”。此所谓“法律另有规定”，即指不动产登记；“当事人另有约定”，指分期付款买卖合同关于保留所有权的约款。《合同法》第135条规定“出卖人应当履行向买受人交付标的物或者交付提取标的物的单证，并转移标的物所有权的义务”。另外，《合同法》第51条规定：“无处分权的人处分他人财产，经权利人追认或者无处分权的人订立合同后取得处分权的，该合同有效。”这一规定也体现了不采物权行为，而将负担行为与处分行为一体把握的精神。

（二）创设统一善意取得制度

承认不动产登记具有公信力，并将不动产登记的公信力制度和动产善意取得制度合并，规定统一的善意取得制度（《物权法》第106条）。但依解释，“善意”构成有所不同：对于不动产，以信赖不动产登记并无过失，构成“善意”；对于动产，以信赖动产的占有并无过失，构成“善意”。

（三）坚持有体物概念前提下增加关于“空间”“无线电频谱”和“海域”的规定

坚持“有体物”概念（《物权法》第2条第2款），但规定了例外，即将"无线电频谱"(《物权法》第50条)、"空间"(《物权法》第136条)和"海域"(《物权法》第46条)纳入物权客体的范围。

"空间"是看不见摸不着的。特别是《物权法》第136条专门规定,可以在地上或者地下的空间设定建设用地使用权。这一关于空间建设用地使用的规定,有极其重大的理论意义和实践意义。例如上海这样的大城市,土地资源有限,可以预见,将来会广泛地利用城市地下空间。作为我国第一个规范地下空间用益物权的地方性法规,《上海市城市地下空间建设用地审批和房地产登记试行规定》已于2006年9月1日施行。

按照《中国军事通信百科全书无线电管理分册》的解释,所谓无线电频谱,是指无线电波的全部频率范围。电磁场产生的波在空间以不同的频率传播,这些频率的集合,统称为电磁频谱。电磁频谱中,适合无线电通信用的频率范围(9KHz~3000GHz),称为无线电频谱。无线电频谱资源虽然是人类共享的自然资源,但对于一个主权国家而言,它是属于国家所有的稀缺的、有重要意义的战略资源和经济发展资源,它的开发利用关系到国民经济和社会可持续发展,还涉及国家主权和安全。《无线电管理条例》(1993年)第4条规定:"无线电频谱资源属国家所有。国家对无线电频谱实行统一规划、合理开发、科学管理、有偿使用的原则。"《物权法》第50条规定"无线电频谱资源属于国家所有",为国家对无线电频谱资源的统一规划、合理开发、有偿使用和科学管理提供了法律依据。

按照《海域使用管理法》第2条的规定,"海域"是指"内水、领海的水面、水体、海床和底土"。在法律传统中,民法只规定土地而不规定海域,海域属于公法规定的对象。所谓"土地"是指陆地,陆地上的水面如湖泊、水库、河流亦属于土地。"土地"与"海域"的分界线,称为"海岸线"。一般地图上的"海岸线"是指海水涨潮的"平均高潮线",麦克特航海用图上的"海岸线"则是指海水退潮的"最低低潮线"。最高高潮线以下最低低潮线以上的、亦海亦陆的特殊地带,称为"滩涂"。鉴于"滩涂"属于"土地"的一部分,且《物权法》第48条另就"滩涂"设有明文规定,因此“土地”与“海域”的区分,应以海水退潮最低低潮线为准,最低低潮线以上的为“土地”,最低低潮线以下的为“海域”。

(四)在土地和建筑物的关系上规定“房随地走、地随房走”原则

在大陆法系民法中,有两种模式。一种是将土地及土地上的房屋作为一个不动产。如德国就采取这样的模式。在这样的模式之下,买房屋就是买土地,买土地还是买土地。只需要到一个登记机关、办理一个登记。另外一种模式,将土地和地上建筑物分别作为两个不动产。如按照日本民法,土地和土地上的房屋是两个不同的不动产,土地是一个不动产,建筑物是另一个不动产。如果买了一套房屋,取得了这套房屋的所有权,同时还买了房屋下面的土地,取得了这块土地的所有权。因此需要同时进行房产登记和地产登记,领取两个产权证,一个房产证、一个土地证。《物权法》采取的是日本民法的方案,将土地和土地上的建筑物作为两个不动产。

按照这种方案,就可能出现房屋和房屋下面的土地分别归属于不同人的情形,这样一来,法律关系就复杂化了。如土地使用权人张三,房屋所有权人李四,张三把土地使用权抵押给工商银行,李四把房屋所有权抵押给建设银行,而且抵押权还可以重复设立,这就可能涉及 4 个权利人、8 个权利人甚至更多的权利人,使法律关系高度复杂化。发生这样复杂的权利关系,必然给行政管理、当事人以及法院裁判、执行、财产保全或是采取强制措施带来极大的麻烦。

《物权法》坚持此前的实践,把土地和地上建筑物作为两个不动产。在把土地和地上建筑物当作两个不动产的同时,我们又发明了一个特殊规则,强行使土地使用权和地上建筑物所有权归属于同一主体,即对土地和地上建筑物作“一体把握”,避免出现土地使用权和地上建筑物所有权分别属于不同权利人的情形,避免出现不动产法律关系的复杂化。这就是“房随地走、地随房走”的原则。这个原则在改革开放过程中已经实行,只不过在有些地方实行得并不严格。现在《物权法》严格贯彻“房随地走、地随房走”的原则,规定在第 142 条、第 146 条、第 147 条、第 182 条、第 183 条、第 200 条、第 201 条等。可见,我们在借鉴

日本民法的经验将土地及地上建筑物作为两个不动产的前提下,又发明了所谓“房随地走、地随房走”的原则,强行使两个不动产归属于同一权利人,避免出现法律关系复杂化的局面,这是物权法的创造。

（五）在人保与物保关系上的创新

《物权法》第176条规定:“被担保的债权既有物的担保又有人的担保的,债务人不履行到期债务或者发生当事人约定的实现担保物权的情形,债权人应当按照约定实现债权;没有约定或者约定不明确,债务人自己提供物的担保的,债权人应当先就该物的担保实现债权;第三人提供物的担保的,债权人可以就物的担保实现债权,也可以要求保证人承担保证责任。提供担保的第三人承担担保责任后,有权向债务人追偿。”

传统上存在物保优先主义与物保人保平等主义两种模式。如我国台湾地区“最高法院”1997年台上字第268号判决,采物保优先主义,新近“民法”物权编修正第879条改采物保人保平等主义。《担保法》第28条采物保优先主义;最高人民法院《关于适用〈中华人民共和国担保法〉若干问题的解释》第38条区别债务人提供物保与第三人提供物保,第三人提供物保与人保采平等主义。物权法在此基础上,根据意思自治原则,增加关于当事人事先约定的规定:(1)有约定的依约定;(2)无约定的,债务人提供物保的实行物保优先主义(物保在第二顺位情形,视为第三人提供物保);(3)第三人提供物保的,实行物保人保平等主义(在一般保证情形下,保证人行使先诉抗辩权,实际等同于物保优先)。

（六）在抵押物转让问题上的创新

《物权法》第191条规定:“抵押期间,抵押人经抵押权人同意转让抵押财产的,应当将转让所得的价款向抵押权人提前清偿债务或者提存。转让的价款超过债权数额的部分归抵押人所有,不足部分由债务人清偿。抵押期间,抵押人未经抵押权人同意,不得转让抵押财产,但受让人代为清偿债务消灭抵押权的除外。”

传统上抵押权的存在不影响抵押物的转让。最高人民法院《关于贯彻执行〈中华人民共和国民法通则〉若干问题的意见(试行)》第 115 条规定,非经抵押权人同意的,其转让无效。《担保法》第 49 条,改“同意”为“通知 + 价金代位”;未通知的,其转让无效。最高人民法院《关于适用〈中华人民共和国担保法〉若干问题的解释》第 67 条第 1 款,将未通知的转让无效,改为“转让有效 + 抵押权人有追及权 + 受让人有涤除权”。《物权法》第 191 条,区分经抵押权人同意的转让与未经抵押权人同意的转让;经抵押权人同意的转让,采取“转让有效 + 价金代位”;未经抵押权人同意的转让,采取“原则无效 + 例外(受让人行使涤除权)有效”。

(七)在抵押权消灭问题上的创新

《物权法》第 202 条规定:“抵押权人应当在主债权诉讼时效期间行使抵押权;未行使的,人民法院不予保护。”

传统上抵押权不受诉讼时效的限制,主债权超过诉讼时效的,抵押权人仍可行使抵押权。为促使抵押权人尽快行使权利,避免法律关系长期处于不确定状态,一些国家和地区通过法院判例,为抵押权设立除斥期间(如我国台湾地区“民法”第 880 条),应当规定抵押权与主债权同受时效限制(如《日本民法典》第 396 条)。因此,《物权法》改为抵押权同受主债权诉讼时效的限制。

(八)新创“特别动产集合抵押”

《物权法》第 181 条规定:“经当事人书面协议,企业、个体工商户、农业生产经营者可以将现有的以及将有的生产设备、原材料、半成品、产品抵押,债务人不履行到期债务或者发生当事人约定的实现抵押权的情形,债权人有权就实现抵押权时的动产优先受偿。”这个制度是崭新的,很多人把它解释为“浮动抵押”,是错误的。浮动抵押最重要的特点是抵押物始终处于不确定的状态,必须到抵押权行使之时,通过法院发布抵押权实行公告,查封、扣押、冻结抵押人全部财产,抵押物才能确定,即借助法院确定抵押标的物。不仅如此,浮动抵押权的实行,一定要采用清产还债程序或者企业破产程序,而不能采取普通抵押权的实行方式,且实行浮动抵押权的结果必定是消灭抵押人的主体资格。

《物权法》第181条规定的抵押权与所谓浮动抵押权有根本区别。第181条规定的抵押权采用一般抵押权的实行方式,由抵押权人与抵押人双方协商、折价、变卖抵押物,双方协商不成的,抵押权人可申请法院拍卖抵押物,而无须适用清产还债程序或者企业破产程序。另外,《物权法》第196条专门规定了抵押物确定的条件,该条列举规定的四种情形之一发生时,抵押物即归确定,无须由法院发布查封、扣押命令。因此,《物权法》第181条创设的抵押权,不同于所谓浮动抵押权,是物权法针对我国经济生活的现实需要所创设的一项崭新的抵押制度,属于第180条第2款规定的企业财产集合抵押制度的特别类型,应称为"特别动产集合抵押"。

(九)新创"应收账款债权质押"

《物权法》第223条规定:"债务人或者第三人有权处分的下列权利可以出质:(一)汇票、支票、本票;(二)债券、存款单;(三)仓单、提单;(四)可以转让的基金份额、股权;(五)可以转让的注册商标专用权、专利权、著作权等知识产权中的财产权;(六)应收账款;(七)法律、行政法规规定可以出质的其他财产权利。"

应收账款融资,在国际惯例上采取债权转让的方式,如《联合国国际贸易中应收款转让公约》。以应收账款债权融资,可以直接将应收账款债权转让给贷款银行,其转让规则规定在我国《合同法》第五章第79条至第83条。在《物权法》立法过程中,民法学者关于可否规定应收账款债权质押存在分歧。立法机关坚持将应收账款债权列入质押范围,显然是采纳了金融机构方面的建议。应收账款债权质押在科学性和可操作性上均有疑问。现在的问题是,在《物权法》规定应收账款债权质押的框架下,如何确保应收账款质押的效用而避免发生弊端?

关键在于,应收账款债权属于没有债权凭证的普通债权,仅凭债权人(出质人)与金融机构(质权人)之间的质押协议所成立的应收账款质权,不具有强制应收账款债务人履行的效力。笔者曾经建议,于成立质押协议时,要求应收账款债权人(出质人)提交债务人同意质押的书面文件,这样成立的应收账款质权,于出质人不能清偿借款时,质权人可以直接要求债务人清偿应收账款债务。否则,按照2007年9月发布的《应收账款质押登记办法》第8条的规定,仅凭债权人与金融机构之间的质押协议成立应收账款质权,可能给中国经济造成灾难性的后果。

六、物权法的不足之处

(一)明显错误

第一个明显的错误,是在《物权法》第117条关于用益物权的定义中列入“动产”。《物权法草案》前三次审议稿关于用益物权的定义均仅限于不动产,第四次审议稿增加动产,而《物权法》用益物权编具体规定的四种用益物权,均以土地为客体。如果有当事人根据《物权法》第117条的规定设立动产用益物权,法院应该怎么对待?该动产用益物权有效还是无效?按照物权法定原则,“物权的种类”由法律规定,而《物权法》用益物权编所规定的用益物权种类均属于土地用益物权,并没有规定动产用益物权。因此人民法院将根据物权法定原则,判决当事人设立的动产用益物权不具有物权的效力。

第二个明显的错误,是《物权法》第20条规定以双方“约定”为预告登记的条件。预告登记是专门保护商品房预售合同中的买受人的,而不是用来保护出卖人的。出卖人根据自己的经济地位可以保护自己的利益,无论采用“按揭”还是“付现”的支付方式,开发商在正式签订合同之前就已经收讫全部价款,其利益已经得到了完全的保障。条文规定以双方“约定”为预告登记的条件,则没有约定、开发商不同意就不能进行预告登记,与《物权法》创设预告登记制度的政策目的冲突。

第三个明显的错误,是《物权法》第29条关于“受遗赠开始”的规定。《继承法》上只有“继承开始”,没有“受遗赠开始”。所谓“继承开始”是一个时间概念,亦即被继承人死亡之时。无论法定继承、遗嘱继承还是遗赠,遗产均于继承开始亦即被继承人死亡之时转归继承人或者受遗赠人所有。继承人放弃继承、受遗赠人放弃受遗赠的财产,则归属于其余继承人。条文同时规定“继承开始”和“受遗赠开始”,导致混淆。

第四个明显的错误,是《物权法》第30条关于事实行为发生物权变动的规则,规定了一个“合法性”要件。事实行为发生物权变动,自事实行为成就时生效,这是一个普遍规则。无论合法建房还是违章建房,均于事实行为成就之时,亦即房屋建成之时,产生所建成房屋的不动产所有权,建房所用的建筑材料的动产所有权亦同时消灭。即使属于违章建筑,也产生房屋所有权,建房所用的建筑材料的动产所有权也要消灭。唯有城市规划管理部门才有权查处违章建筑行为,其他任何部门、任何人都无权拆除或者占有该违章建筑,否则必然导致经济生活、法律秩序的混乱。

(二)明显漏洞

另外就是一些本应规定的制度没有规定,造成法律漏洞。首先,没有规定宗教财产的归属,不利于宗教财产的保护和党的宗教政策、民族政策的执行。其次,没有规定营业质权,使现在各地存在的“当铺”和“典当行”,因违反《物权法》第211条关于禁止流质、第219条关于折价和拍卖、第221条关于清算的规定,而构成违法。最后,没有规定取得时效制度、先占制度、添附制度等,导致法律漏洞。

(三)规定善意取得以“合理价格转让”为要件不当

《物权法》第106条规定以“合理的价格转让”为善意取得的要件。如果严格解释,就要求法院审查当事人的转让价格是否合理,这偏离了善意取得制度的政策目的,并且增加了裁判的难度和不确定性。设立善意取得制度的目的,是特殊保护市场交易中的善意受让人,并维护市场交易安全。所针对的当然是正常的市场交易,只需规定以“有偿转让”(无偿转让不适用善意取得)即可。转让价格是否合理、是否是侵占国有资产等违法行为,都不属于善意取得制度所要解决的问题。

七、如何看待这场争论对物权法内容的影响

现在看来,所谓“物权法违宪”的政治争论,对《物权法》的内容的确产生了一些影响,值得说明的是,这些影响有的是积极的,有的是消极的,切不可一概而论。

第一,《物权法》第 1 条关于立法目的的规定,增加了“根据宪法”一语。按照法律原理和我国立法体制,一部法律是否违宪与该法律第 1 条是否出现“根据宪法”四个字无关。因为反对《物权法》的人士指责《物权法》构成所谓“形式违宪”,自第五次审议稿起在《物权法》第 1 条增加“根据宪法”四个字,会不会使人误解为立法机关承认了反对物权法人士的指责,并使此前制定的未有“根据宪法”四个字的一百多部法律被视为“违宪”? 我们注意到,第十届全国人大第五次会议同时审议、同日通过的两部法律,《物权法》第 1 条添加了“根据宪法”四个字,而《企业所得税法》第 1 条却没有出现“根据宪法”四个字。《企业所得税法》规定国家征税权的行使,当然必须以宪法为根据。可见,立法机关在同时审议、同日公布的《企业所得税法》第 1 条不写“根据宪法”四个字,显然是有意为之,意在表明立法机关的主张:一部法律是否违宪与其第 1 条是否规定“根据宪法”无关。

第二,将第五次审议稿的第 42 条和第 46 条移到第一章,分别作为第 3 条规定“基本经济制度”和第 4 条规定“平等保护”原则,并且将第一章章名由“一般规定”改为“基本原则”。在国际学术会议上,一些外国学者觉得不可理解,认为混淆了公法和私法。这是因为发生了所谓“物权法违宪”的争论,而平等保护原则成为争论的焦点,甚至个别宪法学者也指责平等保护原则违反宪法所规定的基本经济制度。立法机关作这样的改动,有重大的政治意义。

第 3 条关于基本经济制度的规定,其中第 1 款、第 2 款是《宪法》关于基本经济制度规定的原文,第 3 款前半句“国家实行社会主义市场经济”,是《宪法》第 15 条第 1 款原文。而紧接着在第 4 条规定平等保护原则,直观地将《宪法》所规定的基本经济制度与平等保护这一物权法基本原则之间的本质联系呈现于读者面前。使凡具有起码的阅读能力和理解能力的读者都能够认识到,为什么《物权法》非规定平等保护原则不可,认识到《物权法》规定平等保护原则正是《宪法》确定的基本经济制度的必然要求,从而识破反对《物权法》的人士(包括个别宪法学者)所谓平等保护原则“违反宪法”的谎言。当然,这样安排也有向国内和国际社会郑重声明中国《物权法》和整个法律体系将始终坚持对一切市场主体一视同仁、平等对待、平等保护的政治和政策目的。

第三，增加了第56条有关“国家财产保护”的规定、第57条关于“管理机关职责”及“国有资产流失的法律责任”的规定。国家财产的管理和保护问题，就像私人和集体财产的管理和保护问题一样，属于作为财产所有权主体的国家的内部事务，本不应在《物权法》中规定，而应由另行制定的国家财产管理法和国有资产管理法规定。因改革开放过程中发生国有资产严重流失的社会问题，引起社会各界普遍关注，《物权法》增加这样的规定也有其现实意义，并为此后制定国家财产管理法和国有资产管理法提供法律根据，不可简单化地理解为一种让步。

第四，因为这场争论而删除了若干法律制度。例如，删除了第五次审议稿第4条关于“不动产占有的权利推定制度”和“动产占有的权利推定制度”，使这两项证据法上的重要规则失去法律明文规定，而变成解释性规则；删除了第三次审议稿和第四次审议稿中关于“盗窃物发生善意取得”的规定，造成法律漏洞；删去了第三次审议稿第261条关于善意占有、恶意占有的划分及善意占有推定的规定，第265条关于有权占有推定的规定，使这些证据规则失去法律明文依据，而成为解释性规则。此外，在很多条文中增加“合法”一语，如第30条、第64条、第65条、第66条等，给这些制度的解释适用造成障碍和麻烦。

制定和实施物权法的重大意义*

制定和实施《物权法》是实行社会主义市场经济体制的必然要求，对于进一步促进社会主义市场经济的发展、保护公民私有财产、推进实行依法行政具有重大意义。

一、制定《物权法》是实行社会主义市场经济体制的必然要求

在现代化的市场经济条件下，有两类财产的使用关系最为重要。一类是资金使用关系，另一类是土地使用关系。两类财产使用关系的特点，都是财产所有权人自己不使用财产，而是交由非所有权人使用，即所谓所有权与使用权的分离。资金使用关系是由担保物权制度予以保障的，土地使用关系是由用益物权制度予以实现的。如果没有用益物权制度和担保物权制度，就像没有合同制度和所有权制度一样，就不可能实行市场经济体制。因此，我们可以说，规定所有权制度、用益物权制度和担保物权制度的物权法，为实行市场经济体制提供了基础条件。

自 20 世纪 80 年代中期开始，发生了日益严重的“三角债”问题和金融机构的巨额不良债权问题。发生“三角债”问题和金融机构不良债权问题的根源在于担保物权制度的缺位。由于没有担保物权制度，金融机构发放贷款的合同多数没有担保措施，少数采用保证合同担保，因此在借款企业赖账或者无清偿资力时，金融机构的合法权益不能获

* 本文原载《理论前沿》2007 年第 7 期。

得保障。至 90 年代初,立法、司法和理论界就承认物权概念和制定物权法达成共识,并于 1993 年开始起草《担保法》,并于 1995 年通过施行。《担保法》规定了包括一般抵押权、最高额抵押权、动产质权、权利质权和留置权的担保物权制度,为保障金融机构的债权和回避融资风险提供了有效手段,对于防止发生“三角债”、防止和减少金融机构不良债权、建立资金使用即融资领域的法律秩序,发挥了重大作用。同时,《担保法》规定了担保物权制度,也为承认用益物权和采用用益物权制度规范土地使用关系,及物权法的制定铺平了道路。可以说第十届全国人大第五次会议高票通过《物权法》,是我国进行改革开放和实行社会主义市场经济体制的必然结果。

二、制定和实施《物权法》对进一步改革开放和发展社会主义市场经济的重大意义

从国外立法例可以看到,凡市场经济发达的国家和地区,均有完善的担保物权制度。担保物权,属于物的担保,相对于人的担保即保证合同更为切实可靠。金融机构发放贷款,采用担保物权予以担保,最方便、最有效。担保物权,是确保金融机构债权清偿和化解金融风险最有效的法律手段。我国在发生“三角债”和金融机构遭遇巨额不良债权之后,于 1995 年制定《担保法》规定了担保物权制度,虽然属于“亡羊补牢”,且受到不动产登记制度和登记机构不统一的制约,却仍然对此后避免和减少“三角债”和不良债权发挥了重大作用。我们可以相信,在总结《担保法》实施以来的实践经验的基础上,参考发达国家和地区的经验,规定了完善的担保物权制度的《物权法》的实施,将对于保障金融机构的合法权益、化解和回避融资风险、保障企业及时获得融资、满足经济发展对资金的需求、保障社会主义市场经济持续稳定的发展,发挥更加重大的作用。

我国在 20 世纪 90 年代初开始实行国有土地有偿使用制度,采用行政法规形式规定国有土地使用权出让、转让制度。由于当时没有制定《物权法》,没有用益物权制度,甚至没有物权概念,企业以支付出让金为代价所取得的对于国有土地的使用权,已经与合同债权不相符合,但究竟属于什么性质的权利,其权利具有什么样的法律效力,应当如何从法律上予以规范和给予保护,这些问题都不清楚,因此不利于切实保护国有土地使用关系各方的合法权益,不利于建立和维护国有土地使用的法律秩序。《物权法》规定了完善的用益物权制度,并设专章规定建设用地使用权,《物权法》的实施,将有利于实现建设用地使用关系的物权化,切实保障国有土地使用关系各方的合法权益,减少和避免国有土地出让、转让中的违法行为,促进国有土地的合理使用,保障国有土地使用关系的法律秩序,从而巩固改革开放所取得的成果并促进社会主义市场经济的发展。

需特别注意《物权法》的实施对于实现农地使用关系物权化的重大意义。《物权法》关于用益物权制度的规定及关于土地承包经营权和宅基地使用权的规定,为实现农地使用关系的物权化提供了法律基础,使农户对农地的使用权由债权转变成物权,使改革开放以来实行的家庭联产承包合同制度平稳过渡到用益物权制度,可以消除和减少侵害农户合法权益的违法行为,保护广大农户的经营自主权,进一步激发其生产积极性,保障我国农村经济的长期持续稳定发展,从而巩固农村改革的成果并促进社会主义市场经济的发展。

三、制定和实施《物权法》对保护公民私有财产的重大意义

经过近 30 年的改革,我国社会经济状况已经发生根本性的变革,其基本特征是公有制经济与非公有制经济并存。是在公有制经济和非公有制经济的基础上实行社会主义市场经济,非公有制经济和公有制经济在法律地位上应当是平等的,不应有高低贵贱之分,要求获得平等的法律保护。因此,要求完善保护私有财产的法律制度,特别要抛弃因所有制不同而区别对待的陈旧观念,仅着重于财产之取得是否合法,公民合法取得的财产应当受到与对国家财产和集体财产同等的法律保护。

广大人民群众私有财产的保护问题,与实现党和国家提出的全面

建设小康社会目标有关。所谓全面的小康社会，亦即广大人民群众共同富裕的社会，当然意味着人民群众拥有相当数量的动产和不动产。全面建设小康社会的目标的实现，最终要由全体人民实际拥有的私有财产的总量来验证。而小康社会的实现，要靠广大人民群众自身的劳动积极性和创造性的进一步发挥。怎么样才能进一步激发广大人民群众的生产积极性和创造性？必要条件是，广大人民群众积累的财产能够受到切实的保护。

特别值得注意的是，《物权法》不仅明文规定对公民私有财产的平等保护，明文规定公民合法私有财产不受侵犯，而且针对历史和现实中严重侵犯公民私有财产的违法行为创设了各种法律对策。如关于征收制度的规定，将商业目的用地排除于国家征收之外，企业取得商业用地需按照《合同法》的规定与土地使用权人谈判签约，彻底解决“强制拆迁”“圈地热潮”等问题；关于土地承包经营权的规定，可以解决任意撕毁承包合同及强行摊派等侵害农民合法权益的问题；关于物权效力的规定，可以划分行为违法与合法财产的界限，行为违法但财产并不违法，如对所谓“黑出租”不能没收汽车、摩托车，对流动摊贩，不能毁损、没收其商品和工具；没有搜查证不能强行进入居民房屋，彻底终结进行“抄家”的可能性，切实保障公民的人身安全、财产安全和精神安宁。

四、制定和实施《物权法》对全面实行依法行政的重大意义

《物权法》第2条第3款规定，“本法所称物权，是指权利人依法对特定的物享有直接支配和排他的权利，包括所有权、用益物权和担保物权”。所谓“排他的权利”，指物权具有“排他性”，具有“排除他人干涉的效力”，这是法律的强行规定。我们注意到，民事权利分为具有排他性的权利和不具有排他性的权利。凡是具有排他性的权利，法律都是用刑事责任、侵权责任来保护；凡是没有排他性的权利，法律只用违约责任来保护，只追究侵害人的违约责任。因为物权具有排他性，所以刑法上规定了盗窃罪、抢夺罪、抢劫罪；民法上有侵害物权的侵权责任，任何人侵犯物权，重则构成犯罪行为，轻则构成侵权行为。

实际上,物权的排他性,就是划分公权力与私权利的界限。公权力和私权利的界限是什么?就是物权的“排他性”。一家人住在房子里,国家机关的公务员不能随便往里面闯,那个界限就是物权的“排他性”。要进去就要征得房主的同意,他不同意,就不能往里面闯,否则就是违法,除非持有搜查证。物权界限之外,属于公共场所,是公权力活动的范围;物权界限之内,是私权利的活动空间。公权力要跨越这个界限,唯有两条:一是权利人同意;二是持有搜查证。

政府提出了“全面推行依法行政”的目标,但一讲依法行政,就有个倾向,好像依法行政就是要多制定一些行政法规、行政规章,规定尽量完善的行政权限和行政程序。是不是行政法规尽量完善了就实现“依法行政”了?不是。因为依法行政首先并不是行政程序问题,而是公权力的界限问题。靠什么去限制公权力的滥用?要靠人民和企业的物权,靠物权所具有的排他性。

可见,制定和实施《物权法》的重大意义,还在于通过《物权法》规定的物权定义,来教育全国人民,首先要让警察、公务员、国家机关干部、地方党政领导知道,物权具有“排除他人干涉”的效力,认识物权是“排他性”的权利,懂得物权观念。现实生活中经常发生严重侵犯公民财产的违法行为,可能有多种原因,其中一个原因就是我们的公务员队伍、地方政府领导不具有物权观念,不知道物权具有排他性,本来是好心,却办了坏事。通过制定和实施《物权法》,让相关人员知道公权力的界限何在,才能够限制公权力的滥用,真正实现依法行政。

制定和实施《中华人民共和国物权法》的若干问题*

《物权法》经第十届全国人大第五次会议于2007年3月16日通过,将自10月1日起施行。分五编十九章,共247条。物权法的内容非常丰富,大到山脉、草原、江河湖海和地下矿藏的归属,小到居民住宅的停车位、电梯、水电管线的归属和维护,都有规定。《物权法》是我国社会主义法律体系中的一部基本法律,关系到坚持和完善国家基本经济制度,完善社会主义市场经济体制,实现和维护最广大人民群众的根本利益,激发全社会的创造活力,全面建设小康社会和社会主义和谐社会。《物权法》的制定和实施,对于我们国家、民族和人民具有深远的历史意义。本文分为三个部分:其一,什么是《物权法》,《物权法》有什么作用;其二,制定和实施《物权法》的重大意义;其三,《物权法》制定过程中涉及的一些问题。

一、什么是《物权法》,《物权法》有什么作用

(一)《物权法》是规范物的归属和利用的法律规则

《物权法》第2条第1款规定,"因物的归属和利用而产生的民事关系,适用本法"。这是关于适用范围的规定,实际上也是我们理解什么是《物权法》的立法依据。其中所说的"物",是指"有形财产",即看得见、摸得着的财产,如土地、房屋、汽车、手机等,是与无形财产(如专

---

* 本文写作于2007年3月29日。

利技术、商业秘密、商标、著作权）相对应的。有形财产，以是否可以移动为标准，分为不动产和动产。土地、建筑物，属于不动产；船舶、飞机、机动车、彩电、冰箱、手机等，属于动产。可见，《物权法》就是关于动产、不动产的归属和利用的法律规则。

所谓"归属"，指某项财产归属于谁，实际上就是所有权。所有权，是对自己的财产的权利。如我们对自己的房屋、汽车、家用电器享有所有权。

所谓"利用"，不是指利用自己的财产，而是指利用他人的财产。利用自己的财产，是所有权应有之义，无须特别规定。这里所说的"利用"，特指利用他人财产的权利，包括用益物权和担保物权。

用益物权，是"利用"他人财产的"使用价值"，即对他人的不动产进行占有、使用、收益的权利。如土地承包经营权，是农户利用集体土地进行种植、养殖、畜牧的权利；宅基地使用权，是农户利用集体土地建房的权利；建设用地使用权，是企业利用国有土地建造厂房、写字楼、商品房的权利。土地承包经营权、宅基地使用权和建设用地使用权都属于用益物权。

担保物权，是"利用"他人财产的"交换价值"，如借款人把自己的不动产、动产或者有价证券抵押、质押给银行，担保银行的贷款债权，借款人不能归还借款本息时，银行将拍卖该抵押、质押财产，从拍卖所得价款获得清偿。抵押权、质权、留置权都属于担保物权。《物权法》就是关于所有权、用益物权和担保物权的法律规则。

（二）物权法的作用：定分止争、物尽其用

关于定分止争。商鞅在《商君书》中说："一兔走，百人逐之，非以兔为可分以为百，由名之未定也。夫卖兔者满市，而盗不敢取，由名分已定也，故名分未定，尧、舜、禹、汤且皆如骛焉而逐之；名分已定，贫盗不取。"其中所谓"名分"，就是"权利归属"，即所有权属于谁。野生动物，属于无主物，谁抓住就是谁的，因此一只野兔，百人竞逐；街市上卖兔的多的是，小偷却不取。不是不想取，是不敢取。因为那些兔子的所有权有所归属，擅自拿取就要构成盗窃罪、抢夺罪。

可见,财产所有权归属确定,就可以消弭纷争;反之,财产归属不定、权利界限不清,就会引发纷争。一些农村发生山林纠纷、土地边界纠纷、用水纠纷,甚至导致流血事件,就是因为山林、土地归属不明,所有权、使用权界限不清。国有企业之间,甚至国家机关之间,也会因房屋产权不清,发生房屋纠纷。因此,制定和实施《物权法》,确定财产所有权归属,明确权利界限,哪些财产是国家的,哪些财产是集体的,哪些财产是私人的,哪些财产是张三的,哪些财产是李四的,有利于减少和消弭纷争。《物权法》还规定了解决产权争议的手段,发生产权争议,可以通过《物权法》规定的法律规则和法律手段及时解决纠纷。

国家财产,名义上属于全体人民,在权利归属上似乎没有问题,其实问题更大。特别是改革开放以前,国家财产往往被当成"无主财产",国家财产所遭受的损失是巨大的。改革开放以来发生的严重的国有资产流失也与产权界限不清有关。《物权法》不仅明确规定了哪些财产的所有权属于国家,而且明确规定"国有财产由国务院代表国家行使所有权""国家出资的企业,由国务院、地方人民政府依照法律、行政法规分别代表国家履行出资人职责,享有出资人权益"。再根据《物权法》的这些规定,及时制定和实施具体的、完善的管理制度,就有可能解决国有财产的保护问题,解决国有财产的流失问题。

关于物尽其用。财产所有权界限清楚并受到切实的法律保护,当然可以促进所有权人利用其财产,发挥物的效用。但《物权法》发挥"物尽其用"的功能,主要是指所有权人通过设立用益物权,将自己的财产交给"他人"利用。如农村集体,通过设立土地承包经营权,将集体土地交给农户使用,极大地激发了农民的生产积极性及农村土地的效用。于是,彻底结束了我国长期农产品匮乏、轻工业原材料匮乏、人民群众消费品匮乏的"饥饿年代"。还是这些土地,还是这些农村人口,为什么发生如此巨大的变化,就是《物权法》规定的用益物权制度发挥了"物尽其用"的功能。

为了解决城镇人口居住问题,实现"居者有其屋",过去采用福利分房制度,由国家将国有土地无偿划拨给国家机关和国有企业建房,分配给干部、职工居住。其结果是,房屋短缺日益严重,干部、职工居住条件非常差,经常是一家数口、老少三代住在十几平方米甚至几平方米的房子里,还有很多人不能分到住房,甚至结婚多年还住单身宿舍的事例,并不少见。现在废除公房制度,废止将国有土地无偿划拨给企业建房的制度,改为国家将国有土地有偿出让给企业建房,企业以向国家支付土地出让金为代价取得用益物权(建设用地使用权),再由企业建商品房,出售给城镇居民。这样,就形成活跃的房地产市场,使住房短缺的状况彻底改观。现在绝大多数城镇居民都通过购买公房或者购买商品房解决了居住问题,并且城镇居民的居住条件获得极大改变。一是城镇居民的居住问题基本获得解决,居住条件极大改善;二是房地产开发企业自己获得了利润并向国家缴纳了税金,房地产业从无到有,并发展壮大;三是国家(中央政府和地方政府)获得土地出让金和税金,增加了财政收入;四是银行通过向房地产企业和购买商品房的公民发放贷款,获得利息收益。物权法上的用益物权制度充分发挥了“物尽其用”功能。

二、制定和实施《物权法》的重大意义

(一)制定和实施《物权法》对进一步改革开放和发展社会主义市场经济的重大意义

国民经济的长期稳定发展,依赖于能否不断满足各类企业对资金的需求。市场经济体制下的资金供给,采取融资方式,关键是融资风险问题,即金融机构合法权益能否得到保障的问题。要切实保障无论是在正常的经济环境还是经济环境发生异常变动的情况下,金融机构都能够按期收回贷款本金和利息,尽量减少和避免发生不良债权,唯有依赖完善的担保物权制度。如前所述,我国之所以从20世纪80年代中期开始发生严重的“三角债”问题和金融机构的巨额不良债权问题,其重要原因就是未及时制定完善的担保物权制度。

从国外立法看,凡市场经济发达的国家和地区,均有完善的担保物权制度。担保物权,属于物的担保,相对于人的担保即保证合同,更为

切实可靠。金融机构发放贷款,采用担保物权予以担保,最方便、最有效。担保物权是确保金融机构债权清偿和化解金融风险最有效的法律手段。我国在发生"三角债"和金融机构遭遇巨额不良债权之后,于1995年制定《担保法》并规定了担保物权制度,虽然属于"亡羊补牢",且受到不动产登记制度和登记机构不统一的制约,却仍然对此后避免和减少"三角债"和不良债权发挥了重大作用。我们可以相信,在总结《担保法》实施以来的实践经验的基础上,参考发达国家和地区的经验,规定了完善的担保物权制度的物权法的实施,将对于保障金融机构的合法权益、化解和回避融资风险、保障企业及时获得融资、满足经济发展对资金的需求、保障社会主义市场经济持续稳定的发展,发挥更加重大的作用。

物权法上的用益物权,是土地所有权与土地使用权分离的法律形式。凡实行市场经济体制的国家,均有用益物权制度。但用益物权制度所发挥的作用及其意义,又因实行土地公有制或者土地私有制而有程度的差别。在资本主义市场经济国家,土地归私人所有,土地所有者自己使用土地,是土地使用关系的主要形式;土地所有者自己不使用土地而交给他人使用,是土地使用关系的次要形式。我国是在土地公有制基础上实行社会主义市场经济,城市土地归国家所有,农村土地归集体所有,作为土地所有者的国家和农村集体经济组织,自己使用土地,是土地使用关系的次要形式。作为土地所有者的国家自己不使用土地而交给各类企业使用,是国有土地使用关系的主要形式;作为土地所有者的农村集体经济组织自己不使用土地而交给农户使用,是农村土地使用关系的主要形式。因此,用益物权制度对于实行社会主义市场经济的我国所具有的意义和所发挥的作用,要远远超过对于实行资本主义市场经济的国家所具有的意义和所发挥的作用。

我国在20世纪90年代初开始实行国有土地有偿使用制度,采用行政法规形式规定国有土地使用权出让、转让制度。由于当时没有制定物权法,没有用益物权制度,甚至没有物权概念,企业以支付出让金为代价取得的对于国有土地的使用权,已经与合同债权不相符合,但究竟属于什么性质的权利？其权利具有什么样的法律效力？应当如何从法律上予以规范和给予保护？这些问题都不清楚。例如，现行制度规定建设用地使用权期限届满，地上建筑物无偿归属于土地所有权人，以及土地闲置两年地方政府强行无偿收回土地等，均与用益物权性质不符。因此，不利于切实保护国有土地使用关系各方的合法权益，不利于建立和维护国有土地使用的法律秩序。《物权法》规定了完善的用益物权制度，并设专章规定建设用地使用权，《物权法》的实施，将有利于实现建设用地使用关系的物权化，切实保障国有土地使用关系各方的合法权益，减少和避免国有土地出让、转让中的违法行为，促进国有土地的合理使用，保障国有土地使用关系的法律秩序，从而巩固改革开放所取得的成果并促进社会主义市场经济的发展。

我国农村经济体制改革的基本经验，可以归结为农地所有权与农地使用权的分离，即由原来人民公社体制之下的集体所有、集体使用，改为集体所有、农户使用。迄今所采取的法律形式是合同形式。这种以承包合同为基础的农地使用关系，在极大地调动农民生产积极性、发展农村生产力的同时，也产生了若干缺点。(1)农户根据承包合同取得的土地使用权，属于债权性质，法律效力较低，特别是债权属于相对权，不能抗拒来自发包人和乡村干部的各种干涉和侵害。这是广大农村经常发生侵害农民权益的行为而不能彻底解决的原因。(2)债权性农地使用权以承包合同的期限为期限，容易导致农户的短期行为，不利于农村经济长期稳定地发展。(3)农地使用权转包或出租须经发包方同意，不利于土地资源的优化配置。(4)农户所享有的权利和负担的义务，取决于承包合同的规定，难以做到明确和公平合理，并经常发生发包方单方面修改合同，加重农户负担、损害农户利益的情形。(5)于承包农地被国家征收时，仅补偿土地所有权人，作为农地使用权人的承包农户不能获得补偿，对承包农户极不公平。《物权法》关于土地承包经营权和宅基地使用权的规定，为实现农地使用关系的物权化提供了法律根据，使农户对农地的使用权由债权转变成物权，具有对抗一切人(包括土地所有权人)的效力，使改革开放以来实行的家庭联产承包合同制度平稳过渡到用益物权制度,可以消除和减少侵害农户合法权益的违法行为,保护广大农户的经营自主权,进一步激发其生产积极性,保障我国农村经济的长期持续稳定发展,从而巩固农村改革的成果并促进社会主义市场经济的发展。

(二)制定和实施《物权法》对保护公民私有财产的重大意义

中华人民共和国历史上发生过几次大规模侵犯人民私有财产的违法行为。一次是20世纪50年代后期刮起所谓“共产风”,以人民公社名义无偿剥夺社员房屋、禽畜、农具、林木等私有财产,严重损害了人民群众(主要是农民)的生产积极性和党在人民群众中的威信。另一次是“文化大革命”,发生了侵犯公民财产权的违法行为。1986年颁布、1987年实施的《民法通则》第75条第2款规定:“公民的合法财产受法律保护,禁止任何组织或者个人侵占、哄抢、破坏或者非法查封、扣押、冻结、没收。”该规定所具有的重大意义在于,承认公民私有财产属于法律上的权利,并赋予公民私有财产权对抗“任何组织或者个人侵占、哄抢、破坏或者非法查封、扣押、冻结、没收”的法律效力。因此,侵犯公民私有财产,将构成侵权行为和刑事犯罪。

以《民法通则》第75条为基础的保护私有财产法律制度的不足是,在财产权保护的指导思想上,没有贯彻对国家、集体和私有财产的平等保护原则。这与此前长期存在的在财产权保护问题上的不平等观念有关。例如,1963年最高人民法院《关于贯彻执行民事政策几个问题的意见》,指示“各级人民法院在审理财产权益案件时”,必须“首先保护国家与集体的利益,同时也要保护个人的合法权益”。所体现的就是因所有制不同而区别对待的观念,保护“国家和集体的利益”是第一位的,保护“个人的合法权益”是第二位的。需特别指出的是,因《民法通则》第73条第2款明文规定“国家财产神圣不可侵犯”,使传统理论和裁判实践中的不平等观念获得了立法根据。当人民私有财产的保护与对国家财产的保护发生冲突时,必然要牺牲私人的财产权益而确保国家的财产权益。

在这种错误观念支配之下,以《民法通则》第75条为基础的保护人民私有财产法律制度,不可能切实、妥善地保护人民私有财产权益。当人民私有财产受到来自一般人的侵犯时,这一法律保护制度尚可发挥保护受害公民、制裁加害人的作用;当人民私有财产受到国家机关、地方政府滥用行政权力的侵害时,法律保护的天平往往向国家机关、地方政府和国有企业一方倾斜,人民私有财产不可能获得平等的法律保护。进入 21 世纪以来发生的“强制拆迁”“圈地热潮”等滥用公权力侵犯人民私有财产权的严重事件,充分表明了这一点。

经过近 30 年的改革,我国社会经济状况已经发生根本性的变革,其基本特征是公有制经济与非公有制经济的并存。在公有制经济和非公有制经济的基础上实行社会主义市场经济,非公有制经济和公有制经济在法律地位上应当是平等的,不应有高低贵贱之分,要求获得平等的法律保护。因此,要求完善保护私有财产的法律制度,特别要抛弃因所有制不同而区别对待的陈旧观念,仅着重于财产之取得是否合法,公民合法取得的财产应当受到与对国家财产和集体财产同等的法律保护。

社会主义市场经济发展的结果是广大人民群众的财产状况有了重大变化。城镇长期实行的对于国家机关干部、企事业单位职工的低工资制度、生活消费品的计划供应制度和福利房制度已经废止,城镇人口的生活水平有大幅度的提高。大部分城镇居民,或者从本单位购买原居住的公房,或者购买了商品房,有了私有房屋,据 2005 年统计,城镇人均住房面积为 26 平方米以上。许多家庭有了机动车,加上彩电、冰箱、洗衣机等家用电器的普及,城镇居民所拥有的不动产和动产已非改革开放前可比。农村实行家庭联产承包责任制改革的结果,导致农业生产积极性高涨和生产力的提高,广大农村人口,除西部自然条件特别恶劣的少数地区外,不仅解决了温饱问题,而且生活水准有很大提高。尤其在东部经济发达地区,农民居住的房屋由草房、土坯房改为砖瓦房,再由砖瓦房改为二层或三层楼房,城乡差距正在缩小。据 2005 年统计,农村人均住房面积达 29 平方米以上。这种情形,要求从法律上对于私人财产包括动产和不动产物权给予明确规定并予以切实、平等的法律保护,就是很自然的了。

广大人民群众私有财产的保护问题,与实现党和国家提出的全面建设小康社会的目标有关。所谓全面的小康社会,亦即广大人民群众共同富裕的社会,当然意味着人民群众拥有相当数量的动产和不动产。全面建设小康社会的目标的实现,最终要由全体人民实际拥有的私有财产的总量来验证。而小康社会的实现,要靠广大人民群众自身的劳动积极性的进一步发挥,要靠激发和维持全社会的创造活力。怎么样才能进一步激发广大人民群众的生产积极性?才能维持全社会的创造活力?必要条件是,广大人民群众积累的财产能够受到与对国家财产、集体财产同等的、切实的法律保护。

特别值得注意的是,《物权法》不仅明文规定对公民私有财产的平等保护、公民合法私有财产不受侵犯,而且针对历史和现实中严重侵犯公民私有财产的违法行为创设了各种法律对策。如关于征收制度的规定,将商业目的用地排除于国家征收之外,企业取得商业用地需按照《合同法》的规定与土地使用权人谈判签约,彻底解决"强制拆迁""圈地热潮"等问题;关于土地承包经营权的规定,可以解决任意撕毁承包合同及强行摊派等侵害农民合法权益的问题;关于物权效力的规定,可以划分行为违法与合法财产的界限,行为违法但财产并不违法,如对所谓"黑出租"不能没收汽车、摩托车,对流动摊贩,不能毁损、没收其商品和工具;没有搜查证不能强行进入居民房屋,彻底终结进行"抄家"的可能性,切实保障公民的人身安全、财产安全和精神安宁。

(三)制定和实施《物权法》对全面实行依法行政的重大意义

《物权法》第 2 条第 3 款规定,物权是具有"排他性"的权利,亦即物权具有"排除他人干涉的效力"。这是法律的强行规定。我们注意到,民事权利分为具有排他性的权利和不具有排他性的权利。凡是具有排他性的权利,法律都是用刑事责任、侵权责任来保护;凡是没有排他性的权利,法律只用违约责任来保护,只追究侵害人的违约责任。因为物权具有排他性,所以刑法上规定了盗窃罪、抢夺罪、抢劫罪;民法上就有侵害物权的侵权责任,任何人侵犯物权,重则构成犯罪行为,轻则构成侵权行为。

物权的“排他性”，不仅排除一般人的干涉，而且“排除国家的干涉”，首先是警察的干涉。我们看到车站、码头、广场、街道、公路都有警察巡逻，但私人的房屋、住宅小区却没有警察巡逻。为什么警察不能进入小区巡逻呢？警察要进入公民的房屋：第一，须得到房主的同意；第二，警察要想强行进入，必须持有搜查证，没有搜查证强行进入，就会构成违法行为。

物权的排他性，不是物权的自然属性，而是法律强行规定，并且通过刑事责任、侵权责任予以维护。因为物权具有排他性，公法上才有搜查证制度，证据法上才有通过违法行为取得的证据不具有证据效力的规则。最高人民法院关于证据的司法解释中规定，违法取得的证据不具有证据效力。什么叫“违法取得的证据”？因为物权具有排他性，没有搜查证强行进入私人房屋所得到的证据，就是“违法取得的证据”。由此可见，物权的排他性不仅在民法上具有重大意义，在刑法上、程序法上都具有重大意义。

实际上，物权的排他性就是划分公权力与私权利的界限。公权力和私权利的界限是什么？就是物权的“排他性”。一家人住在房子里，国家机关的公务员就不能随便往里面闯，那个界限就是物权的“排他性”。要进去就要征得房主的同意，他不同意，就不能往里面闯，否则就是违法，除非持有搜查证。物权界限之外，属于公共场所，是公权力活动的范围；物权界限之内，是私权利的活动空间。

现在政府提出了“全面推行依法行政”的目标，但一讲依法行政，就有个倾向，好像依法行政就是要多制定一些行政法规、行政规章，规定尽量完善的行政权限和行政程序。是不是行政法规尽量完善就实现了“依法行政”？不是。因为依法行政首先并不是行政程序问题，而是公权力的界限问题。靠什么去限制公权力的滥用？要靠人民和企业的物权，靠物权所具有的排他性。

现实生活中经常发生严重侵犯公民财产的违法行为，可能有多种原因，其中一个原因就是我们的公务员队伍、地方政府领导不具有物权观念,不知道物权具有排他性,本来是好心,却办了坏事。例如地方政府成立所谓拆迁办,动用公权力强拆老百姓的房屋;整顿交通秩序没收所谓黑出租、黑摩的并予以销毁;城管部门为了市容、市貌没收、毁损流动摊贩的商品和三轮车;等等。其用心可能是好的,却构成严重的违法行为,造成的影响是极为恶劣的,尤其严重损害了党和政府在广大人民群众中的形象和威信。

可见,制定和实施《物权法》的重大意义,还在于通过《物权法》规定的物权定义,来教育全国人民。首先要让警察、公务员、国家机关干部、地方党政领导等知道,物权具有“排除他人干涉”的效力,认识物权是“排他性”的权利,牢固树立物权观念,才能够限制公权力的滥用,真正实行依法行政。

三、制定《物权法》涉及的一些问题

(一)平等保护原则

《物权法》第 4 条规定:“国家、集体、私人的物权和其他权利人的物权受法律保护,任何单位和个人不得侵犯。”这是关于平等保护原则的规定。

在《物权法》制定过程中,当然要确定财产权保护的指导思想,要明文规定财产权保护的基本原则。《物权法》起草中的争论是规定国家财产特殊保护,还是合法财产平等保护。特殊保护的思想,是以现行《民法通则》为依据的。《民法通则》第 73 条规定,“国家财产神圣不可侵犯”。其含义是,在不同所有制的财产当中要着重保护国家财产、特殊保护国家财产。显而易见,这样的指导思想是由改革开放前的单一公有制和计划经济体制的本质所决定的。经过二十多年的改革,中国的经济体制已经实现转轨,社会主义市场经济体制已经确立的今天,“国家财产特殊保护”已经与我国现在的经济生活严重脱节,不符合社会主义市场经济的本质和要求。

但“国家财产特殊保护”的指导思想还在发挥作用,特别是对法官裁判案件还有影响。如果案件当事人一方是国有企业或者国家机关,另一方是私有企业或者个体企业,法官的判决就可能有意无意地偏向国有企业、国家机关一方。在现实生活中,判决国有企业、国家机关败诉的案件,上诉状、申诉状当中往往不谈事实认定是否正确、法律适用是否正确,首先指责法院的判决导致国有资产流失。可见,“国家财产特殊保护”的指导思想,不利于人民法院对案件的公正裁判。

值得注意的是,虽然《物权法》从起草开始就提出了作为物权保护指导思想的平等保护原则,但在第一、第二、第三、第四次审议稿中,并没有一个专门表述平等保护原则的条文,而是在整部法律的制度设计和主要内容中贯彻和体现平等保护原则。因为在 2005 年秋发生了一场关于物权法是否违宪的争论,而是否贯彻平等保护原则成为这场争论的焦点。在此后的近一年时间立法机关认识到,平等保护原则是社会主义市场经济体制本质和要求的体现,没有平等保护原则也就没有社会主义市场经济,可以说《物权法》中的其他条文和制度都可以让步,唯独平等保护原则这一条绝对不能让步。

而自这场争论发生开始,无论国内还是国际社会均密切关注《物权法草案》是否坚持平等保护原则。可以断言,假设《物权法草案》放弃平等保护原则,按照某些人的主张恢复关于国家财产神圣不可侵犯的条文,必将对改革开放和国民经济造成难以估量的损害。因此在 2006 年 8 月第五次审议稿的所有权部分增加了一个概括平等保护原则的专门条文。在提交常委会审议的说明中特别强调一定要坚持平等保护原则。在同年 10 月的第六次审议稿中,将这一条文从所有权部分抽出,作为整部《物权法》的基本原则安排在第一章,并将第一章章名由“一般规定”改为“基本原则”,第七次审议稿和最终通过的《物权法》维持了这一安排,这就是《物权法》第 4 条的规定。

归根结底,物权法规定物权的平等保护原则,是由中国已经发生深刻变化的社会经济基础,即从改革开放前的单一公有制的计划经济体制转变为奠基于公有制经济和非公有制经济的社会主义市场经济所决定的。应说明的是,物权平等保护原则的实质在于,对不同所有制性质的物权,给予同样的法律地位,赋予同样的法律效力,适用同样的法律规则,于遭受不法侵犯时同样受刑事责任制度和侵权责任制度的救济,而与不同所有制性质的物权在国民经济中所占比重和所发挥的作用无关。

需要特别指出的是,《物权法》第4条合法财产平等保护的基本原则对于人民法院公正裁判的意义,在裁判一方是国有企业、国家机关,另一方是私人、私有企业的案件时,法官不会再担心如果依法判决私人一方胜诉,会不会受到所谓"导致国有资产流失"的指责,将彻底解除其后顾之忧,使法官真正做到不存偏见、公正裁判。可见,物权法规定物权平等保护的指导思想和基本原则,有利于人民法院依法独立审判,公正裁判案件,有利于抵制对法院审判工作的不当干预,有利于社会主义市场经济的发展和建设法治国家。

(二)关于不动产登记

既然《物权法》规定了物权公示原则,不动产物权变动以"登记生效"为原则,以"登记对抗"为例外,可见不动产登记制度非常重要。如果没有一个完整的、科学的不动产登记制度,《物权法》即便颁布了,也很难发挥作用。因此,不动产登记的基本原则、基本制度要规定在《物权法》中,在《物权法》之外还应单独制定一个不动产登记法或者不动产登记条例。不动产登记法或不动产登记条例是附属于《物权法》的,是《物权法》的附属法。

现实生活中有很多不动产登记机构,进行多头登记,各自为政,这是不正常的,因此必须把不动产登记机构统一起来。另外,有的登记机构借登记谋取不当利益。如办理抵押登记,按照抵押物评估价值收取登记费,甚至规定抵押登记有效期1年,期满再登记、再收费。社会各界对此意见很大。不动产登记虽由国家设立的登记机构办理,但性质上属于"服务行政",而与行政管理权之行使无关,不能异化为一种"权限"并用来牟利。因此,制定《物权法》,不仅要解决不动产登记机构的统一问题,还要解决不动产登记机构与行政管理权分离问题,建立一个统一的、与行政管理权分离的不动产登记机构和等级制度。

基于上述考虑,《物权法》第10条明确规定:"不动产登记,由不动产所在地的登记机构办理。国家对不动产实行统一登记制度。统一登记的范围、登记机构和登记办法,由法律、行政法规规定。”第13条规定:“登记机构不得有下列行为:(一)要求对不动产进行评估;(二)以年检等名义进行重复登记;(三)超出登记职责范围的其他行为。”第22条规定:“不动产登记费按件收取,不得按照不动产的面积、体积或者价款的比例收取。具体收费标准由国务院有关部门会同价格主管部门规定。”

这样一个统一的不动产登记机构设置在哪一个部门,《物权法》对此未作规定,而将留待制定不动产登记法或者不动产登记条例解决。参考发达国家的经验,关于不动产登记机构的设置,无非两种模式:二是设置在政府;一是设置在法院。例如,日本设在政府法务局;英国是政府土地登记局;瑞士设在各州的地方法院;德国是在地方法院设土地登记局。因此,关于不动产登记机构的设置,可在这两种模式中选择其一,或者在基层人民法院设不动产登记局,或者在区、县人民政府的司法局设不动产登记局。

(三)关于异议登记

关于不动产登记,物权法创设了两种新的登记制度。其中之一是异议登记制度。什么叫异议登记?如不动产登记簿上记载某一套房屋的所有权人是张三,而李四对此提出异议,认为该房屋不是张三的,这就形成产权纠纷。李四如果向法院起诉解决争议,他要搜集证据、聘请律师、准备起诉状等,要做很多准备工作。等李四向法院起诉,法院经过审理作出判决,确定争议的房屋归李四所有,李四拿着生效判决书到不动产登记机构要求变更登记时,发现张三已将该房屋卖给王五了。虽然李四胜诉,最后却不一定能够得到房屋及其所有权。因此,能不能有一个制度防止不动产登记簿上记载的所有权人张三抢先下手出卖争议房屋?针对这一现实问题,《物权法》创设了异议登记制度。

《物权法》第19条规定:“权利人、利害关系人认为不动产登记簿记载的事项错误的,可以申请更正登记。不动产登记簿记载的权利人书面同意更正或者有证据证明登记确有错误的,登记机构应当予以更正。”(第1款)“不动产登记簿记载的权利人不同意更正的,利害关系人可以申请异议登记。登记机构予以异议登记的,申请人在异议登记之日起十五日内不起诉,异议登记失效。异议登记不当,造成权利人损害的,权利人可以向申请人请求损害赔偿。”(第2款)其中,第1款规定的“更正登记”,是现在房地产登记制度中已有的登记制度。前述房屋产权争议的双方,如果李四提出异议而登记簿上记载的所有权人张三承认登记错误,承认自己不是真正的所有权人,则可以通过更正登记解决问题。如果张三不承认存在错误,坚持认为自己是真正的所有权人,按照本条第2款的规定,李四就可以向登记机构申请异议登记。

异议登记是一个简单的程序,只要李四到登记机构申请异议登记,登记机构受理申请后,就将该异议记载于不动产登记簿,例如记载“某年某月某日李四主张异议”。可想而知,只要登记簿上记载了这样一个“异议”,张三要抢先下手转让该房屋,打算买房的人发现不动产登记簿上登记有“异议”,自然不敢购买该房屋。“异议登记”的作用,并不是“禁止”张三转让该房屋,也不是“限制”张三的“处分权”,而仅仅是“提醒”打算购买房屋的第三人注意:该房屋产权存在“争议”。按照社会生活经验,打算购买房屋的人看到该房屋产权存在“争议”,不会贸然签订买卖合同,至少会等待“争议”解决。就是用这个办法来“阻止”张三抢先下手转让房屋产权,以保证将来李四胜诉后可以持判决书到登记机构变更登记,最终得到该房屋的所有权。

既然“异议登记”的作用在于“阻止”张三处分财产,则“异议登记”一定要有一个“期限”,否则有的人在申请“异议登记”之后,就不会尽快解决存在的“争议”,他既不向法院提起“确权之诉”,也不向登记机构申请“变更登记”,这种情形,已经登记的“异议”的存在,将一直“阻止”登记簿上的所有权人转让财产。因此应该规定“异议登记”的有效期限,超过一定的期限,“异议登记”就失效。第19条第2款规定,这个期限是“十五日”,并规定了异议登记不当的损害赔偿责任,以避免没有任何根据就轻率地申请异议登记,损害真正权利人的合法权益。

(四)关于预告登记

另外一个新创设的登记制度叫“预告登记”。针对现实生活中商品房预售的“一房多卖”,损害买房人(多数情形是消费者)合法利益的问题。按照该制度,商品房预售合同的买受人,可以凭商品房预售合同到不动产登记机构申请“预告登记”。因为房子还没有建好,还不能办理“产权过户登记”。《物权法》第20条规定:“当事人签订买卖房屋或者其他不动产物权的协议,为保障将来实现物权,按照约定可以向登记机构申请预告登记。预告登记后,未经预告登记的权利人同意,处分该不动产的,不发生物权效力。”(第1款)“预告登记后,债权消灭或者自能够进行不动产登记之日起三个月内未申请登记的,预告登记失效。”(第2款)

按照第20条的规定,只要张三与开发商签订了商品房预售合同,张三就可以拿着合同去登记机构办理预告登记,由登记机构在登记簿上作出“预告登记”:记载某号房屋已经卖给张三。办理预告登记后,开发商把该房屋卖给其他任何人都“不发生物权效力”。所谓“不发生物权效力”,就是说买房人不可能取得房屋所有权。只要办理了“预告登记”,其余的买房人就已经知道自己不可能得到该房屋的所有权,当然也就不买了。预告登记制度的立法目的,就是限制开发商“一房多卖”。

从实质上说,“预告登记”是一种特殊的公示方法,所登记的并不是“物权”,而是买房人根据买卖合同请求交付房屋和移转房屋所有权的债权。合同上的“债权”,因为办理了“预告登记”,就具有了对抗其他买房人的“物权效力”。预告登记制度不仅可以保护商品房预售的买受人,而且可以保护银行的抵押权。发放贷款的银行,只要拿着抵押合同到登记机构办理了“预告登记”,即使开发商再把同样的项目抵押给其他银行,其他银行的抵押权也会排在后面。《物权法》第20条第2款规定:“预告登记后,债权消灭或者自能够进行不动产登记之日起三个月内未申请登记的,预告登记失效。”这是为了避免权利人以“预告登记”代替正式的物权登记。需补充说明的是,预告登记制度已经在上海市的房地产登记实践中实施多年。

(五)关于国家征收

因物权具有排除他人干涉的效力,在教科书上称为“物权的绝对性原则”,与契约自由原则、过错责任原则,被称为现代民法的三大基本原则。《物权法》第4条规定:“国家、集体、私人的物权和其他权利人的物权受法律保护,任何单位和个人不得侵犯。”就是关于物权绝对性原则的表述。这一基本原则的贯彻,是由刑法上侵犯财产的刑事责任制度和民法上侵犯财产的侵权责任制度予以切实保障的。但物权的绝对性原则并非不受限制。出于社会公共利益的需要,可以排除物权绝对性原则,即排除物权的“排他性”效力。法律上用来排除物权绝对性原则,排除物权的排他性效力的制度,一个是公法上的搜查证制度,另一个是民法上的征收和征用制度。此外,《城市规划法》和《文物保护法》也会对物权绝对性原则和排他性效力进行限制。

关于征收制度,需要回答一个问题,为什么在《宪法》进行规定之后,还要在《物权法》中进行规定?因为征收是强制性取得,所以要在《宪法》上规定,但征收虽然是强制性取得,却与没收财产、征税、罚款等公权力行使情形截然不同。没收财产、征税、罚款取决于国家机关单方的意思决定,被没收财产、被征税、被罚款的人即使有异议也要先予执行,执行之后再申请复议。没收财产、征税、罚款是直接依据公权力无偿取得私有财产。征收与此不同,征收不是无偿取得,而是有偿取得,要支付代价,要遵循市场交易的等价有偿的规律,属于民事特别制度,所以在《宪法》规定之后,还要在《物权法》中进行规定。

征收既然属于商品交换关系,为什么不依据《合同法》订立合同呢?这是出于社会公共利益的考虑。国家要修建一个军用机场,如果按《合同法》逐一与土地所有权人、使用权人谈判签约,因《合同法》实行合同自由原则,土地所有权人、使用权人不同意出卖,或者达不成协议,不能成立合同,军用机场就建不成,社会公共利益的目的就不能实现。为了实现社会公共利益,征收不能适用合同自由原则,不能按照《合同法》去谈判签约,无须征得被征收人的同意。

征收属于有偿取得,本属于商品交换关系,但出于保障社会公共利益的正当理由,需要限制被征收人的合同自由,并排除被征收不动产物权的排他性效力,因此征收不适用合同自由原则,不采取根据《合同法》谈判签约的方式,而由政府根据《宪法》和《物权法》规定的条件直接作出征收决定。《物权法》第 42 条第 1 款规定:"为了公共利益的需要,依照法律规定的权限和程序可以征收集体所有的土地和单位、个人的房屋及其他不动产。"按照《物权法》第 28 条的规定,"人民政府的征收决定"一经生效,无须办理产权过户,国家即取得被征收不动产的所有权,被征收人对该不动产的所有权、使用权因而消灭。

应当特别注意,人民政府的征收决定,属于单方法律行为,必须采用书面形式。应当制定国家征收法,规定征收文件的形式要件。进行征收的时候,由征收执行人予以执行。征收执行人要出示征收文件,被征收财产的公民当然要对征收文件进行审查,确认是否有人民政府的印章、首长签署,及是否符合国家征收法规定的权限。被征收公民有异议怎么办?可以申请行政复议或向人民法院提起诉讼。无论行政复议还是进行诉讼,都要严格按照征收的法定条件及国家征收法的规定予以审查。这是由征收是和平环境下的法律制度所决定的。

(六)关于"公共利益"概念

在制定《物权法》过程中,不少人希望把"公共利益"具体化,曾经在一个草案中采用"为了发展公益事业、维护国家安全等公共利益的需要"这样的表述。这样规定仍然是不清楚的。问题在于,"公共利益"属于民法上的不确定概念。法律上的概念,要求有明确的内涵和外延,这样才具有可操作性,但并不是所有的概念都能够达到这样的要求,难免有少数法律概念不符合这样的要求,例如"公平原则"之所谓"公平"、诚实信用原则之所谓"诚实信用"、合理期限之所谓"合理"、正当理由之所谓"正当",以及所谓"公共利益",均属于没有办法具体界定其范围的"不确定概念"。因此,《物权法》没有对"公共利益"的具体范围进行规定,而留给其他民事单行法去解决。

从民法理论上看,"公共利益"虽然属于"不确定概念",所不确定的只是其"范围"("外延"),其"意义"("内涵")是确定的、明确的。按照民法理论上的通说,所谓"公共利益",是指社会全体成员能够直接享受的利益。有两个要点,一个是"社会全体成员",另一个是"直接享受"。社会个别成员、部分成员享受的利益,不属于公共利益;社会全体成员"间接享受"的利益,也不属于公共利益。建军用机场、民用机场,修公路、铁路,建法院审判大楼、政府办公大楼,建公立博物馆、公立图书馆、公立医院、公立学校等,这些利益是整个社会成员都能直接享受的利益,因此属于"公共利益"。所谓"利益"当然包括"物质利益""安全利益""精神利益"。

所谓"间接享受"的利益,例如,房地产开发、建高新科技园区,地方经济发展了,税收多了,就可以改善人民的福利待遇,提高人民的生活水平,就属于"间接享受"的利益。而开发商建商品房、写字楼,企业建厂房、商场等,"直接享受"利益的是开发商、企业。因地方经济发展,政府用从开发商、企业征收的税金改善社会福利、保护自然环境,人民群众"间接享受"到一些利益,这与开发商、企业从事房地产开发和工商业"直接享受"的商业利益是有根本区别的。将来制定民事单行法涉及"公共利益"范围的界定时,一定要紧扣"公共利益"的内涵,不能将"商业利益"与"公共利益"混淆。《物权法》规定"公共利益"为征收的法定条件,就是要将"商业利益""商业用地"排除在征收制度之外。

《物权法》规定"公共利益"为实行征收的法定条件,就将商业目的用地排除在征收制度的适用范围之外。《物权法》实施之后,企业要取得商业用地,当然不能再采用国家征收的形式。按照制定《物权法》时的设计,企业应当首先向地方政府申请获得用地指标,例如,地方政府按照法律规定批给企业一个用地指标,其中限定了用地区域和用地数额,然后由企业自己与指标确定区域的土地使用权人(农地承包经营权人、城镇居民)按照《合同法》的规定平等协商、讨价还价、签订合同,政府概不插手,当然更不能设立所谓"拆迁办"代替企业与农户、居民谈判。只要政府不插手,在绝大多数情形下,用地双方当事人都会达成协议,若企业与农户、居民达不成协议,可以由当事人双方或者一方诉请人民法院裁判。

按照《物权法》严格区分公共利益用地与商业用地、重构国家征收制度的指导思想,应当根据《物权法》确立的原则,制定两个附属法:一是国家征收法或者国家征收条例,具体规定征收权限、程序、补偿(安置)、被征收人异议的复议和诉讼等;二是企业商业用地审批办法,具体规定取得商业用地指标的条件、商业用地指标、审批权限和程序等。现行有关房地产拆迁的规定(中央和地方的),应于《物权法》生效时废止。

(七)关于由谁代表国家

《物权法》在明确规定国家财产范围的同时,是否应对国家所有权由谁行使问题作出规定,涉及国家在法律上的定位。国家在法律上具有两种不同的法律地位,一个是作为公法主体的国家,另一个是作为民法(私法)主体的国家。作为公法主体的国家,拥有和行使国家公权力;作为私法主体的国家,拥有和行使国家的民事权利即财产所有权。国家作为公法主体的地位,及公权力的行使,由《宪法》规定;国家作为民法主体的地位,及国家财产所有权的行使,由民法(私法)规定。因此,《物权法》应当对于国家所有权的行使问题进行规定。

我国实行人民代表大会制度。按照现行《宪法》的规定,全国人民代表大会是最高国家权力机关,拥有全部国家权力。但全国人民代表大会并不是亲自行使全部国家权力,而是将行政权交由国务院行使,将司法权交由最高人民法院行使,将检察权交由最高人民检察院行使。需注意的是,这只是关于国家公权力行使的规定,而不是关于国家民事权利行使的规定。在民法上,物权的归属与物权的行使是不同的问题。例如,自然人享有某项财产所有权,该自然人可以亲自行使其所有权,也可以委托他人代理自己行使所有权;法人享有某项财产所有权,因法人是法律拟制的主体,不可能亲自行使其所有权,必须由其执行机关(董事会、理事会)代表法人行使其所有权。而作为民法主体的国家,其国家财产所有权亦应由作为执行机关的最高国家行政机关即国务院行使。因此,《物权法》第45条第2款明确规定“国有财产由国务院代表国家行使所有权;法律另有规定的,依照其规定”。

这样规定,既符合人民代表大会制度的特点,也体现了党的十六大关于建立中央政府和地方政府分别代表国家履行出资人职责，享有所有者权益的国有财产管理体制的要求。全国人民代表大会通过立法授权国务院代表国家行使所有权，正体现了全国人民代表大会的性质及其行使职权的特点。当然，政府代表国家行使所有权，应当依法对人大负责，受人大监督，自不待言。

（八）关于国有资产流失

针对当前国有财产流失的实际情况，《物权法》在坚持平等保护原则的基础上，从四个方面强化了对国有财产的保护。一是第41条规定："法律规定专属于国家所有的不动产和动产，任何单位和个人不能取得所有权。"二是第56条规定："国家所有的财产受法律保护，禁止任何单位和个人侵占、哄抢、私分、截留、破坏。"三是第57条规定："履行国有财产管理、监督职责的机构及其工作人员，应当依法加强对国有财产的管理、监督，促进国有财产保值增值，防止国有财产损失；滥用职权，玩忽职守，造成国有财产损失的，应当依法承担法律责任。违反国有财产管理规定，在企业改制、合并分立、关联交易等过程中，低价转让、合谋私分、擅自担保或者以其他方式造成国有财产损失的，应当依法承担法律责任。"四是第55条规定："国家出资的企业，由国务院、地方人民政府依照法律、行政法规规定分别代表国家履行出资人职责，享有出资人权益。"

《物权法》的这些规定，当然具有重要的现实意义。但必须说明的是，《物权法》的这些规定仍然属于原则性规定，不能认为单靠《物权法》的这些规定就可以防止国有资产流失，应当以《物权法》的这些规定为基础，制定专门的法律。建议参考一些发达国家的立法经验，尽快制定国家财产管理法和国有资产管理法。国家财产管理法，规范属于国家所有的非经营性财产的管理；国有资产管理法，规范国家投资的独资、控股、持股公司的股权的管理。

（九）关于停车位问题

在《物权法》制定过程中，关于住宅小区"停车位"的归属，尤其地下车库停车位的归属，有不同意见。涉及正确看待建筑物区分所有权制度的发展。物权法上的建筑物区分所有权制度,是适应人类社会进入19世纪后出现的大城市化和住宅高层化而产生的制度。直至20世纪前半期,所谓高层的公寓、大厦,大多是单栋的,且因汽车不像现今这样普及,并无修建地下车库的必要,但出于防空的需要,政府要求公寓大厦必须设置地下防空避难室。地下防空避难室,是为全体住户安全而设,当然属于全体业主共同所有。而在和平时期,公寓、大厦之业主大会往往决定将地下防空避难室划出停车位,交由业主无偿使用或者有偿使用。因为地下防空避难室属于业主共有,其停车位也当然属于全体业主共有。这就是此前的民法建筑物区分所有权理论及此前的建筑物区分所有权立法,认定地下停车位属于业主共有的原因。

值得注意的是,20世纪后期以来,大城市化和建筑物高层化有了重大发展。单栋的公寓、大厦已经很少见,通常由若干栋、十数栋甚至数十栋高层住宅楼组成住宅小区或者集群式住宅区,有的住宅区俨然一座小型城市,加上汽车使用的普及,以及长期的和平环境,政府不再要求修建地下防空避难设施,取而代之的是大型、多层的地下车库的修建,地下车库的停车位是由开发商出售或者赠与购房人使用。在这种情况下,当然不能再以过去的理论和立法为根据,规定地下停车位归业主共有。

如果《物权法》规定地下停车位归业主共有,将发生两个问题:一是开发商将修建地下车库的费用摊入商品房价格,造成房价提高,而并非每一个购房人都使用汽车;二是如规定地下停车位归业主共有,则许多住宅小区大型、多层的地下车库有数百上千的停车位,需要由业主委员会出租、出售、管理,此与业主委员会不是经济组织、无经营许可的性质不符。基于上述考虑,《物权法》第74条明确规定:“建筑区划内,规划用于停放汽车的车位、车库的归属,由当事人通过出售、附赠或者出租等方式约定。”(第2款)“占用业主共有的道路或者其他场地用于停放汽车的车位,属于业主共有。”(第3款)

按照这一规定,住宅小区地下车库的停车位,当事人未作约定的,当然归开发商所有。与小区地面道路两侧停车位的归属不同。因小区地面道路属于业主共有,小区道路两侧的停车位,当然属于全体业主共有。需注意的是,地下车库归开发商所有的隐含前提条件是,由开发商自己负担建造地下车库的造价,禁止开发商将建造地下车库的造价摊入商品房房价。

(十)关于商品房“按揭”

现在实行的商品房“按揭”,是英国法上的制度。采取“按揭”方式购买商品房,买房人先与开发商签订一个商品房买卖合同,再与开发商指定的银行签订一个按揭借款合同。所谓按揭借款合同,是在借款合同上附加了一个“按揭”担保。这种担保方式在德国、日本称为“让与担保”。值得注意的是,《物权法》没有采纳“让与担保”方式,因此现实中的“商品房按揭”不得不采取“抵押担保”的形式。签订按揭协议后,银行手中并没有担保权,需待房屋建成后开发商向买房人交房并办理产权过户登记时,同时办理一个抵押权登记,方才发生按揭银行的抵押权。

如在开发商交房,办理产权证、抵押权证之前,按揭人陷于不能支付,因为没有办理抵押登记,按揭银行没有抵押权,其借款债权属于无担保债权。如果在开发商交房、办理产权过户并同时办理抵押登记之后,按揭人陷于不能支付,按揭银行当然可以行使抵押权,从拍卖抵押房屋的价款中扣收借款本金和利息,然后将价款剩余部分退给买房人。顺便指出,按揭买房人,无论是提前还是按照合同期限还款,一旦还清银行按揭款总额(全部本金和利息),一定要从银行手中取回房屋抵押权证,并亲自到不动产登记机构请求涂销该抵押权。以免该抵押权证被银行或者银行工作人员恶意使用,给买房人造成重大损害。

(十一)关于住宅建设用地使用权期满后的续期

在《物权法》制定过程中,广大群众关注的一个问题是,住宅建设用地使用权期间届满后,国家是否会收回该建设用地使用权,以及自己的房屋所有权是否因此受影响。因为所有权是无期限的权利,只要房屋在,其所有权就在;但建设用地使用权是有期限的权利,开发商取得的建设用地使用权期限是70年,当我们购买房屋并办理产权过户时,该房屋占用的建设用地的使用权已经不足 70 年了。我国《物权法》以及现行法律实践采用“房随地走、地随房走”的原则。因此,住宅建设用地使用权期满,在理论上存在两个选择:一是“地随房”,让房屋所有权人继续享有建设用地使用权,即建设用地使用权续期;二是“房随地”,建设用地使用权期满时国家收回土地并同时取得地上房屋的所有权。

显而易见,第二种方案是不现实的,只能采取第一种方案。同时,为了避免政府与各个房屋所有权人分别办理建设用地使用权续期手续的麻烦,《物权法》第 149 条明确规定:“住宅建设用地使用权期间届满的,自动续期。”剩下的一个问题是,这种情形的建设用地使用权自动续期,是否需要交费,如一次性交出让金或者分期交租金。《物权法》对此未作规定,留待将来至少六十多年后再去决定。例如一套 100 平方米的房屋,如果是 10 层建筑,所分摊的建设用地不过 10 平方米,即使将来期满自动续期要交费,金额也是微不足道的。将来国家富强了,这一点费用说不定就免了,沿袭千年之久的农业税,不都免了吗?

《中华人民共和国物权法》基本条文讲解*

第一编　总　　则

第一章　基本原则

第二条第二款　【物的定义】

本法所称物，包括不动产和动产。法律规定权利作为物权客体的，依照其规定。

本法既然叫《物权法》，就不能不涉及“物”的定义。民法上关于物的定义，有广义和狭义之别。广义的物，包括有体物、财产权利和无形财产，罗马法以及法国法系各主要国家及地区立法均采物的广义概念。狭义的物，仅指“有体物”，亦即有形财产，为德国、日本等国及我国台湾地区所采用。我国民法理论一直采用“有体物”概念。所谓“有体物”，指具有形体、占据空间，并能够为人感知的物。首先，是客观存在的物，具有形体并占据空间，有固体、液体和气体的区别。其次，因人身为自然人人格之载体，受法律绝对保护，不得成为法律上的客体，故人的身体以及人体的任何组成部分均不是物。但是被捐赠的血液、器官和脱离人身的毛发除外。最后，必须是人力能够控制、有必要控制的有体物。人力所无法控制的物，如日月星辰，不属于民法上的物，任何人不得对其主张民事权利。

---

* 本文源自作者于2008年1月9日在深圳仲裁委员会的讲座。

《物权法》第2条第2款规定:“本法所称物,包括不动产和动产。法律规定权利作为物权客体的,依照其规定。”虽然未使用“有体物”的概念,因不动产和动产属于“有体物”的分类,可知本法所称物是指“有体物”。鉴于科学技术的发展、建筑物高层化及海洋养殖业的发展,本法将“海域”“无线电频谱”及地上、地下“空间”均纳入“物”的概念之内。这就是第46条关于“海域”归属的规定、第50条关于“无线电频谱资源”归属的规定、第136条关于在地上和地下“空间”设立建设用地使用权的规定。“无线电频谱”是看不见的,“空间”也是看不见的,不符合有体物的概念,属于物权客体“有体物”的例外规定。但“海域”有所不同,“海域”是看得见的,与有体物概念并不抵触。

按照《中国军事通信百科全书无线电管理分册》的解释,所谓无线电频谱,是指无线电波的全部频率范围。电磁场产生的波在空间以不同的频率传播,这些频率的集合,称为电磁频谱。电磁频谱中,适合无线电通信用的频率范围(9KHz~3000GHz)称为无线电频谱。无线电频谱资源虽然是人类共享的自然资源,但对于一个主权国家而言,它是属于国家所有的稀缺的、有重要意义的战略资源和经济发展资源,它的开发利用不仅关系到国民经济和社会可持续发展,还涉及国家主权和安全。《无线电管理条例》(1993年)第4条规定:“无线电频谱资源属国家所有。国家对无线电频谱实行统一规划、合理开发、科学管理、有偿使用的原则。”《物权法》第50条规定“无线电频谱资源属于国家所有”,为国家对无线电频谱资源的统一规划、合理开发、有偿使用和科学管理提供了法律根据。

作为物权客体的“空间”,分为“地上空间”和“地下空间”。按照《城市地下空间开发利用管理规定》的规定,所谓“城市地下空间,是指城市规划区内地表以下的空间”。城市地下空间的开发利用,应贯彻统一规划、综合开发、合理利用、依法管理的原则,坚持社会效益、经济效益和环境效益相结合。国务院建设行政主管部门负责全国城市地下空间的开发利用管理工作;省、自治区人民政府建设行政主管部门负责本行政区域内城市地下空间的开发利用管理工作;直辖市、市、县人民政府建设行政主管部门和城市规划行政主管部门按照职责分工,负责本行政区域内城市地下空间的开发利用管理工作。许多大城市都在制定有关地下空间开发利用的法规,其中,《上海市城市地下空间建设用地审批和房地产登记试行规定》已于2006年9月1日起施行。《物权法》将"空间"纳入物权客体的范围,明文规定可以在地上或者地下"空间"设立建设用地使用权(第136条),就为城市地下空间的开发利用、依法管理提供了法律根据。

按照《海域使用管理法》第2条的规定,"海域"是指"内水、领海的水面、水体、海床和底土"。在法律传统中,民法只规定土地而不规定海域,海域属于公法规定的对象。所谓"土地"是指陆地,陆地上的水面(如湖泊、水库、河流)亦属于土地。土地与海域的分界线,称为"海岸线"。一般地图上的海岸线是指海水涨潮的平均高潮线,麦克特航海用图上的海岸线则是指海水退潮的"最低低潮线"。最高高潮线以下、最低低潮线以上的亦海亦陆的特殊地带,称为"滩涂"。鉴于滩涂属于土地的一部分,且《物权法》第48条另就滩涂设有明文规定,因此土地与海域的区分,应以海水退潮最低低潮线为准,最低低潮线以上的为"土地",最低低潮线以下的为"海域"。《物权法》第46条明确规定"海域属于国家所有",为加强海域使用管理,维护国家海域所有权和海域使用权人的合法权益,促进海域的合理开发和可持续利用,提供了法律根据。

物分为不动产和动产。不动产和动产的划分,是物的最基本、最重要的划分。这种划分对民事权利,尤其对物权制度,具有决定性的意义。法律关于不动产物权和动产物权适用不同的公示原则,采用不同的公示方法。不动产物权的变动,以登记为公示方法,动产物权的变动,以占有交付为公示方法。不动产物权种类齐备,仅不动产上可以设立用益物权,动产上不能设立用益物权,动产物权只有所有权和质权。所以,不动产和动产的区分,对物权立法具有重要意义。

按照各立法例,一般是先界定不动产的范围,不动产之外均属于动产。不动产,指土地及其定着物。所谓"定着物",指固定在土地上、不可移动之物,如房屋等建筑物,堤坝、桥梁、轨道、城墙等构筑物,及生长在土地上的树木、农作物等。凡不动产之外的物,如船舶、飞行器、车辆、家用电器、生活用品等,均属于动产。《物权法》虽然未明文规定不动产和动产的定义,亦应作同样的解释。

关于不动产的概念,还有一个重要问题,即土地和建筑物究竟是一个不动产还是两个不动产?按照德国民法,土地和建筑物是一个不动产,建筑物属于土地的构成部分,建筑物不是一个独立的不动产。按照日本民法,土地和建筑物是两个不动产,即土地是一个不动产,土地上的建筑物是另一个不动产。如果土地和建筑物是一个不动产,则只办理一个登记即土地登记,其登记比较简单,不发生土地与建筑物分别属于不同权利人(所有权人、抵押权人)的问题;如果土地和建筑物是两个不动产,就需要办理两个登记(土地登记和建筑物登记),且会发生土地与建筑物分别属于不同权利人(所有权人、抵押权人)的问题。而土地与建筑物分别属于不同的权利人,将导致法律关系的复杂化。我国自改革开放以来的立法和实践,是将土地和地上建筑物作为两个不动产,办理两个登记,并以所谓"房随地走、地随房走"为原则,尽量避免发生土地与地上建筑物分别属于不同权利人的情形。《物权法》贯彻"房随地走、地随房走"原则的条文,有第142条、第146条、第147条、第182条、第183条、第200条、第201条。例如,第182条规定:"以建筑物抵押的,该建筑物占用范围内的建设用地使用权一并抵押。以建设用地使用权抵押的,该土地上的建筑物一并抵押。抵押人未依照前款规定一并抵押的,未抵押的财产视为一并抵押。"因此,在建立统一不动产登记制和登记机构之后,仍应沿用两个登记,即土地登记和建筑物登记。

应当注意的是,虽然《物权法》颁布之前的立法和实践就已经规定了"房随地走、地随房走"的原则,但因执行方面的原因,有的地方仍有"房地分离"的现象存在。例如,有的人民法院适用清产还债程序仅拍卖债务人的建筑物,其土地使用权被地方政府收回另行出让他人,造成房地分离。应当按照"房随地走、地随房走"原则,由双方当事人协商解决,或者是建设用地使用权人支付房屋价款取得房屋所有权,或者是房屋所有权人支付费用取得建设用地使用权。协商不成的,可以诉请人民法院依法判决。再如,建设用地使用权多层次转让的情形,因未依法办理过户登记而造成“房地分离”。应当通过补办过户登记而使最后受让人获得建设用地使用权,以消除“房地分离”,实现房地归一。

第五条 【物权法定原则】

物权的种类和内容,由法律规定。

物权法定原则的含义是,物权的种类及各类物权的内容,必须由法律明文规定,不允许当事人自由创设物权和改变物权的内容。我们很容易想到一个问题,《物权法》与《合同法》同属于民法的财产法,为什么《物权法》要实行物权法定原则,而《合同法》却实行合同自由原则?

《合同法》为什么不规定合同法定原则,而是规定合同自由原则呢?因为合同上的权利属于债权,债权是相对权,不具有排他性,只在合同当事人之间有效,对当事人以外的人无效。因此,当事人之间的合同,原则上不会损害国家、社会和他人的利益。现实生活中绝大多数合同也的确对国家利益、社会公共利益、他人利益没有什么损害。既然这样,完全可以实行合同自由原则,允许当事人自由创设合同类型、改变合同的内容,甚至可以把两三个合同的内容合并在一起,创设一个很复杂的新合同。万一有人滥用合同自由原则,损害国家、社会和他人利益怎么办?只需预先设一个例外规则,即合同内容违反法律强制性规定的无效,合同内容损害社会公共利益的无效。《合同法》不实行合同法定,而是实行合同自由原则,就是出于这样的政策考量。

《物权法》不规定物权自由,而规定物权法定原则,其理由何在?

第一项理由,按照《物权法》第2条关于物权定义的规定,物权不仅是“直接支配”的权利,而且有“排除他人干涉”的效力,连国家的公权力都不能随意干涉。“直接支配性”加上“排他性”,实质上就是一种“独占”的权利。谁享有某项物权,谁就“独占”了该项财产。鉴于物权是对现存有形财产的“独占权”,如果允许当事人自由创设物权,当事人今天发明一种新的物权,把某种财产独占了,明天再发明一种新的物权,再把其他财产独占了,社会生活必然陷于混乱。这就是要规定“物权法定原则”的第一项理由。

第二项理由,物权是市场交易的前提和结果。市场交易就是物权与物权的交易。马克思主义政治经济学教科书上举的例子,用两柄斧头和五只羊交换。羊是什么?就是物权。斧头是什么?也是物权。现实中是用商品房、机动车、家用电器与货币交换,商品房、机动车、家用电器、货币等,也都是物权。《合同法》第130条规定:“买卖合同是出卖人转移标的物的所有权于买受人,买受人支付价款的合同。”说的就是所有权与所有权的交易,就是物权与物权的交易。既然物权是市场交易的前提和结果,是市场交易得以进行的前提条件,作为市场交易的前提条件的物权种类和物权内容,就一定要统一化、标准化。就像日常生活中的通用产品一样。通用产品的标准化、统一化,方便了市场交易。同理,既然物权是市场交易的前提,什么叫所有权,所有权的内容、效力及有无期限,什么叫抵押权,抵押权的内容、效力及如何行使,就一定要由法律明确规定,实现各类物权的统一化、标准化,不允许任何人发明新的物权和改变物权的内容。

物权法定原则所说的“法律”,是严格限定的,仅指全国人民代表大会和全国人民代表大会常务委员会制定的“法律”。不包括国务院制定的行政法规。当然更不包括地方性法规和部门规章。为什么不允许行政机关、地方政府规定物权的种类和内容呢?因为我们是一个统一的国家,一个统一的大市场。如果这个地方的所有权和另一个地方的所有权不同、这个部门的抵押权与另一个部门的抵押权不同,必然会影响市场交易,影响国内大市场的统一。所以说,基于保障市场交易顺利进行和建立全国统一的大市场的法律政策理由,必须实行“物权法定原则”,必须由“法律”规定物权的种类和内容。这与银行法实行“货币法定原则”和《票据法》《证券法》等实行“有价证券法定原则”是出于同样的政策考量。

第三项理由,否定我国法律未规定的、任何外国法律上的物权类型,以维护我国的国家主权和法律制度。如果不实行物权法定原则,而实行所谓“物权自由原则”,则在中国境内活动的外商、外资、外企和外国律师,必然会在他们所参与的经济活动中,采用他们自己熟悉的本国法律上的物权类型,必将对我国的法律制度和国家主权造成冲击和损害。可见物权法定原则的重要功能,在于否定我国法律未规定的、任何外国法律上的物权类型,以维护我国的国家主权和法律制度。

前面讲了规定物权法定原则的理由,现在说怎么理解该原则、是什么意思。其实物权法定原则的意思,主要不是“正面”而是“反面”,意思就是当事人自己创设的物权无效,当事人变更物权内容的约定无效。

这里说的“无效”,就是不具有物权的效力。你去买商品房,你就享有房屋所有权。假设某个开发商在合同上规定房屋所有权为 20 年,这句话就无效。按照《物权法》的规定,所有权是没有期限的权利,只要特定物(房屋)不消灭,所有权就不消灭。开发商搞个 20 年期限,对所有权内容作了变更,按照物权法定原则,物权的内容不能变更,如果变更了,变更的内容无效。发明一种物权行不行呢?也不行。由此可见,物权法定原则的意义,实际上就是排除当事人的意思自治,排除当事人创设、变更物权的自由,跟《合同法》刚好相反。

现在的一个问题是,当事人如果真发明一种物权,怎么办?当事人如果发明一种物权,按照物权法定原则,它不具有物权的效力,我们说无效,是说法律不承认它是物权;但是,可不可以发生别的效力?比如说,《合同法》上的效力?这是可能的。

例如,改革开放过程中的公房出售,有的单位在出售公房时规定,如果买房的员工将来要调走,公房不能卖给他人,只能卖给原单位,由单位收回。有的单位规定,如果买房的职工将来要调走,要出卖房子,原单位享有“优先购买权”。这个“优先购买权”究竟有没有物权的效力呢?我们假设有职工在调走时悄悄把房子卖给别人,原单位发现了,向法院起诉,请求保护它的“优先购买权”,要求人民法院认定被告转卖房屋的合同无效,并把房屋所有权收回来卖给它,它愿意支付同样的价款。如果单位这样起诉,就是把“优先购买权”当作物权来对待,要求法院保护它的“优先购买权”。法官审查这个案件,按照物权法定原则,物权法上没有规定所谓“优先购买权”,因此当事人在合同中约定的“优先购买权”违反了物权法定原则,不具有物权的效力。于是作出判决,驳回原告的诉讼请求。为什么驳回原告的诉讼请求呢?因为原告约定的“优先购买权”违反了物权法定原则,不具有物权的效力。既然不具有物权的效力,法院当然不能认定职工的买卖合同无效,不能强行将房屋卖给单位。

但是,如果单位换一个理由起诉,它要求法院追究被告人的违约责任,是否可行?卖公房的时候,双方当事人真实的意思表示写得很清楚,不得将房屋转卖他人,职工要出售房屋需要先问单位买不买,单位享有优先购买权,因此单位要求法院追究被告人的违约责任。单位以追究被告违约责任起诉,法官审查后认为,按照《合同法》,合同中的约定是不是真实的意思表示呢?是真实的意思表示。既然是真实的意思表示,那就是有效的,被告一方就有义务先问单位买不买,被告未履行这个义务,就构成违约,因此法院按照《合同法》的规定判决被告承担违约责任。为什么单位要求追究被告的违约责任,法院就可能支持,因为是双方真实的意思表示,按照《合同法》的规定,真实的意思表示的合同有效。单位的“优先购买权”虽然不具有物权的效力,但它是合同中的一个条款,合同中约定的一个义务,既然约定了就要履行,违反了就构成违约,按照《合同法》的规定追究违约责任,这是可以的。可见,违反了物权法定原则,创设的物权不具有物权的效力,并不等于不具有所有的效力。如果符合其他法律规定,如符合《合同法》的规定,可以产生《合同法》上的效力。

与此有关的是《合同法》第230条规定的承租人优先购买权。该条规定,在租赁合同存续期间,如果承租人转让租赁物,承租人有优先购买权。这个“优先购买权”属于什么性质的权利,法院怎样对待它,取决于《物权法》是否规定“优先购买权”。如果《物权法》规定了“优先购买权”,则《合同法》第230条规定的“承租人的优先购买权”就是一种物权,就当然具有物权的效力;如果《物权法》未规定“优先购买权”,则《合同法》第230条规定的“承租人的优先购买权”就不是物权,当然没有物权的效力,只有债权的效力。

值得注意的是,《物权法》没有规定“优先购买权”,表明《物权法》不承认作为一种物权类型的“优先购买权”。实际上,人民法院在《合同法》实施之前和《合同法》实施后的一段时间,曾经将“承租人优先购买权”当作“物权”对待,这就是1988年最高人民法院《关于贯彻执行〈中华人民共和国民法通则〉若干问题的意见(试行)》第118条的规定:“出租人出卖出租房屋,应提前三个月通知承租人,承租人在同等条件下,享有优先购买权;出租人未按此规定出卖房屋的,承租人可以请求人民法院宣告该房屋买卖无效。”一些法院裁判这类案件时,如果出租人把房子卖给他人,没有预先告知承租人,法院将根据承租人的请求,判决出租人与买受人之间的买卖合同无效,然后把房子收回来,强行卖给承租人。这样判决的根据,就是最高人民法院的这个解释。

因为《物权法》没有规定所谓“优先购买权”,最高人民法院关于承租人优先购买权的解释,当然丧失其效力。《合同法》上规定的“承租人优先购买权”,当然只具有《合同法》上的效力,不具有物权的效力。出租人违反《合同法》关于承租人优先购买权的规定把房子卖给他人,承租人向法院起诉,法院只能根据《合同法》的规定去保护他,亦即只能追究出租人的违约责任,不能判决出租人与买受人之间的买卖合同无效,而把房子收回来强行卖给承租人。

需特别注意的是,《合同法》第264条规定的“承揽人留置权”和《合同法》第286条规定的“承包人优先受偿权”(承包人法定抵押权),属于特别法规定的留置权和抵押权,当然具有物权的效力,此与承租人优先购买权不同。

第六条 【物权公示原则】

不动产物权的设立、变更、转让和消灭,应当依照法律规定登记。动产物权的设立和转让,应当依照法律规定交付。

这是关于物权公示原则的规定。所谓“公示”,就是“公开表示”,即物权这种权利的存在、变动,必须以某种方式“公开表示”出来,让他人能够了解。这就是物权公示原则。

《物权法》之所以规定物权公示原则,首先是因为物权是市场交易的前提和结果,物权的状态和变动,关系到交易对方的重大利益。例如,张三有一套房屋要出卖,对于打算购买该房屋的李四来说,必须弄清楚张三是不是这套房屋的所有权人,以及这套房屋上是否存在银行的抵押权。如果没有弄清楚就签订买卖合同并支付房款,可能使买受人李四遭受重大损失。所以,从交易对方的角度来说,他一定要事先了解财产的物权状况,谁是所有权人、上面有没有抵押权、有没有他人的利益、有没有负担。《物权法》规定物权公示原则,就是为了要方便打算交易的人了解财产的物权状况,避免遭受不测损害,维护市场交易的安全。

《物权法》规定物权公示原则与法院执法也有关系。例如,原告申请对被告的某项财产采取保全措施,或者债权人申请强制执行债务人的某项财产,法院是不是马上派执行法官去查封、扣押并予以拍卖呢?法院一定要弄清楚该项财产的物权状况,其所有权是否属于债务人、是否还有共有人、其上是否存在银行的抵押权等。因为事先没有弄清楚,而查封、扣押、拍卖了别人的财产,受害人到处申诉、上访的实例并不少见。其结果损害了人民法院的权威,使法院陷于尴尬境地。可见物权的状况,包括所有权人是谁、是独有还是共有、上面有没有抵押权这些问题,对人民法院执法非常重要。因此,《物权法》必须规定物权公示原则。本条规定,不动产物权以"登记"为公示方法;动产物权,以"交付"为公示方法。至于"登记"的效力及"交付"的效力,将在第二章设专条规定(第9条、第23条)。

第二章 物权的设立、变更、转让和消灭

第九条 【登记生效主义】

不动产物权的设立、变更、转让和消灭,经依法登记,发生效力;未经登记,不发生效力,但法律另有规定的除外。

依法属于国家所有的自然资源,所有权可以不登记。

《物权法》规定物权公示原则,对动产和不动产规定了不同的公示

方法。动产物权以交付为公示方法,不动产物权以登记为公示方法。本条规定,对不动产物权的公示实行“登记生效主义”。所谓“登记生效主义”,就是必须登记、非登记不可,未经登记,不发生效力。例如,张三的房屋卖给李四,虽然付了钱并交了房,只要未到登记机构办理“产权过户”登记,房屋所有权就不转移,张三还是该房屋的所有权人。李四虽然占有了房屋,因为没有办理“产权过户”登记,就还没有得到房屋的所有权。在这种情形下,如果张三的债权人申请执行这套房屋,法院查明登记簿上该房屋的所有权人还是张三,就会予以查封、扣押、拍卖,其结果使李四遭受损失,与法院无关。可见“登记生效主义”非常严格。

《物权法》关于不动产物权之所以采取“登记生效主义”,首先,实行“登记生效主义”,可以使物权状态以不动产登记簿的记载为准,非常明确,有利于交易对方和执法机关查明物权状态,有利于建立不动产物权秩序和保障市场交易的安全。其次,我国自改革开放以来的登记实践,一直实行“登记生效主义”,并未发生什么弊端,不应当轻率变更。

需说明的是,根据第 9 条的规定,采取“登记生效主义”是原则,另有其“例外”,即第 1 款末句“法律另有规定的除外”。这是指第 127 条关于土地承包经营权和第 158 条关于地役权,作为例外,实行“登记对抗主义”。所谓“登记对抗主义”,相对而言,要宽松得多,虽然要求以“登记”作为公示方法,但不是必须登记、非登记不可,当事人可以自己决定登记或者不登记,换言之是“自愿登记”。如果当事人不登记,也可以取得物权,但是这个物权的效力较低,不能对抗“善意第三人”。如果他人的权利是登记了的,你的权利就要消灭。因为土地承包经营权和地役权不进入市场交易,也不发生诉讼保全和强制执行等问题,实行“登记对抗主义”,不至于损害他人的利益,不至于损害市场交易的安全。

第十二条 【登记机构的职责】

登记机构应当履行下列职责:

(一)查验申请人提供的权属证明和其他必要材料;

(二)就有关登记事项询问申请人;

(三)如实、及时登记有关事项;

(四)法律、行政法规规定的其他职责。

申请登记的不动产的有关情况需要进一步证明的,登记机构可以要求申请人补充材料,必要时可以实地查看。

按照本条第1款第(一)项的规定,登记机构的主要职责是"查验申请人提供的权属证明和其他必要材料"。条文所谓"权属证明",指证明登记申请人享有不动产物权的文书,如房屋所有权证,土地使用权证,人民法院确认物权、分割遗产、分割共有财产的生效判决等;所谓"其他必要材料",指"房屋买卖合同书""抵押合同书""土地使用权转让协议"、分割遗产和共有财产的协议等书面文件。按照本条第2款的规定,登记机构认为"必要时可以实地查看",此"实地查看"属于登记机构的"职权"而非"义务"。因此,可以断言,本条规定登记机构的审查,不是所谓的"实质审查",而属于"形式审查"。换言之,本条并不要求登记机构保证登记事项真实,只要达到经审查认为登记申请人所提交的"权属证明"和"其他必要材料"无误,并据此相信登记事项属实即可。

第二十一条 【登记错误的赔偿责任】

当事人提供虚假材料申请登记,给他人造成损害的,应当承担赔偿责任。

因登记错误,给他人造成损害的,登记机构应当承担赔偿责任。登记机构赔偿后,可以向造成登记错误的人追偿。

按照本条第1款的规定,登记申请人承担赔偿责任的构成要件有三:一是"提供虚假材料",至于提供虚假材料究竟属于故意或者过失,均非所问;二是因登记申请人提供虚假材料导致登记错误;三是因登记错误给他人造成损害。登记申请人在承担赔偿责任后,当然有权依据不当得利制度,向因登记错误而获得不当得利的人追偿。

考虑到第1款已经规定了登记申请人提供虚假材料的赔偿责任,

则第2款所谓“登记错误”，应解释为：除登记申请人提供虚假材料造成的登记错误之外的登记错误，亦即因登记机构自身的原因造成的登记错误。本条之立法意旨在于：凡属于登记申请人的原因造成的登记错误，均应当由登记申请人承担赔偿责任；凡属于登记机构自身的原因造成的登记错误，即在登记申请人提供的材料真实的前提下因登记机构内部工作人员的过错造成的登记错误，应当由登记机构承担赔偿责任。

因此，根据本条第2款的规定，登记机构承担赔偿责任的构成要件是：(1)登记申请人提供的材料真实；(2)在登记申请人提供材料真实的前提下仍发生登记错误；(3)因此登记错误给他人造成损害。实质上，登记机构是为自己内部工作人员的过错导致的登记错误承担责任，属于民法侵权责任中的使用人责任。其特殊之处在于，既不要求请求赔偿的受害人举证证明登记机构工作人员的过错，同时登记机构也不能通过证明自己对于工作人员无监督管理过错而要求免责。

需注意的是，关于民法上的使用人责任有不同方案。一是德国式使用人责任，在被使用人于执行职务中造成他人损害的，原则上应当由使用人对受害人承担赔偿责任，但使用人如果能够举证证明自己对被使用人的选任、监督并无过失的，可以免责。实质上属于使用人对于自己的选任、监督过错承担责任，因此属于过错责任。二是英美法上的使用人责任，凡被使用人于执行职务中造成他人损害的，均应当由使用人承担赔偿责任，并不考虑使用人有无选任、监督过失。实质上属于使用人替代被使用人承担赔偿责任，属于严格责任。

按照本条规定，登记机构的赔偿责任实质上属于使用人责任，既不要求请求赔偿的受害人举证证明登记机构工作人员的过错，同时登记机构也不能通过证明自己对于工作人员无监督管理过错而获得免责，显然是采纳英美法上的替代责任，应属于使用人责任中的严格责任。但考虑到本条第1款关于登记申请人承担赔偿责任的规定，登记机构当然可以通过证明登记错误是由登记申请人提供虚假材料所造成，而获得免责。因此第2款规定的登记机构的赔偿责任不同于一般所谓严格责任,实质上仍然属于登记机构对于自己的工作人员因过错造成的损害负责。登记机构在承担赔偿责任后,除根据本条第2款第2句的规定,可以"向造成登记错误的人"(登记机构工作人员)追偿之外,还有权依据民法关于不当得利制度的规定,向因此登记错误获得不当得利的人追偿,自不待言。

值得注意的是,有的著作在解释本条时认为,即使登记申请人提供虚假材料造成登记错误,也应当由登记机构对受害人承担赔偿责任,登记机构承担赔偿责任之后再向该登记申请人追偿。将第2款"造成登记错误的人"解释为包括"登记机构内部工作人员"和"提供虚假材料申请登记的当事人",不符合本条第1款规定的申请人赔偿责任、第2款规定的登记机构的赔偿责任,构成并立的两个完整法律规范的法律结构。

第十四条　【物权变动与原因行为的区分原则(一)】

不动产物权的设立、变更、转让和消灭,依照法律规定应当登记的,自记载于不动产登记簿时发生效力。

第十五条　【物权变动与原因行为的区分原则(二)】

当事人之间订立有关设立、变更、转让和消灭不动产物权的合同,除法律另有规定或者合同另有约定外,自合同成立时生效;未办理物权登记的,不影响合同效力。

这是关于物权变动与原因行为的区分原则的规定。这里讲的"物权变动"是指"产权过户""抵押权设立"的"事实";这里讲的"原因行为",是指导致物权变动的"法律行为"(债权行为),主要是买卖合同、抵押合同、质押合同。

以买卖房屋为例,先签订房屋买卖合同,然后根据房屋买卖合同办理产权过户,"买卖合同"是导致"产权过户"的"原因","产权过户"是其"结果"。"买卖合同"和"产权过户"之间是"原因"和"结果"的关系。设立抵押也是如此,先订立"抵押合同",再根据抵押合同去登记机构办理抵押登记,于是成立"抵押权"。可见,"抵押合同"是"原因","抵押权设立"是其"结果"。"产权过户"和"抵押权设立"是具体的物权变动事实，买卖合同和抵押合同就是发生具体物权变动的“原因行为”。

《物权法》规定“区分原则”，究竟要解决什么问题呢？要解决把“买卖合同”生效的时间和条件与“产权过户”发生的时间和条件分开来对待的问题。所针对的是现实中一些法院裁判案件的错误做法，以及现行《担保法》上的错误规定。如房屋买卖合同，没有办理产权过户登记，有的地方法院就据此认定房屋买卖合同无效。这样判决，就把买卖合同生效的时间和条件与产权过户的生效时间和条件弄混了。现行《担保法》第 41 条规定，当事人设定抵押的，“应当办理抵押物登记，抵押合同自登记之日起生效”。按照这一规定，订立抵押合同之后，如果没有办理抵押登记，就认定抵押合同不生效，同样是把抵押合同生效的时间和条件与抵押权成立的时间和条件弄混了。

按照《合同法》第 135 条的规定，买卖合同生效才发生出卖人交付标的物和移转标的物所有权（即办理产权过户）的义务。买卖合同未生效，登记机构会办理产权过户吗？可见，因未办理产权过户而认定买卖合同无效的做法，不符合法律的逻辑和基本原理。同时还要看到，这样的判决结果是不公正的。签订了买卖合同，在合同生效后，市场变化了，房屋价格上涨了，开发商（出卖人）反悔，故意拖延不办理产权过户登记，发生纠纷，法院以没有办理产权过户为由判决买卖合同无效。无效就要恢复原状，即便买房人已经进行了装修，住进了新房，也不得不退房。这样的结果，不正是开发商所希望的吗？正是法院的判决，使不诚信的出卖人的阴谋得逞，使其不正当利益得以实现，而买房人的正当利益遭受了损害。

在设定抵押权的场合也是如此，借款的企业与银行工作人员有关系，就请求说：“你放心，我肯定会登记的，我现在急需钱，请你赶快把钱转到我的账上。”一旦银行把钱转到借款人的账上，借款的企业就会把钱转走或者使用，而不去办抵押登记。借款的企业为什么不去办抵押登记呢？虽然不是办理抵押登记房屋就不能卖了，但一旦办理抵押登记之后再要出卖房屋就有困难。房屋上有抵押权，买房人担心，自己购买的房屋有被抵押权人强行拍卖的危险,因此就不买了。此外,一旦办理了抵押登记,房屋所有权上成立了抵押权,借款人要再用该房屋到别的银行抵押借款,别的银行就会不愿意。

因此,一旦银行把借款转到借款人账户上,借款人借故拖延不办理抵押登记,最后借款人不还钱,银行起诉到法院。因为《担保法》第41条规定抵押合同自抵押登记之日起生效,没有办理抵押登记的,法院会判决抵押合同不生效,最终使银行遭受重大损失。这样判决也助长了一些企业的背信弃义行为。一些企业背信弃义、不讲诚信,采用拖延不办理抵押登记的办法赖账,导致社会信用下降、商业道德下降,这与法院的判决有关系,与《担保法》的规定有关系。

针对司法实务中的错误做法和现行《担保法》中的错误规定,起草人在《物权法(草案)》中明确规定了物权变动与原因行为的区分原则。《物权法(草案)》第14条规定:“不动产物权的设立、变更、转让和消灭,依照法律规定应当登记的,自记载于不动产登记簿时发生效力。”其中所谓“应当登记的”,是指法律规定采“登记生效主义”的不动产物权,包括不动产所有权、不动产抵押权等。这些采登记生效主义的不动产物权变动,包括设立、变更、转让、消灭,从什么时候发生效力呢?本条专门规定自“记载于不动产登记簿时”。

接下来,《物权法(草案)》应当明确规定“原因行为”的“生效时间”。这就是后来《物权法》第15条的规定:“当事人之间订立有关设立、变更、转让和消灭不动产物权的合同,除法律另有规定或者合同另有约定外,自合同成立时生效;未办理物权登记的,不影响合同效力。”条文第1句明确规定“合同”的“生效时间”为“自合同成立时”,此与《合同法》的规定完全一致。《合同法》第44条第1款规定:“依法成立的合同,自成立时生效。”需补充说明的是“自成立时生效”是关于合同生效的“一般原则”。“法律另有规定或者合同另有约定”,是此“一般原则”的“例外”。

这样一来,物权变动的生效时间和条件与原因行为的生效时间和条件就被区分开来。但是还有一个最重要的问题,即因未办理登记而物权变动未生效,对原因行为的效力是否发生影响?这正是《物权法》规定“区分原则”所要解决的关键问题。这就是《物权法(草案)》第15条第2句的规定,“未办理物权登记的,不影响合同的效力”。这一规定将合同的生效与物权变动的生效截然“区分”开来,准确体现了“区分原则”的立法目的。

从《物权法》第14条和第15条的规定可知,所谓“区分原则”,是指“区分”原因行为和物权变动的“生效时间和生效条件”。作为“原因行为”的“买卖合同”,应当按照《合同法》的规定,“自合同成立时生效”;而作为“物权变动”的“标的物所有权移转”,应当按照《物权法》规定办理“产权过户登记”,“自记载于不动产登记簿时”生效。作为原因行为的“抵押合同”,亦应按照《合同法》的规定,“自合同成立时生效”;而作为物权变动的“抵押权设立”,则应按照《物权法》的规定办理“抵押登记”,“自记载于不动产登记簿时”生效。订立房屋买卖合同,没有办理产权过户登记的,只是不发生“产权过户”的效果,买卖合同的效力不受影响;订立抵押合同,没有办理抵押登记的,只是不发生“抵押权设立”的效果,抵押合同的效力不受影响。

按照这个原则,买卖合同生效以后,交了房但没有办理产权过户登记,法院就应当责令出卖人补办产权过户登记;如果出卖人既没有交房也没有办理产权过户登记,就应当责令出卖人交房并办理产权过户登记,从而切实保护买受人的利益。如果房屋已不在出卖人的手里,比如已经卖给了他人,他人已经办理了产权过户登记,这时买卖合同还有效,还可以追究出卖人的违约责任。如果合同约定有违约金,法院就判处支付违约金;如果合同没有约定违约金,法院就判处支付损害赔偿金。按照《合同法》的规定,给受害人一定的补偿,保护受害人的利益。

抵押的情况也是这样,企业还不起银行的钱,银行向法院起诉,查明抵押合同生效以后,没有办理抵押登记。按照法律的规定,只是抵押权不发生,而抵押合同的效力不受影响。这个时候如果抵押物还在借款人(抵押人)的手里,法院应当责令补办抵押登记,使抵押权发生,并执行抵押权、拍卖抵押物,使银行优先受偿,保障银行的利益。如果作为抵押物的房屋或者土地使用权已经不在借款人的手里,这个时候至少抵押合同还有效,还可以追究抵押人的违约责任。

质言之,《物权法》规定“区分原则”的重要意义在于,要纠正混淆原因行为生效和物权变动生效的错误做法和《担保法》的错误规定。在原因行为有效,因未办理登记而未发生物权变动的情形下,应当执行原因行为。按照《合同法》第135条和第110条的规定,强制出卖人办理产权过户登记(或者抵押登记),如果标的物已经被第三人合法取得、不可能办理产权过户登记(或者抵押登记)的,则应当按照《合同法》关于违约责任的规定,追究出卖人(或者抵押人)的违约责任。

第十六条　【不动产登记簿的证据资格】

不动产登记簿是物权归属和内容的根据。不动产登记簿由登记机构管理。

本条第1款规定“不动产登记簿是物权归属和内容的根据”,表明不动产登记簿具有证据资格,在诉讼中可以作为证明不动产物权的证据。如在房屋所有权发生争议时,房屋究竟是谁的,用什么证据来证明它?可以用不动产登记簿作为证据。当事人可以把不动产登记簿复印下来,由登记机构签字盖章,把复印件提交到法庭,因为不动产登记簿具有“证据资格”,法院就要接受。争议的一方张三到登记机构把登记簿复印下来,由登记机构签字盖章,拿到法庭上来,法官应当接受这个证据并认为张三的举证责任已经完成。法官不得拒绝接受不动产登记簿这个证据,也不能再要求张三进一步对不动产登记簿记载的事实举证,如什么时候买的房、什么时候交的钱、有什么证人等。张三因提交不动产登记簿这个证据,而完成了举证责任,因为《物权法》规定不动产登记簿具有“证据资格”。

第十七条　【权属证书的证据资格及证据力】

不动产权属证书是权利人享有该不动产物权的证明。不动产权属证书记载的事项,应当与不动产登记簿一致;记载不一致的,除有证据证明不动产登记簿确有错误外,以不动产登记簿为准。

本条规定三个内容:一是不动产权属文书的证据资格;二是不动产

权属文书和不动产登记簿证据效力的高低；三是不动产登记簿证据效力的性质。

在办理不动产物权登记时，不动产登记机构会向物权人颁发“不动产权属证书”，即房屋所有权证、土地使用权证、抵押权证等。这些“不动产权属证书”在诉讼中起什么作用呢？能否作为证据使用呢？如果可以作为证据使用，也应当由《物权法》承认它的诉讼证据资格，这就是本条第1句规定，“不动产权属证书是权利人享有该不动产物权的证明”。按照这一规定，不动产权属证书具有证据资格。

本条第2句规定，“不动产权属证书记载的事项，应当与不动产登记簿一致”。既是明确规定不动产权属证书与不动产登记簿之间的关系，也是对登记机构的要求，必须根据不动产登记簿制作、颁发不动产权属证书，要求不动产权属证书的记载事项必须与不动产登记簿的内容一致。

在关于产权归属争议的诉讼中可能出现两种证据，一个是不动产登记簿，另一个是不动产权属证书，如所有权权证。在大多数情形下，不动产权属证书的记载事项与不动产登记簿记载的事项应当是一致的，但是，如果不一致怎么办呢？这就需要《物权法》作出明确表态。这就是本条第2句的规定，“记载不一致的，除有证据证明不动产登记簿确有错误外，以不动产登记簿为准”。按照这一规定，不动产权属证书的记载事项与不动产登记簿的记载事项不一致的，应当以不动产登记簿为准。实际上是规定两种证据的证据效力的高低，不动产权属证书具有证据资格，不动产登记簿也具有证据资格，但两者的“证据效力”不同，不动产登记簿的证据效力高于不动产权属证书的证据效力，即“以不动产登记簿为准”的含义。例如，在一个产权争议的诉讼证据中，同时有产权证和不动产登记簿，产权证上记载“所有权属于张三”，不动产登记簿上记载“所有权属于李四”，法院应当怎么判决？法院应当判决系争房屋所有权属于李四。因为《物权法》规定“以不动产登记簿为准”，亦即不动产登记簿的证据效力高于产权证。

需特别注意的是，本条第2句规定不动产登记簿的证据效力高于不动产权属证书是有条件的,即“除有证据证明不动产登记簿确有错误外”。而“除有证据证明不动产登记簿确有错误外,以不动产登记簿为准”,是明确告诉我们不动产登记簿的证据效力的性质,即不动产登记簿所具有的证据效力,不是绝对的证据效力,而是相对的证据效力。换言之,不动产登记簿的证据效力属于推定的证据效力,是可以由相对方以相反的证据予以推翻的证据效力。这就是《物权法》关于不动产登记的另一项重要制度,叫作“不动产登记的权利推定效力”。这涉及不动产登记簿上的内容在法律上应该怎样看待的问题。不动产登记簿上记载张三是所有权人,张三把不动产登记簿的复印件提交到法院,法官怎么看待这个证据呢?前面说到不动产登记簿有“证据资格”,可以作为诉讼证据,法院应当接受这个证据。但是,不动产登记簿记载“张三是所有权人”,法官是否必须判决认定“张三是所有权人”,将房屋判归张三呢?这就是不动产登记簿的“证据效力”问题。按照证据法,诉讼中采用的证据,必须具有“证据资格”,但具有“证据资格”只是说可以在诉讼中作为证据使用,绝不是说只要具有“证据资格”,就具有相同的“证据效力”,法院就必须严格按照该证据认定待证事实。质言之,不同的证据,其“证据效力”是不同的。这就是“登记的权利推定效力”制度所要解决的问题。

“权利推定效力”是什么意思呢?举例来说,张三把产权登记簿复印件提交到法院,法官就应当认为张三的举证责任已经完成,不再要求张三进一步提供其他证据。但是,法官究竟是否采纳作为证据的不动产登记簿上记载的内容,取决于“权利正确性推定”制度。法官应当“推定”不动产登记簿上的记载是真实的,不动产登记簿记载“张三是所有权人”,法官就“推定”“张三是所有权人”。

请注意“推定”这个概念,“推定”是一个技术性概念,它的含义是“把什么当作真实的”。“推定”“张三是所有权人”,就是“把张三当作所有权人”,并不是说“张三真的是所有权人”,至于最后是否“认定”“张三是所有权人”,关键要看争议的对方能否举出相反的证据。因此,法官“推定”“张三是所有权人”之后,就应当问争议对方李四有没有“异议”。假设李四看见张三把产权登记簿复印件提交到法院，登记簿上记载张三是所有权人，李四再也无话可说、不再争执，法官就应当根据产权登记簿上的记载，作出判决“认定”“张三是所有权人”，亦即判决争议房产归张三所有。但在多数情形中，李四还会坚持争执，对不动产登记簿的记载的真实性提出“异议”，主张不动产登记簿上的记载不正确。李四提出的这个“异议”，是对不动产登记簿记载“内容”提出的“异议”。虽然张三拿出产权登记簿作为证据，但李四主张产权登记簿的记载不正确，李四提出异议说，我们当初是合伙买房，只是登记的时候为了方便登记在张三名下。在这种情形下，法官当然不能直接根据登记簿上的记载就“认定”“张三是所有权人”，不能就这样“判决”争议房屋归张三所有，也不应当仅仅因为李四对登记簿上的记载有“异议”，就“否定”登记簿的记载、“否定”张三是所有权人，正确的做法是：“责令”主张“异议”的李四就自己的“异议”举证。

接下来，如果李四真的举出了充分的证据，证明了不动产登记簿上的记载不正确，如证明了的确是合伙买房，只是办理登记时图方便或者有别的原因，将房屋登记在张三名下，则法官应当采纳李四的反证，并直接根据此反证“认定”争议房产“属于张三和李四二人共有”。因为不动产登记簿上的记载只具有“权利推定效力”，法官只是据以“推定”“张三是所有权人”，现在这种“推定”已经被李四举出的“反证”予以“推翻”。反之，李四不能向法庭举出充分的“反证”，证明他关于登记簿的记载不真实的“异议”，则法官应当直接根据不动产登记簿上的记载，“认定”张三是争议房屋的所有权人，亦即判决该房屋归张三所有。

可见，物权法上不动产登记的“权利推定效力”这一制度非常重要。由于有这个制度，在审理房屋产权争议案件中，谁对产权证或产权登记簿的记载主张“异议”，就应当由谁承担举证责任。法官应当责令“异议”一方举出反证，这叫产权证和登记簿的“权利推定效力”，“异议”一方能够举出反证，证明财产的产权状况和登记簿的记载不一致，法官就直接采纳反证，登记簿上的记载就被推翻了。如果异议一方举不出反证或者举出的证据不足以推翻登记簿上的记载，法官就应当按照产权登记簿的记载来认定产权归属。法院裁判产权争议案件,通常就靠这个制度。

特别要注意,不动产登记的权利推定制度在《物权法(草案)》前四次审议稿中均设有专门的条文,后因有人指责该条文"使违法所得财产合法化",立法机关将该专门规定不动产登记的权利推定效力的条文删去,但同时在本条增加"除有证据证明不动产登记簿确有错误外"一句,规定为:"记载不一致的,除有证据证明不动产登记簿确有错误外,以不动产登记簿为准。"这就使得本条第 2 句在规定不动产登记簿和不动产权属证书的证据效力高低的同时,明确了不动产登记簿证据效力的性质属于"推定的证据效力",成为不动产登记簿具有权利推定的效力的法律根据。

第十九条　【更正登记、异议登记】

权利人、利害关系人认为不动产登记簿记载的事项错误的,可以申请更正登记。不动产登记簿记载的权利人书面同意更正或者有证据证明登记确有错误的,登记机构应当予以更正。

不动产登记簿记载的权利人不同意更正的,利害关系人可以申请异议登记。登记机构予以异议登记的,申请人在异议登记之日起十五日内不起诉,异议登记失效。异议登记不当,造成权利人损害的,权利人可以向申请人请求损害赔偿。

本条第 1 款规定"更正登记",这是现有的制度。特别要注意本条第 2 款规定的"异议登记",是新创设的制度。什么叫异议登记?如不动产登记簿上记载某一套房屋的所有权人是张三,而李四对此提出异议,认为该房屋不是张三的,这就形成产权纠纷。李四如果要向法院起诉解决争议,他还得搜集证据、聘请律师、准备起诉状等,要做很多准备工作。等李四向法院起诉,法院经过审理作出判决,确定争议的房产归其所有,这个时候李四拿着生效判决书到不动产登记机构要求变更登记时,发现房屋早就被张三卖给王五了。当事人好不容易得到胜诉判决,最后不一定能够得到房屋及其所有权。因此,能不能有一个制度防止不动产登记簿上记载的所有权人张三抢先出卖争议房屋呢?针对这一现实问题,《物权法》创设了异议登记制度。

《物权法》第19条第2款规定:"不动产登记簿记载的权利人不同意更正的,利害关系人可以申请异议登记。登记机构予以异议登记的,申请人在异议登记之日起十五日内不起诉,异议登记失效。异议登记不当,造成权利人损害的,权利人可以向申请人请求损害赔偿。"前述房屋产权争议的双方,如果李四提出异议而登记簿上的所有权人张三承认登记错误,承认自己不是真正的所有权人,则可以通过更正登记解决问题;如果张三不承认存在错误,坚持认为自己是真正的所有权人,按照本条第2款的规定,李四就可以向登记机构申请异议登记。

异议登记是一个简单的程序,只要李四到登记机构申请异议登记,登记机构受理申请后,就将该异议记载于不动产登记簿,如记载"某年某月某日李四主张异议"。可想而知,只要登记簿上记载了这样一个"异议",张三要抢先转让该房屋,打算买房的人发现不动产登记簿上登记有"异议",自然就不敢购买该房屋。"异议登记"的作用,并不是"禁止"张三转让该房屋,也不是"限制"张三的"处分权",仅是"提醒"打算购买房屋的第三人注意:该房屋产权存在"争议"。按照社会生活经验,打算购买房屋的人看到该房屋产权存在"争议",不会贸然签订买卖合同,至少会等待"争议"的解决。就是用这个办法来"阻止"张三抢先转让房屋,以保证李四胜诉后可以持判决书到登记机构变更登记,最终得到房屋的所有权。

既然"异议登记"的作用在于"阻止"张三处分财产,则"异议登记"一定要有一个"期限",否则,有的人在申请"异议登记"之后,不尽快解决存在的"争议",既不向法院提起"确权之诉",也不向登记机构申请"变更登记",这种情形,已经登记的"异议"的存在将一直"阻止"登记簿上的所有权人转让财产。因此应该规定"异议登记"的有效期限,超过一定的期限,"异议登记"就失效。本条第2款规定,这个期限是15日,并规定了异议登记不当的损害赔偿责任,以避免没有任何根据就轻率地申请异议登记,损害真正权利人的合法权益。

第二十条 【预告登记】

当事人签订买卖房屋或者其他不动产物权的协议,为保障将来实现物权,按照约定可以向登记机构申请预告登记。预告登记后,未经预告登记的权利人同意,处分该不动产的,不发生物权效力。

预告登记后,债权消灭或者自能够进行不动产登记之日起三个月内未申请登记的,预告登记失效。

《物权法》新创设的一个登记制度叫"预告登记",主要是针对现实生活中商品房预售"一房多卖",损害买房人(多数情形是消费者)合法利益的问题。按照这个制度,商品房预售合同的买受人,可以凭商品房预售合同到不动产登记机构申请"预告登记"。因为房子还没盖起来,还不可能办理"产权过户登记"。

按照本条规定,只要张三与开发商签订了商品房预售合同,张三就可以拿着合同去登记机构办理预告登记,由登记机构在登记簿上作出"预告登记":记载某日房屋已经卖给张三。办理预告登记后,开发商把这套房屋卖给其他任何人都"不发生物权效力"。所谓"不发生物权效力",就是说买房人不可能取得房屋所有权。只要办理了"预告登记",其余的买房人就已经知道自己不可能得到房屋所有权,当然也就不买了,这就实现了限制"一房多卖"的目的。预告登记制度的立法目的,就是用这样的办法来限制开发商"一房多卖"。

从实质上说,"预告登记"是一种特殊的公示方法,所登记的并不是"物权",而是买房人根据买卖合同请求交付房屋和移转房屋所有权的债权。合同上的"债权",因为办理了"预告登记",就具有了对抗其他买房人的"物权效力"。预告登记制度,不仅保护商品房预售的买受人,还可以保护银行的抵押权。发放贷款的银行,只要把抵押合同拿到登记机构办理了"预告登记",开发商再把同样的项目抵押给其他银行,其他银行的抵押权就会排在后面,而办理了"预告登记"的银行的抵押权排在前面。本条第2款规定:"预告登记后,债权消灭或者自能够进行不动产登记之日起三个月内未申请登记的,预告登记失效。"这是为了避免权利人以"预告登记"代替正式的物权登记。需补充说明的是,预告登记制度已经在上海市的房地产登记实践中实施多年。

值得注意的是,本条规定以双方"约定"为预告登记的条件,属于错误。预告登记是专门保护商品房预售合同中的买受人,而不是用来保护出卖人。出卖人根据自己的经济地位可以保护自己的利益,无论采用"按揭"还是"付现"的支付方式,开发商在正式签订合同之前已经收讫全部价款,其利益已经得到了完全的保障。条文规定以双方"约定"为预告登记的条件,若没有约定、开发商不同意就不能进行预告登记,与《物权法》创设预告登记制度的政策目的冲突。

第二十三条 【交付生效主义】

动产物权的设立和转让,自交付时发生效力,但法律另有规定的除外。

在物权法上,与不动产登记的权利推定制度相对应的一个制度是动产占有的权利推定制度。按照这个制度,动产的占有人被推定为该动产的"权利人"。这是直接根据动产的占有状态,推定其占有人为"权利人",如所有权人。因此,当关于动产的权利归属发生争议时,占有人只需证明自己为占有人,即可受"权利推定"的保护。占有的权利推定制度,其作用在于使异议对方承担举证责任,亦即占有人之外的主张自己对该物享有权利的人,必须举出反证。此与不动产登记的权利推定制度相同,但其所要求"反证"的证明程度较低,只需对方当事人能够证明有某种与受推定的权利状态完全不相容的权利状态存在,即可推翻该项推定。此外,占有的权利推定制度仅适用于占有人消极地维护自己的占有,而不适用于积极行使权利,如占有人不得以对物的占有证明自己对物享有所有权。法律已经明确规定应当办理登记的动产权利,如动产抵押权,船舶、飞机和机动车的物权,不在受权利推定的范围。

物权法认可动产占有的权利推定制度的主要理由如下。首先,在许多情形中,要求占有人证明自己对占有物的权利颇为困难。例如,张三有一件祖传的价值连城的古董,突然李四起诉主张该古董属于自己,在这种情形下要求张三举证证明自己的所有权就非常困难,因为他无法证明古董究竟是父亲买的还是祖父买的、什么时候买的。而按照占有的权利推定制度,张三只要证明自己对该古董的占有就够了,法官应当责令李四举出反证证明自己的所有权,如果李四不能举出反证,即判决李四败诉。可见,因为有占有的权利推定制度,就可以使占有人免除举证责任的困难,易于排除侵害,维护财产的秩序。其次,如果没有占有的权利推定制度,则市场交易将难以顺利进行。因为在每一次交易之前,必须调查出卖人对所出售商品是否有正当权利,这就增加了市场交易的程序和手续,势必影响市场交易的顺利进行。并且,如果没有占有的权利推定制度,在购买了出卖人无处分权的商品的情形下,买受人也没有得到善意取得制度保护的可能,势必增加市场交易中的不测风险,妨碍市场交易。可见,因为有了占有的权利推定制度,就免除了买受人调查出卖人权利的义务,使善意信赖占有而与占有人进行交易的买受人受到保护,有益于市场交易安全,使市场交易能够顺利进行。最后,占有的权利推定制度的目的在于维护物的事实秩序,有助于保护物上的权利,避免争议,减少诉讼,使物能尽其所用。此外,占有的权利推定制度对法院裁判有重大意义。法院在判决盗窃罪、抢夺罪时,只要查明被告盗窃、抢夺受害人占有之下的财物就够了,并不审查受害人对该财物是否享有合法权利。

值得注意的是,《物权法(草案)》前四次审议稿关于动产占有的权利推定制度设有明文,后因有人指责该条文"使违法取得财产合法化"而被删去。虽然如此,因《物权法》规定动产物权变动实行"交付生效主义","占有"的事实状态当然可以作为权利推定的根据,因此人民法院裁判关于动产权利归属的争议案件时,仍然要适用动产占有的权利推定制度,并直接以本条关于动产"交付生效主义"的规定作为法律根据。

第二十四条　【登记对抗主义】

船舶、航空器和机动车等物权的设立、变更、转让和消灭,未经登记,不得对抗善意第三人。

《物权法》关于船舶、航空器和机动车的物权变动实行"登记对抗主义"。其中,规定船舶、航空器实行"登记对抗主义",是沿用现行《海商法》和《民用航空法》的规定。根本的理由是对船舶、航空器这类特殊动产没有办法实行登记生效主义。因为船舶的登记簿只能保管在“船籍港”,航空器的登记簿只能保管在中国民航总局。中国法律要规定船舶的物权实行“登记生效主义”,外国的银行就不会贷款给中国籍船舶、不接受中国籍船舶抵押。因此,《物权法(草案)》和《海商法》《民用航空法》一样,对船舶、航空器物权的变动规定采“登记对抗主义”,这是由船舶、航空器的特殊性所决定的。

《物权法》为什么对机动车采取“登记对抗主义”呢?主要理由,一个是汽车数量众多、转手频繁,另一个是汽车的价值相对较小。一艘船舶动辄几千万元人民币,一架波音737价值1.5亿元人民币,一架波音777超过10亿元人民币,而汽车的价值,即使是名牌车也与之相差甚远。价值动辄几千万元的船舶,价值上亿元、10亿元的飞机尚且采取比较宽松的“登记对抗主义”,价值相对小得多的汽车却要采取非常严格的“登记生效主义”,就显得轻重倒置、不成比例。另外,机动车数量众多、转手频繁,如果实行“登记生效主义”将会不胜其烦,很多人不去登记,使法律规定与现实生活严重脱节。与其规定非常严格的“登记生效主义”而不能实行,倒不如规定比较宽松的“登记对抗主义”以符合现实,顺乎人心。

对机动车物权的变动规定采“登记对抗主义”还有一个好处,即方便法院公正裁判交通事故损害赔偿案件。假设对机动车物权采“登记生效主义”,汽车卖给李四,李四在驾驶机动车过程中发生交通事故,因为没有办理汽车过户登记,张三还是肇事汽车的所有权人,人民法院就会判决张三承担损害赔偿责任。这样判决于情、于理都说不通。《物权法》规定机动车物权变动实行登记对抗主义,张三可以通过举证证明汽车转手的事实而不承担责任。实际上,20世纪80年代直到90年代初期,很多地方法院都把汽车过户登记当作“登记生效”,因此出现了一些不公正的判决。到20世纪90年代中期,法院内部已经注意到这样判决不合情理,从而改变态度。现在绝大多数地方法院已经不再把汽车登记当作“登记生效主义”,而是允许没有办理过户登记的出卖人以其他证据证明汽车转卖的事实,最后使应该承担责任的实际上的汽车所有权人承担赔偿责任。因此可以说,《物权法》规定机动车物权采取“登记对抗主义”,是采纳了人民法院的裁判经验,使法律规定与人民法院的裁判实践相一致。

第二十五条 【先行占有】

动产物权设立和转让前,权利人已经依法占有该动产的,物权自法律行为生效时发生效力。

因为在订立买卖合同之前,买受人已经占有该动产,在买卖合同成立生效之后,就没有必要把标的物先归还出卖人,再按照一般动产物权变动的规则进行“交付”,所以本条规定这种情形“物权自法律行为生效时发生效力”,此即教科书上所谓“先行占有”。在现实生活中,“先行占有”发生在“先租后买”“先借后买”和“试用买卖”的情形下。例如,张三的一台设备,出租给李四使用,在租赁合同存在期间,张三出卖该设备而与李四订立买卖合同,因为该设备已经在李四的占有之下,于是按照《物权法》第 25 条的规定,自买卖合同生效之时该设备所有权移转于买受人李四名下。

第二十六条 【移转返还请求权代替交付】

动产物权设立和转让前,第三人依法占有该动产的,负有交付义务的人可以通过转让请求第三人返还原物的权利代替交付。

本条规定的是“以返还请求权代替交付”,这个例外规则所针对的是“运输中的动产”和“委托保管中的动产”的买卖、质押。先看“运输中的动产”买卖,买卖合同在订立时,标的物还在承运人的轮船上,而轮船还在海上航行,没有办法进行“交付”,于是按照惯例,将“提单”交给买受人以代替“货物”的“交付”。按照《海商法》第 79 条的规定,“提单”分为“记名提单”“指示提单”和“不记名提单”,其中,“指示提单”可以背书转让,“不记名提单”无需背书,即可转让。《海商法》第 71 条规定:“提单,是指用以证明海上货物运输合同和货物已经由承运人接收或者装船,以及承运人保证据以交付货物的单证……”按照这一规定,“提单”既是证明运输合同成立的证据,也是“承运人保证交付货物的单证”,亦即“提单”是请求承运人交付货物的请求权凭证。教科书上称为“债权凭证”,谁持有“提单”,谁就享有请求承运人交付货物的债权请求权。

按照《物权法》第 26 条的规定,货主在转让运输中的货物时,不必等待轮船到达目的港自己去提取货物后再“交付”给受让人,他可以将“提单”交给受让人以代替实际货物的“交付”,因此货物所有权自“提单”交付时移转于受让人。依本条规定,交付“提单”即等于“交付”货物,即发生货物所有权变动的效果,使“提单”因此具有“物权凭证”的性质,谁持有“提单”谁就享有货物的所有权。与所有权移转相同,如货主以货物设定“动产质押”,他当然可以“交付”提单代替货物的实际“交付”,质权亦于“提单”交付时成立。

再看“委托保管中的动产”,货主在订立买卖合同之时,货物还保管在仓库经营者的库房里,此时货主与仓库经营者之间的仓储保管合同仍然存在。现行《合同法》第 387 条规定:“仓单是提取仓储物的凭证。存货人或者仓单持有人在仓单上背书并经保管人签字或者盖章的,可以转让提取仓储物的权利。”因此,谁持有“仓单”,谁就有权提取仓储物,此外,仓单持有人还可以转让该提取仓储物的债权。存货人或者仓单持有人如果出卖保管中的货物,不必亲自去仓库提取货物后再将该货物实际“交付”于受让人,他只需将“仓单”交付给受让人以代替货物的实际交付。按照《物权法》第 26 条的规定,保管中的货物的所有权,亦于出卖人将“仓单”交付于受让人之时移转于受让人。因本条的规定,“仓单”不仅是债权凭证,同时也具有了“物权凭证”的性质,“仓单”持有人是该货物的所有权人。

第二十七条 【占有改定】

动产物权转让时,双方又约定由出让人继续占有该动产的,物权自该约定生效时发生效力。

本条是关于“占有改定”的规定。条文说“动产物权转让时,双方又约定由出让人继续占有该动产的”,人们会问,既然要出卖该动产,又何以继续占有该动产,这难道不是矛盾的吗?按照常理,要出卖就不能继续占有,要继续占有就不要出卖。为什么一方面要出卖,另一方面又要继续占有？这是针对融资租赁的一种特殊形式，即“卖出租回”，或称“回租”。

假设某个企业急需一笔生产资金，它向银行贷款，银行不贷给它，因为它此前的贷款还没有还，或者银行虽然同意贷款，但要求设立抵押担保，而它的房地产早已抵押给银行了。该企业急需资金而又没有银行愿意贷款给它，于是想到融资租赁中的“卖出租回”，它找到一家租赁公司签订买卖合同，将自己最值钱的一条生产线的设备出卖给租赁公司，取得一笔价款以解决企业急需的生产资金。但是它并不是真的要出卖这条生产线，相反它还要靠这条生产线进行生产，因此它“有必要继续占有”这些已经出卖给租赁公司的设备。这种情形下，显然不能把这些设备“交付”给买受人租赁公司，以完成设备所有权的移转。怎样才能够既使该企业“继续占有”这些设备，又实现其所有权向租赁公司的移转呢？该企业可以再与该租赁公司签订一份租赁合同，把这条生产线的设备租回来。

现行《合同法》第242条明确规定：“出租人享有租赁物的所有权。承租人破产的，租赁物不属于破产财产。”虽然没有现实的“交付”，但因为签订了租赁合同，《合同法》明确规定租赁公司享有这些设备的所有权，可见正是这个租赁合同代替了设备的实际“交付”，而实现了设备所有权向租赁公司的移转，同时使该企业作为承租人继续占有这些设备。这一租赁合同关系的成立，代替了该项动产的“实际交付”，而使买受人以出租人的身份获得了该项动产的所有权。可见，关于“占有改定”的特殊规则，正是针对现实生活中的“卖出租回”这种特殊融资租赁合同形式的，其实质是用一项“租赁合同关系”实现标的物所有权的移转，并满足出卖人继续占有该标的物的需要。这样的法律关系，主要是租赁合同关系，还有借用合同关系。需特别注意，本条所谓“约定”，应当解释为关于“租赁合同关系”或者“借用合同关系”的“约定”，质言之，就是“租赁合同”或者“借用合同”。

第二十九条　【因继承发生物权变动的生效】

因继承或者受遗赠取得物权的，自继承或者受遗赠开始时发生效力。

本条规定,因继承发生的物权变动,从“继承开始”之时发生效力。什么叫“继承开始”?“继承开始”是《继承法》上一个重要概念。现行《继承法》第2条规定:“继承从被继承人死亡时开始。”可见,继承开始就是被继承人死亡之时。按照《继承法》的规定,自“被继承人死亡”之时,被继承人的财产就成为“遗产”,其所有权就转移到继承人名下。如果只有一位继承人,“遗产”就归该继承人所有;如果继承人在二人以上的,“遗产”就归全体继承人共有。如果有遗赠,则遗赠财产亦于继承开始之时转归受遗赠人所有。《继承法》只有“继承开始”而无所谓“受遗赠开始”,条文增加“受遗赠开始”一语属于失误。

实际上,被继承人死亡之时,其是否留有“遗嘱”尚不确定,是按“遗嘱继承”还是按“法定继承”尚不确定,所以还不能确定继承人的人数及继承人是谁,因此没有办法“分割遗产”和办理“产权过户登记”。但是,被继承人已经死亡,权利主体已经消灭,不能让“遗产”处于无主状态,因此本条规定,自“继承开始”(即被继承人死亡)之时,由继承人取得“遗产”的所有权。“遗赠”也准用同样的规定,从被继承人(遗赠人)死亡之时,即“继承开始”之时,遗赠财产的所有权归于受遗赠人。到分割遗产时,如果受遗赠人“放弃”受遗赠,则该遗赠财产的所有权归其他继承人。

需要注意的是,因继承而发生物权变动的这个规则,对法官裁判案件会有影响。例如,父亲去世以后房产没有分割,由母亲管理使用,后来母亲又去世了,房屋由老大继续居住,几十年后老二从国外回来向法院提起诉讼。假设老二以“侵害继承权”为由起诉,老大自然会以诉讼时效已经经过作为抗辩,法院经过审查,诉讼时效确已经过,于是判决驳回老二的诉讼请求。假设老二以“分割共有财产”为由起诉,因为父亲去世时遗产归属于兄弟二人共有,只是共有财产一直在大哥的掌管之下,他现在请求分割共有财产,而请求分割共有财产的请求权不适用诉讼时效,因此老二以这个理由起诉,法院就不能驳回他的诉讼请求。

法院查明遗产没有进行过分割,一直处于共有状态,法院就应当认可老二的请求,作出"分割共有财产"的判决。可见,因继承发生物权变动的这个规则,对当事人和法院都关系重大。

请注意,本条在"继承开始"之外,增加规定所谓"受遗赠开始",属于错误。《继承法》上只有"继承开始"没有"受遗赠开始"。所谓"继承开始"是一个时间概念,亦即被继承人死亡之时。无论法定继承、遗嘱继承或者遗赠,遗产均于继承开始,亦即被继承人死亡之时转归继承人或者受遗赠人所有。继承人放弃继承、受遗赠人放弃受遗赠的财产,则归属于其余继承人。条文同时规定"继承开始"和"受遗赠开始",导致混淆。

第三十条 【因事实行为发生物权变动的生效】

因合法建造、拆除房屋等事实行为设立或者消灭物权的,自事实行为成就时发生效力。

所谓"事实行为",就是指用钢筋、水泥、砖瓦、木石建造房屋,用布料缝制衣服,用木料制作家具等行为。建成一栋房屋就发生房屋的所有权,制成一件衣服就发生衣服的所有权,完成一个书柜就发生书柜的所有权。房屋建成后还没有办理"登记",但房屋所有权已经发生。制成一件衣服,还没有"交付",但衣服的所有权就已经发生。完成一个书柜,还没有"交付",但书柜的所有权就已经发生。条文所谓"事实行为成就时",就是房屋建成之时、衣服制成之时、书柜完成之时。这些情形所有权之发生,属于法律行为之外的物权变动,按照本条规定自"事实行为""成就"(完成)之时生效,而不是自"登记"或者"交付"之时生效。合伙建房,房屋建成即因分配比例发生争议,人民法院应作为财产共有纠纷案件受理。

事实行为,除建造房屋外,还有制造宇宙飞船、飞机、船舶、汽车、火车、机器设备,制作家具、玩具及缝制衣服等,难以一一列举,何以单举"建造住房"一项?不如不作列举,以"事实行为"一语涵盖无遗。条文中"合法"二字不妥。所谓"违章建筑",也同样发生建筑物所有权,唯有城市规划管理部门才有权责令拆除或者给予处罚,其他任何人擅自予以拆除、毁损,将构成侵犯财产权的违法行为。

本条规定了一个"合法性"要件,也属于错误。事实行为发生物权变动,自事实行为成就时生效,这是一个普遍规则。无论合法建房还是违章建房,均于事实行为成就之时,亦即房屋建成之时,产生所建成房屋的不动产所有权,建房所用的建筑材料的动产所有权亦同时消灭。即使属于违章建筑,也发生房屋所有权,建房所用的建筑材料的动产所有权也要消灭。唯有城市规划管理部门,才有权查处违章建筑行为,其他任何部门、任何人都无权拆除或者占有该违章建筑,否则必然导致经济生活、法律秩序的混乱。

第三章 物权的保护

本章原名"物权请求权",经2001年5月专家讨论会之后,定名为"物权的保护"。除规定物权请求权之外,还规定了侵权责任。第33条至第35条规定物权请求权,第36条、第37条是关于侵权责任的规定。

什么是物权请求权?物权请求权是专门针对物权的法律救济措施,是物权的特殊保护方法。我们知道,物权同样受侵权责任制度的保护,物权受侵害将发生侵权责任请求权。这样一来,物权既受物权请求权制度的保护,也受侵权责任制度的保护,因此,我们必须要弄清楚:为什么在民法规定了侵权责任制度之外,还要规定一个"物权请求权"制度?物权请求权制度与侵权责任制度的区别何在?

二者的区别,主要有两点:第一,保护对象不同。物权请求权制度的保护对象只有"物权"一种;而侵权责任制度的保护对象,包括"物权""人格权""知识产权"及其他具有"排他性"效力的民事权利。第二,"构成要件"不同。"物权请求权"只有一个构成要件,即存在"物权";而一般侵权责任的构成要件包括"加害行为""损害后果""因果关系"和"过错",即使特殊侵权责任也须有前三项要件。

物权请求权的优点在于其"构成要件简单"。房屋的所有权人请求法院保护其所有权,只需提供证明自己享有"物权"的证据就足够了,法院也仅凭其享有“物权”这一点就给予保护。这就使请求权人避免了就侵权责任的“构成要件”举证的麻烦。因此,民法在侵权责任制度之外特别规定“物权请求权”制度,作为保护“物权”的特殊救济措施。

反过来,物权请求权也有一个限制,这就是行使物权请求权一定要有“物权”存在。“物权”什么时候存在?“标的物”存在,“物权”就存在。标的物一旦“毁损、灭失”,例如房屋已经烧毁、汽车已掉下悬崖变成一堆废铁、手机已经灭失,这时“物权”(所有权)已经消灭,就不能再行使物权请求权,只能向法院提起侵权责任之诉。这种情形,如果不按照侵权责任起诉而按照物权请求权起诉,法院查明标的物消灭、物权消灭,当然无所谓“物权请求权”,于是法院作出裁判驳回请求权人的诉讼请求。因为没有物权也就没有物权请求权,只能根据侵权责任起诉。这就是物权请求权和侵权责任的严格划分。为什么物权在受物权请求权保护之外,还要受侵权责任制度保护,其理由在此。

值得注意的是,本章第 33 条规定确认权利请求权、第 34 条规定返还原物请求权、第 35 条规定排除妨害请求权和消除危险请求权,但未规定物权请求权是否适用诉讼时效。似乎立法机关的意思是诉讼时效留待将来的《民法总则》规定,但在制定颁布《民法总则》之前,留下物权请求权是否适用诉讼时效的疑问,属于漏洞。按照民法理论,在物权请求权中,基于立法目的,行使确认物权请求权、排除妨害请求权和消除危险请求权,不适用诉讼时效;行使返还原物请求权,原则上应适用诉讼时效,但请求返还登记财产的请求权作为例外不适用诉讼时效。

第 36 条、第 37 条不是关于物权请求权的规定,而是关于侵权责任的规定。但需注意的是,条文并未明确规定侵权责任的构成要件。于实际案件追究侵权责任时,还必须适用侵权行为法的具体规定。因此,第 36 条、第 37 条属于指引性规定。

第二编 所 有 权

(第四章至第八章略)

第九章 所有权取得的特别规定

第一百零六条 【统一的善意取得制度】

无处分权人将不动产或者动产转让给受让人的,所有权人有权追回;除法律另有规定外,符合下列情形的,受让人取得该不动产或者动产的所有权:

(一)受让人受让该不动产或者动产时是善意的;

(二)以合理的价格转让;

(三)转让的不动产或者动产依照法律规定应当登记的已经登记,不需要登记的已经交付给受让人。

受让人依照前款规定取得不动产或者动产的所有权的,原所有权人有权向无处分权人请求赔偿损失。

当事人善意取得其他物权的,参照前两款规定。

按照物权法教科书,保护不动产交易的善意买受人,靠不动产登记的公信力制度;保护动产交易的善意买受人,靠动产善意取得制度。这是目的相同、政策判断相同的两个法律制度。《物权法》把不动产登记的公信力制度和动产善意取得制度合并起来,规定在第106条,构成一个统一的善意取得制度。当然在这个统一的善意取得制度中,"善意"的构成条件还是有区别的。不动产善意买受人的"善意",以买受人信赖不动产登记并且没有过失为构成要件;动产的善意买受人的"善意",以买受人信赖动产占有并且没有过失为构成要件。

值得注意的是,本条第1款第(二)项规定以"合理的价格转让"为善意取得的要件,显然不当。如果严格解释,就是要求法院审查当事人的转让价格是否合理,是否偏离了善意取得制度的政策目的,以及是否增加了裁判的难度和不确定性。设立善意取得制度的目的,是特殊保护市场交易中的善意受让人，并维护市场交易安全。所针对的当然是正常的市场交易，只需规定以“有偿转让”（无偿转让不适用善意取得）即可。转让价格是否合理、有无侵占国有资产等违法行为，都不属于善意取得制度所要解决的问题。

另外，第107条规定了关于遗失物善意取得的特殊规则，因立法过程中的争论而删去“盗窃物”，留下“盗窃物”是否可以善意取得的法律漏洞。

第三编　用益物权

第十章　一般规定

第一百一十七条　【用益物权定义】

用益物权人对他人所有的不动产或者动产，依法享有占有、使用和收益的权利。

关于用益物权的定义，应联系《物权法》第2条第1款的规定：“因物的归属和利用而产生的民事关系，适用本法。”将条文颠倒过来，就是物权法的概念。所谓物权法，就是规定“物的归属和利用而产生的民事关系”的法律。其中，所谓“物的归属”，是指“所有权”；所谓“物的利用”，是指“用益物权”和“担保物权”。

物权法上所说“物的利用”，是指对他人之物的利用，不是指对自己之物的利用。利用自己的物，如所有权人利用自己的房屋、汽车，属于所有权的“使用、收益”权能，是所有权应有之义，无须单独规定。故条文所谓“利用”，是指非所有人利用他人之物，分为“利用”他人之物的“使用价值”与“利用”他人之物的“交换价值”。

利用他人之物的“使用价值”的物权，称为用益物权。例如，建设用地使用权，是企业利用国有土地建房的权利；土地承包经营权，是农户利用集体土地耕种、养殖的权利；宅基地使用权，是农户利用集体土地建房的权利；地役权，是为自己的方便而利用他人土地的权利。利用他人之物的“交换价值”的权利，称为担保物权。包括抵押权、质权和留置权。例如,向银行抵押借款,设立银行对借款人房屋的抵押权,借款人到期不能归还借款,银行将行使抵押权,申请人民法院拍卖抵押房屋,从拍卖价款中扣抵借款本金和利息。作为抵押权人的银行,利用了借款人房屋的交换价值。

需注意,条文所谓“利用”,仅指采用物权方式对他人之物的利用,不包括采用债权形式对他人之物的利用。以租赁合同、借用合同等债权形式实现的“物的利用”,不属于物权法的范围。物权形式的利用和债权形式的利用,都是非所有权人利用他人之物的使用价值,二者的区别在于,物权形式的利用必定是长期利用,如土地承包经营权的期限是30年、50年、70年,建设用地使用权的期限是70年;债权形式的利用,都属于短期利用,《合同法》规定租赁合同期限最长20年,超过20年的,超过部分无效。因此,短期利用他人之物,无须采用物权形式,采用债权形式(如租赁合同、借用合同)即可;长期利用他人之物才有必要设立用益物权。

按照社会生活经验,如需长期利用某物,最好的选择是直接取得该物的所有权,而无须设立用益物权。唯有市场上难以购买、不可能购买之物,才不得已采取设立用益物权的方式。这是绝大多数国家及地区仅不动产可以设立用益物权的理由。如我国台湾地区“民法”规定,用益物权仅限于土地(地上权、永佃权和地役权)和房屋(典权),日本民法所规定的用益物权限于土地(地上权、永佃权和地役权)。本法第三编规定的用益物权,包括土地承包经营权、宅基地使用权、建设用地使用权和地役权,均属于长期利用他人土地的权利。这是因为,我国实行土地公有制,不允许个人和企业取得土地所有权。如需长期利用土地,非采取设立用益物权的形式不可。故本法关于用益物权的规定,是最具中国特色的物权制度。

需特别注意,《物权法》第117条在用益物权的定义中列入“动产”,属于明显错误。《物权法(草案)》前三次审议稿关于用益物权的定义均仅限于不动产,第四次审议稿增加动产,而《物权法》用益物权编具体规定的四种用益物权,均以土地为客体。如果有当事人根据

《物权法》第117条的规定设立动产用益物权,法院应该怎么对待?这个动产用益物权是有效还是无效?按照物权法定原则,“物权的种类”由法律规定,而本法用益物权编所规定的用益物权种类均属于土地用益物权,并没有规定动产用益物权,因此人民法院将根据物权法定原则,判决当事人设立的动产用益物权不具有物权的效力。

(第十一章至第十四章略)

第四编　担保物权

第十五章　一般规定

第一百七十六条　【人保与物保并存】

被担保的债权既有物的担保又有人的担保的,债务人不履行到期债务或者发生当事人约定的实现担保物权的情形,债权人应当按照约定实现债权;没有约定或者约定不明确,债务人自己提供物的担保的,债权人应当先就该物的担保实现债权;第三人提供物的担保的,债权人可以就物的担保实现债权,也可以要求保证人承担保证责任。提供担保的第三人承担担保责任后,有权向债务人追偿。

关于人保和物保的关系,在各主要国家和地区民法中无非两种模式。一种是物保优先主义,即在兼有人保和物保时,强行规定物保优先执行,对物保所担保以外的债务才执行人保。物保优先主义的法理根据,是物权优先于债权原则。保证是一种债权,物保如抵押权属于物权,按照物权优先原则,应当先执行物权。另一种就是物保和人保平等主义,即在兼有物保和人保的情况下,物保和人保二者是平等的,没有高低先后之分,究竟是执行物保还是执行人保,由受担保的债权人自由选择。物保、人保平等主义,平等对待物保人和保证人,符合公平原则;由受担保的债权人行使选择权,符合意思自治原则。两种模式,各有其法律根据。例如,我国台湾地区“最高法院”1997年台上字第268号判决,采取物保优先主义。但台湾地区近年修改“民法”物权编,改采物保、人保平等主义。

《担保法》第28条规定采物保优先主义。后来最高人民法院《关于适用〈中华人民共和国担保法〉若干问题的解释》第38条,区分债务人提供的物保与第三人提供的物保,并对第三人提供的物保与人保改采平等主义。《物权法》在总结《担保法》和最高人民法院解释的基础上进一步完善了物保和人保的规则,规定在第176条,包括三个方面。首先,根据意思自治原则规定,在合同关于担保执行有约定的情形,债权人应当依照约定执行;其次,规定在合同没有约定的情形下,债务人自己提供的物保优先;最后,在合同没有约定,且由第三人提供物保的情形下,采取物保与人保平等的原则,由债权人行使选择权。

可见,《物权法》并不是采取简单化的办法,即或者采取物保优先主义,或者采取物保、人保平等主义,而是区别合同有无约定以及是债务人自己提供物保还是第三人提供物保的不同情形,相应规定不同的规则,尽可能尊重当事人意思自治并符合公平合理的原则。

需补充的是,在合同未有约定而由债务人自己提供物保的情形下,如此物保属于第二顺位抵押权,则应当视同第三人提供物保,适用平等原则;在合同未有约定而由第三人提供物保的情形下,如人保属于一般保证,且保证人行使先诉抗辩权,则其结果仍然是物保优先。

第十六章　抵　押　权

第一百八十一条　【特别动产集合抵押】

经当事人书面协议,企业、个体工商户、农业生产经营者可以将现有的以及将有的生产设备、原材料、半成品、产品抵押,债务人不履行到期债务或者发生当事人约定的实现抵押权的情形,债权人有权就实现抵押权时的动产优先受偿。

这个制度是新创的,很多人把它解释为“浮动抵押”,这是错误的。浮动抵押最重要的特点是抵押物始终处于不确定的状态,必须到抵押权行使之时,通过法院发布抵押权实行公告,查封、扣押、冻结抵押人全部财产,抵押物才能确定,即借助于法院确定抵押标的物。不仅如此,浮动抵押权的实行,一定要适用清产还债程序或者企业破产程序,而不能采取普通抵押权的实行方式,且实行浮动抵押权的结果必定是消灭抵押人的主体资格。

《物权法》第181条规定的抵押权,与所谓浮动抵押权有根本区别。第181条规定的抵押权采用一般抵押权的实行方式,由抵押权人与抵押人双方协商、折价、变卖抵押物;双方协商不成的,抵押权人可申请法院拍卖抵押物,而无须适用清产还债程序或者企业破产程序。另外,《物权法》第196条专门规定了抵押物确定的条件,该条列举规定的四种情形之一发生时,抵押物即归确定,无须由法院发布查封、扣押命令。因此,《物权法》第181条创设的抵押权,不同于所谓浮动抵押权,是《物权法》针对我国经济生活的现实需要所创设的一项崭新的抵押制度,属于第180条第2款规定的企业财产集合抵押制度的特别类型,应称为"特别动产集合抵押"。

第一百九十一条 【抵押物的转让】

抵押期间,抵押人经抵押权人同意转让抵押财产的,应当将转让所得的价款向抵押权人提前清偿债务或者提存。转让的价款超过债权数额的部分归抵押人所有,不足部分由债务人清偿。

抵押期间,抵押人未经抵押权人同意,不得转让抵押财产,但受让人代为清偿债务消灭抵押权的除外。

在传统民法中,设定抵押权不影响标的物的转让,这时抵押权有追及的效力。不管作为抵押物的房屋转归谁,抵押权依然存在,依然存在于房屋的所有权上,抵押权人根据物权的追及效力当然可以追及于买受人,拍卖该房屋优先受偿。值得注意的是,最高人民法院《关于贯彻执行〈中华人民共和国民法通则〉若干问题的意见(试行)》第115条规定,设立抵押权的财产转让,非经抵押权人同意,其转让无效。后来的担保法对此作了修正,将"经抵押权人同意"改为"通知抵押权人"。《担保法》第49条规定,"抵押期间,抵押人转让已办理登记的抵押物的,应当通知抵押权人","未通知抵押权人"的,其"转让行为无效"。但最高人民法院《关于适用〈中华人民共和国担保法〉若干问题的解释》第67条对此又有修正,"抵押权存续期间,抵押人转让抵押物未通知抵押权人或者未告知受让人的,如果抵押物已经登记的,抵押权人仍可以行使抵押权;取得抵押物所有权的受让人,可以代替债务人清偿其全部债务,使抵押权消灭”。实际是,将未通知抵押权人的转让视为有效,同时认可抵押权人有追及权及受让人有涤除权。

《物权法》在对《担保法》的规定和最高人民法院的解释进行总结整理的基础上,创设关于抵押财产转让的新规则:区分经抵押权人同意的转让与未经抵押权人同意的转让,而规定不同的法律效果。按照《物权法》第191条第1款的规定:经抵押权人同意的转让,“转让有效+价金代位”。实际上等同于,转让一经成立,抵押权人不得对原抵押标的物行使权利,只能对标的物转让价金行使权利(代位)。这就要求抵押权人在同意抵押人转让抵押物时,为转让价金指定特别账户。按照《物权法》第191条第2款的规定,未经抵押权人同意的转让,采取“原则无效+例外(受让人行使涤除权)有效”,即受让人直接将转让价金提存或者支付给抵押权人,而涤除抵押权,使转让有效。

第二百零二条 【抵押权的消灭】

抵押权人应当在主债权诉讼时效期间行使抵押权;未行使的,人民法院不予保护。

在传统民法理论中,抵押权性质上属于物权,理应不受诉讼时效的限制。因此,主债权因诉讼时效届满消灭的,抵押权人仍然可以行使抵押权,而不受主债权诉讼时效的限制。这样一来就会产生一个问题:在受担保债权因时效消灭后,若抵押权人长期不行使其抵押权,将使财产关系长期处于不确定的状态。为了避免出现这样的结果,发达国家和地区采取了两种不同的方案。一种是使抵押权受所担保债权的诉讼时效的限制。例如,《日本民法典》第396条规定,受担保债权因时效消灭,其抵押权也同时消灭。其法律依据是抵押权的附从性。另一种是为抵押权设立除斥期间。例如,我国台湾地区“民法”第880条规定,主债权因时效经过而消灭之后,5年的除斥期间届满,抵押权消灭。我国大陆民法学者起草的《物权法(草案)(建议稿)》,参考台湾地区“民法”为抵押权设立除斥期间的方案,但认为5年的除斥期间过长,而将除斥期间规定为2年,此即《社科院物权法(建议稿)》第332条:“受担保债权诉讼时效完成后,二年内不行使抵押权的,抵押权消灭。”

《担保法》并未涉及抵押权的除斥期间问题,其第52条规定:“抵押权与其担保的债权同时存在,债权消灭的,抵押权也消灭。”受学者建议稿的影响,最高人民法院《关于适用〈中华人民共和国担保法〉若干问题的解释》第12条第2款明示:“担保物权所担保的债权的诉讼时效结束后,担保权人在诉讼时效结束后的二年内行使担保物权的,人民法院应当予以支持。”《物权法》采取了与最高人民法院的解释和学者建议稿不同的方案,第202条明确规定:“抵押权人应当在主债权诉讼时效期间行使抵押权;未行使的,人民法院不予保护。”使抵押权与受担保债权同受诉讼时效的限制,类似于《日本民法典》第396条的规定。其立法目的显然在于,促使抵押权人尽快行使抵押权,避免抵押财产长期处于不确定状态,从而有利于市场交易的快捷和安全。

第十七章 质 权

第二百二十三条 【权利质押】

债务人或者第三人有权处分的下列权利可以出质:

(一)汇票、支票、本票;

(二)债券、存款单;

(三)仓单、提单;

(四)可以转让的基金份额、股权;

(五)可以转让的注册商标专用权、专利权、著作权等知识产权中的财产权;

(六)应收账款;

(七)法律、行政法规规定可以出质的其他财产权利。

这里讲应收账款质押。应收账款融资,在国际惯例上采取债权转让的方式。以应收账款债权融资,可以直接将应收账款债权转让给贷款银行,其转让规则规定在我国《合同法》第五章第79条至第83条。在物权法立法过程中,民法学者关于可否规定应收账款债权质押存在分歧。立法机关坚持将应收账款债权列入质押范围,显然是采纳金融机构方面的建议。应收账款债权质押在科学性和可操作性上均有疑问。现在的问题是,在《物权法》规定应收账款债权质押的框架下,如何确保应收账款质押的效用而避免发生弊端?

关键在于,应收账款债权属于没有债权凭证的普通债权,仅凭债权人(出质人)与金融机构(质权人)之间的质押协议所成立的应收账款质权,不具有强制应收账款债务人履行的效力。笔者曾经建议,于成立质押协议时,要求应收账款债权人(出质人)提交债务人同意质押的书面文件,这样成立的应收账款质权,于出质人不能清偿借款时,质权人可以直接要求债务人清偿应收账款债务。否则,按照 2007 年 9 月发布的《应收账款质押登记办法》第 8 条的规定,仅凭债权人与金融机构之间的质押协议成立应收账款质权,可能给中国经济造成灾难性的后果。

物权法若干问题*

提问:《物权法》第 14 条规定:“不动产物权的设立、变更、转让和消灭,依照法律规定应当登记的,自记载于不动产登记簿时发生效力。”该法第 15 条规定:“当事人之间订立有关设立、变更、转让和消灭不动产物权的合同,除法律另有规定或者合同另有约定外,自合同成立时生效;未办理物权登记的,不影响合同效力。”这些规定与我国法院的做法和《担保法》的规定有明显的矛盾,应该怎么对待?

梁慧星:第 14 条和第 15 条是《物权法》的创新,称为“物权变动与原因行为的区分原则”,是关于物权变动与原因行为的生效条件、生效时间的规定。这里讲的“物权变动”,是指产权过户、抵押权设立的物权变动事实;这里讲的“原因行为”,是指导致物权变动的“法律行为”(债权行为),主要是买卖合同、赠与合同、建设用地使用权转让合同、抵押合同、质押合同。

以买卖房屋为例,先签订房屋买卖合同,然后根据买卖合同去办理产权过户登记,买卖合同是导致产权过户的原因,产权过户是其结果。买卖合同和产权过户之间就是原因和结果的关系。设立抵押也是如此,先订立抵押合同,再根据抵押合同去登记机构办理抵押登记,于是成立抵押权。可见,抵押合同是原因,抵押权设立是其结果。产权过户和抵押权设立是具体的物权变动事实,买卖合同和抵押合同就是发生具体物权变动的原因行为。

* 本文原载《浙江工商大学学报》2008 年第 1 期。

《物权法》规定“区分原则”，究竟要解决什么问题呢？要解决把买卖合同成立的时间和条件与产权过户发生的时间和条件分开来对待的问题。所针对的是一些法院裁判案件的错误做法以及《担保法》中的错误规定。如房屋买卖合同，没有办理产权过户登记，法院就据此认定房屋买卖合同无效。这样判决，就把买卖合同成立的时间和条件与产权过户发生的时间和条件弄混淆了。《担保法》第41条规定，当事人设定抵押的“应当办理抵押物登记，抵押合同自登记之日起生效”。按照这一规定，订立抵押合同之后，如果没有办理抵押登记，法院就认定抵押合同不生效，同样是把抵押合同生效的时间和条件与抵押权成立的时间和条件混淆了。这在理论上是错误的，实践中是有害的。

按照《合同法》第135条的规定，买卖合同生效才发生出卖人交付标的物和移转标的物所有权（办理产权过户）的义务。买卖合同未生效，登记机构会办理产权过户登记吗？可见，因未办理产权过户登记而认定买卖合同无效的做法，不符合法律的逻辑和基本原理。同时还要看到，这样的判决结果是不公正的。签订了买卖合同，合同生效后，市场变化了，房屋价格上涨了，开发商（出卖人）反悔，故意拖延不办理产权过户登记，最后发生纠纷，法院以没有办理产权过户登记为由判决买卖合同无效。无效就要恢复原状，即便买房人已经进行了装修，住进了新房，也不得不退房。这样的结果，不正好是开发商所希望的吗？正是法院的判决，使不诚信的出卖人的阴谋得逞，使他的不正当利益得以实现，而买房人的正当利益遭受了损害。

在设定抵押权的场合也是如此，如果借款人与银行的工作人员有关系，一旦银行把钱划到借款人的账上，借款人就会把钱转走或者使用，而不去办理抵押登记。借款人为什么不去办理抵押登记呢？虽然不是办理抵押登记房屋就不能卖了，但办理抵押登记之后再出卖房屋就有困难。房子上面有抵押权，买房人担心自己购买的房屋有被抵押权人强行拍卖的危险，因此就不买了。此外，一旦办理了抵押登记，房屋所有权上成立了抵押权，借款人要再用该房屋到其他银行抵押借款，其他银行就会不愿意。因此，一旦银行把借款划到借款人账户上，借款人就借故拖延不办理抵押登记。最后借款人还不上钱,银行起诉到法院,而《担保法》第 41 条的规定,抵押合同自抵押登记之日起生效,因为没有办理抵押登记,于是法院判决抵押合同不生效,最终使银行遭受重大的损失。这样判决助长了一些企业的背信弃义行为。一些企业背信弃义、不讲诚信,采用拖延不办理抵押登记的办法赖账,导致社会信用下降、商业道德下降,这与法院的判决有关系,与《担保法》的规定有关系。

起草人针对司法实务中的错误做法和《担保法》中的错误规定,在《物权法草案》中明文规定了“物权变动与原因行为的区分原则”。《物权法草案》第 14 条规定:“不动产物权的设立、变更、转让和消灭,依照法律规定应当登记的,自记载于不动产登记簿时发生效力。”其中所谓“应当登记的”是指法律规定采“登记生效主义”的不动产物权,包括不动产所有权、不动产抵押权等。这些采登记生效主义的不动产物权变动,包括设立、变更、转让、消灭,从什么时候发生效力?本条专门规定自“记载于不动产登记簿时”。

接下来,《物权法草案》应当明确规定“原因行为”的“生效时间”。这就是《物权法》第 15 条的规定:“当事人之间订立有关设立、变更、转让和消灭不动产物权的合同,除法律另有规定或者合同另有约定外,自合同成立时生效;未办理物权登记的,不影响合同效力。”条文第 1 句明确规定“合同”的“生效时间”:“自合同成立时”,此与《合同法》的规定完全一致。《合同法》第 44 条第 1 款规定:“依法成立的合同,自成立时生效。”需补充说明的是“自成立时生效”是关于合同生效的“一般原则”,“法律另有规定或者合同另有约定”,是此“一般原则”的“例外”。

这样一来,物权变动的生效时间和生效条件与原因行为的生效时间和生效条件就被区分开来。但是还有一个最重要的问题:因未办理登记而物权变动未生效,对原因行为的效力是否发生影响?而这正是物权法规定“区分原则”所要解决的关键问题。这就是《物权法》第 15 条后半分句的规定:“未办理物权登记的,不影响合同效力。”这一规定将合同的生效与物权变动的生效截然“区分”开来,准确体现了“区分原则”的立法目的。

从《物权法》第 14 条和第 15 条的规定可知,所谓“区分原则”,是指“区分”原因行为和物权变动的“生效时间和生效条件”。作为原因行为的买卖合同,应当按照《合同法》的规定,“自成立时生效”;而作为“物权变动”的“标的物所有权移转”,应当按照本法规定办理“产权过户登记”,“自记载于不动产登记簿时”生效。作为原因行为的“抵押合同”,亦应按照《合同法》的规定,“自成立时生效”;而作为物权变动的“抵押权设立”,则应按照本法的规定办理“抵押登记”,“自记载于不动产登记簿时”生效。订立房屋买卖合同,没有办理产权过户登记的,只是不发生产权过户的效果,买卖合同的效力不受影响;订立抵押合同,没有办理抵押登记的,只是不发生抵押权设立的效果,抵押合同的效力不受影响。

按照这个原则,买卖合同生效以后,交了房没有办理产权过户登记,发生纠纷,法院应当按照《合同法》第 110 条关于强制实际履行原则的规定,责令出卖人补办产权过户登记;如果出卖人既没有交房也没有办理产权过户登记的,就应当责令出卖人交房并办理产权过户登记,从而切实保护买受人的利益。如果房屋已不在出卖人手里,比如已经卖给别人,别人已经办理了产权过户登记,这时候买卖合同还有效,还可以追究出卖人的违约责任。如果合同约定有违约金,法院就判处支付违约金,如果合同没有约定违约金,法院就判处支付损害赔偿金。按照《合同法》的规定,给受害人一定的补偿,保护受害人的利益。

抵押的情形也是如此。企业还不上银行的钱,银行向法院起诉,法院查明,抵押合同生效以后,没有办理抵押登记。按照法律的规定,只是抵押权不发生,抵押合同的效力不受影响。这个时候如果抵押物还在借款人(抵押人)的手里,法院应当按照《合同法》第 110 条关于强制实际履行原则的规定责令补办抵押登记,使抵押权发生,并执行抵押权拍卖抵押物,使银行优先受偿,保障银行的利益。如果作为抵押物的房屋或者土地使用权已经不在借款人的手里,这个时候抵押合同还有效,还可以追究抵押人的违约责任。

质言之,物权法规定“区分原则”的重要意义,就是要纠正混淆原因行为生效和物权变动生效的错误做法和《担保法》的错误规定。在原因行为有效,因未办理登记而未发生物权变动的情形,应当执行原因行为。按照《合同法》第135条和第110条的规定,强制出卖人办理产权过户登记(或者抵押登记);如果标的物已经被第三人合法取得、不可能办理产权过户登记(或者抵押登记),则应当按照《合同法》关于违约责任的规定,追究出卖人(或者抵押人)的违约责任。物权法关于物权变动与原因行为区分原则的规定,目的是要纠正此前人民法院裁判房屋买卖合同纠纷案件和不动产抵押纠纷案件的错误裁判做法和《担保法》混淆物权变动的生效与合同生效的错误做法和规定,《物权法》生效之后,《担保法》中的混淆抵押合同的生效与抵押权发生的规定当然就废止了。

提问:目前,在购买商品房时,开发商将公摊面积算作商品房的套内面积,要求购房人付款。对此,梁先生有何看法?

梁慧星:公摊面积实际上涉及的是建筑物区分所有权。《物权法》第72条规定:“业主对建筑物专有部分以外的共有部分,享有权利,承担义务;不得以放弃权利不履行义务。业主转让建筑物内的住宅、经营性用房,其对共有部分享有的共有和共同管理的权利一并转让。”根据区分所有建筑物的使用目的,共有部分具有不可分割性。各主要国家和地区建筑物区分所有权法大都明确规定,禁止分割区分所有建筑物的共有部分,区分所有人取得专有部分所有权,也就同时附带取得共有部分所有权。共有部分的共有权是从属于专有部分所有权的,专有部分就是实务中所谓套内面积,公摊面积就是业主对共有部分的份额。买卖合同中往往约定购买房屋的总面积是多少,再进一步细分套内面积(专有部分)是多少,所分摊的共有部分(公摊面积)是多少。同学问到的公摊面积就是分摊的共有部分。不能把公摊面积混同于套内面积。但公摊面积的代价,还是要由买房人负担的。

提问:我国物权法已正式确立了不动产物权变动的公信力原则。

如何正确理解公信力?

梁慧星:应该注意的是,公信力原则只在采取登记生效主义的国家才承认,采取登记对抗主义的国家是不承认的。物权登记的公信力原则,是物权法上的制度,特别要注意这一原则与《合同法》的关系。物权登记的公信力原则是《合同法》第51条关于无权处分规则的例外规定。《合同法》第51条规定:“无处分权的人处分他人财产,经权利人追认或者无处分权的人订立合同后取得处分权的,该合同有效。”依据反对解释,无权处分合同,权利人不追认且处分人事后也未取得处分权的,该合同无效。合同无效,当然不发生所有权转移。请注意《物权法》第106条的规定:“无处分权人将不动产或者动产转让给受让人的,所有权人有权追回;除法律另有规定外,符合下列情形的,受让人取得该不动产或者动产的所有权:(一)受让人受让该不动产或者动产时是善意的;(二)以合理的价格转让;(三)转让的不动产或者动产依照法律规定应当登记的已经登记,不需要登记的已经交付给受让人……”该条文包含了动产的“善意取得”以及“不动产登记的公信力”制度。

不动产登记的公信力制度是为了维护交易秩序。从法律政策上看,“善意第三人”是个特殊的概念。《合同法》第3条规定了平等原则,合同当事人法律地位平等。因此,凡属合同“当事人”,法律上都应该实行平等保护。但法律对善意第三人却实行特殊保护,因为善意第三人与当事人不同,当事人的利益属于个人利益,而“善意第三人”的利益已经不同于一般的个人利益,善意第三人的利益关系到社会公共利益和市场交易安全。法律保护善意第三人不是简单地保护个人利益,而是保护市场交易的安全,是保护社会公共利益。因此我们看到,民法上凡是善意第三人都实行特殊保护。因为不如此就不能保护市场交易安全,不能维护市场交易秩序。所谓的“特殊保护”,就是把无权处分制度的效果否定了,作为无权处分制度的“例外”来对待。

按照不动产登记的公信力制度,以不动产登记簿为根据取得的不动产物权,例如房屋所有权,不受任何人追夺。因为不动产登记簿是由国家专门设立的登记机构掌管的,物权法采登记生效主义,不动产登记具有权利推定的效力,当然受到公众的信赖,不动产交易的第三人既然信赖登记簿,其取得的物权就应当受法律保护。这个制度的关键,是以不动产登记簿为根据"取得"不动产物权,其政策目的是保护不动产交易的善意第三人。并且,这种保护是绝对的,使善意第三人取得权利,不存在以反证加以推翻的问题。不动产的交易因为有登记制度,直接由登记制度加以保护就足够了,剩下的动产的交易,因为没有进行登记,则需要创设动产善意取得制度加以保护。不动产登记的公信力制度和动产善意取得制度是《合同法》无权处分无效的法律后果的例外规则。要说明的是,《物权法》第106条将教科书上的不动产登记公信力制度和动产善意取得制度合并规定,成为统一的善意取得制度。

提问:对于因登记机构错误登记而受损的真实权利人,我国应如何构建赔偿机制?

梁慧星:《物权法》第21条规定:"当事人提供虚假材料申请登记,给他人造成损害的,应当承担赔偿责任。因登记错误,给他人造成损害的,登记机构应当承担赔偿责任。登记机构赔偿后,可以向造成登记错误的人追偿。"本条的立法思想是按照造成登记错误的原因,分别规定登记申请人的赔偿责任和登记机构的赔偿责任。第1款规定登记申请人的责任,第2款规定登记机构的责任。本条之立法意旨在于,凡属于登记申请人的原因造成的登记错误,均应当由登记申请人承担赔偿责任;凡属于登记机构自身的原因造成的登记错误,即在登记申请人提供的材料真实的前提下,因登记机构内部工作人员的过错造成的登记错误,应当由登记机构承担赔偿责任。

按照本条第1款的规定,登记申请人承担赔偿责任的构成要件有三:一是"提供虚假材料",至于提供虚假材料究竟属于故意或者过失,均非所问;二是因登记申请人提供虚假材料导致登记错误;三是因此登记错误给他人造成损害。登记申请人在承担赔偿责任后,当然有权依据不当得利制度向因此登记错误而获得不当得利的人追偿。考虑到第1款已经规定了登记申请人提供虚假材料的赔偿责任,则第2款所谓

“登记错误”,应解释为除登记申请人提供虚假材料造成的登记错误之外的登记错误,亦即因登记机构自身的原因造成的登记错误。

因此,根据本条第2款的规定,登记机构承担赔偿责任的构成要件包括:一是登记申请人提供的材料真实;二是在登记申请人提供材料真实的前提下仍发生登记错误;三是因此登记错误给他人造成损害。实质上,登记机构是为自己内部工作人员的过错导致的登记错误承担责任,属于民法侵权责任中的使用人责任。其特殊之处在于,既不要求请求赔偿的受害人举证证明登记机构工作人员的过错,同时登记机构也不能通过证明自己对于工作人员无监督管理过错而要求免责。

需注意的是,关于民法上的使用人责任有不同方案。一是德国式使用人责任。在被使用人于执行职务中造成他人损害的,原则上应当由使用人对受害人承担赔偿责任,但使用人如果能够举证证明自己对被使用人的选任、监督并无过失的,可以免责。实质上属于使用人对于自己的选任、监督过错承担责任,因此属于过错责任。二是英美法上的使用人责任。凡被使用人于执行职务中造成他人损害的,均应当由使用人承担赔偿责任,并不考虑使用人有无选任、监督过失。实质上属于使用人替代被使用人承担赔偿责任,属于严格责任。

按照本条第2款的规定,登记机构的赔偿责任在性质上属于使用人责任,既不要求请求赔偿的受害人举证证明登记机构工作人员的过错,同时登记机构也不能通过证明自己对于工作人员无监督管理过错而获得免责,这显然是采纳英美法替代责任,属于使用人责任中的严格责任。但考虑到本条第1款关于登记申请人承担赔偿责任的规定,登记机构当然可以通过证明登记错误是由登记申请人提供虚假材料所造成,而获得免责。因此第2款规定的登记机构的赔偿责任,不同于一般所谓严格责任,实质上仍然属于登记机构对于自己的工作人员的过错造成的损害负责。登记机构在承担赔偿责任后,除根据本条第2款的规定,可以“向造成登记错误的人”即登记机构的工作人员追偿之外,还有权依据民法关于不当得利制度的规定,向因此登记错误获得不当得利的人追偿。

提问:物权登记的性质是行政行为还是民事法律行为?

梁慧星:《物权法》第 10 条规定:“不动产登记,由不动产所在地的登记机构办理。国家对不动产实行统一登记制度。统一登记的范围、登记机构和登记办法,由法律、行政法规规定。”既然《物权法》规定了物权公示原则,不动产物权变动即以“登记生效”为原则,以“登记对抗”为例外,可见不动产登记制度非常重要。如果没有一个完整的、科学的不动产登记制度,《物权法》即便颁布了,也很难发挥作用。因此,不动产登记的基本原则、基本制度要规定在《物权法》中,在《物权法》之外还应单独制定一个不动产登记法或者不动产登记条例。不动产登记法或不动产登记条例,是附属于《物权法》的,是《物权法》的附属法。

这样一个统一的不动产登记机构设置在哪一个部门,《物权法》对此未予明确,而留待制定不动产登记法或者不动产登记条例解决。根据《物权法》所办理的登记均与行政权的行使无关,属于服务行政的性质。《物权法》将此前通行的“登记机关”改为“登记机构”,意在表明不动产登记机构与国家行政机关的本质区别,即不动产登记机构不具有行政权力,其从事的不动产登记行为与政府行政权的行使无关。不动产登记属于民法上的一种法律事实,将导致某种民法上的物权变动的法律效果发生。但不动产登记属于公示方法,其本身不是民事法律行为。

提问:梁老师,对于《物权法》第 10 条中规定的统一的“登记机构”是如何看待的?这样的规定是否过于理想化?在具体的操作上是重新设立一个机构还是把登记事项统一到现有的某个机构中?

梁慧星:不动产登记制度为物权法的制度基础。我国现在的问题是多个登记机构,多头登记,且登记机构同时又是行政管理机关,极易发生登记机构利用手中的行政权力牟利,导致登记收费标准混乱和不公正的结果。各地普遍存在办理抵押登记要对抵押标的物进行评估,并按评估的价值收取登记费的情形,既没有合理性,也不公正。还有一些地区的登记机构为登记设定有效期限,规定抵押登记有效期 1 年,期满再登记再收费。还有一些地区要求对登记实行年检,从而收取一定的费用。针对上述一些情形，物权法采取的对策是建立统一的与行政管理脱钩的登记机构、登记制度。不动产登记虽由国家设立的登记机构办理，但本质上属于“服务行政”的性质，与行政管理权的行使无关，更不应容许异化为一种“权限”并用来牟利。登记机构的性质纯粹是为社会服务的机构。

基于上述考虑，《物权法》第 10 条明确规定：“不动产登记，由不动产所在地的登记机构办理。国家对不动产实行统一登记制度。统一登记的范围、登记机构和登记办法，由法律、行政法规规定。”《物权法》第 13 条规定：“登记机构不得有下列行为：(一)要求对不动产进行评估；(二)以年检等名义进行重复登记；(三)超出登记职责范围的其他行为。”《物权法》第 22 条规定：“不动产登记费按件收取，不得按照不动产的面积、体积或者价款的比例收取。具体收费标准由国务院有关部门会同价格主管部门规定。”这样一个统一的不动产登记机构设置在哪一个部门，《物权法》对此未予明确，而留待制定不动产登记法或者不动产登记条例时解决。参考发达国家的经验，关于不动产登记机构的设置，无非两种模式：一是设置在政府；二是设置在法院。例如，日本设在政府法务局，英国是政府土地登记局，瑞士设在各州的地方法院，德国是在地方法院设土地登记局。因此，关于不动产登记机构的设置，可在这两种模式中选择其一，或者在基层人民法院设不动产登记局，或者在区、县人民政府的司法局设不动产登记局。

提问：梁教授，请问盗窃物是否可以适用善意取得制度？

梁慧星：你问的问题涉及善意取得制度的特殊规则。《物权法》第 106 条规定了善意取得制度的一般规则，第 107 条规定了特殊规则。前面已经谈到，《物权法》第 106 条规定了统一的善意取得制度，将教科书上的不动产登记的公信力制度和动产善意取得制度合并为一个条文。第 106 条规定的是善意取得的一般规则，适用于市场交易的一般情况，第 107 条规定的是善意取得的特殊规则，适用于市场交易的特殊情况，即遗失物的善意取得。

《物权法》第 107 条规定：“所有权人或者其他权利人有权追回遗

失物。该遗失物通过转让被他人占有的,权利人有权向无处分权人请求损害赔偿,或者自知道或者应当知道受让人之日起二年内向受让人请求返还原物,但受让人通过拍卖或者向具有经营资格的经营者购得该遗失物的,权利人请求返还原物时应当支付受让人所付的费用。权利人向受让人支付所付费用后,有权向无处分权人追偿。"我们可以看到,在该条文中仅规定了遗失物适用善意取得制度,并没有规定盗窃物是否适用。但是《物权法草案(第三次审议稿)》(以下简称"第三次审议稿")第107条是这样规定的:"善意受让人取得的动产属于赃物、遗失物的,所有权人、遗失人等权利人可以向无处分权人请求损害赔偿,也可以在支付善意受让人所付的价款后,请求返还原物,但请求返还原物应当自丧失占有之日起二年内提出。"按照第三次审议稿的规定,购买盗窃物、遗失物的"善意受让人"是可以取得所有权的。但自《物权法草案(第四次审议稿)》起却删去了"盗窃物",显然是受到关于物权法违宪的争论的影响。删去关于"盗窃物"适用善意取得的规定,就造成了法律漏洞。假设张三偷了李四的手机,托在商店当售货员的朋友摆在商店出售,被顾客王五购得。李四向法院起诉要求判决王五返还该手机,王五是否可以要求李四支付其购买手机的价金?法院应当如何裁判?因为《物权法》第107条删去"盗窃物"适用善意取得的规定,造成法律漏洞,使本案裁判失去明确的法律依据,要靠法院和法官通过解释弥补漏洞,造成裁判的困难、不确定性和不统一。

提问:请问梁教授,《物权法》为什么对飞机、船舶的抵押采用登记对抗主义?为什么对汽车也采用登记对抗主义?

梁慧星:飞机、船舶是特殊的动产。动产是指可以移动的财产,不动产是不能移动或者移动之后会降低价值的财产。而移动是飞机和船舶的本质所在。对于飞机、船舶,我国《海商法》和《民用航空法》采取的就是登记对抗主义。《海商法》第9条第1款规定:"船舶所有权的取得、转让和消灭,应当向船舶登记机关登记;未经登记的,不得对抗第三人。"《民用航空法》第14条第1款规定:"民用航空器所有权的取得、转让和消灭,应当向国务院民用航空主管部门登记;未经登记的,不得对抗第三人。"《物权法》沿用了《海商法》和《民用航空法》关于船舶、飞机实行登记对抗主义的规定。《物权法》第24条规定:"船舶、航空器和机动车等物权的设立、变更、转让和消灭,未经登记,不得对抗善意第三人。"

那么为什么对于船舶、航空器采用登记对抗主义呢?我们先看一个例子。假设我国上海港的一艘远洋轮船开到了欧洲的阿姆斯特丹港,这时它需要一笔资金,船长就到阿姆斯特丹的银行去申请贷款,银行要求设定抵押,船长把船舶抵押给了阿姆斯特丹的银行,取得了一笔贷款。这时发生一个问题,船舶抵押权的设立是采登记生效主义,还是采登记对抗主义?如果法律规定船舶抵押权采登记生效主义,那么阿姆斯特丹的银行就必须派银行工作人员拿着抵押协议到中国该船舶的船籍港——例如上海港,办理船舶抵押权登记,否则船舶抵押权不生效。我们可以想见,这样规定显然是不现实的,是不可能做到的。很显然,《物权法》对飞机、船舶采取登记对抗主义的根本理由是由船舶、飞机的特殊性质所决定的。

对汽车也采取登记对抗主义的主要理由是:首先,汽车的价值相对小得多,一架价值上亿元的飞机尚且采用登记对抗主义,价值相对小得多的汽车却采登记生效主义,显得轻重倒置。其次,汽车数量众多、转手频繁,如果实行登记生效主义会不胜其烦,很多人就会不去登记,使法律规定与现实生活严重脱节,与其规定登记生效主义而不能实行,倒不如规定登记对抗主义以符合现实。

《物权法》对机动车物权变动规定采登记对抗主义还有一个好处,即方便法院公正裁判交通事故损害赔偿案件。一辆汽车发生了交通事故,受害人告谁呢?按照《民法通则》第123条及《道路交通安全法》的规定,受害人应当告汽车所有权人,那么他怎么知道汽车的所有权人是谁呢?受害人到登记机构去查,查到这辆车的所有权人是张三,就把张三告上法庭。张三在法庭审理过程中主张说,这辆车在3年前就已经卖给李四了,其不应该承担责任。这时法庭就要看《物权法》对汽车物权变动是采登记对抗主义还是采登记生效主义。假设《物权法》对汽车物权变动采登记生效主义,法官就应当问张三:“你说已经把车卖给李四了,那你办理过户登记了吗?”张三回答说:“没有办理过户登记。”法官就会说:“法律上规定的是登记生效主义,你既然没有办理过户登记,你就还是肇事汽车的所有权人。按照法律规定,你作为汽车所有权人应当对受害人承担损害赔偿责任。”这样判决当然“于法有据”,但张三的汽车已经卖给李四 3 年了,却还得承担损害赔偿责任,合不合情理? 公正不公正? 这样判决于情、于理都说不通。因为汽车肇事是人的行为导致的,张三与这个肇事行为毫无关系,让他承担赔偿责任当然是不公正的。

《物权法》规定机动车物权变动实行登记对抗主义,张三可以通过举证证明汽车转手的事实而不承担责任。实际上,从 20 世纪 80 年代到 90 年代初期,很多地方的法院都把汽车过户登记当作“登记生效”,因此出现了一些不公正的判决。到 20 世纪 90 年代中期,法院内部已经注意到这样判决不合情理并改变态度,现在绝大多数地方的法院已经不再把汽车登记当作“登记生效主义”,而是允许没有办理过户登记的出卖人以其他证据证明汽车转卖的事实,最后使应该承担责任的实际的汽车所有权人承担赔偿责任。因此可以说,《物权法》规定机动车物权变动采取“登记对抗主义”,是采纳了人民法院的裁判经验,使法律规定与人民法院的裁判实践相一致。

住宅用地“自动续期”的立法解释*

《物权法草案》第一、第二、第三次审议稿，均无关于住宅用地使用权期满自动续期的规定。此项规定，是第四次审议稿所创设，至第六次审议稿确定的。

《物权法草案(第三次审议稿)》第155条规定：“建设用地使用权的期间届满，建设用地使用权消灭。”该草案第156条规定：“建设用地使用权的期间届满，建设用地使用权人需要继续使用土地的，应当在期间届满前一年申请续期，除因公共利益需要收回该土地的外，出让人应当同意。建设用地使用权续期后，建设用地使用权人应当按照约定支付出让金；没有约定或者约定不明确的，按照国家规定确定。”

第三次审议中，常委会组成人员针对此规定的意见如下：贺铿委员提出，“土地使用权消灭后怎么办？”吴清辉(代表)提出，“在香港特区，有补地价制度。如果期限过了，使用者仍想继续使用这块土地，那就需要补地价。物权法应该引进补地价的概念”。郑功成委员提出：“住房、宅基地是私人真正的恒产。城镇居民只有70年的使用期，买住房实际上买的是一个空间，和土地没有关系，那么70年以后是自动消灭还是自动续期？如何保证城乡居民这一部分私有财产，草案还有继续完善的空间。”

第三次审议后，委员长会议决定向社会公布征求意见。共收到通过网络、信件提交的意见11543件，另有26个省(市、区)和15个较大

* 本文写作于2016年4月20日。

的市人大常委会、47 个中央部门、16 家大公司、22 个法学院所和专家，提出了意见。社会各界针对上述规定的主要意见有：第一是用地期限。有的提出现行的住宅用地使用权期限太短，有的建议延长为 100 年或者 150 年，有的建议取消使用年限的规定。第二是续期申请人。有的提出，一栋公寓多户居住，建设用地使用权期间届满，是由住户个人申请续期还是业主委员会统一申请续期，意见不一致时怎么办？第三是续期后的土地使用费。有的认为，住户买房已经支付了土地出让金，续期后不应再交费；有的认为，续期的应交少量的使用费。

对于上述常委会组成人员和社会各界的意见，法律委员会研究认为："建设用地使用权续期的问题，宜区分住宅用地和非住宅用地，要着眼于保障老百姓安居乐业。"据此，法律委员会建议将第三次审议稿的第 155、156 条修改为："住宅建设用地使用权期间届满的，自动续期；非住宅建设用地使用权期间届满，建设用地使用权人需要继续使用土地的，应当在期间届满前一年申请续期，出让人应当同意。建设用地使用权续期后，建设用地使用权人应当支付土地使用费。续期的期限、土地使用费支付的标准和办法，由国务院规定。"[《物权法草案（第四次审议稿）》第 155 条与《物权法草案（第五次审议稿）》第 149 条相同]

《物权法草案（第五次审议稿）》第 149 条规定："住宅建设用地使用权期间届满的，自动续期；非住宅建设用地使用权期间届满，建设用地使用权人需要继续使用土地的，应当在期间届满前一年申请续期，出让人应当同意。"（第 1 款）"建设用地使用权续期后，建设用地使用权人应当支付土地使用费。续期的期限、土地使用费支付标准和办法，由国务院规定。"（第 3 款）

全国人大法律委员会于 2006 年 10 月 27 日向第十届全国人大常委会第二十四次会议提交的《关于〈中华人民共和国物权法（草案）〉修改情况的汇报》中指出：五次审议中，"常委会组成人员对自动续期的规定，普遍表示赞成。同时，有的委员提出，续期付费是否合适，建议进一步研究。法律委员会研究认为，续期后是否支付土地使用费问题，关系广大群众切身利益，需要慎重对待，目前本法以不作规定为宜。届时,可以根据实际情况再作慎重研究。因此,建议删去这一条中关于土地使用费的规定”。

至此,《物权法》第149条关于住宅用地使用权期满自动续期的规定,最终确定。可见,关于本条,立法机关的意思是:鉴于住宅用地使用权续期后是否支付土地使用费问题,关系广大群众切身利益,需要慎重对待,目前本法不作规定,留待将来根据实际情况再作慎重研究。需特别注意,结合从原条文删去“续期的期限、土地使用费支付标准和办法,由国务院规定”一句,可知所谓“届时,可以根据实际情况再作慎重研究”的研究主体,是指立法机关(全国人大常委会)自身,而不是国务院或者其他机关。质言之,在将来立法机关(全国人大常委会)就住宅用地使用权续期后是否支付土地使用费问题,“根据实际情况再作慎重研究”(并作出决定)之前,无论是国务院或者地方政府,均不得擅自决定住宅用地使用权续期后是否支付土地使用费。

特别动产集合抵押*

——《物权法》第181条解读

《物权法》第181条规定："经当事人书面协议，企业、个体工商户、农业生产经营者可以将现有的以及将有的生产设备、原材料、半成品、产品抵押，债务人不履行到期债务或者发生当事人约定的实现抵押权的情形，债权人有权就实现抵押权时的动产优先受偿。"

在《物权法》通过后出版的著作中，关于本条的理解和解释颇不一致。笔者认为，要正确理解和解释本条新创抵押制度，正确分析、解释其构成要件、适用范围和法律效果，须先辨析其与发达国家和地区浮动抵押制度及本法第180条第2款所规定的企业财产集合抵押制度的异同。

所谓浮动抵押，是以企业现在和将来所有的全部财产包括动产、不动产、知识产权和财产性权利设立抵押的一项担保制度。因抵押物包括现在所有的和将来所有的全部财产，从设定抵押权至执行抵押权的整个期间，抵押物一直处于"浮动不定"的状态，所以称为浮动抵押。因在浮动抵押权实行之前，企业仍可自由处分其财产，无论企业恶意转让财产或者企业经营失败，导致企业财产急剧减少，都将影响浮动抵押权之实现，使债权人设立担保权的目的落空，遭受严重损失。因此，浮动抵押权的设定人和受担保债权均有限制，设定人限于股份有限公司，受担保债权限于发行企业债券和项目融资。

---

* 本文写作于2007年12月。

浮动抵押的基本特征是:(1)抵押标的物为抵押人的全部财产。抵押人现在所有和将来所有的全部财产,包括全部有形财产(不动产、动产)、无形财产(知识产权、非专利技术、商业秘密、企业名称权等)和财产性权利(债权、股权、债券、票据、提单、仓单等),均属于浮动抵押标的物。(2)抵押标的物"不特定"。设定浮动抵押,不必就各项抵押财产进行公示,也无须制作财产目录清单,甚至无须确定抵押财产的范围,仅须在浮动抵押合同中明示将"现在所有的和将来所有的全部财产"设定抵押的意旨,并在企业法人登记机关进行登记即可,一直到抵押权执行之时,抵押标的物始终处于"不特定"状态。(3)鉴于浮动抵押权的标的物处于"不特定"状态,浮动抵押权的实现不能采用普通抵押权的实现方法,而应由浮动抵押权人向法院提出申请,由法院发布查封抵押人总财产的公告,同时指定财产管理人负责管理抵押人总财产,并适用公司破产程序或清产还债程序。(4)鉴于浮动抵押的标的物为抵押人的全部财产,浮动抵押权的实现无论适用公司破产程序还是清产还债程序,其结果都必然导致抵押人公司法人资格的消灭。

按照《物权法》第 181 条的规定设定抵押权,是将一切无形财产(知识产权、非专利技术、商业秘密、企业名称权等)、财产性权利(债权、股权、债券、票据、提单、仓单等)、有形财产中的一切不动产和除"生产设备、原材料、半成品、产品"之外的其他动产,排除在抵押标的物范围之外,抵押标的物范围仅限于法律明确规定的"特别动产"(生产设备、原材料、半成品、产品),因此与浮动抵押第(1)项基本特征不同。按照本条规定,是将抵押人现有的和将有的各种"生产设备、原材料、半成品、产品"设定抵押,其抵押标的物是由不同种类的众多"特别动产"(生产设备、原材料、半成品、产品)所组成的"集合体",其抵押权设定,虽不要求分别就各个抵押财产进行公示,也不要求制作财产目录清单,但必须在抵押合同中明确约定抵押财产的范围,且在抵押人所在地工商行政管理机关进行抵押权登记时,必须登记构成抵押标的物的现有的和将有的动产范围。其中"将有的"动产须待抵押人"实际取得"之时才属于抵押物的范围,因此不影响其抵押标的物的"特定性",

此与浮动抵押第(2)项基本特征不同。按照本条设定抵押权,因其抵押标的物具有“特定性”,即于抵押权实现之时,凡抵押人当时所有的、属于抵押登记范围的特别动产(生产设备、原材料、半成品、产品)均属于抵押权标的物,当然可以采用一般抵押权的实现方法,而无须适用清产还债程序或企业破产程序,因此与浮动抵押第(3)项基本特征不同。按照本条所设定的抵押权,其标的物范围被严格限定于“特别动产”(生产设备、原材料、半成品、产品),于抵押权实现之后,抵押人将仍然保有其全部不动产(建筑物、建设用地使用权、土地承包经营权)和除特别动产之外的其他动产(如生活设备、交通运输工具等),还可能有无形财产(知识产权、非专利技术、商业秘密、企业名称权等)和财产性权利(债权、股权、债券、票据、提单、仓单等),除本法第196条第(2)项规定因“抵押人被宣告破产或者被撤销”导致抵押权实现的情形外,其抵押权的实现并不导致抵押人主体资格(法人资格)的消灭,因此与浮动抵押第(4)项基本特征不同。

所谓企业财产集合抵押,是将企业所有的全部动产、不动产合为一体,作为一个物(集合物)而设定的抵押权。企业财产集合抵押的优点是,可以回避以企业各种动产、不动产分别设立抵押权的烦琐过程,且将企业全部动产、不动产合为一体,将充分发挥企业财产的担保价值,以便获得数额较大的融资。《物权法》第180条第2款所谓“抵押人可以将前款所列财产一并抵押”,即企业财产集合抵押。

企业财产集合抵押的基本特征是:(1)抵押标的物范围,限于抵押人现有的全部动产和不动产,不包括抵押人将来可能取得的动产和不动产。(2)设定企业财产集合抵押,虽然无须分别就各个财产进行公示,但必须制作抵押财产目录清单,并在登记机构进行登记。(3)企业财产集合抵押权设定之后,抵押人新取得的动产和不动产并不自动进入抵押标的物的范围,如需将新取得的动产或者不动产纳入抵押权,必须向登记机构申请办理变更登记,在抵押财产目录清单中添加新取得财产的名称。(4)企业财产集合抵押权设定之后,凡是抵押财产目录清单所记载的财产,均禁止抵押人处分,如经抵押权人同意处分某项财产,亦需向登记机构申请办理变更登记,即从抵押财产目录清单中删去该项财产。(5)按照《物权法》第9条和第14条的规定,设立企业财产集合抵押权,以登记为公示方法,且实行“登记生效主义”。企业财产集合抵押权“自记载于不动产登记簿时发生效力”,“未经登记,不发生效力”。

按照《物权法》第181条的规定设定抵押权,抵押标的物的范围限定于法律明确规定的抵押人现有和将有的“特别动产”(包括生产设备、原材料、半成品、产品),而不包括全部不动产(建筑物和土地使用权)和“特别动产”之外的其他动产(如生活设备、运输工具等)。因此与企业财产集合抵押第(1)项基本特征不同。按照本条设定抵押权,既不必就各个特别动产进行公示,也不必制定抵押财产目录清单,于抵押登记时仅登记作为抵押标的物的“特别动产”种类即可,因此与企业财产集合抵押第(2)项基本特征不同。按照本条设定抵押权之后,抵押人新取得的、属于登记种类的特别动产,将自动进入抵押标的物范围,而无须进行变更登记,因此与企业财产集合抵押第(3)项基本特征不同。按照《物权法》第189条第2款的规定,依第181条设定抵押权之后,抵押人正常经营活动中对抵押物的处分不受影响,亦即抵押人于正常经营活动中仍可利用属于抵押标的物的原材料、半成品加工制作产品并将产品出售,而无须进行变更登记,因此与企业财产集合抵押第(4)项基本特征不同。按照《物权法》第189条第1款的规定,依第181条设定抵押权,虽以登记为公示方法,但实行“登记对抗主义”,其抵押权“自抵押合同生效时设立;未经登记,不得对抗善意第三人”,此与企业财产集合抵押第(5)项基本特征不同。

基于上述比较分析,我们有充分理由断言,《物权法》第181条规定的抵押制度,既不是发达国家和地区浮动抵押制度之移植,也不同于《物权法》第180条第2款规定的企业财产集合抵押制度,而属于针对我国社会经济生活实际需要,参考20世纪90年代以来国际企业动产非占有型担保制度之发展趋势,所创设之一种新型抵押制度。至于如何理解和把握这一新型抵押制度,特别是《物权法》创设此项抵押制度所欲实现的政策目的,仍需从本法第180条有关“生产设备、原材料、半成品、产品”的规定入手。

《物权法》第180条第1款列举规定了哪些财产可以抵押,特别应注意,其第(4)项“生产设备、原材料、半成品、产品”,与第181条规定的抵押财产“生产设备、原材料、半成品、产品”完全相同。《物权法》第180条第2款规定“抵押人可以将前款所列财产一并抵押”,即所谓企业财产集合抵押。因此,抵押人既可以按照《物权法》第180条第1款的规定,以其“生产设备、原材料、半成品、产品”设立一般抵押权,亦可按照第2款的规定,以其“生产设备、原材料、半成品、产品”,与第1款所列举规定的其他财产合为一体,设立企业财产集合抵押权。既然如此,还有规定第181条专就“生产设备、原材料、半成品、产品”创设新型抵押制度的必要吗?显而易见,立法机关对此问题给出了肯定的答案。

关键在于,无论抵押人以其“生产设备、原材料、半成品、产品”设立一般抵押权,或者与其他财产合为一体设立企业财产集合抵押权,抵押权成立之后,均将限制抵押人对其“生产设备、原材料、半成品、产品”的任何处分行为,非经抵押权人同意并向登记机构办理变更登记手续,抵押人不仅不能出售其“产品”(法律处分),而且不能用其“原材料、半成品”加工制作“产品”(事实处分)。这等于禁止抵押人从事正常的生产经营活动。这就使抵押人陷于一种两难困境:按照《物权法》第180条的规定,可以用“生产设备、原材料、半成品、产品”设定抵押,从金融机构取得从事生产经营活动所急需的资金。但在以“生产设备、原材料、半成品、产品”设定抵押,从金融机构获得所急需的生产资金之后,却因禁止处分“生产设备、原材料、半成品、产品”,致不能从事正常的生产经营活动。可见,《物权法》第180条关于“生产设备、原材料、半成品、产品”可以设立一般抵押权和企业财产集合抵押权的规定,对于许多急需资金的中小型工商企业、个体工商户和农业生产经营者而言,形同不能充饥的画饼,仍难以发挥其“生产设备、原材料、半成品、产品”的担保功能以满足正常生产经营活动中的资金需求。要解决这一两难困境,必须针对中小型工商企业、个体工商户、农业生产经营者创设一种既能够发挥其“生产设备、原材料、半成品、产品”的担保功能,解决正常生产经营活动中的资金需求,又不妨碍和影响抵押人正常生产经营活动的新型抵押制度。这就是立法机关通过本法第 181 条创设特别动产集合抵押制度所欲实现的政策目的。

《物权法》第 181 条明文规定特别动产集合抵押的抵押人是“企业、个体工商户、农业生产经营者”。虽然条文对“企业”的经营范围未作限制,但考虑到创设此项新型抵押制度的政策目的,并考虑到本法第 180 条第 1 款第(5)项、第(6)项对于建筑物、船舶、航空器和交通运输工具有专门规定,则应对本条所谓“企业”作限缩解释,而将房地产开发企业、建筑安装企业、船舶制造企业、航空器制造企业、交通运输企业、供电企业及各种服务性企业排除在外,仅指除船舶制造企业和航空器制造企业外的从事工业产品生产的工业企业,和从事工业产品、农业产品销售的商业企业。至于企业是公司企业如股份有限公司、有限责任公司或者非公司企业如个体企业、合伙企业,在所不问。同理,所谓“个体工商户”,亦应解释为从事工业产品生产和从事工业产品、农业产品销售的个体工商户,而不包括从事建筑安装、交通运输及各种服务的个体工商户。所谓“农业生产经营者”,应指从事规模化经营的农业、渔业、养殖业、畜牧业的生产经营者,而不包括各种从事家庭承包经营的农户。此所谓“工业”,应包括重工业、轻工业、采矿业,但不包括造船、航空器制造业;所谓“农业”,应包括种植、养殖、畜牧业,但不包括渔业(近海、远洋捕捞渔业)。

依据本条设定特别动产集合抵押,其抵押标的物是抵押人现在所有和将来所有的“生产设备、原材料、半成品、产品”。其中,所谓“生产设备”,仅指工业生产的各种机器、机床、仪器、工具、装置,采矿生产的各种采掘机械设备,及农业生产的各种农业机械;所谓“原材料”“半成品”,专指从事工业生产的抵押人用于加工、制作工业产品的原材料、半成品,而从事采矿业、商业经营或者农业生产经营的抵押人,则无所谓原材料、半成品;所谓“产品”应指从事工业和农业生产的抵押人自已生产的工矿产品和农业产品，及从事商业经营的抵押人所经销的工矿产品和农业产品。前已述及，抵押人"将有"的"生产设备、原材料、半成品、产品"，须待抵押人实际取得时方才属于抵押物范围；反之，抵押人"现有"的"原材料、半成品"，将因在生产活动中被消耗、被加工而消灭（其价值将附着于所生产的产品）。

《物权法》第 189 条第 2 款规定："依照本法第一百八十一条规定抵押的，不得对抗正常经营活动中已支付合理价款并取得抵押财产的买受人。"应解释为，抵押人在正常经营活动中出售的产品，将于所有权移转于买受人之时，自动退出抵押物的范围。同时，按照抵押权代位的法理（《物权法》第 174 条），凡来自抵押财产之一切所得，包括出售抵押物所得之金额（应存入抵押权人指定专用账户）、天然孳息、因抵押物损害或灭失所生的保险金、因抵押物发生的瑕疵担保债权及因侵权行为发生的损害赔偿请求权，均将作为抵押权的代位物而自动进入抵押标的物范围。所谓"正常经营活动"，是指向产品用户或者经销商出售产品，不包括"无偿转让"或者"以明显不合理的低价转让"。（《合同法》第 74 条）

按照本条设立抵押权，应当订立书面抵押合同。抵押合同应包含以下内容：(1)当事人姓名、地址；(2)所担保债务及最高限额；(3)抵押物的范围；(4)双方当事人签名（盖章）；(5)签字日期。其中"所担保债务"，可包括将来发生的债务；所担保债务的"最高限额"与一般最高额抵押权相同。关于抵押物的范围，仅对抵押物种类作概括描述，而无须列明抵押物（生产设备、原材料、半成品、产品）的具体种类，当然更不用制作抵押物目录清单。例如，"现有和将有的全部生产设备、原材料、半成品、产品"，或者"现有和将有的全部采掘设备和全部铁矿石"，或者"现有和将有的全部库存商品"，或者"现有和将有的全部农机具和全部农产品"。鉴于抵押权自抵押合同成立时生效，因此当事人可以约定"生效日期"；如未约定"生效日期"，则以双方"签字日期"为"生效日期"，双方当事人的签字日期不同的，以在后签字的当事人的签字日期为"签字日期"。

按照本条设定抵押权,因不要求制作抵押财产目录清单,不要求对作为抵押物的“特别动产”作个别详细描述,加之抵押物具有流动性,如由原材料、半成品加工制成产品及出售产品,难以采用不动产登记制度(《物权法》第10条),故《物权法》第189条规定,“应当向抵押人住所地的工商行政管理部门办理登记”。此项登记的目的,仅在于提供某人现有和将有之全部生产设备、原材料、半成品、产品已经抵押给某人之信息,使第三人可借此了解抵押权之标的物范围及双方当事人。因此,应采取“备案登记”(通知登记)的方式,由抵押权人或者抵押人向抵押人住所地的工商行政管理部门递交“抵押权设定申报表(通知)”,其中应载明抵押人姓名、抵押权人姓名、对抵押物范围的概括描述、所担保债务范围及最高限额。此项登记制度是由当事人一方申报,申报表无须对方当事人签名,为保障双方当事人之合法权益、确保登记内容之正确性,应许可他方当事人予以更正。

鉴于特别动产集合抵押制度之目的,其登记有效期间不宜过长,例如5年,5年期满登记失效。但许可当事人申请延长。债务人或抵押人清偿所担保的全部债务后,抵押权人和抵押人均可通知登记机构注销该项登记。按照《物权法》第189条的规定,抵押权于抵押合同成立之时已经生效,此项登记仅为对抗第三人之要件。经登记的抵押权,当然可以对抗后次序抵押权人、无担保债权人及破产管理人。但有以下例外:(1)以采用融资租赁方式或者附保留所有权的分期付款买卖方式购买的抵押物(生产设备),其出售人或者出租人的购置款担保权优先;(2)抵押人应缴纳的税收债权和拖欠工人的工资债权优先;(3)因对抵押物维修、保管、运输而产生的留置权(《合同法》第264条、第380条、第315条)优先。至于特别动产集合抵押权的实现,应当适用本法第195条和第196条的规定,自不待言。

第三部分

物权法专题研究

我国民法是否承认物权行为*

《民法通则》颁布后出版的某些著作，在民事法律行为的分类中，提到物权行为概念，认为民事法律行为包括物权行为。① 这就向我们提出了一个重要问题，即我国民法是否承认物权行为？这绝不仅仅是纯粹的学术理论问题，而且是一个重大的实践问题。因为它关系到对现行法若干重要制度和规定（例如《民法通则》第72条、第61条等）的正确解释和适用。

物权行为，是大陆法系中的德国民法及受德国民法影响的某些民法的一项重要概念。这一概念及有关理论，是极端的法律抽象思维的产物，其本身令人难以理解。要回答我国民法是否承认物权行为这个问题，须从物权行为概念的提出说起。

罗马法将法律行为区分为：一方行为与双方行为；有偿行为与无偿行为；要式行为与略式行为；死因行为与生前行为。无物权行为概念，甚至法律行为这一概念也是由德国学者胡果为解释罗马法便利起见，于1805年首创。②

在广泛采用了法律行为概念的基础上，由德国历史法学派创始人、著名的罗马法学家萨维尼进一步提出物权行为概念。萨维尼在其早期

---

* 本文原载《法学研究》1989年第6期。

① 参见徐开墅、成涛、吴弘编著：《民法通则概论》，群众出版社1988年版，第109页；王利明等：《民法新论》（上册），中国政法大学出版社1988年版，第370页。

② 参见陈允、应时：《罗马法》，商务印书馆1931年版，第19—201页；黄右昌：《罗马法与现代》，第371—373页。

的大学讲义中已经谈到,履行买卖契约之交付,并不是一种单纯的事实行为,而是包含一项以移转所有权为目的之物权契约。此后,在1840年出版的巨著《当代罗马法体系》书中,萨维尼进一步阐述了物权契约概念。他写道,私法上的契约,以各种不同制度或形态出现,甚为繁杂。首先是基于债的关系而成立的债权契约,其次是物权契约。交付具有一切契约的特征,是一个真正的契约。一方面包括占有的现实交付,另一方面亦包括移转所有权的意思表示。此项物权契约常被忽视。例如在买卖契约,一般人只想到债权契约,但却忘记了交付中亦含有一项与买卖契约完全分离的、以移转所有权为目的的物权契约。③

按照萨维尼的主张,债权契约与物权契约是两种不同的法律行为。债权契约的效力,在于使双方当事人享有债权和负担债务,并不能发生物权的变动。要发生物权变动,有赖于独立于债权契约之外,以直接发生物权变动为目的的法律行为,即物权契约。以买卖为例,双方缔结的买卖契约属于债权行为,仅能使双方当事人负担交付标的物和支付价金的债务。要发生标的物和价金所有权的移转,需另有物权契约,由双方当事人就移转标的物和价金所有权达成合意。这样,债权行为与物权行为截然分开,各自独立,此即所谓物权行为的独立性。④

既然承认物权行为概念,就应承认物权行为的独立性。在承认物权行为的独立性之后,就应承认物权行为的无因性。所谓物权行为之有因或无因,是指立法和理论如何解决作为原因的债权行为与物权行为的关系问题,即物权行为的法律效力是否受债权行为的影响。如果物权行为之成立和有效,不受债权行为的影响,即无因;反之,物权行为的法律效力受债权行为之是否成立和有效的影响,即有因。按萨维尼的主张,应将物权行为"无因化",使之不受债权行为的影响。例如,买卖在交付标的物后,买卖契约因意思表示有瑕疵或内容违反公序良俗

---

③ 参见王泽鉴:《民法学说与判例研究》(第1册),第282—283页;刘得宽:《民法诸问题与新展望》,第467页。

④ 参见史尚宽:《物权法论》,第19页;刘得宽:《民法诸问题与新展望》,第465页;王泽鉴:《民法学说与判例研究》(第1册),第276页。

而致无效或者被撤销,而物权行为的效力却不受影响,买受人对于所接受的标的物仍保有所有权。丧失所有权的出卖人只能依据不当得利的规定,请求返还。这就是所谓物权行为无因性理论。[5]

萨维尼的物权行为理论问世后,深受重视,为多数学者及实务所接受。时值《德国民法典》制定之际,尽管有少数学者如基尔克等坚决反对,立法者仍将物权行为无因性理论采为德国民法之基本原则。此项理论并为受德国立法影响的国家和地区的多数学者所接受。

(一)肯定有独立物权行为的立法

以《德国民法典》为其典范。《德国民法典》第873条规定,为了移转土地所有权,或为了在土地上设定某项物权或移转此项权利,或为了在此项物权上更设某项物权,除法律另有规定外,必须由权利人及相对人,对于此种权利变更成立合意,并必须将此种权利变更之事实,登记于土地登记簿内。该法典第929条规定,动产所有权之出让,必须由所有人将物交付于取得人,而且双方就所有权之移转,必须成立合意。如取得人已经占有该物时,仅须就所有权之移转成立合意。其立法理由书中明确指出:"以前的立法,特别是普鲁士普通邦法及法国民法将债权法上之规定与物权法上之规定混淆一起……此种方法未能符合债权行为与物权行为在概念上之不同,增加对法律关系本质认识之困难,并妨害法律适用。"[6]上引条文中关于物权变动的合意,在《德国民法典(第一次草案)》中曾明确使用物权契约概念,但受到批评,认为未臻精确。《德国民法典(第二次草案)》以物权的合意取代物权契约一语,此物权的合意是否为物权契约,留给学说去决定。[7] 一些学者认为,所谓物权的合意与登记或交付相结合,才构成物权契约。而另有学者认为,

---

⑤ 参见史尚宽:《物权法论》,第22页;刘得宽:《民法诸问题与新展望》,第467—468页;王泽鉴:《民法学说与判例研究》(第1册),第280—281页;张龙文:《论物权契约》,载郑玉波主编:《民法物权论文选辑(上)》,第21页。

⑥ 转引自王泽鉴:《民法学说与判例研究》(第1册),第283页。

⑦ 参见王泽鉴:《民法总则篇关于法律行为之规定对物权行为适用之基本问题》,载《法学丛刊》1986年第3期。

所谓物权的合意本身即物权契约,而登记或交付属于契约外的法律事实。[⑧] 无论何种解释,均一致肯定《德国民法典》采纳萨维尼的物权行为无因性理论,严格区分债权行为与物权行为,以无因性物权行为作为物权变动的根据。学者将此种立法称为物权合意主义。

我国台湾地区"民法"第758条规定,不动产物权依法律行为而取得、设定、丧失及变更者,非经登记,不生效力。该法第761条规定,动产物权之让与,非将动产交付,不生效力;但受让人已占有动产者,于让与合意时即生效力。该法未明文规定物权行为之无因性,判例中亦未使用过"物权行为无因性"概念,但绝大多数学者承认物权行为无因性是该法之一项基本原则。[⑨] 这是由于继受德国民法学说的结果。[⑩]

(二)否定有独立物权行为的立法

以《法国民法典》为其代表。《法国民法典》第711条规定,财产所有权,因继承、生前赠与、遗赠以及债的效果而取得或移转。依此规定,物权变动为债权行为的当然结果,不承认有物权行为。以买卖契约为例,依照《法国民法典》第1583条的规定,当事人就标的物及其价金相互同意时,即使标的物尚未交付、价金尚未支付,买卖即告成立,而标的物的所有权亦于此时在法律上由出卖人移转于买受人。所有权的移转以债权契约为根据,既不需另有物权行为,也不以交付或登记为生效要件。学者称之为纯粹意思主义。

《日本民法典》与《法国民法典》相似。《日本民法典》第176条规定,物权的设定及移转,只因当事人的意思表示而发生效力。依《日本民法典》第177条和第178条的规定,物权变动,非经登记或交付,不得以之对抗第三人。其中所说意思表示,究竟属于债权行为,抑或属于物权行为,学者间难免发生歧见。而通说及判例采独立物权行为否

---

⑧　参见史尚宽:《民刑法论丛》,第102页。

⑨　参见梅仲协:《民法要义》,第68页;史尚宽:《物权法论》,第22页;郑玉波:《民法物权》,第37页。

⑩　参见王泽鉴:《民法学说与判例研究》(第1册),第282页。

认说。[11]

《奥地利民法典》在否认独立物权行为这一点上,与《法国民法典》相同。但按照《奥地利民法典》的规定,除债权契约之外,还需有交付或登记等形式要件,才发生物权变动的效力(第380条、第424条、第425条)。《法国民法典》和《日本民法典》只以交付或登记作为对抗第三人的要件。但《奥地利民法典》则以交付或登记作为物权变动之生效要件。此在民法立法取向上属于意思主义与交付主义之结合。

(三)折中主义的立法

瑞士民法介于上述德国民法之物权行为肯定主义与法国民法之物权行为否定主义之间,属于折中主义立法。瑞士民法以原因行为、登记承诺与登记相结合,而发生物权变动的效力。《瑞士民法典》第657条第1款规定,移转所有权的契约,不经公证,无约束力。此所谓移转所有权的契约,究竟是债权契约,抑或物权契约?学者解释为债权契约。但所有人所作登记承诺(第655条第1款)则兼有物权契约的意义,设定担保物权的契约(第799条第2款)兼有物权契约的内容。其所谓债权契约与物权契约,难作明确划分。[12] 根据《瑞士民法典》第974条的规定,无法律原因或依无约束力的法律行为所作登记,为不正当。可见原因行为无效时,所有权移转行为原则上无效。此表明对于土地的转让不适用物权行为无因性理论。其第714条规定,动产所有权移转,应移转占有。此外,是否应有物权的合意,该合意是否为无因?立法者对此问题的态度故意暧昧,学者见解不一,但1929年的瑞士联邦法院判例采否定说。[13] 可见瑞士民法对于土地所有权及动产所有权之让与,并不适用物权行为无因性理论。这与《德国民法典》是不相同的。

(四)社会主义国家的立法

众所周知,1922年的《苏俄民法典》在制定时着重参考了《德国民

---

[11] 参见张龙文:《论物权契约》,载郑玉波主编:《民法物权论文选辑(上)》,第17—18页。

[12] 参见史尚宽:《物权法论》,第21页。

[13] 参见刘得宽:《民法诸问题与新展望》,第471—472页。

法典》和《法国民法典》。其编制体例及主要制度,大抵仿照《德国民法典》。但关于所有权移转,立法者却不采德国民法物权行为无因性理论,而采取了法国民法的立场,以物权变动为债权行为的当然结果,不承认有所谓物权行为。1922 年《苏俄民法典》第 66 条规定,物之所有权,依出让人与受让人间所缔订之契约而移转之。对于特定物,自缔订契约之时起,受让人取得所有权;关于依种类规定之物,自其交付之时起,受让人取得所有权。此规定显然参考了《法国民法典》第 1583 条。其中所称契约,当然是指买卖契约,即债权契约。毫无疑问,这一规定采取了纯粹意思主义。

法国、日本及苏俄(1922 年)民法所采纯粹意思主义,使物权变动基于当事人的债权行为,不承认有物权行为之存在,买受人因买卖契约之成立即取得标的物所有权,程序简单,便利交易活动,是其突出优点。唯不以交付登记为生效要件,使物权变动缺乏外部表征,致第三人无从辨识,因而对交易安全不利。[14] 比较起来,奥地利民法采意思主义与交付主义之结合,以交付或登记为物权变动生效要件,可避免纯粹意思主义的缺陷。这恐怕是 1964 年《苏俄民法典》修正关于所有权移转立法方针的主要原因。1964 年《苏俄民法典》第 135 条规定,按合同取得财产的所有权,如果法律或合同没有其他规定,自财物交付之时起产生。如果关于转让物的合同需要登记,则所有权自登记之时起产生。显而易见,上述规定是意思主义与交付主义之结合,与奥地利民法相同。

鉴于苏联的立法和理论对其他社会主义国家的影响,1964 年《苏俄民法典》第 135 条也为其他社会主义国家民法所仿效。例如,1964 年《捷克斯洛伐克民法典》第 134 条、1975 年《民主德国民法典》第 26 条、1977 年重新颁布的《匈牙利民法典》第 117 条、我国《民法通则》第 72 条。值得一提的是,民主德国在一个长时期内继续沿用 1896 年《德国民法典》,其间,物权行为无因性理论当继续有效,但新的法典断然抛弃物权行为无因性理论,而采取了意思主义。

---

[14] 参见王泽鉴:《民法学说与判例研究》(第 1 册),第 289—290 页。

由萨维尼所创立的物权行为概念及无因性理论,由1896年《德国民法典》采为立法基本原则,经过将近一个世纪的实践检验,其优点和缺点经过长期争论已显露无遗。物权行为无因性理论及物权合意主义立法的优点,依学者一致见解,有以下三项。

其一,有利于使法律关系明晰。以买卖为例,依物权行为无因性理论,买卖行为被划分为三个独立的法律行为:一为债权行为即买卖契约;二为移转标的物所有权的物权行为;三为移转价金所有权的物权行为。三个行为截然分开,相互独立,概念清楚,关系明确,每个法律行为的效力容易判断,有利于法律适用。[15]

正是这一点受到反对者的尖锐批评。因为它将生活中简单的财产转让,硬从法律上分解为相互完全独立的三个行为,显然违背生活之常情,与一般观念不符。即便是到商店购买一副手套,当场一手交钱一手交货,也硬要当事人把这一如此简单的过程设想成三个相互独立的法律行为。首先是缔结一个债权契约,由此产生一方交付手套和对方支付价款的债务;其次缔结一个转移手套所有权的物权契约和一个转移价金所有权的物权契约;最后是一方交付手套和对方支付价款的事实,完成整个买卖过程。这完全是人为的拟制,极端的形式主义,不仅没有使法律关系明晰,反而使本来简单明了的现实法律过程徒增混乱,有害于法律的正确适用。[16] 这一理论捏造了独立于债权行为之外的物权行为,又进一步割裂原因行为与物权行为的联系,极尽抽象化之能事,符合德国法学思维方式对抽象化之偏好,严重歪曲了现实法律生活过程,对于法律适用有害无益。毫无疑问是不足取的。

其二,有利于保障交易安全。此最为学者所注重。[17] 仍以买卖为例,在标的物交付之后,若买卖契约未成立、无效或被撤销,依不承认物权行为无因性的立法,不发生标的物所有权的转移。买受人如果

---

⑮ 参见王泽鉴:《民法学说与判例研究》(第1册),第284页。

⑯ 参见刘得宽:《民法诸问题与新展望》,第468页。

⑰ 参见史尚宽:《民刑法论丛》,第110页;王泽鉴:《民法学说与判例研究》(第1册),第284页。

已将标的物转卖,属于无权处分。基于任何人不得将大于自己之权利让与他人的原则,第三人纵为善意亦不能取得标的物所有权。反之,依承认物权行为无因性的立法,则物权行为不受买卖契约的影响,买卖契约虽未成立、无效或被撤销,买受人仍取得所有权。从而其转卖属有权处分,第三人亦能取得标的物所有权。因而有利于保障市场交易之安全。

无可否认,物权行为无因性理论在一定程度上确有保障交易安全的功用,但这只是在未规定善意取得制度的条件下。在规定了善意取得制度的条件下,第三人可借助善意取得制度而受保护,而不必求助于物权行为无因性。例如,按照《德国民法典》第 932、933 条的规定,其物虽非属于出让人,取得人属于善意时仍可取得其所有权。实际上,在法国、日本、瑞士等国,正是用善意取得制度保护善意第三人的利益,使交易安全获得保障。例如《法国民法典》第 2279、2280 条,《日本民法典》第 192 条,《瑞士民法典》第 714 条第 2 款,1922 年《苏俄民法典》第 60 条,1964 年《苏俄民法典》第 152 条等。就此点而言,物权行为无因性理论可谓已失其存在之依据。[18]

其三,有利于减少举证困难。依《德国民法典》的规定,动产物权移转以交付为要件,不动产物权的移转以登记为要件。《德国民法典》第 891 条关于土地转让的规定,在土地登记簿上登记某人为某项权利的权利人时,就推定其权利属于某人;从土地登记簿上涂销已登记之权利时,就推定其权利不存在。因此,物权取得之证明极为容易。

但减少举证困难,为登记或交付主义之功用,而与是否承认物权行为及其无因性理论没有关系。不承认物权行为及其无因性的法律,亦可采登记主义,赋予此种登记以推定力,使物权之变动易于证明。因而物权行为无因主义,在举证上并无多大利益。[19]

物权行为无因性理论和物权合意主义立法的最大缺点,在于严重

---

⑱　参见王泽鉴:《民法学说与判例研究》(第 1 册),第 287 页。

⑲　参见史尚宽:《民刑法论丛》,第 113 页。

损害出卖人利益,违背交易活动中的公平正义。[20] 在交付标的物之后发现买卖合同未成立、无效或被撤销,因物权行为具有无因性,不受债权行为影响,买受人仍取得标的物所有权,而出卖人仅能依不当得利制度请求对方返还不当得利。这种情形,出卖人从所有权人变为债权人,不能享受法律对物权的特殊保护,其地位十分不利。(1)如果买受人已将标的物转卖,即使第三人为恶意,亦能获得标的物所有权,出卖人不能对第三人行使任何权利,他只能向买受人请求返还转卖所得价金;(2)如果买受人已将标的物提供担保,即在标的物上设定担保物权,担保物权在法律效力上优于债权,因而出卖人不能请求返还标的物,只能向买受人请求赔偿;(3)如果买受人的其他债权人对该标的物为强制执行,则出卖人不能依法提出异议之诉;(4)如果买受人陷于破产,出卖人不能依物权行使别除权从破产财产中取回标的物,他只能同其他债权人一起,按照债权额比例受清偿;(5)如果非因买受人的过失致标的物灭失、毁损,买受人可以免责。

反之,若不适用物权行为无因性理论,在契约不成立、无效或被撤销时,所有权不发生移转,出卖人仍保有标的物所有权,他可以得到物权法上的保护。在第(1)种情形,如第三人属于恶意,则出卖人得直接向法院起诉该恶意第三人,请求返还标的物;在第(2)种情形,则担保设定行为应为无效;在第(3)种情形,出卖人得依法提起异议之诉;在第(4)种情形,出卖人可以行使别除权;在第(5)种情形,如买受人对于契约之不成立、无效或被撤销有过错,则不能免除责任。前四种情形,出卖人均可能依法取回标的物,第五种情形,亦可能获得赔偿。

鉴于上述缺点,德国判例和学说于是通过解释方法,对物权行为无因性理论之适用予以限制,即所谓物权行为无因性之相对化趋势,甚至主张废弃物权行为无因性理论,变更民法立法取向。

物权行为无因性之相对化,即以某种理由使物权行为的效力受作为原因的债权行为的制约,限制物权行为无因性理论的适用,包括:其

[20] 参见王泽鉴:《民法学说与判例研究》(第1册),第286页。

一,共同瑕疵理论,即使物权行为与债权行为得因共同的瑕疵而致无效或被撤销。例如,因当事人无行为能力或为限制行为能力,因欺诈、胁迫、错误、显失公平及违反公序良俗,使物权行为与债权行为均为无效或一并被撤销。其二,条件关联说,即使当事人依其意思,将物权行为的生效系于债权行为之有效。买卖契约无效时,物权契约亦无效。此种意思可以是明示的,也可是默示的。其三,法律行为一体化理论,即依据《德国民法典》第 139 条关于法律行为一部无效,原则上应全部无效的规定,解释买卖契约与物权契约为统一的法律行为,则买卖契约无效时,物权契约亦应无效。㉑

德国学说和判例除想尽办法限制物权行为无因性理论之适用外,不少学者主张干脆抛弃物权行为概念及无因性理论,改变民法立法取向,采意思主义与交付主义之结合。在否认物权行为概念之后,将移转所有权的意思纳入债权契约的意思表示之中,同时表示之。其他如赠与、互易、设立担保之约定等,均作如此解释。㉒ 史尚宽先生、郑玉波先生主张限制物权行为无因性理论之适用,即采相对的无因说。㉓ 他们认为,主张物权行为无因性,实际上并无多大的实益可言。建议参考德国判例学说之趋向,对应否继续维持物权行为之无因性,进行检讨。㉔ 王泽鉴先生则主张改采意思主义与交付主义之混合制度,彻底抛弃物权行为概念及其无因性理论,而将发生物权变动的意思表示纳入债权行为之中,与成立债权关系之意思一并表示之,不必加以独立化而自成一个法律行为。㉕

在《民法通则》颁布前,立法关于财产所有权转移未有明文规定。民法理论和实践所持立场是,允许双方当事人在买卖契约中就标的物

㉑　参见王泽鉴:《民法总则篇关于法律行为之规定对物权行为适用之基本问题》,载《法学丛刊》1986 年第 3 期;刘得宽:《民法诸问题与新展望》,第 470—471 页。

㉒　参见刘得宽:《民法诸问题与新展望》,第 472 页注 19、20;王泽鉴:《民法学说与判例研究》(第 1 册),第 290 页注 35。

㉓　参见史尚宽:《物权法论》,第 26 页;郑玉波:《民法物权》,第 38 页。

㉔　参见刘得宽:《民法诸问题与新展望》,第 475 页。

㉕　参见王泽鉴:《民法学说与判例研究》(第 1 册),第 291 页。

所有权转移作出约定。当事人无约定时,则所有权转移时间依标的物是特定物或种类物而分别确定。标的物为特定物的,所有权在契约成立时移转于买受人;标的物为种类物的,则所有权移转时间以标的物实际交付时间为准。[26] 这是采纳了1922年《苏俄民法典》第66条的立场。我国从1979年起开始第三次民法起草工作,着重参考1964年《苏俄民法典》、1964年《捷克斯洛伐克民法典》、1975年《民主德国民法典》及1977年修订重新颁布的《匈牙利民法典》,注意到这些法典关于所有权转移立法方针的改变并采纳了1964年《苏俄民法典》第135条的规定。1981年4月的《民法(草案)(征求意见二稿)》第73条规定,依照合同或其他合法方式取得财产的,除法律另有规定或当事人另有约定的以外,财产所有权自财产交付时起转移。正式颁布的《民法通则》第72条第2款规定与此相同。

《民法通则》第72条第2款规定:"按照合同或者其他合法方式取得财产的,财产所有权从财产交付时起转移,法律另有规定或者当事人另有约定的除外。"其中所说"合同",当然是指债权合同,包括买卖合同、互易合同、赠与合同等。所说"其他合法方式",首先是指民法方式,如继承、遗赠等,其次应包括法院判决、拍卖,最后应包括某些公法上的行为,如征收、没收等。法律不要求另有移转所有权的合意即所谓物权行为,系以所有权转移作为债权行为(买卖合同等)及其他合法方式的当然结果,但要求以交付(动产)为生效要件。在民法立法取向上,非采德国民法之物权合意主义,也不是法国、日本民法之纯粹意思主义,而是采取奥地利民法及苏联、捷克斯洛伐克、匈牙利等民法之意思主义与交付主义之结合。虽然允许当事人就所有权转移时间作另外的约定,但这种约定属于债权行为的合同内容之一部分,并不构成独立于债权合同之外的物权合同。另外,我国《城市私有房屋管理条例》规定私有房屋所有权转移应进行登记,我国《土地管理法》规定改变土地的所有权或者使用权应办理土地权属变更登记,即我国对于不动产物

---

[26] 参见王家福、谢怀栻等:《合同法》,第202页。

权变动,以登记为生效要件,此即属于《民法通则》第72条所谓“法律另有规定”的情形。依《城市私有房屋管理条例》第7条的规定,办理房屋所有权登记,要求提交房屋所有权证,以及债权文书包括买卖合同或赠与书或换房协议等,同样不要求另有物权契约,这与《民法通则》的规定完全一致。[27]

综上所述,我国现行法不承认有物权行为,以物权变动为债权行为之当然结果,并以交付或登记为生效要件,在民法立法取向上系采意思主义与交付主义之结合,与现代民法、判例和学说之最新发展趋势正相吻合。那种认为我国民法有独立物权行为的观点,不符合现行立法规定精神,且与法律发展潮流相悖,是不足取的。

㉗ 我国尚未对动产善意取得制度作明文规定,是为漏洞。但学说和实践向来承认有此制度。参见章戈:《试论财产善意取得》,载《法学研究》1986年第6期。

所有权形式论*

恩格斯在1893年7月14日给梅林的一封信中写道:“此外,被忽略的还有一点,这一点在马克思和我的著作中通常也强调得不够,在这方面我们两人都有同样的过错。这就是说,我们最初是把重点放在从作为基础的经济事实中探索出政治观念、法权观念和其他思想观念以及由这些观念所制约的行动,而当时是应当这样做的。但是我们这样做的时候为了内容而忽略了形式方面。”恩格斯的这封信向我们指明:马克思主义的法学研究,应该既注重内容也同时注重形式。揭示各种法律现象的经济本质或经济内容固然十分重要,但绝对不应因此忽略对各种法律现象本身形式的多样性的分析。我国法学研究中长期存在这种“忽略形式”的倾向,例如关于所有权的研究就是如此。当前,理论和实践均迫切要求回答诸如所有权与所有制的区别、所有权的职能、所有权在形式上的多样性等问题。本文是侧重从形式方面对所有权进行研究的尝试。

一、所有权的产生及其职能

人类历史上曾经存在过一个不知所有权为何物的阶段,这就是原始公社制社会。在原始公社制社会中,一切财产归整个民族或部落所有,氏族或部落的所有成员共同劳动,共同消费。拉法格在《财产及其起源》一书中引述了《拉翁登旅行记》的一段话:“野蛮人不知道‘我

* 本文原载《东岳论丛》1983年第2期。

的'和'你的'这种字眼,因为人们可以说属于这个人的一切,同样也属于另一个人。"在这样的社会中,既不存在权利,也不存在义务,一切财产归社会全体成员所有。这种财产归属关系的实现是最自然不过的事情,它无须借助任何强制。包括所有权在内的一切法律形式都没有存在的必要。

人类社会终于发展到这样一个阶段,由于分工引起交换,因而产生了财产的私有关系。因为产生了财产私有关系,客观上就需要把属于私有的财产同属于公有的财产加以区分,把属于自己的财产同属于公有的财产加以区分。黑格尔在他的《法哲学原理》一书中写道:"物的占有有时是直接的身体把握,有时是给物以定形,有时是单纯的标志。"生产工具、生活用品以及货币一般都可以用身体把握的方式来实现占有。但是,人不能用直接的身体把握方式去占有整片土地,因而需要借助标志。例如古代罗马《十二铜表法》规定,建筑物周围必须留出二英尺半宽的空地,田地之间的空地(田界)应该是五英尺宽。

在人类历史上,财产私有关系一产生,首先遇到传统习惯的顽强抵抗,特别是土地和土地产品的私人所有关系,经历了极大的困难,而且只有把这种私有关系置于神和法律的庇护之下才能维持。传统习惯不理会各种私有关系的标志,哪里有可吃的东西就随心所欲地享用,哪里有可用之物就到哪里去拿取。人们先是用最恶毒的话来咒骂侵犯者,当咒骂和神的力量不足以制止传统习惯时,便不得不诉诸法律。法律规定并保护所有人对所有物的占有、使用和处分,并规定其余一切人都必须承担不侵犯他人所有物的义务。违反这一义务,将受到法律最严厉的制裁,从剁手直至绞刑。于是,所有权以及与之相关的一系列法律形式,如侵权行为、犯罪、刑罚、赔偿金、罚款等,都产生了。

由于所有权的出现,使得实际存在的财产归属关系获得了所有权法律关系的形式,其目的在于凭借法律所拥有的国家强制力,以切实保障实际财产归属关系的实现。可见,保护现存的财产归属关系,这是所有权的第一项重要职能。

所有权的另一项重要职能,是为了实现商品交换。黑格尔在《法哲学原理》一书中将所有权表述为:直接占有、使用和转让。他说:“以上三者分别是意志对物的肯定判断、否定判断和无限判断。”黑格尔所说的转让,指将所有物出卖、抵押、赠与或者作为遗产转移给继承人,这在民法上称为法律上的处分,以区别于事实上的处分。《法国民法典》规定,所有权是对于物有绝对无限制地使用、收益及处分的权利。(第544条)《苏俄民法典》也规定,所有权即“在法律规定的范围内,所有人对财产享有占有、使用和处分的权利”。(第92条)这里所谓处分,既包括法律上的处分,也包括事实上的处分。而法律上的处分,尤其是买卖,具有特别重要的意义。我们知道,买卖的法律本质正是在于转移所有权。尤其是对于不动产的买卖,法律专门规定了证明所有权及所有权转移登记的程序。不难理解,所有权是商品交换得以实现的法律工具。例如土地所有权的确立,就使土地最终成为可以出卖和抵押的商品。恩格斯指出,“土地所有权刚一确立,抵押制就被发明出来了。像杂婚和卖淫紧紧跟着一夫一妻制而来一样,如今抵押制也紧紧跟着土地所有权而来了”①。在论述雅典国家的形成时,恩格斯描绘了土地所有权确立后的情形:“在阿提卡的田地上到处都竖立着抵押柱,上面写着这块地已经以多少钱抵押给某某人了。没有竖这种柱子的田地,大半都因未按期付还押款或利息而出售,归贵族高利贷者所有了。”②可见,人类之所以创造出所有权这一法律形式,并不仅是为了保护现存财产归属关系,也是为了实现商品交换。因此,实现商品交换,这是所有权的第二项职能。

所有权的第三项职能,在于组织经济活动。我们只要对各种所有权形式稍作考察即可发现,一定的所有权形式总是适应于某种经济活动的组织方式。例如,在原始社会末期存在过的双重土地所有权形式,是与氏族公社将土地分配给个人永远使用这种生产组织形式相一致的。在奴隶社会和封建社会,以家长权力同所有人权力相结合为特征

① 〔德〕恩格斯:《家庭、私有制和国家的起源》,人民出版社1954年版,第109、164—166页。

② 〔德〕恩格斯:《家庭、私有制和国家的起源》,人民出版社1954年版,第109、164—166页。

的所有权形式,则是与以家庭作为生产单位的组织方式相一致的。商品经济有了相当发展以后,人们为了从事商业或工业,发明了以合伙关系为基础的共同所有权形式。当这种共同所有权形式不能适应商品生产进一步发展的要求时,人们又创造出法人所有权形式。法人所有权形式,是现代商品经济中大企业(公司)这种经济活动组织形式的法律基础。为了适应经济活动的要求,产生了各种不同的所有权形式。随着商品生产和商品交换的规模不断扩大,所有权组织经济活动的职能愈益显出其重要意义。

二、所有权的不同形式

1. 所有权的不完全形式

我们把所有权的最初形式,称为不完全的所有权。黑格尔写道:"仅仅部分地或暂时地归我使用,以及部分地或暂时地归我占有,是与物本身的所有权有区别的……所有权本质上是自由的、完整的所有权。"[③]按照现代民法理论,不自由的或不完全的所有权,就不是所有权。但历史上确曾有过不自由、不完全的所有权。它只是所有人对物终身使用和占有的权利,既不能出卖,也不能继承。"丈夫和妻子的财产都分开,他们死后,财产仍属丈夫和妻子各自所属的氏族。妻子和子女从丈夫或父亲死后不能获得任何东西,反之亦然。"[④]《汉谟拉比法典》也为我们提供了不完全所有权的例子,该法典第36条和第38条规定,里都、巴衣鲁和纳贡人的土地和房屋不得出卖,不得遗赠其妻子,亦不得以之抵偿债务。所有权形式的发展,是从不完全、不自由的所有权,逐渐过渡到完全的和自由的所有权,也即可以自由出卖的所有权。这一发展,在土地所有权上表现得最明显。恩格斯写道,"完全的、自由的土地所有权,不仅意味着毫无阻障和毫无限制地占有土地的可能性,而且也意味着把它出让的可能性","你们希望有完全的、自由的、

---

③ 〔德〕黑格尔:《法哲学原理》,商务印书馆1961年版,第68—70页。

④ 〔德〕马克思:《摩尔根〈古代社会〉一书摘要》,中国科学院历史研究所翻译组译,人民出版社1965年版,第53页。

可以出售的土地所有权,现在你们得到它了"。[⑤]

2. 所有权的双重形式

按照现代民法观念,所有权只能是一物一权的单一结构,但在所有权产生后的相当长时期内,曾普遍存在所有权的双重形式,即一物之上同时有两个所有权。在这种双重结构中,一个所有权凌驾于另一个所有权之上,恩格斯称之为"最高所有权"[⑥]。同一物或同一块土地既是个人财产,又是氏族或部落的财产。黑格尔曾经分析过中世纪的双重所有权形式,他指出,在同一财产之上同时并存领主的所有权和臣民的所有权。[⑦] 马克思指出:"一切中世纪的权利形式,其中也包括所有权,在各方面都是混合的、二元的、二重的。"[⑧]马克思在分析贫民的习惯权利时写道:"贫民的任何习惯权利都是来自某些所有权的不固定性。由于这种不固定性,这些所有权既不是绝对私人的,也不是绝对公共的,而是我们在中世纪一切法规中所看到的那种私权和公权的混合物。"[⑨]拉法格指出,直到1789年,这种所有权的双重形式还广泛存在于法国。法国的土地既属于贵族也属于农民,一旦收割完毕,土地就成为公共的了。土地所有者不仅应当让出空闲的土地借农民放牧畜群,而且他还无权播种。他自己认为应当播种还不行,必须取决于公共会议的决议。资产阶级革命后制定的《法国民法典》结束了土地所有权的这种双重形式,确立了单一所有权原则,只承认有一个所有权,其他人的权利则为另外的物权形式如地役权等所代替。

按照英国法律,全国土地属于国王所有,这种所有权并不影响各土地所有者占有、使用和出卖自己的土地。这是一种名义所有权与实际所有权并存的双重形式。现代社会中,除英国的双重土地所有权之外,是否还存在其他的双重所有权形式,是一个值得探讨的问题。一本论

---

⑤ 〔德〕恩格斯:《家庭、私有制和国家的起源》,人民出版社1954年版,第109、164—166页。

⑥ 〔德〕恩格斯:《家庭、私有制和国家的起源》,人民出版社1954年版,第109、164—166页。

⑦ 参见〔德〕黑格尔:《法哲学原理》,商务印书馆1969年版,第68—70页。

⑧ 《马克思恩格斯全集》(第1卷),人民出版社1956年版,第145、146页。

⑨ 《马克思恩格斯全集》(第1卷),人民出版社1956年版,第145、146页。

述荷兰法律的著作,肯定了在该国现行法律制度中存在双重所有权形式。[10] 在笔者看来,当代公有制国家广泛存在的国家所有权和企业经营管理权结构,也是所有权双重形式的典型例子。

3. 所有权的多元形式

所有权的多元形式,即共同所有权,它是人类历史上发生最早,并且直到现在还随处可见的一种所有权形式。它与双重所有权的区别在于,一物之上只有一个所有权,但所有权主体至少为2人,拉法格对部落土地的共同所有权有一段非常生动的描写:土地是整个部落的公共占有物,不仅属于现在的成员,而且属于尚未出生的成员。新西兰的英国当局向毛里斯人购买土地虽然取得了部落全体成员的同意,然而每当一个新的婴儿降生,他们就会继续收到索付新的地价的要求。因为据毛里斯人说,他们虽然出卖了自己的所有权,然而不能处理尚未降生的成员的权利。当局只好拨付部落一笔年金,使新生婴儿能领到自己的份额,这才脱出困境。[11]

现代社会中,家庭成员之间的共同所有权随处可见。《法国民法典》《苏俄民法典》对这种家庭成员之间的共同所有权均有详细规定。

另一种所有权的多元形式,是因合伙合同而产生的共同所有权。这种共同所有权形式在历史上产生甚早,并且其主要目的不在于保护现存财产的归属关系,也不是为了实现商品交换,而是为了组织生产经营活动。《汉谟拉比法典》对此已有专门规定(第99条),同时期的一份合同书记载,两位合伙人共出资一明那银子,进行合伙经营,以后如有赚利,二人均分。[12] 封建社会后期,商品生产的规模日渐扩大,客观上要求资金的联合,这种因合伙而产生的共同所有权对早期资本主义商品经济的发展,曾经起过非常重大的作用。

---

⑩ See J. M. J. Chorus, E. H. Hondius et al., eds., Introduction to Dutch Law, kluner Law Intemational, pp. 74—76.

⑪ 参见〔法〕保尔·拉法格:《财产及其起源》,王子野译,生活·读书·新知三联书店1962年版,第51页。

⑫ 参见林志纯主编:《世界通史资料选辑:上古部分》,商务印书馆1962年版,第129页。

这一所有权形式的法律特征,在于它的主体的多元性,全部主体共同行使占有、使用和处分权。只在作为主体的全部合伙人协商一致的情况下,才能对共有财产实施处分行为。《法国民法典》《苏俄民法典》等都有有关的规定。由此可见,这一多元主体特征大大限制了这一所有权形式和经济组织形式在商品生产和商品交换中的机动性和灵活性。

这种共同所有权主体之间的关系,是以相互信赖为基础的。按照1890年《英国合伙法》,每一合伙人被视为其余合伙人的代理人。《法国民法典》也规定,合伙人被认为有彼此互相授予执行业务的权利(第1859条)。这就限制了共同所有权主体的人数。《英国合伙法》规定,合伙的人数不得超过20人。合伙人数的限制及其对于经营风险的无限责任,使这种所有权形式受到极大的局限。它只适合于比较小型的商业和工业企业,对于联合巨大的财产以举办大型企业,是无能为力的。

4. 所有权的虚拟形式

所有权的虚拟形式,指财产所有权属于一个法律创造的主体——法人,称为法人所有权。关于法人主体资格,民法理论上有各种解释,笔者赞成法人拟制说,但这种拟制不是法律凭空的、任意的拟制,而是基于经济组织的客观存在,适应于商品经济规律的要求所作的拟制。假使没有法律的这种拟制,经济组织就不能具有主体资格,就不能成为一个不依赖他人的独立自主的经济实体而发挥其作用。法人所有权形式的出现,是商品经济发展的结果,同时这一所有权形式又极大地促进了商品经济的发展。

通过法人所有权形式,可以聚积巨大的财产。例如,美国电话电报公司有300万名股东,股票总价值约390亿美元,通用汽车公司约有120万名股东,股票总价值180亿美元,国际电脑公司约有60万名股东,股票总价值在400亿美元以上。[13] 同时,对这巨大的财产的占有、

---

[13] 参见吴连火:《美国证券市场》,商务出版社1997年版,第61页。

使用和处分，取决于独立的法人，可以不受各个股东个人意志的干涉，因而在商品生产和商品交换中具有极大的机动性和灵活性。法人所有权形式所具有的这种优越性，是其他所有权形式所无法企及的。因此，法人所有权形式得到最广泛的运用，是当代财产所有权采取的最主要和最重要的形式。

在资本主义社会，不仅私人财产，国家所有的财产也广泛采取法人所有权形式。例如第二次世界大战前德国的联合工业企业股份公司，其全部股本属于国家，而它又是其他许多工业股份公司的所谓总管公司，也就是说，其他许多公司的股本全部属于该公司所有。大战期间和战后，很多资本主义国家都推行国有化政策，把一些大企业和大银行收归国有。以法国为例，国营企业营业额占电力工业的90%、煤气工业的95%、铁路运输的100%、航空运输的90%、银行的55%、保险公司的40%、汽车工业的36%、石油工业的35%。[14] 这些国营企业都以法人资格享有企业财产的所有权。这种国营企业法人在大陆法系国家被称为特殊法人，在英国法中被称为公法人。国营企业法人，也包括含有私人股份的企业，例如法国雷诺汽车公司，国家资本占92%；联邦德国大众汽车公司，联邦和州的资本只占40%。

国家财产采取法人所有权形式，并不限于资本主义国家。公有制国家如罗马尼亚和捷克斯洛伐克，其同外国合资的混合公司财产也采取法人所有权形式。捷克斯洛伐克1963年的一个法令规定，捷方投入混合公司的财产，如果不是特定物，由混合公司享有所有权。罗马尼亚1972年的法令规定，公司成立时各方投资的财产和以后获得的财产，由混合公司作为法人享有所有权。这是公有制国家中，法律规定国家财产采取法人所有权形式的仅有例子。

三、有关经营管理权的理论和实践

经营管理权又称业务管理权或实际管理权。把国家同国营企业之

---

⑭ 转引自《经济研究参考资料》第162期，这是密特朗当选法国总统前的统计数字。

间的财产关系,解释为国家享有所有权,企业享有经营管理权,是苏联法学家维尼吉克托夫首先提出来的。1961年的《苏联和各加盟共和国民事立法纲要》和1964年的《苏俄民法典》相继用正式条文把国家财产的这种结构形式从法律上固定下来。《苏俄民法典》规定:“国家是一切国家财产的唯一所有人。固定给各个国家组织的国家财产,由这些组织经营管理。它们在法律规定的范围内,根据其活动的目的、计划任务和财产的用途,行使占有、使用和处分财产的权利。”(第94条)这样,法律把国家财产的经营管理权与国家对于这种财产的所有权区别开来,而经营管理权则被解释成一种民法上的财产权。

经营管理权的基础,是国家同企业之间的一种委托代理关系。一些著名的法学著作正确地指出了这一点。它们写道,“国家机关和国营企业并不是国家财产个别部分的所有者——它们只是受托管理这些财产而已”⑮。“取得国家所交给的生产资料的企业经理,被确认为苏维埃国家的全权代表,来按照国家规定的计划使用生产资料。”⑯从本质上说,国营企业的经营管理权,不过是从财产所有权中分化出来的一项权能,它的依据是国家的授权。说它不是民法上的财产权,而是国营企业对国家的一种义务,并非毫无道理。而苏联民法学家施坤金早在20世纪40年代就指出了这一点。⑰

我们知道,在苏联现行经济体制下,国营企业的财产是分为各种不同用途的资金的。对于国营企业的固定资金,只有该企业的上级主管机关才有处分权。企业通常只能处分流动资金和经济刺激基金,并且企业对流动资金也不具有完全的处分权。上级主管机关在批准企业年度计划及改变年度计划时,有权在所属各企业之间进行流动资金的再分配。而在平时,上级主管机关还可以“借用”下属企业的浮游资金。⑱ 可见,国

---

⑮ 〔苏〕坚金、布拉图斯主编:《苏维埃民法》(第2册),李光谟等译,法律出版社1957年版,第19页。

⑯ 〔苏〕格拉维等编:《债权法分论》,中国人民大学出版社1957年版,第13页。

⑰ 参见〔苏〕兹·伊·施坤金:《苏维埃法权中的商品供应之债》,第116—117页。

⑱ 参见韩延龙:《苏联国民经济的法律调整(主要阶段)》,载《环球法律评论》1979年第1期。

营企业所享有的经营管理权是十分有限的。特别应指出的是,国营企业不能按照自己的法人意志支配企业财产,它只能绝对服从并执行通过国家指令性文件及上级主管机关的行政行为所表现出来的国家意志。

有必要在此引述斯大林《苏联社会主义经济问题》中的一段话,迄今论述国营企业财产权的著作,无一例外是以它作为立论的依据。斯大林写道:“商品是这样的一种产品,它可以出售给任何买主,商品所有者在出售商品之后,便失去对商品的所有权,而买主则变成商品的所有者,他可以把商品转售、抵押或让它腐烂。生产资料是否适合于这个定义呢?显然,是不适合的,第一,生产资料并不‘出售’给任何买主,甚至不‘出售’给集体农庄,而只是由国家分配给自己的企业。第二,生产资料所有者——国家,把生产资料交给某一个企业,丝毫不失去对它们的所有权,相反地,是完全保持着所有权的。第三,企业的经理从国家手中取得了生产资料,不但不会成为这些生产资料的所有者,相反地,是被确认为受苏维埃国家的委托,依照国家所交下的计划,来使用这些生产资料的。由此可见,无论如何不能把我国制度下的生产资料列入商品的范畴。”⑲

这段话是经营管理权的全部理论基础。一方面,用国营企业之间的供应合同不能转移所有权来证明生产资料不是商品;另一方面,又用生产资料不是商品来证明供应合同不转移所有权。我们在许多著作中都可以看到这一循环论证。依据经营管理权理论,国营企业之间的供应合同不转移产品所有权而转移经营管理权,这就被施坤金等人抓住了把柄,一个企业以金钱代价把自己对国家的义务“出售”给另一个企业,这无论如何从法理上说是不可想象的。

经营管理权理论的物质基础,是高度集中的经济管理体制。在这种体制下,国家主要依靠行政机构和行政层次,通过行政手段管理经济。企业只是作为行政机构的附属物,没有自己独立的经济地位和法律地位。维尼吉克托夫在论述国营企业经营管理权时指出,“社会主

---

⑲ 〔苏〕斯大林:《苏联社会主义经济问题》,载《世界知识》1952年第43期。

义国家对于国营企业,是把全部国家权力同所有人的一切权力结合起来掌握在自己的手中。国家社会主义所有权最突出的特点之一,就在于这一个国家权力同所有人的一切权力的密切的不可分割的结合"[20]。国家享有所有权,企业享有经营管理权这一结构形式,正是反映了高度集中的经济体制"政企合一"的本质特征,同时又为这种经济体制的贯彻执行提供了法律依据。

这种结构形式便于国家运用行政手段指挥和管理经济,适应于单纯的指令性计划体制。在经营管理权基础上,企业利润全部上交,亏损由国家填补,国家可以无偿调拨企业固定资产,收缴多余流动资金,便于增加资金积累和扩大基本建设规模,在经济建设主要靠扩大外延发展的阶段是有较大优越性的。但这一结构形式有严重弊病,首先,"政企不分",企业失去了作为生产力基本单位所应有的内在动力;其次,不利于提高微观经济效果;另外,特别需要指出的是,这种所有权结构形式使国家对企业负无限责任,不利于国民经济的发展和提高人民生活水平。

自20世纪50年代以来,公有制国家相继进行了经济体制改革。南斯拉夫改革的结果是,抛弃了国家所有权企业经营管理权这种双重结构形式。新形式的特点是,所有权主体是企业中的全体劳动者。这种所有权形式与经营管理权形式相比较,有较大的优越性,但同时却产生另一倾向,即单纯依靠企业全体劳动者对企业财产作决定,不一定有利于社会整体利益和国民经济的平衡发展。

公有制国家在所有权问题上的另一尝试,是前面已经提到的罗马尼亚和捷克斯洛伐克的混合公司。属于不同所有制的企业合资经营(包括同外国企业合资经营)所产生的财产权问题,是经营管理权形式所无法解决的难题。《罗马尼亚的混合公司》一书的作者指出:"直接管理权(经营管理权)理论不能应用到混合公司,因为有外国单位参加而组成的法人是一个特殊范畴。罗马尼亚国营社会主义组织的财产,不能以直接管理权的名义投资到混合公司的资产中去;所以《1972年

---

[20] 〔苏〕维尼吉克托夫:《国家的社会主义所有权》,第319页。

第424号法令》就特别规定公司成立时各方投资的财产和以后获得的财产，应作为公司的财产。”㉑

经营管理权理论并不适用于同外国企业的合资经营，同样也不适用于国内不同所有制企业之间的合资经营。我国自1978年以来经济联合有了很大发展。除一些靠供货合同联系的松散联合及一些属于合伙性质的小型联合之外，那些采取公司形式的大型经济联合往往跨地区、跨部门、跨不同所有制。要解决这一类大型经济联合体的财产权问题，除采取法人所有权形式外别无良策。否则，难以真正打破地区、部门、所有制和隶属关系的限制，难以真正形成具有独立的经济地位和法律地位的经济实体。只有在这种所有权形式基础上，才谈得上实行“独立核算、国家征税、自负盈亏”，因为国家不能向自己征税。国家将因此享受有限责任利益，不再对企业债务负责。同时，有利于真正实现政企分离，有利于巩固经济体制改革已取得的成果，并为进一步的改革奠定法律基础。

按照马克思主义法学和经济学，财产所有权和生产资料所有制是两个不同的科学范畴。所有权是社会财产（包括生产资料和生活资料）归属关系借以实现的法律形式，而所有制则是指社会生产资料归谁占有。由于财产归属关系大体上是由生产资料所有制决定的，因此我们可以说，生产资料所有制归根结底决定财产所有权。但这绝不是说，一种所有制只能有一种所有权形式，更不应混淆生产资料所有制和财产所有权这两个不同概念。对所有权形式的考察告诉我们，在同一所有制之上可以有各种不同的所有权形式。社会主义的国营企业财产应采取什么样的所有权形式？我们认为不应取决于某种传统观念或固定不变的公式，只能根据我国经济的性质和我们所要实行的经济管理体制来确定。总体而论，发展社会主义商品生产和商品交换就好像一盘棋，而所有权形式问题是关键一着，这个问题解决得好就会满盘皆活，否则将处处被动。

㉑ 〔罗〕乔治 · 弗洛雷斯库：《罗马尼亚的混合公司》，郭庆云等译，生活 · 读书 · 新知三联书店1980年版，第64页。

完善保护私有财产的法律制度*

一、历史回顾

中华人民共和国成立后，对私有财产的保护问题未受到应有的重视。1954 年和 1962 年两次起草民法典，均因政治原因而未成功。在一个相当长的时期，人民法院审理涉及私有财产权的民事纠纷案件，不是依据法律，而是依据“民事政策”。所谓“民事政策”，主要指中共中央的政策文件，以及最高人民法院关于贯彻执行民事政策的意见。特别要指出，中华人民共和国成立后发生几次大规模侵犯人民私有财产的违法行为，促使党和政府开始重视对人民私有财产的保护，并逐步建立和完善保护私有财产的法律制度。

我国在 20 世纪 50 年代后期刮起所谓“共产风”，以人民公社名义无偿剥夺社员房屋、禽畜、农具、林木等私有财产，严重损害了人民群众（主要是农民）的生产积极性和党在人民群众中的威信。20 世纪 60 年代初，党中央决定纠正“共产风”，对“共产风”期间无偿剥夺的私有财产进行清理和退赔。1962 年 9 月 27 日，中国共产党第八届中央委员会第十次全体会议通过《农村人民公社工作条例修正草案》，其中规定了社员私有财产的保护问题。

《农村人民公社工作条例修正草案》第 41 条规定：“社员家庭副业的产品和收入，都归社员所有，都归社员支配……”该草案第 44 条规定：“人民公社社员，在社内享有政治、经济、文化、生活福利等方面一

---

* 本文写作于 2008 年 1 月。

切应该享受的权利。人民公社的各级组织,对于社员的一切权利,都必须尊重和保障……要保障社员个人所有的一切生活资料,包括房屋、家具、衣被、自行车、缝纫机等,和在银行、信用社的存款,永远归社员所有,任何人不得侵犯。要保障社员自有的农具、工具等生产资料,保障社员自有的牲畜,永远归社员所有,任何人不得侵犯……"该草案第45条规定:"社员的房屋,永远归社员所有……任何单位、任何人,都不准强迫社员搬家。不得社员本人同意,不付给合理的租金或代价,任何机关、团体和单位,都不能占用社员的房屋。如果因为建设或者其他的需要,必须征用社员的房屋,应该严格执行国务院有关征用民房的规定,给以补偿,并且对迁移户作妥善的安置……"

为了在民事审判工作中切实贯彻执行党和国家的民事政策,最高人民法院于1963年8月28日发布《关于贯彻执行民事政策几个问题的意见》。其中指出,"财产权益纠纷近年来有显著的回升,类型也很多","数量最多的是房屋纠纷"。"各级人民法院在审理财产权益案件时,必须贯彻执行党的有关政策和国家的法律、法令,首先保护国家与集体的利益,同时也要保护个人的合法权益。""处理房屋纠纷,应当根据'农村人民公社工作条例修正草案'和党的有关政策与国家法律的规定,首先注意保护国家、集体所有的房屋不受侵犯;保护依法属于公民个人所有的房屋,不受侵犯。""关于退赔遗留问题,应当根据党的退赔政策处理,凡是从人民公社成立以来,向公社、生产队、社员个人平调的房屋,坚决退赔。原房屋还在的,应退还给原房屋。如果原房屋已拆毁或者不能退或者马上退有困难的,应作价补偿或者转为租赁关系。如果社员的住房因而发生困难的,应调给相当的房屋或者设法帮助修建。"

在贯彻执行《农村人民公社工作条例修正草案》和党中央关于经济工作的"调整、巩固、充实、提高"的"八字方针",逐步克服由于工作失误和严重自然灾害造成的困难,国民经济开始发展之后,党中央再次采取了错误的思想路线,发动了持续10年之久的"文化大革命",其间发生了侵犯人民人身权和财产权的违法行为,使党和人民受到深刻的教训。这就是,必须切实保护人民的人身权和私有财产权,而且保护人民的人身权和私有财产权必须依靠法律,真正做到有法可依、有法必依、执法必严、违法必究。为此,必须尽快建立保护人民的人身权和私有财产权的法律制度。

二、我国保护私有财产法律制度的建立及其不足

我国保护私有财产法律制度建立的标志是,1986 年颁布、1987 年实施的《民法通则》。该法第 75 条第 1 款规定:"公民的个人财产,包括公民的合法收入、房屋、储蓄、生活用品、文物、图书资料、林木、牲畜和法律允许公民所有的生产资料以及其他合法财产。"这是关于人民私有财产的范围的规定。其中所谓"合法收入",包括国家机关干部、企事业单位职工的工薪收入、农民的生产劳动收益、个体户生产经营收益;"房屋",指农民的住房和城镇少数居民的私房,城镇大多数干部、职工和居民居住公房没有私有房屋;"法律允许公民所有的生产资料",当然是对农民和个体户而言的。

值得注意的是,《民法通则》第 75 条第 2 款规定:"公民的合法财产受法律保护,禁止任何组织或者个人侵占、哄抢、破坏或者非法查封、扣押、冻结、没收。""受法律保护"一语,是此前的规范性文件中所没有采用过的。例如,前引《农村人民公社工作条例修正草案》第 44 条中规定,"人民公社社员,在社内享有政治、经济、文化、生活福利等方面一切应该享受的权利",规定"人民公社的各级组织",对于社员的一切权利,"都必须尊重和保障",并特别规定这种权利,"受到人民政府的保障"。《民法通则》抛弃"受到人民政府的保障"这样的提法,而采用"受法律保护"一语,表明党和国家从"文化大革命"的沉痛教训中已经认识到,人民群众的一切合法权利,单靠"人民公社的各级组织"的保障和"人民政府的保障",是远远不够的,必须依赖法律制度和法律手段的保障。换言之,对人民私有财产的保护必须法律化。

《民法通则》第 75 条第 2 款规定"公民的合法财产受法律保护",所具有的重要意义在于,承认人民私有财产权属于法律上的权利,并赋

予人民私有财产权对抗“任何组织或者个人侵占、哄抢、破坏或者非法查封、扣押、冻结、没收”的法律效力。其必然的逻辑后果是,无论“任何组织和个人”侵犯了人民私有财产权,都将受到法律追究。所谓“受法律保护”,是由民法上的侵犯财产的侵权责任制度和刑法上的侵犯财产的刑事责任制度予以切实实现的,而《民法通则》第 75 条规定则是我国保护私有财产法律制度的基础。《民法通则》实施以来的裁判实践证明,这一保护私有财产法律制度的确发挥了重大的作用。

毋庸讳言,这一保护私有财产的法律制度尚存在不足。

其一,《民法通则》仅以一个条文规定对私有财产的保护,失之过于简单。这从与《民法通则》关于人身权保护的规定的比较,可以看出来。基于“文化大革命”期间侵犯人民人身权的惨痛教训,《民法通则》第五章专设第四节规定人民的人身权,用 8 个条文,明文规定了人民享有生命健康权(第 98 条)、姓名权(第 99 条)、肖像权(第 100 条)、名誉权(第 101 条)等各项人格权。并且在第六章第三节用 3 个条文分别规定了侵害人民生命健康权的侵权责任(第 119 条)、侵害人民姓名权、肖像权、名誉权的侵权责任(第 120 条)及国家机关或者国家机关工作人员侵犯人民合法权益的民事责任(第 121 条)。

我国对城镇机关干部、企事业单位的职工,长期实行低工资、福利房制度及生活必需品的计划供应制度。城镇居民,除极少数有前辈遗留的私房外,都依靠国家和集体提供的公房解决居住问题,一家数口、几代住一间房的情况非常普遍,生活条件很差,没有多少财产。而在农村,则在人民公社体制下,广大农民没有独立的经济地位,只是政社合一的人民公社的社员,按照生产队干部的指令进行生产劳动,年终根据工分数额分配粮油等生活必需品,多数农村人口未能解决温饱问题,更谈不到有多少私有财产。既然广大人民群众长期处于贫困状态,谈不到有多少个人财产和家庭财产,当然也就不可能产生通过制定完善的法律制度以保护私有财产的要求。

1986 年通过的《民法通则》,总结“文化大革命”期间侵犯人身权和财产权的教训,对于人民的人身权的保护和财产权的保护都有规定。

但《民法通则》关于公民人身权保护的规定,专设一节,有8个条文,而关于公民财产权保护的规定,仅设一个条文,而就是这一个条文,其中所列举的,也主要是生活资料,而不是生产资料,条文甚至没有提到农户对所承包的集体土地享有的权利及对宅基地的权利。可见,《民法通则》之所以对人民个人财产的规定如此简略,仅设一个条文,并非立法机关重视人身权而轻视财产权,而是由当时改革开放刚刚开始,广大人民群众的生活条件还没有改善,还没有多少私有财产的实际情形所决定的。

其二,这一保护私有财产的法律制度所存在的不足还在于,在财产权保护的指导思想上,没有贯彻对国家、集体和私有财产的平等保护原则。这与此前长期存在的在财产权保护问题上的不平等观念有关。例如,1963年最高人民法院《关于贯彻执行民事政策几个问题的意见》中,指出"各级人民法院在审理财产权益案件时",必须"首先保护国家与集体的利益,同时也要保护个人的合法权益"。所体现的就是因所有制不同而区别对待的观念,保护"国家和集体的利益"是第一位的,保护"个人的合法权益"是第二位的。需特别指出的是,因《民法通则》第73条第2款明文规定"国家财产神圣不可侵犯",使传统理论和裁判实践中的不平等观念获得了立法根据。

许多学者在解释适用《民法通则》第73条关于"国家财产神圣不可侵犯"的规定时,不仅与传统理论和司法实践中的不平等观念挂钩,而且与苏联民法理论上的社会主义公有财产特殊保护原则挂钩,认为《民法通则》确认了对国家财产的特殊保护原则。在这种语境之下,《民法通则》第75条关于"公民合法财产受法律保护"的规定,被理解为第二位的,而对国家财产的保护是第一位的。当对人民私有财产的保护与对国家财产的保护发生冲突时,必然要牺牲私人的财产权益而确保国家的财产权益。

在这种错误观念支配之下,以《民法通则》第75条为基础的保护人民私有财产法律制度,不可能切实、妥善地保护人民私有财产权益。当人民私有财产受到来自一般人的侵犯时,这一法律保护制度尚可发挥保护受害公民、制裁加害人的作用；当人民私有财产受到国家机关、地方政府滥用行政权力的侵害时，法律保护的天平往往向国家机关、地方政府和国有企业一方倾斜，人民私有财产不可能获得平等的法律保护。进入21世纪以来发生的“强制拆迁”“圈地热潮”等滥用公权力侵犯人民私有财产权的严重事件，充分表明了这一点。

三、完善保护私有财产的法律制度是改革开放和全面建设小康社会的必然要求

经过三十年的改革，我国社会经济状况已经发生根本性的变革，其基本特征是公有制经济与非公有制经济的并存。1988年对《宪法》第11条的修正，已经承认了私营经济的法律地位。1993年对《宪法》第15条的修正，已经明确规定国家实行社会主义市场经济。进入20世纪90年代后期，已经实现从以单一公有制为基础的计划经济体制向社会主义市场经济体制的转轨。1999年对《宪法》第11条的修正，明文规定“在法律规定范围内的个体经济、私营经济等非公有制经济，是社会主义市场经济的重要组成部分”。我国是在公有制经济和非公有制经济的基础上实行社会主义市场经济，非公有制经济和公有制经济在法律地位上应当是平等的，不应有高低贵贱之分，二者要求获得平等的法律保护。因此，要完善保护私有财产的法律制度，特别要抛弃因所有制不同而区别对待的陈旧观念，仅着重于财产之取得是否合法，人民合法取得的财产应当受到与对国家财产和集体财产同等的法律保护。

党的十一届三中全会以来，党提出了允许一部分地区、一部分人先富起来，逐步达到共同富裕的政策，社会主义市场经济发展的结果是，广大人民群众的生活水平普遍提高，物资匮乏的社会问题已经解决，总体上达到小康水平。从1978年到2005年，城乡居民年均收入分别增长了5.1倍和5.2倍；城镇居民人均住房面积从6.7平方米，增加到25平方米，农村居民人均住房面积从8.1平方米增加到29.7平方米；汽车已经进入寻常百姓家，2005年轿车销售量达313万辆；加上彩电、冰箱、洗衣机等家用电器的普及，广大人民群众所拥有的不动产、动产数

量已非改革开放前可比。这种情形,必然要求从法律上对私有财产给予明确规定,并予以切实、平等的法律保护。

对广大人民群众私有财产的保护问题,与实现党和国家提出的全面建设小康社会的目标有关。所谓全面的小康社会,亦即广大人民群众共同富裕的社会,当然意味着人民群众拥有相当数量的动产和不动产。而小康社会的实现,要靠广大人民群众自身的劳动积极性和创造性的进一步发挥。怎么样才能进一步激发广大人民群众的生产积极性和创造性呢?必要条件是,广大人民群众积累的财产能够受到切实的保护。因为没有制定《物权法》,仅靠现行《民法通则》第75条的简单规定,很难适应切实保护人民群众合法财产权益的要求。而一些地方发生滥用公权力侵犯人民群众合法财产权益的违法行为,也的确与没有制定物权法,公务员队伍和领导干部不具备物权概念,不知道人民群众的不动产、动产物权是排他性的权利有关。保护人民群众私有财产的法律规则不完善,必然影响人民群众的生产积极性和创造性,产生所谓"温饱即可""小富即安"的思想。值得重视的是,一段时间以来,一些私营企业主缺乏长远发展规划,甚至将本应用于扩大再生产的大笔资金用于挥霍、浪费和出境赌博。这些问题之发生,一个原因是国家未及时制定《物权法》以完善保护私有财产的法律制度,使人民群众特别是一些私营企业主对自己积累的财产能否真正得到法律切实保护,尚存后顾之忧。

要说明的是,通过制定《物权法》完善保护人民私有财产的法律制度,绝不仅仅是有利于一部分先富起来的人民,而是有利于全体人民。经过三十年的改革开放,社会主义市场经济已经有相当的发展,广大人民群众的物质生活水平已经有很大的提高。除少数自然条件恶劣的地区外,广大人民群众已经解决了温饱问题,开始走上富裕之路,有了一定数量的私有财产,随着国民经济的发展,私有财产的数量将日益增加。党和国家提出的全面建设小康社会的目标的实现,最终要由全体人民实际拥有的私有财产的总量来验证。因此,完善保护人民私有财产的法律制度,对每一个公民、每一个家庭都具有非常重大的意义。

四、《物权法》对保护私有财产法律制度的完善

（一）关于平等保护原则的规定

在《物权法》制定过程中，当然要确定财产权保护的指导思想，要明文规定财产权保护的基本原则。《物权法》起草中的争论点，是规定国家财产特殊保护，还是合法财产平等保护。特殊保护的思想，是以现行《民法通则》为依据的。《民法通则》第 73 条规定，“国家财产神圣不可侵犯”。其含义是，在不同所有制的财产中要着重保护国家财产、特殊保护国家财产。显而易见，这样的指导思想，是由改革开放前的单一公有制和计划经济体制的本质所决定的。经过三十年的改革，我国的经济体制已经实现转轨，社会主义市场经济体制已经确立的今天，“国家财产特殊保护”已经与我国现在的经济生活严重脱节，不符合社会主义市场经济的本质和要求。

但“国家财产特殊保护”的指导思想还在发挥作用，特别是对法官裁判案件还有影响。如果案件当事人一方是国有企业或者国家机关，另一方是私有企业或者个体企业，法官的判决就可能有意无意地偏向国有企业、国家机关一方。现实生活中，凡是这类案件判决国有企业、国家机关败诉的，上诉状、申诉状中往往不谈事实认定是否正确、法律适用是否正确，首先指责法院的判决导致国有资产流失。可见，“国家财产特殊保护”的指导思想不利于人民法院对案件的公正裁判。

值得注意的是，在 1999 年修改《宪法》规定“个体经济、私营经济等非公有制经济，是社会主义市场经济的重要组成部分”（第 11 条第 1 款）之后，2004 年《宪法》进一步规定“公民的合法的私有财产不受侵犯”（第 13 条第 1 款），使宪法保护财产权的指导思想发生了根本性的改变，即由原来的“国家财产特殊保护”，改变为对公有财产和私有财产的平等保护。最终解决了《物权法》起草过程中关于财产权保护的指导思想和基本原则的争论。

《物权法》第 4 条规定：“国家、集体、私人的物权和其他权利人的物权受法律保护，任何单位和个人不得侵犯。”这是关于物权平等保护

原则的规定。显而易见,《物权法》之所以规定平等保护原则,不仅是由物权法属于民法的法律性质所决定的,也是以现行《宪法》关于财产权平等保护的原则为根据的,归根结底,是由中国已经发生深刻变化的社会经济基础,即从改革开放前的单一公有制的计划经济体制,转变为奠基于公有制经济和非公有制经济的社会主义市场经济所决定的。

物权法属于民法,民法的一项重要原则是对权利人的权利实行平等保护。现行《宪法》第 15 条规定"国家实行社会主义市场经济"。公平竞争、平等保护、优胜劣汰是市场经济的基本法则。在社会主义市场经济条件下,各种所有制经济形成的市场主体都在统一的市场上运作并发生相互关系,各种市场主体都处于平等地位,享有相同权利,遵守相同规则,承担相同责任。如果对各种市场主体不给予平等保护,解决纠纷的办法、承担的法律责任不一样,就不可能发展社会主义市场经济,也不可能坚持和完善社会主义基本经济制度。

为了适应社会主义市场经济发展的要求,党的十六届三中全会进一步明确要"保障所有市场主体的平等法律地位和发展权利"。即使不进入市场交易的财产,《宪法》第 13 条也明确规定,"公民的合法的私有财产不受侵犯。国家依照法律规定保护公民的私有财产权和继承权"。在财产归属依法确定的前提下,作为物权主体,不论是国家、集体,还是私人,对其物权也都应当给予平等保护。物权平等保护原则的实质在于,对不同所有制性质的物权,给予同样的法律地位,赋予同样的法律效力,适用同样的法律规则,于遭受不法侵犯时同样受刑事责任制度和侵权责任制度的救济,而与不同所有制性质的物权在国民经济中所占比重和所发挥的作用无关。

特别要指出,《物权法》第 4 条规定物权平等保护原则,对于人民法院公正裁判具有重要意义。在裁判一方是国有企业、国家机关,另一方是私人、私有企业的案件时,法官就不会再担心如果依法判决私人一方胜诉,会不会受到所谓"导致国有资产流失"的指责,将彻底解除其后顾之忧,使法官真正做到不存偏见、公正裁判。可见,《物权法》规定物权平等保护的指导思想和基本原则,有利于人民法院依法独立审判,公正裁判案件,有利于抵制对法院审判工作的不当干预,有利于社会主义市场经济的发展和建设法治国家。

(二)《物权法》关于私有财产法律保护的规定

《物权法》关于私有财产的规定,主要是第 64 条:“私人对其合法的收入、房屋、生活用品、生产工具、原材料等不动产和动产享有所有权。”《物权法》第 65 条规定:“私人合法的储蓄、投资及其收益受法律保护。国家依照法律规定保护私人的继承权及其他合法权益。”该法第 66 条规定:“私人的合法财产受法律保护,禁止任何单位和个人侵占、哄抢、破坏。”这些规定,进一步完善了保护私有财产的法律制度,有利于激发广大人民群众创造财富和积累财富的积极性,促进社会和谐。

《物权法》第 66 条规定“私人的合法财产受法律保护”,所谓“受法律保护”,主要包括民法的保护和刑法的保护。民法的保护方法,分为物权保护方法和侵权责任保护方法。物权保护方法,规定在《物权法》第一编第三章,即第 33 条关于确认物权请求权的规定、第 34 条关于返还原物请求权的规定、第 35 条关于排除妨害请求权和消除危险请求权的规定。于私有财产权归属发生争议时,争议的双方均可以根据《物权法》第 33 条的规定,向人民法院提起请求确认物权之诉,请求人民法院确认该项物权的归属;于私有财产被他人非法占有时,权利人可以根据《物权法》第 34 条的规定,向人民法院提起返还之诉,请求人民法院责令无权占有人返还原物;于私有财产权的行使受到他人妨害或者有妨害之虞时,权利人可以根据《物权法》第 35 条的规定,向人民法院提起排除妨害之诉和消除危险之诉,请求人民法院判决强制妨害行为人排除妨害或者强制其消除危险状态。对侵犯财产的侵权责任保护方法,规定在《物权法》第 36 条和第 37 条,于侵权行为人造成权利人的动产、不动产毁损及其他损害时,受害人可以向人民法院提起侵权之诉,请求人民法院判决加害人承担返还财产、恢复原状、折价赔偿及赔偿损失的侵权责任。需注意的是,受害人依据《物权法》第 36 条、第 37 条的规定起诉,请求人民法院追究加害人的侵权责任,须具备侵权责任的构成要件。对人民私有财产的刑法保护方法,即刑法上侵犯财产的刑事责任,规定在刑法第五章。根据《刑法》第五章的规定,侵犯人民私有财产的,可能构成抢劫罪(第263条)、盗窃罪(第264条)、诈骗罪(第266条)、抢夺罪(第267条)、聚众哄抢罪(第268条)、侵占罪(第270条)、敲诈勒索罪(第274条)。侵犯人民私有财产的行为构成犯罪的,将被依法追究刑事责任。

(三)关于建筑物区分所有权的规定

随着住房制度的改革,越来越多的城镇居民拥有了自己的房屋,而且大量集中在住宅小区,因此建筑物区分所有权已经成为人民私有财产中最重要的不动产物权。而建筑物区分所有权,在现行《民法通则》和其他法律中均无规定,近年来业主之间、业主与物业服务公司之间及业主与开发商之间关于权利界限、权利行使、建筑物管理维修等发生的纠纷,因缺乏法律规范而难以解决。因此,《物权法》第二编专设第六章"业主的建筑物区分所有权"(第70—83条),弥补了现行法律的欠缺。

建筑物区分所有权,为近现代各主要国家及地区物权法上一项重要的不动产权利,德国称为"住宅所有权",美国等称为"公寓所有权",瑞士则称为"楼层所有权",日本称为"区分所有权",《物权法》称为"业主的建筑物区分所有权"。此所谓"业主",是改革开放以来,特别是20世纪90年代推行住宅商品化政策以来的习惯用语,为"建筑物区分所有权人"的简称。如实务中,将"建筑物区分所有权人大会"称为"业主大会",将经"建筑物区分所有权人大会"选举产生的"管理委员会"称为"业主委员会"。本章为照顾人们习惯,采用为法律用语。

建筑物区分所有权,是一种复合性的权利。一栋高层住宅,分为专有部分和共用部分。业主对专有部分享有独立的所有权,称为专有部分所有权;业主对共用部分享有共同所有权,称为共用部分所有权。所谓专有部分,指构造上能够明确区分、具有排他性且可独立使用的建筑物部分。共用部分,指专有部分以外、供作共同使用的建筑物部分及附属建筑物。业主除享有专有部分所有权和共用部分所有权外,还参与对于整个建筑物的共同管理。因此,《物权法》第 70 条规定:“业主对建筑物内的住宅、经营性用房等专有部分享有所有权,对专有部分以外的共有部分享有共有和共同管理的权利。”《物权法》第 71 条规定:“业主对其建筑物专有部分享有占有、使用、收益和处分的权利。业主行使权利不得危及建筑物的安全,不得损害其他业主的合法权益。”

在建筑物区分所有权制度中,专有部分所有权与一般所有权并无不同。而业主的专有部分所有权,是业主对共用部分享有共有权的基础和前提,共用部分的共有权不能与专有部分所有权相分离。因此,《物权法》第 72 条规定:“业主对建筑物专有部分以外的共有部分,享有权利,承担义务;不得以放弃权利不履行义务。业主转让建筑物内的住宅、经营性用房,其对共有部分享有的共有和共同管理的权利一并转让。”

无论就一栋建筑物或者一个住宅小区而言,其专有部分界限清楚,且在产权证和不动产登记簿上有明确记载,不易发生纠纷。但什么是共用部分,哪些属于共用部分,界限并不清楚,且难以在产权证和不动产登记簿上载明,易于发生纠纷。因此,有必要在法律中作出明确规定。《物权法》第 73 条规定:“建筑区划内的道路,属于业主共有,但属于城镇公共道路的除外。建筑区划内的绿地,属于业主共有,但属于城镇公共绿地或者明示属于个人的除外……”

在《物权法》制定过程中,关于住宅小区“停车位”的归属,尤其是地下车库停车位的归属,有不同意见。这涉及正确看待建筑物区分所有权制度的发展。物权法上的建筑物区分所有权制度,是适应人类社会进入 19 世纪后出现大城市化和建筑物高层化而产生的制度。直至 20 世纪前半期,所谓高层的公寓、大厦,大多是单栋的,且因汽车不像现今这样普及,并无修建地下车库的必要,但出于防空的需要,政府要求公寓大厦必须设置地下防空避难室。地下防空避难室,是为全体住户安全而设,当然属于全体业主共同所有。而在和平时期,公寓、大厦之业主大会往往决定将地下防空避难室划出停车位,交由业主无偿使用或者有偿使用。因为,地下防空避难室属于业主共有,其停车位也当然属于全体业主共有。这就是此前的民法建筑物区分所有权理论及此前的建筑物区分所有权立法,认定地下停车位属于业主共有的原因。

值得注意的是,自20世纪后期以来,大城市化和建筑物高层化有了重大发展。像过去那样单栋的公寓、大厦已经很少见,随处可见由若干栋、十数栋甚至数十栋高层住宅楼组成的住宅小区或者集群式住宅区,有的住宅区俨然一座小型城市。由于汽车的普及,以及长期的和平环境,政府也不再要求修建地下防空避难设施,取而代之的是大型、多层的地下车库的修建,地下车库的停车位通常由开发商出售或者赠与购房人使用。在发生重大发展变化的情况下,当然不能再以过去的理论和立法为根据,规定地下停车位归全体业主共有。

如果物权法规定地下停车位归业主共有,将发生两个问题:一是将修建地下车库的费用摊入商品房价格,造成房价提高,而并非每一个购房人都使用汽车,都需要停车位;二是如规定地下停车位归业主共有,则许多住宅小区大型、多层地下车库有数百上千的停车位,需要由业主委员会进行经营管理,此与业主委员会不是经济组织、无经营许可的性质不合。有鉴于此,《物权法》第74条明确规定:"建筑区划内,规划用于停放汽车的车位、车库应当首先满足业主的需要。建筑区划内,规划用于停放汽车的车位、车库的归属,由当事人通过出售、附赠或者出租等方式约定。占用业主共有的道路或者其他场地用于停放汽车的车位,属于业主共有。"

业主大会,是决定小区管理等事务的权力机关,类似于股份有限公司的股东大会,应由每一个小区的全体业主组成。业主通过参与业主大会行使对建筑物共有部分及小区共同事务的管理权利。针对业主权利行使及小区管理问题,《物权法》第75条规定:"业主可以设立业主大会,选举业主委员会。地方人民政府有关部门应当对设立业主大会和选举业主委员会给予指导和协助。"该法第76条规定:"下列事项由业主共同决定:(一)制定和修改业主大会议事规则;(二)制定和修改建筑物及其附属设施的管理规约;(三)选举业主委员会或者更换业主委员会成员;(四)选聘和解聘物业服务企业或者其他管理人;(五)筹集和使用建筑物及其附属设施的维修资金;(六)改建、重建建筑物及其附属设施;(七)有关共有和共同管理权利的其他重大事项。决定前款第五项和第六项规定的事项,应当经专有部分占建筑物总面积三分之二以上的业主且占总人数三分之二以上的业主同意。决定前款其他事项,应当经专有部分占建筑物总面积过半数的业主且占总人数过半数的业主同意。”该法第 78 条第 1 款规定:“业主大会或者业主委员会的决定,对业主具有约束力。”

小区建筑物及其附属设施的管理,通常有两种管理方式:业主自行管理和委托物业管理公司管理。当住宅小区建筑竣工后,就立即发生小区建筑物及其附属设施的管理问题,而此时大部业主尚未入住,不可能召开业主大会选举产生业主委员会,当然也就不可能由业主委员会决定管理方式及委托物业服务公司或者管理人。因此,实务中往往在小区建筑竣工后,由开发商委托物业服务公司进行管理。此种情形,开发商委托物业服务公司,是代行尚未成立的业主委员会的权限,如果将来成立的业主委员会对开发商委托的物业服务公司不满,当然有权更换物业服务公司。《物权法》制定之前,各地即已发生因业主委员会要求更换物业服务公司而发生的纠纷。因此,《物权法》第 81 条明文规定:“业主可以自行管理建筑物及其附属设施,也可以委托物业服务企业或者其他管理人管理。对建设单位聘请的物业服务企业或者其他管理人,业主有权依法更换。”该法第 82 条规定:“物业服务企业或者其他管理人根据业主的委托管理建筑区划内的建筑物及其附属设施,并接受业主的监督。”

从城市住宅小区的实际情况看,一个住宅小区往往由若干栋乃至数十栋住宅楼组成,一栋大楼往往有数十、上百套住宅,有数十、上百户业主,整个小区可能有成百上千户业主,因权利行使、相邻关系、物业管理等发生冲突和纠纷在所难免。因此,《物权法》第 83 条规定:“业主应当遵守法律、法规以及管理规约。业主大会和业主委员会,对任意弃置垃圾、排放污染物或者噪声、违反规定饲养动物、违章搭建、侵占通道、拒付物业费等损害他人合法权益的行为,有权依照法律、法规以及管理规约,要求行为人停止侵害、消除危险、排除妨害、赔偿损失。业主对侵害自己合法权益的行为,可以依法向人民法院提起诉讼。”依据本条规定,于个别业主有损害其他业主合法权益的行为时,不仅受损害的业主可以依法向人民法院起诉,要求行为人停止侵害、消除危险、排除妨害、赔偿损失,业主大会和业主委员会也可以依法向人民法院起诉,要求行为人停止侵害、消除危险、排除妨害、赔偿损失。这样规定有利于及时解决纠纷,减轻损害,保护业主的合法权益。

(四)关于征收和征用的规定

因物权具有排除他人干涉的效力,在教科书上称为“物权的绝对性原则”,与契约自由原则、过错责任原则,被称为现代民法的三大基本原则。《物权法》第66条规定:“私人的合法财产受法律保护,禁止任何单位和个人侵占、哄抢、破坏。”这就是关于物权绝对性原则的表述。这一基本原则的贯彻,是由刑法上侵犯财产的刑事责任制度和民法上侵犯财产的侵权责任制度予以切实保障的。但物权的绝对性原则并非不受限制。出于社会公共利益的需要,可以排除物权绝对性原则,即排除物权的“排他性”效力。法律上用来排除物权绝对性原则,排除物权的排他性效力的制度,一个是公法上的搜查证制度,另一个是民法上的征收和征用制度。此外,《城市规划法》和《文物保护法》也会对物权绝对性原则和排他性效力有所限制。征收和征用的实质,是国家强行取得人民的私有财产或者强行使用人民的私有财产,如果运用不当甚至滥用,必将严重侵害广大人民群众的合法权益,故有必要由法律明确规定其适用条件。

关于征收制度,需要回答一个问题,为什么在《宪法》进行规定之后,还要在《物权法》上进行规定?因为征收是强制性取得,所以要在《宪法》上规定,但征收虽然是强制性取得,却与没收财产、征税、罚款等公权力行使情形截然不同。没收财产、征税、罚款取决于国家机关单方的意思决定,被没收财产、被征税、被罚款的人无可抗拒,即使有异议也要先予执行,执行之后再去申请复议。没收财产、征税、罚款是直接依据公权力无偿取得私有财产。征收与此不同,征收不是无偿取得,而是有偿取得,要支付代价,要遵循市场交易等价有偿的规律,属于民事特别制度,所以在《宪法》规定之后,还要在《物权法》中进行规定。

征收既然属于商品交换关系,为什么不依据《合同法》订立合同呢?这是出于社会公共利益的考虑。国家要修建一个军用机场,如果按照《合同法》逐一与土地所有权人、使用权人谈判签约,因《合同法》实行合同自由原则,土地所有权人、使用权人不同意出卖,或者达不成协议,不能成立合同,军用机场就建不成,社会公共利益的目的就不能实现。征收属于有偿取得,本属于商品交换关系,但出于保障社会公共利益的正当理由,需要限制被征收人的合同自由,并排除被征收不动产物权的排他性效力,因此征收不适用合同自由原则,不采取根据合同法谈判签约的方式,而由政府根据《宪法》和《物权法》规定的条件直接作出征收决定。《物权法》第42条第1款规定:"为了公共利益的需要,依照法律规定的权限和程序可以征收集体所有的土地和单位、个人的房屋及其他不动产。"按照《物权法》第28条的规定,人民政府的征收决定一经生效,无须办理产权过户,国家即取得被征收不动产的所有权,被征收人对该不动产的所有权、使用权因而消灭。

征收和征用,是既有联系又有区别的两项法律制度。二者的共同点:一是出于公共利益目的;二是强制性,无须征得对方的同意。二者的区别在于,征收实质是强制取得不动产所有权,以补偿金为代价,属于有偿取得;征用是对私人和企业的动产、不动产的强制使用,并不取得什么权利,强行使用之后物归原主,损坏了不能归还的照价赔偿。从法律上说,征用就是一个"事实行为",不发生权利转移,征收要发生权利移转。

需注意,征收是和平环境的法律制度,征用是紧急状态下的特别措施。认识这一点有重大意义。因为征收是和平环境的法律制度,实行征收就可以从容不迫地履行法律规定的权限、程序和手续。政府的征收决定,属于单方法律行为,必须采用书面形式。制定国家征收法,应当规定征收文件的形式要件。征收由征收执行人予以执行。征收执行人要出示征收文件,被征收人要对征收文件进行审查,确认有人民政府的印章、主管人的签名,及是否符合国家征收法规定的权限。被征收人有异议的,可以申请行政复议或向人民法院提起诉讼。无论是行政复议还是诉讼程序,都要严格按照征收的法定条件及国家征收法的规定予以审查。这是由征收是和平环境下的法律制度所决定的。

征用是紧急状态下的特别措施。在战争环境之下、紧急状态之下,或者抢险救灾之时,不能从容不迫地履行法定程序。在1998年长江流域的大洪水,大堤溃决之后,抢险的部队和老百姓靠石块泥土堵不了决口,见江上远远有条货船,马上就叫人打旗语,然后这货船就乖乖地驶过来,跳上去几个人把船底凿穿沉下去堵决口。在抗洪抢险现场负责组织指挥的人,可能是一个战士,可能是一个班长,可能是一个普通的民工,可能是一个县区机关干部,只要他在那个现场负责组织指挥堵大堤决口,他就可以命令把船调过来沉下去。不要任何权限,不要任何程序,根本没有什么征用文件,征用只有一个法定条件,就是紧急状态。国家或者某个地区进入紧急状态,在此紧急状态之下,就可以实行征用。征收和征用,在《宪法》上合并规定在一个条文,考虑到征收与征用的适用环境的区别,《物权法》分别加以规定,第42条和第43条规定征收,另在第44条规定征用。还应当以《物权法》第44条的规定为基础,在紧急状态法上对征用制度作出进一步的规定。

鉴于近年曾经发生一些地方政府滥用征收制度,侵害农民和城镇居民合法权益的违法行为,在制定《物权法》的过程中,不少人希望把作为征收法定条件的“公共利益”概念具体化。曾经在一个草案中采用“为了发展公益事业、维护国家安全等公共利益的需要”这样的表述。这样规定仍然是不清楚的。问题在于,“公共利益”属于民法上的不确定概念。法律上的概念,要求有明确的内涵和外延,这样才具有可操作性,但并不是所有的概念都能够达到这样的要求,难免有少数法律概念不符合这样的要求,例如“公平原则”之所谓“公平”、诚实信用原则之所谓“诚实信用”、合理期限之所谓“合理”、正当理由之所谓“正当”,以及所谓“公共利益”,均属于没有办法具体界定其范围的“不确定概念”。因此,《物权法》没有对“公共利益”的具体范围设立规定,而留给其他民事单行法去解决。

从民法理论上看,“公共利益”虽然属于“不确定概念”,所不确定的只是其“范围”(“外延”),其“意义”(“内涵”)是确定的、明确的。按照民法理论上的通说,所谓“公共利益”,是指社会全体成员能够直接享受的利益。其有两个要点,一个是“社会全体成员”,另一个是“直接享受”。社会个别成员、部分成员享受的利益,不属于公共利益;社会全体成员“间接享受”的利益,也不属于公共利益。建军用机场、民用机场,修公路、铁路,建法院审判大楼、政府办公大楼,建公立博物馆、公立图书馆、公立医院、公立学校,等等,这些利益是整个社会成员都能直接享受的利益,因此属于“公共利益”。所谓“利益”当然包括“物质利益”“安全利益”“精神利益”。

所谓“间接享受”的利益,例如,房地产开发,建高新科技园区,地方经济发展了,税收多了,可以改善人民的福利待遇,提高人民的生活水平,就属于“间接享受”的利益。而开发商建商品房、写字楼,企业建厂房、商场,等等,“直接享受”利益的是开发商、企业。因地方经济发展,政府用从开发商、企业征收的税金改善社会福利、保护自然环境,人民群众“间接享受”到一些利益,这与开发商、企业从事房地产开发所“直接享受”的商业利益是有根本区别的。将来制定民事单行法涉及“公共利益”范围的界定时,一定要紧扣“公共利益”的内涵,不能将“商业利益”混淆于“公共利益”。《物权法》规定“公共利益”为征收的法定条件,就是要将“商业利益”“商业用地”排除在征收制度之外,将征收制度的运用严格限定在“公共利益”的目的范围,避免征收制度的滥用,此后企业要取得商业用地,在取得政府批给的用地数额指标后,必须按照《合同法》的规定与农户、居民谈判签约,使广大人民群众的私有财产权获得切实保障。

中国担保法的历史和现状*

一、《担保法》的制定

(一)改革开放前不存在担保法

我国在一个相当长的时期实行单一的公有制和计划经济体制,不存在真正的市场,因而也不存在市场风险。担保法,作为化解市场风险的法律手段,也就没有存在的必要。

(二)《经济合同法》关于担保的规定

从20世纪80年代初开始,我国实施了对外开放政策,并对旧经济体制进行改革,逐步由计划经济体制向市场经济体制过渡。为适应发展市场经济的要求,规定市场交易规则的合同法首先受到重视,1981年通过了《经济合同法》(1993年修正)。《经济合同法》中规定的担保方式,仅限于定金①和保证②两种。

(三)《民法通则》关于担保的规定

1986年通过的《民法通则》,在第89条规定了保证、抵押、定金和

---

* 本文是2001年12月3日在日本早稻田大学比较法研究所召开的物权法研讨会上的讲演稿。

① 《经济合同法》第14条规定:当事人一方可向对方给付定金,经济合同履行后,定金应当收回,或者抵作价款。给付定金的一方不履行合同的,无权请求返还定金。接受定金的一方不履行合同的,应当双倍返还定金。

② 《经济合同法》第15条规定:经济合同当事人一方要求保证的,可由保证人担保。被保证的当事人不履行合同的,按照担保约定由保证人履行或者承担连带责任。

留置四种担保方式。[③] 在当时,民法教学刚恢复,《民法通则》的制定缺乏民法理论研究的支持,因此其关于担保的规定,主要是参考苏联的立法和理论,例如,其未区分抵押权和质权。由于该条规定过于简略,不能形成完整的担保法律制度,加之未及时制定抵押登记制度、拍卖制度等与之相配合,《民法通则》所规定的担保方式不能发挥其应有的功能。

(四)现行《担保法》的制定

进入20世纪90年代,我国经济生活中发生了严重的"三角债"问题。所谓"三角债",是指企业与企业之间相互拖欠货款,以及企业拖欠银行贷款,以致影响市场经济的正常发展。中央政府两次采用行政手段清理"三角债",均未能成功。这使立法机关、法律实务界和法学界对于担保法在现代市场经济中的重大作用有了较深刻的认识,于是提出制定担保法的建议。

笔者于1993年发表《日本现代担保法制及其对我国制定担保法的启示》一文,着重介绍了日本的各种担保手段[④]并就制定中国担保法的指导思想和法律结构提出立法建议[⑤]。此文成为立法机关制定现行担保法的主要参考,其中关于指导思想、立法结构、担保类型的建议大部

---

③　《民法通则》第89条规定:依照法律的规定或者按照当事人的约定,可以采用下列方式担保债务的履行:(1)保证人向债权人保证债务人履行债务,债务人不履行债务的,按照约定由保证人履行或者承担连带责任;保证人履行债务后,有权向债务人追偿。(2)债务人或者第三人可以提供一定的财产作为抵押物。债务人不履行债务的,债权人有权依照法律的规定以抵押物折价或者以变卖抵押物的价款优先得到偿还。(3)当事人一方在法律规定的范围内可以向对方给付定金。债务人履行债务后,定金应当抵作价款或者收回。给付定金的一方不履行债务的,无权要求返还定金;接受定金的一方不履行债务的,应当双倍返还定金。(4)按照合同约定一方占有对方的财产,对方不按照合同给付应付款项超过约定期限的,占有人有权留置该财产,依照法律的规定以留置财产折价或者以变卖该财产的价款优先得到偿还。

④　关于日本担保法中的人的担保,该文介绍了银行保证、根保证和建设工事完成保证人。关于物的担保,该文着重介绍了质权,包括动产质权、不动产质权、租权利质权;抵押权,包括根抵押、动产抵押、动产与不动产集合抵押;关于非典型担保,该文介绍了让与担保、所有权保留、假登记担保,及若干新型担保方式。

⑤　其中关于立法指导思想,建议兼顾金融媒介型担保和保全型担保。关于担保类型,建议于人的担保中着重规定保证,物的担保中着重规定质权、抵押权和留置权。

分被采纳。

《担保法》于1994年1月开始起草,1995年6月30日由全国人大常委会第十四次会议通过,自1995年10月1日起施行。包括:第一章总则;第二章保证;第三章抵押;第四章质押;第五章留置;第六章定金;第七章附则。共96条。

(五)其他民事单行法中的担保

在《海商法》中规定了船舶抵押权和船舶优先权;《民用航空法》中规定了民用航空器抵押权和民用航空器优先权。

特别值得注意的是,1999年通过的《合同法》,参考《日本民法典》关于不动产公示的先取特权(第327条)和我国台湾地区"民法"关于承揽人法定抵押权(第513条)的规定,规定了建设工程合同承包人的法定抵押权(第286条)、加工承揽合同承揽人的留置权(第264条)。

二、《担保法》的内容

(一)立法目的

《担保法》第1条规定本法的立法目的:"为促进资金融通和商品流通,保障债权的实现,发展社会主义市场经济,制定本法。"体现了兼顾保全型担保和金融媒介型担保的指导思想。

(二)保证

规定保证和保证人(第一节)、保证合同和保证方式(第二节)、保证责任(第三节)。基本上是在《经济合同法》和《民法通则》规定的基础上,加以具体化,如区分了一般保证和连带保证;规定了保证担保的范围,包括主债权及利息、违约金、损害赔偿金和实现债权的费用;规定国家机关不得担任保证人,但经国务院批准为使用外国政府或者国际经济组织贷款的除外。公益目的的事业单位和社会团体不得担任保证人,规定保证期间为6个月。超过保证期间的,保证人免责。值得注意的是,其参考日本的"根保证",规定了最高额保证(第14条)。

(三)抵押权

规定抵押和抵押物(第一节)、抵押合同和抵押物登记(第二节)、抵押的效力(第三节)、抵押权的实现(第四节)、最高额抵押(第五节)。系着重参考日本及我国台湾地区的经验,如区分抵押权和质权;规定了动产抵押权(第34条规定机器、交通工具和其他财产可以抵押);规定了最高额抵押权(第59—62条)。

(四)质权

规定动产质押(第一节)、权利质押(第二节)。考虑到我国传统无不动产质权及参考日本经验,在现代市场经济条件下不动产质权作用甚微,未规定不动产质权,仅规定动产质权和权利质权。其中,列举规定了可以设定权利质权的权利:汇票、支票、本票、债券、存款单、仓单、提单;依法可以转让的股份、股票;依法可以转让的商标专用权、专利权、著作权中的财产权;依法可以质押的其他权利。

(五)留置权

规定仅对于因保管合同、运输合同、加工承揽合同发生的债权,发生留置权,并规定留置权不仅有留置的效力,而且有优先受清偿的效力。此与日本的留置权稍有不同。

(六)定金

我国民间素有使用定金的传统,以定金所起的作用不同,可分为证约定金、履约定金和担保定金。作为合同履行的担保手段的定金,属于担保定金。值得注意的是,本法规定,定金不得超过主合同标的额的20%。

三、最高人民法院关于《担保法》的解释

由于担保法的制定缺乏深入的民法理论研究的支持,对发达国家和地区的经验研究不够及受改革开放和市场发育程度的限制,加之当时民法学界主要精力投入合同法的起草工作,担保法的起草未受到理论界和实务界的足够重视,担保法草案系由法制工作委员会民法室部分干部起草,仅召开过一次小型的专家讨论会,为了应对“三角债”社会问题而急于通过,因此造成现行《担保法》存在许多不足甚至错误规定,影响其适用。为此,最高人民法院于2000年9月29日公布《关于

适用〈中华人民共和国担保法〉若干问题的解释》,共 134 条。该解释尽可能地对《担保法》的不足进行了弥补,对其错误规定予以纠正。

例如,《担保法》第 49 条规定,抵押人转让已办理登记的抵押物的,应当通知抵押权人并告知受让人转让物已经抵押的情况;未通知抵押权人或者未告知受让人的,转让行为无效。

最高人民法院《关于适用〈中华人民共和国担保法〉若干问题的解释》第 67 条第 1 款规定:"抵押权存续期间,抵押人转让抵押物未通知抵押权人或者未告知受让人的,如果抵押物已经登记的,抵押权人仍可以行使抵押权;取得抵押物所有权的受让人,可以代替债务人清偿其全部债务,使抵押权消灭。受让人清偿债务后可以向抵押人追偿。"按照《担保法》第 49 条的规定,"抵押人未通知抵押权人或者未告知受让人的,转让行为无效",而依此解释,该"转让行为有效"。

四、物权法的制定与《担保法》

我国从 1998 年开始起草物权法,迄今产生了由笔者负责起草的社会科学院法学研究所的《物权法草案》及由王利明教授负责起草的中国人民大学的《物权法草案》,两个《物权法草案》均对"担保物权"作了详细规定。在两个草案基础上由法制工作委员会民法室起草的《物权法草案》却未规定担保物权部分,打算在物权法通过后仍保留现行《担保法》。在 2001 年 5 月召开的物权法专家讨论会上,就是否保留《担保法》问题进行讨论。

法制工作委员会民法室起草的《物权法草案》,保留现行《担保法》的主要理由是:《担保法》公布不久,不便立即废止;如果物权法中规定担保物权的内容,担心拖延时间,影响物权法的通过;《担保法》虽然存在许多不足甚至错误,但已经由最高人民法院通过解释作了弥补,基本满足了司法实践的需要,不必予以废止。

与会绝大多数民法学者和实务专家主张,物权法应当规定担保物权,待物权法通过、生效时,废止现行《担保法》的担保物权部分,并将现行《担保法》关于保证和定金的规定并入合同法中。其主要理由是:

考虑到物权法的体系完整,宜在物权法中规定担保物权,而废止《担保法》;考虑到《担保法》存在严重的不足甚至错误规定,不能适应市场经济和司法实践的要求,宜废止担保法;虽说最高人民法院所作的解释对《担保法》中的不足和错误规定尽可能地作了弥补和纠正,但依据解释而不是法律规定来裁判案件,不符合现代法治及与国际接轨的要求,因此宜废止《担保法》。

据法制工作委员会民法室主任王胜明先生说,法制工作委员会将尊重民法学者和实务专家的意见,在正在准备中的物权法正式草案中,将规定担保物权,待物权法通过、生效时,废止现行《担保法》中的担保物权部分。

五、结语

预计《物权法草案》可能在 2002 年公布征求意见,然后提交人大常委会审议,有希望在 2003 年通过。

《物权法司法解释（一）》的理解与适用[*]

《物权法》是2007年颁布的，最高人民法院在《物权法》颁布实施近十年之后才发布对《物权法》的第一个司法解释，即最高人民法院《关于适用〈中华人民共和国物权法〉若干问题的解释（一）》[以下简称《物权法司法解释（一）》]，可见最高人民法院态度之慎重，以及此司法解释之重要。此司法解释发布后，很多法官、学者都做过讲解。我今天的讲座，是按照司法解释的条文进行解读，分析解释条文的文义、目的及如何适用，省律协孙会长和其他同志之前提了一些问题，有些问题与对该司法解释相应解读结合在一起回答，有些问题则放在后面回答。

《物权法司法解释（一）》第1条规定："因不动产物权的归属，以及作为不动产物权登记基础的买卖、赠与、抵押等产生争议，当事人提起民事诉讼的，应当依法受理。当事人已经在行政诉讼中申请一并解决上述民事争议，且人民法院一并审理的除外。"

《物权法司法解释（一）》第1条讲的是，人民法院如何处理涉及不动产物权登记的民事案件。第一句是原则：当事人就涉及不动产物权登记的争议提起民事诉讼的，人民法院应当依法受理；第二句是例外：如果当事人已经提起行政诉讼、在行政诉讼中申请一并解决民事争议，且人民法院已经决定在行政诉讼中一并审理民事争议的除外。既然当事人已经提起了行政诉讼并申请在该行政诉讼中一并解决民事争议，人民法院亦已决定在行政诉讼案件中一并审理民事争议，人民法院就

---

* 本文源自作者于2016年5月14日在山东律协培训班的讲座。

应不受理当事人另案提起的民事诉讼案件。如果不存在这个例外情形,人民法院对于当事人提起的涉及不动产物权登记的民事争议案件,当然要受理,不得借口涉及不动产物权登记而拒绝受理。

涉及不动产物权登记的,包括两类民事案件。

第一类是关于不动产物权归属的争议,即《物权法》第33条的规定:"因物权的归属、内容发生争议的,利害关系人可以请求确认权利。"当事人对某项物权的归属或者内容发生争议,任何一方均可以依据本条向人民法院起诉请求确认自己的权利,称为权利确认请求权。据此向人民法院提起的诉讼,称为确权之诉。确权之诉的结果可能改变原来的登记,登记簿上记载该项不动产归张三所有,而法院作出的确权判决确认该不动产归李四所有,即改变了该项不动产的物权归属。李四即可依据此确权判决书向不动产登记机构申请更正登记,登记机构应当按照该确权判决书将该项不动产更正登记为归李四所有。这是《物权法司法解释(一)》第1条第1句中因"不动产物权的归属"产生的民事争议。

第二类是因不动产的买卖、赠与、抵押等产生的争议,属于债权关系争议。依据买卖合同、赠与合同发生标的物所有权过户,依据抵押合同设立抵押权,买卖合同、赠与合同、抵押合同是发生物权变动的基础关系、原因行为。并不是所有的债权关系都会发生物权变动,发生物权变动的债权关系只是买卖合同、赠与合同、抵押合同、质押合同、土地使用权出让合同、土地使用权转让合同、地役权设定合同等。以买卖合同为典型。《合同法》第135条规定:"出卖人应当履行向买受人交付标的物或者交付提取标的物的单证,并转移标的物所有权的义务。"依据本条规定,买卖合同生效,出卖人承担向买受人交付标的物并移转标的物所有权的义务。买卖合同的履行将导致标的物所有权变动。赠与合同亦是如此。按照《物权法》的规定,以不动产抵押的,抵押合同生效后,需到不动产登记机构办理抵押登记,抵押权自登记时设立。这就是《物权法司法解释(一)》第1条中的"作为不动产物权登记基础的买卖、赠与、抵押等产生争议"。

这两类案件法律根据不同,第一类是根据《物权法》第33条确认物权请求权提起的确权之诉;第二类是根据买卖合同、赠与合同要求出卖人交付不动产并办理不动产所有权过户登记,或者根据抵押合同要求抵押人办理抵押登记、设立抵押权的给付之诉。第二类诉讼的关键是办理不动产过户登记或者抵押登记,如果能够履行(被告仍享有标的物所有权),法院应依据《合同法》第110条的规定作出强制交房并办理产权过户、强制办理抵押登记的判决;如果已经不能履行(标的物所有权已被第三人合法取得),那就不可能发生物权变动的效果,则应依法追究被告的违约责任。对这两种情形,依据《物权法》第33条关于确权请求权的规定,依据《合同法》关于买卖合同、赠与合同的规定,依据《物权法》关于不动产抵押权的规定,当事人提起民事诉讼的,(人民法院)应当依法受理,这是毋庸置疑的。

既然如此,为什么最高人民法院还要对此作出解释呢?这是因为现实生活中,有的法院、法官对不动产登记制度产生了误解。因为这两类案件都涉及不动产物权变动(发生、变更、消灭),而《物权法》对于不动产物权变动采"登记生效主义",需到不动产登记机构办理登记(过户登记、抵押登记)才发生物权变动的效果。自《物权法》颁布以来,一些法院和法官,未能正确理解《物权法》的规定,错误地把不动产登记的效力看成绝对的。假设李四向法院起诉说房子是自己的,而登记簿上记载被告张三是所有权人,法院基于对不动产登记制度的误解,就可能让当事人自己去找不动产登记机构解决,而对案件不予受理。同样,买受人依据买卖合同要求法院判决出卖人办理所有权过户登记,或者抵押权人依据抵押合同要求法院判决抵押人办理抵押登记,法院也可能让当事人自己去找不动产登记机构解决,而不予受理案件。一些法院之所以拒绝受理这两类民事案件,关键在于对不动产登记簿的证据效力及不动产登记机构性质和职责的认识错误。

先介绍不动产登记簿的证据效力。不动产登记簿作为物权的证据,规定在《物权法》第16条和第17条。《物权法》第16条规定,"不动产登记簿是物权归属和内容的根据"。该法第17条规定:"不动产权属证书是权利人享有该不动产物权的证明。不动产权属证书记载的事项，应当与不动产登记簿一致；记载不一致的，除有证据证明不动产登记簿确有错误外，以不动产登记簿为准。”按照《物权法》第16条的规定，不动产登记簿是物权归属与物权内容的证据。而不动产登记机构还向当事人发放不动产权属证书（如所有权证、抵押权证），按照《物权法》第17条的规定，不动产权属证书也是权利人享有不动产物权的证据。可见，不动产登记簿和不动产权属证书都具有证据效力，都可以作为证明不动产物权的证据。

可能发生一个问题，不动产登记簿记载的内容与不动产权属证书记载的内容不一致怎么办呢？《物权法》第17条回答了这个问题：两者“记载不一致的，除有证据证明不动产登记簿确有错误外，以不动产登记簿为准”。按照此规定，不动产登记簿与不动产权属证书的记载不一致的，原则上以不动产登记簿为准，除非另有证据证明不动产登记簿的记载确有错误。该规定非常重要，它明确规定了两项证据规则：其一，不动产登记簿的证据效力，原则上高于不动产权属证书（产权证、抵押权证）的证据效力；其二，不动产登记簿的证据效力不是绝对的，而是可以用相反的证据予以推翻的。

证据法关于证据效力有绝对效力与相对效力之分。哪些证据具有绝对的效力？主要的就是生效判决书、生效裁定书。将一个生效判决书作为证据，在另一个诉讼中使用，该生效判决书具有绝对的证据效力。除生效判决书、生效裁定书具有绝对证据效力之外，所有的其他书面证据都仅具有相对的证据效力。有人会问，你说生效判决书具有绝对的证据效力，难道法院的判决不会错吗？法院的判决当然有可能错误，但问题的关键是，绝不能仅仅因为有人认为（怀疑）某个判决错误，就否定该判决书的证据效力。如果认为法院判决错误，必须通过审判监督程序撤销原判决，才能否定该判决书的证据效力。除生效判决书（及生效裁定书）之外的书面证据，包括不动产登记簿及当事人持有的不动产权属证书（产权证、抵押权证、土地使用权证），虽然都是由国家专门设立的登记机构出具的书面证据，但这些书面证据都只具有相对的证据效力。

所谓相对的证据效力,就是可以用相反的证据予以推翻的证据效力,理论上给它一个名称,叫作“推定的证据效力”。法律上凡是讲到“推定”,都可用相反的证据予以推翻。例如法律上有所谓“推定过错”,如果当事人举出别的证据证明自己无过错,法院就将依据该项证据认定当事人“无过错”;如果当事人举不出证据证明自己没有过错,法院就将依据法律关于推定过错的规定,认定当事人“有过错”。按照《物权法》第17条的规定,不动产登记簿仅具有相对的(推定的)证据效力,而一些法院和法官未能正确理解此项规定,误认为不动产登记簿的证据效力是绝对的。基于此错误认识,凡是案件中涉及不动产登记簿,例如当事人主张不动产登记簿的记载不正确或者要求确认权利,有的法院和法官就可能拒绝受理案件、拒绝裁判案件,而要求当事人去不动产登记机构解决。这样的认识和做法当然是错误的。

再谈不动产登记机构的性质和职责。《物权法》第10条第1款规定:“不动产登记,由不动产所在地的登记机构办理。”该法第12条规定:“登记机构应当履行下列职责:(一)查验申请人提供的权属证明和其他必要材料;(二)就有关登记事项询问申请人;(三)如实、及时登记有关事项;(四)法律、行政法规规定的其他职责。申请登记的不动产的有关情况需要进一步证明的,登记机构可以要求申请人补充材料,必要时可以实地查看。”从这两条规定可知,不动产登记机构仅是“证明机关”,其职责是:根据当事人提供的法律规定的文件和当事人的申请,把当事人的权利状况(归属和内容)记载于不动产登记簿。《物权法》第14条规定,不动产物权的设立、变更、转让和消灭,依照法律规定应当登记的,“自记载于不动产登记簿时发生效力”。不动产登记簿的记载,是不动产物权发生、变更和消灭的“生效条件”,同时可以作为证明物权归属和内容的证据。

但是,我们要特别注意,不动产登记机构本身不是行政机关,更不是裁判机关,它没有解决物权争议、确定物权归属的权力。解决物权争议、确定物权归属的权力,在人民法院。《物权法》第33条规定:“因物权的归属、内容发生争议的,利害关系人可以请求确认权利。”利害关系人请求“谁”确认权利?当然是请求人民法院确认权利。唯有人民法院才拥有解决物权争议、确认物权归属的权力(裁判权)。有的法院和法官要求当事人到不动产登记机构去解决物权争议或者请求不动产登记机构更正登记,是错误的。

请看《物权法》第19条第1款关于更正登记的规定:“权利人、利害关系人认为不动产登记簿记载的事项错误的,可以申请更正登记。不动产登记簿记载的权利人书面同意更正或者有证据证明登记确有错误的,登记机构应当予以更正。”需特别注意,并不是只要权利人、利害关系人申请更正登记,登记机构即予更正。登记机构在什么条件下才可以更正登记呢?这规定在《物权法》第19条第1款第2句:“不动产登记簿记载的权利人书面同意更正或者有证据证明登记确有错误的,登记机构应当予以更正。”

例如,登记簿上记载张三是所有权人,而实际上张三不是所有权人,当时在国外工作的李四,委托张三代理他在国内买房,因为某种原因暂时登记在张三名下,实际上房屋所有权人是李四。现在已经回国的李四向登记机构申请更正登记,必须有登记簿上记载的所有权人张三的“书面同意”,亦即张三出具一份书面文件,明确表示自己只是代理李四买房,自己不是真正的所有权人,同意将该房屋所有权人更正为李四。在这种情形下,登记机构才可以根据李四的申请和张三的同意书,将登记簿上原记载的该房屋“所有权人张三”更正为“所有权人李四”。

反之,如果张三不同意更正,主张自己是真正的所有权人,表明张三与李四之间“存在尚未解决的权属争议”,按照《物权法》第19条第1款第2句的规定及《不动产登记暂行条例》第22条第(2)项的规定,不动产登记机构应当不予登记,并书面告知申请人。因为登记机构不是裁判机关,没有裁决民事争议的职权,无权解决张三与李四之间的物权归属争议,只能依法“不予登记”,即驳回李四的更正申请。这种情形,李四(当事人)可以根据《物权法》第33条的规定,向该房屋所在地的人民法院提起确认权利之诉,自不待言。

需特别注意,《物权法》第19条第1款第2句规定中“或者有证据证明登记确有错误”是什么意思?能够“证明登记确有错误”的“证据”,仅指已经生效的法院确权判决书。唯有已经生效的确权判决书具有绝对的证据效力,能够“证明登记确有错误”,除此之外的证据均仅具有相对的证据效力,均不足以“证明登记簿确有错误”。鉴于人民法院作出的确权判决的强制执行力,已经生效的确权判决书具有绝对的证据效力,因此登记机构必须按照判决书的权利归属确认,进行更正登记。可见,登记机构进行更正登记的必要条件是“不动产登记簿记载的权利人书面同意更正”,或者人民法院已生效的确权判决书“证明登记确有错误”。

小结一下,因为过去一段时间,有的法院和法官对不动产登记簿证据效力和不动产登记机构性质和职责的误解,拒绝受理当事人提起的确权之诉以及依据买卖、赠与、抵押等债权关系提起的涉及过户登记、抵押登记的民事争议,未能正确理解适用《物权法》,未能依法保护当事人合法权益。因此最高人民法院《物权法司法解释(一)》作出第1条规定,强调当事人依据《物权法》第33条的规定提起的确权之诉以及依据买卖、赠与、抵押等债权关系提起的、涉及不动产登记的民事争议,人民法院都应当受理,除非该民事争议已经在人民法院受理的行政诉讼中一并审理。

《物权法司法解释(一)》第2条规定:“当事人有证据证明不动产登记簿的记载与真实权利状态不符、其为该不动产物权的真实权利人,请求确认其享有物权的,应予支持。”

《物权法司法解释(一)》第1条规定,涉及不动产登记的两类民事争议,人民法院原则上应当依法受理,现在该解释第2条讲第一类民事争议,即对于不动产物权归属的争议,人民法院受理后如何处理。例如,登记簿上记载张三是所有权人,而李四主张该房屋不是张三的,自己才是真正的所有权人,这就构成物权归属的争议,李四当然可以根据《物权法》第33条的规定向人民法院提起确认物权之诉,且按照《物权法司法解释(一)》第 1 条,人民法院应当受理这一确权诉讼。《物权法司法解释(一)》第 2 条规定了人民法院应当如何裁判确权争议案件。

请注意《物权法司法解释(一)》第 2 条所谓"当事人有证据证明"之所谓"当事人",是指本案原告。按照"谁主张谁举证"的原则,法院应当要求原告李四承担举证责任,以"证明不动产登记簿的记载与真实权利状态不符、其为该不动产物权的真实权利人"。鉴于不动产登记簿记载被告张三是争议不动产的所有权人,且不动产登记簿具有推定的证据效力,因此法院不得要求被告张三承担证明自己是真实权利人的举证责任。如果原告李四举出了证据,例如买卖合同书、支付价款凭证、委托张三代购房屋的委托书、与代理人张三之间的往来函件以及证人证言等,足以证明登记簿的记载(张三是所有权人)是错误的、原告李四才是该不动产的真实所有权人,则人民法院应当采纳原告举出的证据并据以判决该不动产所有权归属于原告李四。反之,如果原告李四举不出证明不动产登记簿记载错误的证据,或者举出的证据不足以证明不动产登记簿记载错误,则人民法院应当判决驳回原告李四的请求,并根据不动产登记簿的记载认可被告张三是该不动产的真实权利人。

《物权法司法解释(一)》第 2 条,不仅告诉人民法院应当如何裁判确权争议案件,同时也告诉我们不动产登记簿仅具有相对的证据效力。人民法院审理确权案件,如果原告举出的证据足以证明不动产登记簿的记载与真实权利状态不符,法院即应根据原告举出的证据确认原告为争议不动产的真实权利人。法院确认原告李四为真实权利人的确权判决,也就推翻(否定)了不动产登记簿的证据效力。唯有人民法院才能裁决确权争议,才能否定不动产登记簿的证据效力。

顺便指出,不动产登记关系重大,不仅关系到个人的重要财产,还关系到市场交易安全。订立房屋买卖合同,如果连出卖人是不是该房屋的真实权利人都没搞清楚,就可能面临极大的风险。鉴于不动产权属状况是不动产交易安全的前提,因此国家专门设立登记机构办理不动产登记,以增强不动产登记的公信力。因为是国家设立的不动产登记机构,它在不动产登记簿上的记载和颁发的权属证书,值得当事人信赖。订立购房合同时,要求出卖人出示产权证,凭产权证可以相信出卖人是该房屋的所有权人。如果买受人还不放心,可以去不动产登记机构查阅登记簿。《不动产登记暂行条例》第 27 条第 1 款规定:"权利人、利害关系人可以依法查询、复制不动产登记资料,不动产登记机构应当提供。"买受人以"利害关系人"身份向登记机构查询,查明出卖人是登记簿记载的所有权人,就可以放心签订买卖合同。即使后来发现该登记错误(出卖人并不是该房屋的真实权利人),买受人也可以主张自己属于"善意买受人",而获得善意取得制度(《物权法》第 106 条)的保护。

《物权法司法解释(一)》第 3 条规定:"异议登记因物权法第十九条第二款规定的事由失效后,当事人提起民事诉讼,请求确认物权归属的,应当依法受理。异议登记失效不影响人民法院对案件的实体审理。"

《物权法司法解释(一)》第 3 条与《物权法》第 19 条第 2 款关于异议登记制度的规定有关。例如,登记簿上记载张三是所有权人,李四争议说张三不是所有权人,自己才是真实的所有权人。如果张三认可李四的主张,承认李四才是真实所有权人,张三应当出具一份"同意更正"的书面文件,由李四到登记机构申请更正登记。前面谈到,根据《物权法》第 19 条第 1 款的规定,凭张三出具的"同意更正"的书面文件,登记机构应当将登记簿记载的"所有权人张三"更正为"所有权人李四",同时收回张三手里的产权证,并向李四颁发产权证。原来李四和张三是朋友,李四委托张三代理自己买房,因为某种原因暂时登记在张三名下,导致登记簿的记载与真实权利状态不符,通过更正登记将登记簿的记载更正过来。但是,鉴于社会生活的复杂性,如果张三要侵占本属于李四的房产,张三就不会出具"同意更正"的书面文件,并且否认受李四委托买房的事实,而主张自己是该房产真实所有权人。于是张三与李四之间就该项房产形成权利归属争议。这种情形,登记机构会驳回李四的更正申请,李四就只能根据《物权法》第 33 条的规定向人民法院提起确权之诉。

为此,李四要委托律师,律师接受委托后要收集证据、准备起诉状,然后向法院起诉,法院受理后还要安排开庭日期,开庭审理后作出判决,这需要一个或长或短的期间。而在发生争议到法院作出确权判决的期间,张三可能抢先下手,转让争议房产的所有权,把房屋卖给第三人王五,并且办理了过户登记。因为登记簿记载张三是所有权人,他的买卖合同、产权证、身份证等证据都是有效的,登记机构就会办理过户登记,将该房产所有权过户到买受人王五名下。这边李四找了律师、向法院起诉,经法院受理、开庭审理,最后作出确权判决,确认争议房屋归李四所有,李四拿着判决书去登记机构申请更正登记,却被登记机构驳回更正申请,理由是该房屋已经不在张三名下,已经归属于王五所有了。李四好不容易得到法院确权判决,却要不回本属于自己的房屋。

为了规避这一风险,《物权法》创设了异议登记制度,规定在《物权法》第19条第2款第1句:“不动产登记簿记载的权利人不同意更正的,利害关系人可以申请异议登记。”异议登记制度的立法目的,是保护主张异议的真正权利人,保障他打赢了确权官司、得到确权判决之后,能够到登记机构办理变更登记,收回本属于自己的财产。并且异议登记的程序比较简单,只要李四提交一个异议登记申请书,说明登记簿记载张三为所有权人的那套房屋不是张三的,自己才是真实所有权人,申请异议登记。登记机构就会根据李四的申请,在登记簿上记载李四的异议(李四主张自己是真实所有权人)。请注意,异议登记的作用并不是阻止登记簿上的名义所有权人张三转卖房屋,而是告知打算购买该房屋的人:该房屋所有权归属存在争议。明知存在异议登记,买受人王五仍然购买该房屋,如果将来人民法院根据《合同法》第51条的规定判决买卖合同无效,买受人王五将不能依据《物权法》第106条的规定主张善意取得。按照社会生活经验,一旦有了异议登记,登记名义人要抢先下手转卖房屋,别人就不敢买。异议登记的效力是什么?就是排除受让人的“善意”。按照本司法解释第16条第1款第(1)项的规定,明知存在异议登记仍然购买该房屋不构成“善意受让人”,将不能获得善意取得制度的保护。

所以说异议登记是保护真实权利人,其效力是排除受让人的"善意",实际上起到阻止登记名义人抢先转卖争议房产的作用。但是异议登记的有效期间不能太长,《物权法》规定异议登记的有效期是15日,目的是促使异议人尽快向人民法院起诉。《物权法》第19条第2款第2句规定:"登记机构予以异议登记的,申请人在异议登记之日起十五日内不起诉,异议登记失效。"如果15日期满,异议人没有向法院起诉,该异议登记失效。异议登记一旦失效,打算购买该房屋的人就可以放心地购买,因为他购买之后,即使将来法院判决买卖合同无效,也可以受到善意取得制度的保护。

《物权法司法解释(一)》第3条规定:"异议登记因物权法第十九条第二款规定的事由失效后,当事人提起民事诉讼,请求确认物权归属的,应当依法受理。异议登记失效不影响人民法院对案件的实体审理。"按照该条规定,异议登记失效后,当事人提起确权之诉的,人民法院应当依法受理,并依法审理。换言之,异议登记的失效,不妨碍人民法院受理当事人根据《物权法》第33条提起的确权之诉,不影响人民法院对该确权争议案件的实体审理。理由很简单,如前所述,异议登记的立法目的是保护真实权利人,其法律效力仅在排除买受人的"善意",对于当事人依据《物权法》第33条规定享有的确认权利请求权及相应的诉权,不发生丝毫影响(妨碍)。

最高人民法院之所以制定此项司法解释,是因为有的法院、法官对异议登记制度的误解,误以为异议登记是对《物权法》第33条规定的确权请求权行使的限制,误以为有了异议登记当事人必须在异议登记有效期(15天)之内起诉,如果超过异议登记有效期(15天),则当事人(提起确权之诉)的诉权消灭或者(确权请求权)实体权消灭。有的法院、法官基于对异议登记的错误理解,对于当事人超过异议登记有效期之后提起的确权之诉,或者以异议登记失效为由拒绝受理,或者在受理案件之后以异议登记失效为由判决驳回当事人的请求。这样的理解、这样的做法当然是错误的。

导致上述错误理解和错误做法的原因是,有的法院、法官未正确理解异议登记保护异议人之立法目的,误以为异议登记是对异议人行使权利(诉权和实体权)的限制。如前所述,异议登记之立法目的,不是限制异议人(依据《物权法》第33条的规定享有的确权请求权),而是限制登记簿上记载的名义权利人(对争议不动产的处分),防止他抢先下手转让房屋所有权。所以,异议登记是否有效,丝毫不影响异议人依法享有的实体权(确权请求权)和诉权。异议人在异议登记有效期(15天)之内起诉,人民法院应当受理;异议人在异议登记有效期届满之后起诉,人民法院照样应当受理。无论异议人(原告)是否办理异议登记,无论在异议登记有效期之内还是之外起诉,人民法院均应当按照该司法解释第3条规定的原则受理案件。

换言之,无论原告(异议人)是否办理异议登记,无论异议登记生效或者失效,均不影响异议人提起确权之诉的诉权和请求确认权利的实体权,均不影响人民法院对原告(异议人)提起的确权之诉的受理和审理。这就是《物权法司法解释(一)》第3条所表述的解释规则。但对于当事人(异议人)来说,既然办了异议登记,最好在异议登记有效期(15天)内向法院起诉,否则,就不会受到异议登记的保护,一旦名义权利人抢先转让争议房屋,就会遭受重大损失。

《物权法司法解释(一)》第4条规定:“未经预告登记的权利人同意,转移不动产所有权,或者设定建设用地使用权、地役权、抵押权等其他物权的,应当依照物权法第二十条第一款的规定,认定其不发生物权效力。”

《物权法司法解释(一)》第4条与预告登记制度有关。社会生活中的房屋买卖合同,一种是现房买卖,另一种是预售买卖(商品房预售)。商品房预售,是改革开放以来政府为了鼓励商品房开发而认可的一种交易形式。但在商品房预售中,开发商出售的不是已经建成的房屋,而是图纸上的房号。订立预售合同的时候,往往房子还没有建成,这样的交易形式有其法律风险。通常订立商品房预售合同的时候房价低,但房屋建成需要一段时间,例如一年、两年,甚至三年、五年,到房屋建成的时候价格上涨了。可能订立商品房预售合同时每平方米5000 元,等到房屋建好交房时,房价已经涨到每平方米 1 万元。这时就有少数开发商不讲诚信,把已经预售的房子再卖给其他的买房人,这就是“一房二卖”。

如果是现房买卖,发生“一房二卖”的可能性较小,因为办理过户登记与房款支付互为条件,没有时间再卖给他人。但对于商品房预售,签订合同之时房屋尚未建成,当然不可能办理过户登记,这就给个别开发商“一房二卖”甚至“一房多卖”提供了条件。起草《物权法》时,有报道说某个开发商将一套商品房出卖给十多个买房人。因此,为了限制开发商“一房多卖”,《物权法》创设了预告登记制度,规定在《物权法》第 20 条第 1 款:“当事人签订买卖房屋或者其他不动产物权的协议,为保障将来实现物权,按照约定可以向登记机构申请预告登记。预告登记后,未经预告登记的权利人同意,处分该不动产的,不发生物权效力。”

预告登记的法律效力,不是限制开发商“一房二卖”,而是限制后一买卖合同的物权效力。商品房预售合同一经办理预告登记,“未经预告登记权利人(前买受人)同意,开发商处分该不动产(订立第二个买卖合同),不发生物权效力(后一合同买受人得不到所有权)”。按照社会生活经验,打算购买该不动产的人,一旦看到登记簿上已经有预告登记,当然就不会签订买卖合同,因为不可能得到该不动产所有权,还可能面临无法退款的风险。预告登记制度正是通过限制后一买卖合同发生物权效力,以实现保障商品房预售合同买受人能够获得标的物所有权的立法目的,在实际上当然也起到限制“一房二卖”的效用。

《物权法》第 20 条所谓“其他不动产物权的协议”,主要是在建项目的抵押合同。开发商拿到地块和规划以后,把整个建设项目全部抵押给某个银行以获取贷款。因抵押合同签订时房屋没有建成,不能办理抵押登记,贷款银行还得不到抵押权。开发商把房屋建成后,就可能搞重复抵押,并且办理抵押登记。于是,后贷款的银行办理了抵押登记得到了抵押权,先贷款的银行就无法办理抵押登记,因而得不到抵押权。抵押权实现时,房屋一经拍卖,后贷款银行作为抵押权人优先受偿,前贷款银行反而遭受了损失,因为它没有抵押权。所以说,预告登记也可以用来保护贷款银行,签订抵押贷款协议时,因为房屋没有建成,没有办法办理抵押登记,可以根据《物权法》第 20 条的规定到登记机构办理预告登记。一旦办理抵押权预告登记,不经贷款银行同意,抵押人要将已经抵押的不动产再向其他银行抵押贷款,其他银行将不可能得到抵押权。因此,其他银行也就不接受抵押,保障预告登记权利人(贷款银行)能够得到抵押权。

预告登记的立法目的,是针对"一房二卖"(及重复抵押),通过限制(否定)在后的买卖合同(抵押合同)的物权效力,以保护预售合同买房人(抵押贷款合同贷款银行)的合法权益。条文中所谓"不发生物权效力"是什么意思呢?就是得不到所有权、得不到抵押权,后一买房人得不到所有权、后一抵押贷款银行得不到抵押权。按照《物权法》第 15 条的规定,虽然不发生物权效力,但后一买卖合同、后一抵押合同的债权效力不受影响,可以据以追究出卖人(抵押人)的违约责任。从理论上说,可以得到违约责任的保护,但违约责任能不能实现却不一定。所以,按照社会生活经验,办理预告登记之后,出卖人要搞"一房二卖",后面那个买家就不会买;抵押人要重复抵押,后面那个银行就不会接受抵押。这就是预告登记的作用,保护商品房预售合同的买房人,使他最终能够得到房屋所有权,保护为在建项目提供抵押贷款的银行,使它能够得到抵押权并通过执行抵押权收回本金和利息。

《物权法司法解释(一)》第 4 条所针对的案件是:商品房预售合同,办理预告登记后,出卖人仍然"一房二卖",后一买卖合同的买受人依据《合同法》第 110 条关于强制实际履行的规定起诉,要求法院判决强制出卖人办理产权过户登记的案型;以及在建不动产抵押贷款合同,办理抵押权预告登记后,抵押人重复抵押(借款),后一抵押(借款)合同的抵押权人依据《合同法》第 110 条关于强制实际履行的规定起诉,要求法院判决抵押人办理抵押登记的案型。人民法院应当如何裁判这样的案件呢?按照《物权法司法解释(一)》第 4 条,这类案件审理过程中,一旦查明买卖合同(抵押合同)标的物之上"存在预告登记",并且查明转移不动产所有权买卖合同(或者抵押合同)订立之时,"未经预告登记的权利人(预售合同买受人、在建项目抵押合同抵押权人)同意",法院即应严格按照《物权法》第20条第1款关于预告登记制度的规定,认定该买卖合同(抵押合同)"不发生物权效力",亦即驳回原告(后一买受人、后一抵押权人)要求法院强制被告(出卖人、抵押人)办理产权过户登记(抵押登记)的请求。反之,如果查明不存在"预告登记",或者虽然有预告登记但预告登记已经失效,或者存在有效的预告登记但被告转移不动产所有权或者设定不动产抵押权,已经预告登记的权利人同意,法院即应支持原告依据《合同法》第110条提起的强制实际履行请求,判决责令被告出卖人办理产权过户登记或者责令抵押人办理抵押登记,自不待言。

《物权法司法解释(一)》第5条规定:"买卖不动产物权的协议被认定无效、被撤销、被解除,或者预告登记的权利人放弃债权的,应当认定为物权法第二十条第二款所称的'债权消灭'。"

《物权法司法解释(一)》第5条是对"预告登记失效"的解释。《物权法》第20条第2款规定:"预告登记后,债权消灭或者自能够进行不动产登记之日起三个月内未申请登记的,预告登记失效。"该款规定了预告登记失效的两种情况:其一,债权消灭;其二,从可以办理不动产登记之日起3个月内未进行登记。有这两种情形之一,预告登记失效。

这里先介绍第二种情形。所谓"可以办理不动产登记之日"是什么意思?是指开发商就建成房屋向登记机构办理(完成)"首次所有权登记"之日。按照《物权法》第30条的规定,开发商建房,属于因事实行为发生所有权,自该"事实行为成就"时,亦即自房屋建成(竣工)之时,发生开发商对所建成房屋的所有权。但按照《物权法》第31条的规定,虽然自竣工之时开发商已经享有对建成房屋的所有权,但在向登记机构办理所有权登记之前,开发商对建成房屋所有权的处分(出卖或者抵押),不发生物权效力。换言之,房屋建成之后,开发商需向登记机构办理“首次所有权登记”(将建成房屋所有权登记在自己名下),然后才能够依据预售合同办理所有权过户登记,或者依据抵押合同办理抵押登记。可见,开发商向登记机构办理(完成)该建成房屋“首次所有权登记”之日,即所谓“可以办理不动产登记(产权过户登记或者抵押登记)之日”。

再看预告登记失效的第一种情形:“债权消灭”。条文所谓“债权消灭”是什么意思?应当是指异议登记权利人据以进行异议登记的债权消灭。但问题在于:究竟有哪些原因导致据以进行异议登记的债权消灭?这就有必要解释。根据《物权法司法解释(一)》第5条的规定,债权消灭包含两类情形:其一,买卖不动产物权的协议被认定无效、被撤销、被解除;其二,预告登记的权利人放弃债权。

第一类导致“债权消灭”的情形,首先是“协议(合同)无效”,凡具备《合同法》第52条规定的合同无效原因之一,即应认定协议(合同)无效。此外,属于《合同法》第51条规定的无权处分他人财产的合同,如果权利人不予追认且处分人事后未得到处分权的,亦应认定合同无效。需注意的是,这两种合同无效,都需由人民法院或者仲裁机构作出认定合同无效的判决或裁决。其次是“协议(合同)被撤销”,是指属于因重大误解、以欺诈、胁迫的手段或者乘人之危订立的合同,当事人根据《合同法》第54条的规定行使撤销权,经人民法院或者仲裁机构作出撤销合同的判决或裁决。最后是“协议(合同)被解除”,包括:其一,《合同法》第45条第1款最后一句规定的“附解除条件的合同”,自“条件成就”时“失效”,即自动解除。其二,《合同法》第93条第1款规定的“协议解除”,即双方当事人协商达成解除合同的协议,合同即被解除。在此顺便建议律师朋友,如果为当事人签订解除合同的协议,最好将该协议准确地称为(写成)“关于解除某某合同的协议”,而不要简单地写成“补充协议”。因为“补充协议”通常用于对原合同内容的变更(修改),“补充协议”的生效并不导致原合同无效;而解除合同的协议一旦生效,将导致原合同解除(效力消灭)。其三,行使解除权,合同当事人依据《合同法》第93条第2款的规定享有约定解除权,或者依据

《合同法》第 94 条的规定享有法定解除权,解除权人按照《合同法》第 96 条的规定行使解除权,导致合同消灭(被解除)。

第二类导致“债权消灭”的情形是“预告登记的权利人放弃债权”,所谓“放弃债权”,亦即《合同法》第 91 条第(5)项规定的“债权人免除债务”。

以上是对《物权法司法解释(一)》第 5 条的解读。重复一下,合同“被认定无效”,需由法院作出认定合同无效的判决或者由仲裁机构作出认定合同无效的裁决。同样,合同“被撤销”,亦需由法院作出撤销合同的判决或者仲裁机构作出撤销合同的裁决。合同“被解除”则有不同,其中,附解除条件的合同,一旦解除条件成就,合同即消灭(自动解除);协议解除,则解除协议一生效,原合同即被解除(原合同消灭);解除权人行使解除权,则“解除通知”到达对方之时,合同被解除(消灭),如果对方在 3 个月内提出异议,则须由法院或仲裁机构对合同之是否解除进行确认。

关于《物权法司法解释(一)》第 5 条,请特别注意,所谓“买卖不动产物权的协议”一语,并不准确。按照文义解释,所谓“买卖不动产物权的协议”,仅指房屋买卖合同。显而易见,这样解释违背预告登记制度之立法目的。因此,应当根据《物权法》第 20 条关于预告登记制度的立法目的,扩张“买卖不动产物权的协议”一语的文义,解释为,包括房屋买卖合同、建设用地使用权转让合同、房屋(在建建筑物)抵押合同、建设用地使用权抵押合同、不动产地役权设定合同。此解释方法属于目的性扩张解释,其解释结果与《物权法司法解释(一)》第 4 条所谓“转移不动产所有权,或者设定建设用地使用权、地役权、抵押权等其他物权”相符,是正确的。

《物权法司法解释(一)》第 6 条规定:“转让人转移船舶、航空器和机动车等所有权,受让人已经支付对价并取得占有,虽未经登记,但转让人的债权人主张其为物权法第二十四条所称的‘善意第三人’的,不予支持,法律另有规定的除外。”

这是关于特别动产物权变动的解释。民法理论上,将动产分为一般动产与特别动产。所谓特别动产,指《物权法》第 24 条规定的“船舶、航空器和机动车等”,之所以将船舶、航空器和机动车等规定为“特别动产”,并设立不同于一般动产物权变动的法律规则,原因有二:一是“特别动产”价值巨大;二是“特别动产”活动范围广。一般动产的物权变动规则,是交付生效,不需登记。因为一般动产没有(也不可能有)登记制度,而“船舶、航空器和机动车等”特别动产,都有相应的登记制度。这里补充一下,特别动产的登记制度,包括船舶、航空器和机动车的登记制度,首要目的是行政管理,在此基础上,民事法律规定该登记具有物权变动的(证据)效力,这与国家专门设立(不具有行政管理权的)不动产登记机构办理不动产登记是不同的。特别动产登记,首先为了行政管理,民法赋予该登记以物权变动的(证据)效力,属于顺水推舟。

现在来看动产物权变动规则。《物权法》第 23 条规定:“动产物权的设立和转让,自交付时发生效力,但法律另有规定的除外。”该法第 24 条规定:“船舶、航空器和机动车等物权的设立、变更、转让和消灭,未经登记,不得对抗善意第三人。”按照《物权法》第 23 条的规定,动产物权变动规则是,“自交付时发生效力”,即“交付生效主义”。条文附有“但书”:“法律另有规定的除外”。此“法律另有规定”,指《物权法》第 24 条关于特别动产物权变动的规定:“未经登记,不得对抗善意第三人”,即“登记对抗主义”。将《物权法》第 23 条和第 24 条结合起来理解,我国《物权法》规定,特别动产物权变动实行“登记对抗主义”,特别动产之外的动产(一般动产)实行“交付生效主义”。

“交付生效主义”是什么意思?意思是以动产的“交付”(移转占有)作为物权变动的判断标准(公示方法),于出卖人将出卖标的物交付买受人之时,买受人即取得标的物所有权。“交付生效主义”容易理解,例如,你到商店买手机,选定手机、谈好价钱,售货员开票,你到收银台付款,回来将付款凭证交给售货员,售货员将你选定的手机交给你、你接过(占有)该手机(完成交付),你即于此时取得该手机的所有权。

“登记对抗主义”是什么意思?“登记对抗主义”是相对于“登记生

效主义"而言的。按照我国现行不动产登记制度,例如房屋买卖,实行"登记生效主义",以到登记机构办理不动产登记(产权过户登记)为房屋所有权变动生效条件。即使出卖人交了房、买受人取得对房屋的占有甚至进行装修并居住了很多年,只要未到登记机构办理产权过户登记,买受人仍然得不到房屋的所有权。《物权法》第14条规定:"不动产物权的设立、变更、转让和消灭,依照法律规定应当登记的,自记载于不动产登记簿时发生效力。"这叫"登记生效主义",是一种最严格的登记制度。

相对而言,我国对特别动产实行的"登记对抗主义"是一种比较宽松的制度。例如机动车买卖、机动车抵押,不要求必须登记,是否办理过户登记、抵押登记,由当事人自己决定。按照"登记生效主义",如不动产买卖、不动产抵押,必须登记,不登记不生效(买受人得不到所有权、抵押权人得不到抵押权);按照"登记对抗主义",如机动车买卖、机动车抵押,不要求必须登记,即使不登记(只要交付)也生效(买受人得到所有权、抵押权人得到抵押权),但是,因为没有登记,会承担某种风险,即在效力上有某种缺陷,从而"不能对抗善意第三人"。顺便指出,虽然法律规定实行"登记对抗主义",若购买机动车或者接受机动车抵押借款,最好还是到登记机关办理过户登记、抵押登记。

这里介绍物权的效力。物权是什么权利呢?《物权法》第2条第3款规定:"本法所称物权,是指权利人依法对特定的物享有直接支配和排他的权利,包括所有权、用益物权和担保物权。"可见,物权具有"直接支配性"和"排他性"。物权是一种具有直接支配性和排他性的权利,民法理论上称为绝对性的权利,不仅有支配效力、排他效力,还有追及效力、对抗效力。所谓支配效力,指所有人将所有物置于自己的占有、控制之下;排他效力,指排除任何人对标的物的侵害,任何人侵害标的物,均将构成违法行为(侵权行为、犯罪行为);追及效力,指标的物被他人非法占有时,所有人可以追及至物的所在地而取回标的物;对抗效力,指物权(特别是所有权)可以对抗世界上任何人,任何人都不能予以剥夺。理论上称物权为绝对权、对世权,就体现为物权具有对抗效力。

现在讲特别动产的“登记对抗主义”。“登记对抗主义”的意思是，法律不要求必须登记，买受人可以登记，也可以不登记，即使不登记，只要完成“交付”也可以得到所有权。像二手车买卖，签订买卖合同后买受人付款，按照《物权法》第 23 条的规定，出卖人将汽车钥匙交付给买受人，买受人占有车钥匙表示交付完成，他就得到了汽车的所有权。但是，买受人得到的所有权有个缺陷，其对抗效力不完全，买受人凭借该所有权可以对抗很多人，但不能对抗“善意第三人”。因为，按照《物权法》第 24 条的规定，机动车等特别动产的物权变动规则是“登记对抗主义”，虽然交付车钥匙就转移了该车的所有权，但“未经登记，不得对抗善意第三人”。假如张三对你购买的、因交付（车钥匙）而取得所有权的汽车主张权利，法官一旦认定张三属于“善意第三人”，就会作出判决否定你对该汽车的所有权，判决该汽车属于张三所有。需注意的是，未经登记的、因交付而取得的所有权，只是不具有对抗“善意第三人”的效力，仍然具有对抗“善意第三人”之外的一切人（包括“恶意第三人”）的效力。

理解《物权法》第 24 条所谓“不得对抗善意第三人”，关键是要正确理解“善意第三人”的概念。因此《物权法司法解释（一）》第 6 条就是对《物权法》第 24 条中的“善意第三人”概念作解释。如何理解物权法上的“第三人”？要解释谁是“善意第三人”，需先解释谁是“第三人”。下面先讲“第三人”是什么意思？

民法上的“第三人”概念，与债权（合同）的相对性原理有关。债权（合同）是双方当事人之间的法律关系，罗马法称之为“法锁”，通过这把“法锁”将债权人、债务人“锁”在一起。因此，所谓“第三人”，是指债权（合同）双方当事人之外的人。但需注意，合同双方当事人之外有许许多多人，难道都是“第三人”吗？当然不是。所谓“第三人”，不是指合同双方当事人之外的任何人，而是指双方当事人之外的、与合同一方当事人有某种法律关系的某个特定的人。

《合同法》上的第三人，例如《合同法》第 64 条规定的“向第三人履行债务”中的第三人,是指双方当事人之外的、“接受债务人履行”的特定人;《合同法》第65条规定的“由第三人向债权人履行债务”中的第三人,是指双方当事人之外的、向债权人履行债务的特定人;《合同法》第121条所谓“第三人”,是指与合同债务人具有某种法律关系的人,如债务人自己的原材料供应商、建筑承包人、履行辅助人;《合同法》第52条第(2)项关于“恶意串通,损害国家、集体或者第三人利益”规定中的“第三人”,特指双方当事人恶意串通加以损害的那个受害人。《侵权责任法》第28条关于“损害是因第三人造成的,第三人应当承担侵权责任”的规定中所谓第三人是指未被列入被告的、实际造成原告损害的那个加害人。《侵权责任法》第37条第2款规定:“因第三人的行为造成他人损害的,由第三人承担侵权责任;管理人或者组织者未尽到安全保障义务的,承担相应的补充责任。”其中所谓第三人,是指那个实际造成受害人损害的加害人。此外,《侵权责任法》第83条、第68条第三人行为导致动物造成损害、第三人造成环境污染的规定,所称第三人都是指特定人。《民事诉讼法》上的“第三人”概念,道理相同,是指诉讼双方当事人(原告、被告)之外的,与当事人一方(原告或者被告)有某种法律关系的特定人。鉴于物权属于支配权和绝对权的性质,处于静止状态的物权,只有物权人与非物权人之分,不发生所谓第三人问题。《物权法》上的第三人,必定发生在物权的动态(物权变动)关系中,指在导致物权变动(设立、转让、终止)的合同关系中,与当事人一方存在某种法律关系的特定人。例如,第三人提供担保(第三人抵押、质押),所谓第三人,是指用自己的不动产或者动产设定抵押权或者质权为债务人担保的特定人(《物权法》第176、179、203、208条)。以转让对第三人的返还请求权替代交付(《物权法》第26条)的所谓第三人,指合法占有动产的特定人。请特别注意,以上所列举的“第三人”,都不发生“善意”“恶意”问题。

要判断第三人是“善意”还是“恶意”的,主要有两种情形:

其一,存在意思表示瑕疵的合同(法律行为)一方当事人主张合同(法律行为)无效或者予以撤销,该无效或者撤销可否对抗连续交易的后一合同关系的受让人。例如,张三出卖某物给李四,李四再将该物出卖给王五,构成连续交易合同关系,前合同关系的当事人(张三、李四),以存在意思表示瑕疵(虚伪表示或者欺诈、胁迫)为由,主张前合同关系无效或者撤销,是否影响后合同关系的效力,取决于后合同关系买受人王五是否知道(包括应当知道)前合同关系存在意思表示瑕疵。假如王五知道(应当知道)前合同存在意思表示瑕疵,王五即属于"恶意第三人",因此张三与李四之间的前合同关系的无效或者被撤销,将导致李四与王五之间的后合同关系亦无效或者被撤销,此即前合同关系因意思表示瑕疵被确认无效或者被撤销,"可以对抗"(后合同关系的)"恶意第三人";反之,假如王五不知道(不应当知道)前合同存在意思表示瑕疵,则王五属于"善意第三人",因此张三与李四之间的前合同关系的无效或者被撤销,不导致李四与王五之间的后合同关系亦无效或者被撤销,此即前合同关系因意思表示瑕疵被确认无效或者被撤销,"不得对抗"(后合同关系的)"善意第三人"。此项因意思表示瑕疵主张合同(法律行为)无效或者撤销不得对抗"善意第三人"制度,其立法目的在于保障市场交易安全,现行《民法通则》《合同法》未有明文规定,正在制定中的《民法总则(草案)》规定在第124条、第130条。

其二,物权变动关系中的"第三人",于同一物权的重复交易("一物二卖")、重复抵押("一物二押")合同关系中,指后一买卖合同的买受人、后一抵押合同的抵押权人。关于"一房二卖",前面解读预告登记制度时已经谈及,因不动产物权变动实行"登记生效主义",现房买卖不太容易出现"一房二卖","一房二卖"主要存在于商品房预售买卖合同,因此《物权法》创设预告登记制度以保护预售合同买受人能够得到房屋所有权。一般动产物权变动实行交付生效主义,一旦完成交付出卖人即失去对标的物的占有,不可能"一物二卖"。唯特别动产物权变动实行"登记对抗主义",于交付完成之后,买受人取得对标的物的占有(因此取得标的物所有权),但只要未到登记机关办理过户登记,登记簿上该动产所有权仍在出卖人名下,给"一物二卖"留下可能性。

于出卖人"一物二卖"情形,如何处理前合同买受人与后合同买受人(第三人)之间的利益冲突?处理的标准是,看该第三人(后买受人)是属于善意还是恶意。如果后买受人订立合同之时,知道(应当知道)出卖人已经将该特别动产出卖给他人,即属于“恶意第三人”,前买受人因交付而取得的所有权足以对抗该“恶意第三人”,法院据此判决确认前买受人已取得该特别动产所有权,并驳回后买受人取得该特别动产所有权的请求。

《物权法》第24条所谓“善意第三人”,特指“一物二卖”情形后一买卖合同的买受人(及“一物二押”情形后一抵押合同的抵押权人)。以汽车买卖为例,第一个买卖合同是出卖人甲(车主)将汽车出售给买受人乙,合同成立生效,买受人乙已经付款并取得车钥匙(完成交付),根据《物权法》第24条的规定,买受人乙已经取得该汽车所有权。但因乙未到登记机构办理所有权过户登记,在登记簿上出卖人甲仍是该汽车(名义)所有权人,因此甲又与丙订立买卖合同,将该车卖给买受人丙,并且与丙到登记机构办理过户登记,将该汽车所有权过户到后买受人丙名下。如何解决前买受人乙与后买受人丙之间的利益冲突?

如果后买受人丙未办理过户登记,则后买受人丙只是一般债权人,而前买受人乙因交付已取得该汽车所有权,按照物权效力优于债权的原则,乙对汽车享有的所有权足以对抗一切债权人,因此法院应当保护前买受人乙,驳回后买受人丙的诉求;如果后买受人丙办理了过户登记,后买受人丙即属于甲、乙之间(前一)汽车买卖合同的“第三人”,法官如何判决,将取决于后买受人丙是属于“善意第三人”还是“恶意第三人”。

假如后买受人丙于订立买卖合同时,已经知道(应当知道)甲已经将该汽车出卖给乙的事实,则丙属于“恶意第三人”,按照《物权法》第24条的规定,前买受人乙因交付取得的对该汽车的所有权,足以对抗该“恶意第三人”。因此,法院应当保护前买受人乙,驳回后买受人丙交付汽车的诉求,判决乙为该汽车所有权人,并否定丙对该汽车的所有权;假如后买受人丙于订立买卖合同时,不知道(不应当知道)甲已经将该汽车出卖给乙的事实,则后买受人丙属于“善意第三人”,按照《物权法》第24条的规定,前买受人乙因交付取得的对该汽车的所有权,对抗效力存在缺陷,不得对抗“善意第三人”丙。因此,法院应保护后买受人丙,作出该汽车所有权属于后买受人丙、否定前买受人乙对该汽车享有所有权的判决。

总结一下,《物权法司法解释(一)》第6条是解释《物权法》第24条所谓“善意第三人”。如前所述,法律上的“第三人”非指债权(合同)双方当事人之外的任何人,而是指与当事人一方有某种法律关系的特定人。《物权法》第24条所称“善意第三人”,仅指“一物二卖”情形的后合同买受人。但在裁判实践中,有的法院、法官产生混淆,错误理解为,出卖人的债权人也属于《物权法》第24条所谓“善意第三人”。因此,《物权法司法解释(一)》第6条从反面进行解释,将出卖人的“债权人”排除在“善意第三人”的范围之外。在将出卖人的“债权人”排除之后,《物权法》第24条所称的“善意第三人”也就确定了:仅指“一物二卖”情形,不知道(不应当知道)前一买卖合同关系存在的后买受人。

按照类推解释方法,《物权法》第129条关于“土地承包经营权人将土地承包经营权互换、转让,当事人要求登记的,应当向县级以上地方人民政府申请土地承包经营权变更登记;未经登记,不得对抗善意第三人”的规定中所称“善意第三人”,仅指土地承包经营权重复互换、重复转让情形中,不知道(不应当知道)前一土地承包经营权互换、转让合同关系存在的后取得人。《物权法》第158条关于“地役权自地役权合同生效时设立。当事人要求登记的,可以向登记机构申请地役权登记;未经登记,不得对抗善意第三人”的规定中所称“善意第三人”,仅指重复设定地役权情形,不知道(不应当知道)前一地役权设定合同关系存在的后地役权人。《物权法》第188条、第189条关于“抵押权自抵押合同生效时设立;未经登记,不得对抗善意第三人”的规定中所称“善意第三人”,仅指重复抵押情形,不知道(不应当知道)前一抵押合同关系存在的后抵押权人。

《物权法司法解释(一)》第7条规定:“人民法院、仲裁委员会在分割共有不动产或者动产等案件中作出并依法生效的改变原有物权关系的判决书、裁决书、调解书,以及人民法院在执行程序中作出的拍卖成交裁定书、以物抵债裁定书,应当认定为物权法第二十八条所称导致物权设定、变更、转让或者消灭的人民法院、仲裁委员会的法律文书。”

《物权法司法解释(一)》第7条所解释的是《物权法》第28条。民法理论上,将导致物权变动的原因分为法律行为与法律行为之外的原因。法律行为之外的、导致物权变动的原因,包括《物权法》第28条规定的法律文书和征收决定(公权力行使行为)、第29条规定的继承和遗赠、第30条规定的事实行为。《物权法》第28条规定:“因人民法院、仲裁委员会的法律文书或者人民政府的征收决定等,导致物权设立、变更、转让或者消灭的,自法律文书或者人民政府的征收决定等生效时发生效力。”其中,“人民政府的征收决定”含义明确,易于掌握,而“人民法院、仲裁委员会的法律文书”就难以掌握,因为人民法院和仲裁委员会的法律文书并非只有一种类型。因此需要最高人民法院进行解释,所谓“人民法院、仲裁委员会的法律文书”,是指人民法院、仲裁委员会作出的哪些法律文书?按照《物权法司法解释(一)》第7条,《物权法》第28条所称“导致物权设立、变更、转让或者消灭”的人民法院、仲裁委员会的法律文书,是指人民法院、仲裁委员会在分割共有不动产或者动产等案件中作出的“改变原有物权关系的判决书、裁决书、调解书”,以及人民法院在执行程序中作出的“拍卖成交裁定书、以物抵债裁定书”。

法律文书的生效时间如何确定?对此,法律上没有明文规定,根据程序法基本原理,人民法院的法律文书生效分为三种情形:第一种,凡是允许当事人上诉的人民法院法律文书(判决书、裁定书),须送达当事人之后、上诉期届满当事人未上诉,法律文书(判决书、裁定书)才生效;第二种,不允许当事人上诉的法律文书(判决书、裁定书),自送达当事人时生效;第三种,无须送达的法律文书(宣告失踪判决、撤销失踪宣告判决、宣告死亡判决、撤销死亡宣告判决),自法律文书作出之时生效。仲裁委员会的法律文书(裁决书),自送达当事人之时生效。

《物权法司法解释(一)》第7条关于法律文书种类和范围的解释

是否符合《物权法》第28条的立法本意?我认为,《物权法司法解释(一)》第7条关于法律文书种类和范围的解释,是符合《物权法》第28条立法本意的,但该解释所谓“改变原有物权关系的”法律文书,未明确“改变原有物权关系的”法律文书的具体类型,有必要进一步予以解释。下面是我的补充解释,《物权法司法解释(一)》第7条所谓“改变原有物权关系的”法律文书包括:(1)人民法院的确权判决书;(2)人民法院的破产财产分配判决书(裁定书);(3)人民法院的清产还债判决书(裁定书);(4)人民法院的以物抵债裁定书;(5)人民法院的强制拍卖成交裁定书;(6)人民法院的分割共有财产判决书,包括分割家庭共有财产、分割夫妻共有财产、分割合伙共有财产判决书;(7)人民法院的分配遗产判决书。这里列举了7种法律文书,不一定周全,属于学理解释,仅供参考。

在执行实践中,执行当事人合意以物抵债,执行法院一般不出具以物抵债的裁定书,怎么看这个问题呢?我认为,首先要理解执行法院执行的对象是什么?当然是债权。但不是普通的债权,而是由人民法院生效判决所确认的债权。人民法院的判决一经生效,该债权就附上了法院的强制执行力。虽然该债权附上了法院的强制执行力,债务人(执行义务人)仍然可以自愿履行,如果自愿履行了,就达到了执行目的;如果执行义务人不自愿履行,执行法院将采取强制执行措施,包括查封、扣押、拍卖被执行人的财产,以实现执行目的。执行实践中,在强制拍卖成交之后,执行法院将作出“强制拍卖成交裁定书”,有时不需要拍卖,将被执行人的特定不动产或者动产折价抵偿给执行申请人,执行法院将作出“以物抵债裁定书”。可见,“强制拍卖成交裁定”和“以物抵债裁定”,都是在执行义务人不自愿履行的情况下,执行法院进行强制执行的结果。执行过程中,执行当事人合意以物抵债,属于执行义务人自愿履行,执行法院并没有采取强制执行措施,执行法院不作出(不必要作出)“以物抵债裁定”,我认为是正确的。补充一点,执行过程中,执行申请人与执行义务人协商达成的“以物抵债协议”,性质上属于“和解协议”,按照《民事诉讼法》第230条的规定,执行员应当将该以物抵债协议的内容记入笔录,由双方当事人签名或者盖章。

《物权法司法解释(一)》第8条规定:"依照物权法第二十八条至第三十条规定享有物权,但尚未完成动产交付或者不动产登记的物权人,根据物权法第三十四条至第三十七条的规定,请求保护其物权的,应予支持。"

为什么要作出上述解释呢?因为有的法官和律师对《物权法》第31条有误解。而《物权法》第31条是对非因法律行为取得物权的处分限制。《物权法》第28条规定:"因人民法院、仲裁委员会的法律文书或者人民政府的征收决定等,导致物权设立、变更、转让或者消灭的,自法律文书或者人民政府的征收决定等生效时发生效力。"条文所谓"发生效力",是指发生"物权设立"的效力、"物权变更"的效力、"物权转让"的效力、"物权消灭"的效力。《物权法》第29条规定:"因继承或者受遗赠取得物权的,自继承或者受遗赠开始时发生效力。"条文所谓"发生效力",是指发生"物权取得"的效力。《物权法》第30条规定:"因合法建造、拆除房屋等事实行为设立或者消灭物权的,自事实行为成就时发生效力。"条文所谓"发生效力",是指发生"物权设立"的效力、"物权消灭"的效力。其中,发生"物权设立"效力、"物权变更"效力、"物权转让"效力,其结果是一方当事人因而取得(享有)物权。

需特别注意,根据以上3个条文(《物权法》第28—30条)取得(享有)的物权,如果属于"依照法律规定需要办理登记的"不动产物权,则在物权变动发生效力、权利人取得(享有)不动产物权之时,因尚未到登记机构办理不动产登记,该不动产物权归属状态与不动产登记簿上的记载是不一致的。同理,如果属于动产,则在发生物权变动、权利人取得(享有)动产物权之时,因尚未占有该动产,该动产物权归属状态与公示方法(占有)是不一致的。这种情形,如果允许该物权的权利人,在办理不动产登记或者完成动产交付(消除真实权利状态与登记簿记载的不一致)之前处分其物权,必然导致财产归属秩序和市场交易秩序的混乱。为了维护财产归属秩序、市场交易秩序,有必要对所取得的物权予以限制:于办理不动产登记或者完成动产交付之前,限制其处分。

对于非因法律行为取得的物权，于办理不动产登记或者完成动产交付之前限制其处分，也是出于维护物权公示、公信制度的要求。按照《物权法》第 31 条的规定，非因法律行为取得（享有）的不动产物权，如果属于依照法律规定需要办理登记的，则在办理不动产登记之前，该不动产物权人所为处分（如转让、抵押），“不发生物权效力”。所谓“不发生物权效力”，其含义是相对人（如受让人、抵押权人）得不到物权（所有权、抵押权）。规定“不发生物权效力”，反过来，也就起到促使不动产物权人在处分不动产物权之前，到登记机构办理不动产登记，以消除真实权利状态与登记簿上的记载不一致，维护和发挥不动产登记制度的目的和功能。补充一点，在办理不动产登记或者动产交付之前，物权人的处分虽“不发生物权效力”，其债权（合同）效力不受影响。

由上可知，《物权法》第 31 条只是限制依照该法第 28 条至第 30 条的规定享有的（不动产）物权的处分权能，该物权的其他权能（占有、使用、收益）和效力（优先效力、排他效力、追及效力）均不受影响。当物权受到非法侵害时，权利人应受到《物权法》或者《侵权责任法》的保护，例如，依据《物权法》第 34 条请求返还原物；依据《物权法》第 35 条请求排除妨害或者消除危险；依据《物权法》第 36 条请求修理、重作、更换或者恢复原状；依据《物权法》第 37 条请求损害赔偿；依据《侵权责任法》第 19 条，请求损害赔偿。此外，如果加害行为构成刑法上的侵犯财产罪，权利人还将受到刑法的保护。但是，在实践中，有的法官未能正确理解《物权法》第 31 条的规定，将条文“未经登记，不发生物权效力”（对“处分权能”的限制）误解为对物权（取得、享有）的限制，误解为该物权因此就不受法律保护了。《物权法司法解释（一）》第 8 条的目的，就是要纠正、避免对《物权法》第 31 条的误解，明确告诉我们，没有办理不动产登记或者动产交付的物权，仍然受《物权法》《侵权责任法》甚至《刑法》的保护，权利人根据《物权法》第 34 条至第 37 条的规定请求保护其物权的，人民法院应当受理并予以支持。

《物权法司法解释（一）》第 9 条规定：“共有份额的权利主体因继

承、遗赠等原因发生变化时,其他按份共有人主张优先购买的,不予支持,但按份共有人之间另有约定的除外。”

《物权法司法解释(一)》第9条至第14条是解释“按份共有人优先购买权”(《物权法》第101条)。优先购买权的实质,是对物权(所有权)的处分权能的限制。我们可以发现一个现象,民法典制定的时间愈早,所规定的优先购买权类型愈多。反之,民法典制定的时间愈近(晚),所规定的优先购买权类型愈少。中国现行民事基本法律上的优先购买权只有两种:一是《合同法》第230条规定的承租人优先购买权;二是《物权法》第101条规定的按份共有人优先购买权。

《合同法》上的承租人优先购买权最先由最高人民法院《关于贯彻执行〈中华人民共和国民法通则〉若干问题的意见(试行)》所创设,《合同法》起草人将此司法解释制度上升为法律条文,规定在《合同法》第230条。应当特别注意,此承租人优先购买权,根据《民通意见》的规定,被认定为物权性权利,如果出租人没有通知承租人转卖租赁房屋,承租人可以诉请法院确认该转卖合同无效。但在《物权法》生效之后,最高人民法院根据尽量限制物权性优先购买权的立法指导思想,变更对承租人优先购买权的解释立场,根据最高人民法院《关于审理城镇房屋租赁合同纠纷案件具体应用法律若干问题的解释》第21条的规定,于出租人侵害承租人优先购买权情形,“承租人请求出租人承担赔偿责任的,人民法院应予支持。但请求确认出租人与第三人签订的房屋买卖合同无效的,人民法院不予支持”。承租人优先购买权被定性为债权性权利。

现在看按份共有人优先购买权。按照物权法定原则(《物权法》第5条),按份共有人优先购买权(《物权法》第101条)当然属于物权性权利。这是毋庸置疑的,不需要再作解释。需要解释的是按份共有人优先购买权的适用对象(范围),以及如何适用。《物权法》第101条规定:“按份共有人可以转让其享有的共有的不动产或者动产份额。其他共有人在同等条件下享有优先购买的权利。”应当说,条文规定得很清楚:共有人向共有人之外的其他人转让共有份额,其他共有人可以行使优先购买权。但是,实务中发生了混淆,因此需要解释。

《物权法司法解释(一)》第9条中规定按份共有的权利主体因继承、遗赠等原因发生变化时,其他按份共有人主张优先购买权的,不予支持,为什么不予支持?理由是,因"继承、遗赠等原因"发生权利主体变化,不是"转让"。民法所谓"转让",是指权利主体(转让人)将属于自己的财产性权利(所有权或其所有权份额、用益物权、知识产权、股权)移转于受让人,并从受让人收取对价(价款)的有偿法律行为。按份共有的权利主体死亡,其享有的所有权份额成为遗产,由死者的继承人或者受遗赠人取得,属于非因法律行为取得物权(《物权法》第29条),与(属于有偿法律行为的)"转让"无关,不在按份共有人优先购买权的适用范围之内。这种情形,其他按份共有人主张优先购买权的,人民法院当然不予支持。请注意,《物权法司法解释(一)》第9条有一个"但书":如果按份共有人之间另有约定,即约定于权利主体因继承、遗赠等原因发生变化时,其他共有人可主张优先购买权,则依其约定。还要说明一点,《物权法司法解释(一)》第9条"继承、遗赠等原因"中的"等"字是什么意思?这个"等"字,是指《物权法》第28条规定的因人民法院、仲裁委员会生效的法律文书发生的物权变动。

《物权法司法解释(一)》第10条规定:"物权法第一百零一条所称的'同等条件',应当综合共有份额的转让价格、价款履行方式及期限等因素确定。"

本条解释了"同等条件"。按照《物权法》第101条的规定,按份共有人优先购买权的适用对象,是共有人将自己的共有份额"转让"给非共有人;按份共有人优先购买权的适用条件是,以"同等条件"购买。此所谓"条件",是指"合同条件",包括"转让价款""付款期限""付款地点"和"付款方式",此外还可以包括"违约责任""解决争议的方法"等;所谓"同等条件",如果严格解释,其含义是,要求主张行使优先购买权的其他共有人所提出的"合同条件"与共有人(转让人)与非共有人(受让人)所达成的"合同条件"完全相同。如此严格解释,对主张行使优先购买权的其他共有人难免过分苛刻,有悖于法律设置优先购买权制度的立法目的。故《物权法司法解释(一)》第10条要求法官于判断主张行使优先购买权的共有人提出的合同条件是否构成“同等条件”时,既不能将“同等条件”理解为“转让价格相同”,也不能要求全部合同条件都完全相同,而是授权法官“综合共有份额的转让价格、价款履行方式及期限等因素”进行综合判断(自由裁量)。

《物权法司法解释(一)》第11条规定:“优先购买权的行使期间,按份共有人之间有约定的,按照约定处理;没有约定或者约定不明的,按照下列情形确定:(一)转让人向其他按份共有人发出的包含同等条件内容的通知中载明行使期间的,以该期间为准;(二)通知中未载明行使期间,或者载明的期间短于通知送达之日起十五日的,为十五日;(三)转让人未通知的,为其他按份共有人知道或者应当知道最终确定的同等条件之日起十五日;(四)转让人未通知,且无法确定其他按份共有人知道或者应当知道最终确定的同等条件的,为共有份额权属转移之日起六个月。”

本条解释了按份共有人优先购买权的行使期限(除斥期间)。按份共有人优先购买权性质上属于形成权。形成权的存在使有关法律关系处于不确定状态。因此,立法政策不允许形成权长期存在,形成权应受除斥期间限制,除斥期间届满形成权消灭。《物权法》创设按份共有人优先购买权,却未规定除斥期间,构成法律漏洞。《物权法司法解释(一)》第11条弥补了此项法律漏洞。

按照本条解释,按份共有人优先购买权的除斥期间,分为15日与6个月。条文内容比较明确,容易理解。但其中第(3)项、第(4)项“其他按份共有人知道或者应当知道最终确定的同等条件”之日一句中,“最终确定的同等条件”之日语义模糊,应当理解为转让人与受让人之间的“合同条件最终确定”之日,亦即“转让合同成立”之日。

《物权法司法解释(一)》第12条规定:“按份共有人向共有人之外的人转让其份额,其他按份共有人根据法律、司法解释规定,请求按照同等条件购买该共有份额的,应予支持。其他按份共有人的请求具有下列情形之一的,不予支持:(一)未在本解释第十一条规定的期间内主张优先购买,或者虽主张优先购买,但提出减少转让价款、增加转让人负担等实质性变更要求;(二)以其优先购买权受到侵害为由,仅请求撤销共有份额转让合同或者认定该合同无效。”

本条第1款从正面解释了具备哪些条件属于优先购买权之正确行使:“按份共有人向共有人之外的人转让其份额,其他按份共有人根据法律、司法解释规定,请求按照同等条件购买该共有份额的,应予支持。”这表明共有人优先购买权行使的三项条件:其一,需是按份共有人向共有人之外的人“转让”其份额(本解释第9条);其二,其他共有人需在优先购买权“除斥期间”(行使期间)内请求购买(本解释第11条);其三,其他共有人需按照“同等条件”购买(本解释第10条)。符合此三项条件,属于优先购买权之正确行使,人民法院“应予支持”,即确认共有人向共有人之外的人转让其份额的合同无效,并判决行使优先购买权的共有人“按照同等条件购买该共有份额”。

本条第2款从反面解释只要不符合第1款表述的条件之一,即不构成优先购买权之正确行使:“其他按份共有人的请求具有下列情形之一的,不予支持:(一)未在本解释第十一条规定的期间内主张优先购买,或者虽主张优先购买,但提出减少转让价款、增加转让人负担等实质性变更要求;(二)以其优先购买权受到侵害为由,仅请求撤销共有份额转让合同或者认定该合同无效。”上述两种情形均不构成优先购买权的正确行使,人民法院当然“不予支持”,即应判决驳回其他按份共有人的请求。

《物权法司法解释(一)》第12条内容不难理解,唯第2款中的“实质性变更”一语,需稍作说明。“实质性变更”与“非实质性变更”相对应,属于合同法上的重要法律概念。其所谓“变更”,指当事人对“合同条件”的变更。按照合同法原理,当事人(受要约人)对于相对方(要约人)提出的“合同条件”的“非实质性变更”,视为“未变更”,构成对“合同条件”的承诺,于是合同成立;反之,当事人(受要约人)对于要约人提出的“合同条件”的“实质性变更”,视为拒绝对方提出的“合同条件”、提出“新要约”,因此合同不成立。本条解释“主张优先购买,但提出减少转让价款、增加转让人负担等实质性变更要求”,已构成对转让人提出的“合同条件”的拒绝,当然不符合优先购买权行使的“同等条件”,这易于理解。问题是,能否将“减少转让价款、增加转让人负担”之外的其他变更都认定为“非实质性变更”?

需特别注意,绝对不应将“减少转让价款、增加转让人负担”之外的其他变更都认定为“非实质性变更”。哪些变更属于“实质性变更”,在《合同法》上有明确规定。按照《合同法》第30条的规定,除“减少转让价款、增加转让人负担”之外,有关购买共有份额数量的变更、履行期限的变更、履行地点的变更、履行方式的变更、违约责任的变更和解决争议方法的变更等,均属于对合同条件的“实质性变更”。须排除上述“实质性变更”之后的其他变更,才可能属于不影响优先购买权行使之“非实质性变更”。

《物权法司法解释(一)》第13条规定:“按份共有人之间转让共有份额,其他按份共有人主张根据物权法第一百零一条规定优先购买的,不予支持,但按份共有人之间另有约定的除外。”

《物权法司法解释(一)》第9条和第12条已经明确,按份共有人优先购买权的适用对象是,“按份共有人向共有人之外的人转让其份额”,“按份共有人之间转让共有份额”不属于优先购买权的适用对象。因此,本条解释进一步明示:于“按份共有人之间转让共有份额”的情形,若有其他共有人主张根据《物权法》第101条(关于按份共有人优先购买权的规定)请求优先购买的,人民法院应“不予支持”,即以不符合《物权法》第101条关于优先购买权(适用对象)的规定为由,判决驳回其请求。需注意,《物权法司法解释(一)》第13条附有一个“但书”:“但按份共有人之间另有约定的除外”。如果共有人之间预先约定“共有人之间转让共有份额,其他共有人也有优先购买权”,则按照私法自治(意思自治)原则,人民法院理应认可该约定。

民法上设立共有人优先购买权的立法目的何在?所谓“转让”属于市场交易行为,转让人以获取对价(价款)为目的。根据社会生活经验，转让人往往关注相对方（受让人）的报价、资力及能否按期付款，一般不考虑受让人身份。但共有财产份额的转让有所不同。民法创设按份共有人优先购买权的立法目的，是维护财产共有关系的稳定、维护其他共有人的合法权益。财产共有关系的基础是合伙（合同）关系，合伙关系以合伙人相互之间的信赖为前提，如果相互之间缺乏信赖，合伙关系就很难维持。共有人将其共有份额转让给共有人之外的人，其法律效果是，转让人因而退出合伙关系，受让人因受让共有份额而成为新的合伙人（加入合伙关系）。如果该受让人不诚信、不受其他合伙人信赖，就会导致财产共有关系内部的冲突、损害其他共有人的合法权益。创设按份共有人优先购买权，就是为了规避共有人将共有份额转让给共有人之外的、不为其他共有人信赖的人，为了维护财产共有关系（作为其基础的合伙关系）的稳定。共有人之间转让共有份额不适用优先购买权的道理也在于此，因为共有人之间转让共有份额，不存在损害财产共有关系基础的危险。

《物权法司法解释（一）》第 14 条规定："两个以上按份共有人主张优先购买且协商不成时，请求按照转让时各自份额比例行使优先购买权的，应予支持。"

本条解释优先购买权的共同行使。根据《物权法》第 101 条的规定，于共有人向共有人之外的人转让其共有份额情形，其他按份共有人均享有优先购买权。于通常情形，其他共有人之一行使优先购买权，别的共有人会放弃优先购买权。如果两个以上的按份共有人都要求行使优先购买权，就构成优先购买权的共同行使，按照本条解释，"两个以上按份共有人主张优先购买且协商不成时，请求按照转让时各自份额比例行使优先购买权的"，人民法院"应予支持"。对本条解释再作解释（反对解释），如果两个以上按份共有人起诉主张优先购买权且协商不成时，请求"不"按照转让时各自份额比例行使优先购买权的，则人民法院应不予支持。

《物权法司法解释（一）》第 15 条规定："受让人受让不动产或者动产时，不知道转让人无处分权，且无重大过失的，应当认定受让人为善变。真实权利人主张受让人不构成善意的,应当承担举证证明责任。”

从《物权法司法解释(一)》第15条开始是解释《物权法》第106条善意取得制度。在传统民法理论和立法例中,与《物权法》第106条善意取得制度对应的,是不动产登记公信力和动产善意取得两个制度。保护不动产转让的善意受让人,靠不动产登记公信力原则(制度)。因动产(一般动产)没有登记制度,为了保护动产交易中的善意受让人,另外发明动产善意取得制度。《物权法》制定时,立法者考虑到两个制度立法目的完全相同(保护善意受让人),遂将两个制度合并,创设统一的善意取得制度,规定在《物权法》第106条。

《物权法》设立善意取得制度的立法目的,是保护善意受让人。因为法律不可能要求每一个受让人在订立转让合同时,调查转让人是否为真实权利人。既然这样的要求不合理,那就发生一个问题,在受让人不知道出卖人不是真实权利人的情况下,该善意受让人在法律上就应该受到保护;如果不保护,市场交易就不能够进行。保护善意受让人就是保护交易安全,就是保护市场经济的发展,这就是物权法设立善意取得制度的理由。

《物权法》第106条第1、2款规定:“无处分权人将不动产或者动产转让给受让人的,所有权人有权追回;除法律另有规定外,符合下列情形的,受让人取得该不动产或者动产的所有权:(一)受让人受让该不动产或者动产时是善意的;(二)以合理的价格转让;(三)转让的不动产或者动产依照法律规定应当登记的已经登记,不需要登记的已经交付给受让人。受让人依照前款规定取得不动产或者动产的所有权的,原所有权人有权向无处分权人请求赔偿损失。”

需特别注意,《物权法》第106条中“无处分权人将不动产或者动产转让给受让人的”这一句,限定了善意取得制度的适用范围:仅适用于《合同法》第51条规定的无权处分他人财产合同被确认无效的案型。此外的合同无效案型,例如根据《合同法》第52条确认合同无效、限制行为能力人订立的合同因法定代理人未追认而无效(《合同法》第47条),以及撤销权人行使撤销权而使可撤销合同被撤销(等同于无效),均不发生善意取得问题,绝无适用《物权法》第106条善意取得制度的可能。无权处分他人财产的合同,因权利人予以追认或者处分人事后取得处分权,而依《合同法》第51条的规定被认定合同有效情形,则买受人直接根据有效合同获得标的物所有权,亦不发生适用《物权法》第106条善意取得制度的问题,自不待言。

法庭审理无权处分他人财产合同案件,在依据《合同法》第51条的规定确认合同无效情形,买受人有权根据《物权法》第106条主张善意取得。主张善意取得,属于无权处分合同被确认为无效情形下,法律赋予买受人的权利,其当然也可以放弃此项权利。因此,如果买受人主张善意取得,法庭即应适用《物权法》第106条的规定,审查其是否符合善意取得的条件,如经审查认定其符合善意取得的条件,即应依据《物权法》第106条的规定判决买受人已经善意取得标的物所有权;经审查认定不符合善意取得的条件,则应依据《物权法》第106条的规定判决驳回买受人关于善意取得的主张,并且直接适用《合同法》第58条的规定判决恢复原状(相互返还财产)及损失分担;如买受人未主张善意取得,法庭应当认为买受人放弃权利,而直接适用《合同法》第58条发生合同无效的后果,既然不能依职权适用《物权法》第106条,也不能就买受人是否主张善意取得进行释明。

按照《物权法》第106条的规定,发生善意取得的条件有三项:第一项是受让人善意;第二项是有偿受让;第三项是动产已经交付,不动产已经办理过户登记。其中,第一项受让人属于善意,最为重要。什么叫善意?《物权法司法解释(一)》第15条即解释了《物权法》第106条第1款第(1)项所称“善意”。该解释第15条第1款规定:“受让人受让不动产或者动产时,不知道转让人无处分权,且无重大过失的,应当认定受让人为善意。”

民法上的“知道”,分为“实际知道”(明知)和“应当知道”(应知)。民法上的“过失”,分为“重大过失”与“一般过失”。按照《物权法司法解释(一)》第15条第1款的规定,善意取得制度所称“善意”,指受让人不知道转让人无处分权并且没有重大过失。所谓“不知道”,指“实际上不知道”,与之相应,所谓“知道”,应指“实际上知道”(明知)。实际上“不知道”并且“无重大过失”,构成“善意”;实际上“知道”,或者因“重大过失”而实际上“不知道”,不构成“善意”;因“一般过失”而实际上“不知道”,应认定为“善意”。此项解释,将物权法善意取得制度所谓“善意”,界定为(实际上)“不知道”加上“无重大过失”,易于操作且符合民法原理,值得肯定。

这里存在一个问题:受让人主张善意取得时,应否要求受让人举证证明自己属于“善意”?如果不要求受让人证明自己属于“善意”,应当由谁承担举证责任?《物权法司法解释(一)》第15条第2款回答了这个问题:“真实权利人主张受让人不构成善意的,应当承担举证证明责任。”无权处分合同,因真实权利人不追认并且处分人事后亦未取得处分权,被法庭认定无效时,受让人依据《物权法》第106条的规定主张善意取得,真实权利人则依据《物权法》第34条的规定要求取回自己的财产,处理这种情形,关键在于判断受让人是否属于“善意”。如果受让人属于“善意”,法庭将判决受让人已善意取得标的物所有权,并且驳回真实权利人取回自己财产的请求;如果受让人不构成“善意”,法庭将判决驳回受让人关于善意取得的请求,并且支持真实权利人取回自己财产的请求。按照本条解释第2款的规定,法庭应当要求真实权利人承担举证责任,证明受让人不构成善意。

为什么不要求主张善意取得的受让人举证证明自己属于“善意”呢?因为不动产登记所具有的“公信力”。前面已经谈到,国家专门设置不动产登记机构办理不动产登记,不动产登记具有“公信力”。打算购买不动产的人无须亲自调查出卖人是否为标的物的所有权人,他只需查看出卖人的权属证书或者到登记机构查阅不动产登记簿。受让人查看了出卖人的权属证书或者查阅了不动产登记簿,信赖权属证书、不动产登记簿关于不动产权利归属的记载因而受让该不动产,受不动产登记公信力的保护。当受让人向法庭主张善意取得时,基于不动产登记的公信力、不动产登记簿和权属证书相对的证据效力,法庭应当推定受让人属于“善意”。如果标的物属于动产,受让人主张善意取得,法庭同样不要求受让人承担证明责任。因动产物权变动以“占有”为公示方法,受让人因信赖处分人对动产的“占有”而受让该动产,基于“占有”的公示效力,法庭亦应推定受让人属于“善意”。这就是《物权法司法解释(一)》第15条第2款要求真实权利人承担举证责任、不要求主张善意取得的受让人承担举证责任的理由。补充一点,所谓不动产登记的公信力,只是作为推定受让人“善意”和免除其举证责任的一个方法,与传统民法理论和立法例直接根据不动产登记公信力保护受让人是不同的。

《物权法司法解释(一)》第16条规定:“具有下列情形之一的,应当认定不动产受让人知道转让人无处分权:(一)登记簿上存在有效的异议登记;(二)预告登记有效期内,未经预告登记的权利人同意;(三)登记簿上已经记载司法机关或者行政机关依法裁定、决定查封或者以其他形式限制不动产权利的有关事项;(四)受让人知道登记簿上记载的权利主体错误;(五)受让人知道他人已经依法享有不动产物权。真实权利人有证据证明不动产受让人应当知道转让人无处分权的,应当认定受让人具有重大过失。”

本条解释讲的是对受让人“善意”的否定。前面谈到,基于不动产登记的公信力、动产占有的公示效力,法庭应当推定受让人属于“善意”,并将举证责任分配给真实权利人。紧接前文,本条解释第1款指出了根据查明的哪些事实,法庭应当推翻此前关于受让人属于“善意”的推定,而认定不动产受让人“知道转让人无处分权”,即认定受让人不构成“善意”。这些事实包括:(1)登记簿上存在有效的“异议登记”;(2)登记簿上存在有效的“预告登记”,而未经预告登记权利人同意;(3)登记簿上记载司法机关或者行政机关依法裁定、决定查封或者以其他形式对不动产权利的限制;(4)受让人知道登记簿记载错误;(5)受让人知道他人已经依法享有不动产物权。前三项是直接根据登记簿的记载,后两项是有其他证据证明,认定不动产受让人明知(实际知道)转让人无处分权,因此推翻(否定)受让人的“善意”。

本条第2款规定,“真实权利人有证据证明不动产受让人应当知道转让人无处分权的,应当认定受让人具有重大过失。”本款讲的是即使不能证明受让人“明知”(实际知道)转让人无处分权,如果真实权利人能够证明受让人“应知”(应当知道)转让人无处分权,即应认定受让人(不知道)具有“重大过失”。按照民法原理,这里的“应当知道”,采用客观判断标准,如其他具有通常知识经验的买受人处于同样情形能够知道转让人无处分权,即应认定为“应当知道”;反之,如其他具有通常知识经验的买受人处于同样情形也不可能知道转让人无处分权,则应认定为“不应当知道”。

《物权法司法解释(一)》第 17 条规定:“受让人受让动产时,交易的对象、场所或者时机等不符合交易习惯的,应当认定受让人具有重大过失。”

本条解释动产转让情形中如何认定“重大过失”。按照该条解释,动产受让人是否属于“善意”,应当以“交易的对象、场所或者时机等”是否“符合交易习惯”作为判断标准。例如,你走在人行道上,忽然有个人一下挨过来,手里拿个东西,低声问:要不要手机?要不要手表?或者要不要珠宝?此时“交易的对象、场所或者时机等”就不符合“交易习惯”,按照社会生活经验,你应当认为那个人不是小偷就是骗子,他向你兜售的东西不是偷来的就是骗来的。你要贪便宜买了,就会被认定为“有重大过失”。

按照交易习惯,手机、手表、珠宝等商品有专门的商店销售,销售二手汽车有专门的二手车交易市场。社会生活很复杂,也可能有人把偷来的、拾来的手机、手表、珠宝通过关系交由专门经营的商店出售,把偷来的汽车交由二手车交易市场出售。一旦在这样的场所买到偷来的、拾来的动产,因为“交易的对象、场所或者时机等”符合“交易习惯”,受让人应当被认定为不具有“重大过失”,亦即属于“善意”。补充一下,该条解释所谓“交易的对象”,应当理解为“交易的对方(出卖人、转让人)”;该条解释未提及“交易价格”,如果价格低得离谱,应当属于“不符合交易习惯”,归属于该条解释中的“等”字,认定受让人“具有重大过失”。

《物权法司法解释(一)》第18条规定:“物权法第一百零六条第一款第一项所称的‘受让人受让该不动产或者动产时’,是指依法完成不动产物权转移登记或者动产交付之时。当事人以物权法第二十五条规定的方式交付动产的,转让动产法律行为生效时为动产交付之时;当事人以物权法第二十六条规定的方式交付动产的,转让人与受让人之间有关转让返还原物请求权的协议生效时为动产交付之时。法律对不动产、动产物权的设立另有规定的,应当按照法律规定的时间认定权利人是否为善意。”

本条解释受让人受让不动产或者动产的“时点”。因为交易是一个过程,往往经过一个时间段,可能受让人于开始订约谈判时不知道转让人无处分权,在达成合意(合同成立)时,或者合同成立后交货付款时知道了转让人无处分权,因此判断受让人是否属于“善意”,需确定一个判断“时点”。按照本条第1款的规定,这个判断受让人“善意”的“时点”,是指“依法完成不动产物权转移登记或者动产交付之时”。即使订约谈判时不知道、合同成立时也不知道转让人无处分权,如果于完成不动产过户登记之时或者动产交付之时知道了转让人无处分权,仍然应当认定受让人“知道受让人无处分权”,因而认定受让人不属于“善意”;反之,如果完成不动产过户登记之时或者动产交付之时仍然不知道,而是在完成不动产过户登记之后或者动产交付之后才知道转让人无处分权,则应当认定受让人“不知道转让人无处分权”,因而认定受让人属于“善意”。

鉴于《物权法》第14条规定,不动产物权变动,依照法律规定应当登记的,“自记载于不动产登记簿时发生效力”。《物权法司法解释(一)》第18条第1款规定的“依法完成不动产物权转移登记”之时,应当理解为“记载于不动产登记簿时”。鉴于动产交付方式,有现实交付与非现实交付,故对《物权法司法解释(一)》第18条第1款所谓“动产交付之时”,有进一步解释的必要。

《物权法司法解释(一)》第18条第2款规定,当事人以《物权法》第25条规定的方式(先行占有)交付动产的,转让动产法律行为生效时为动产交付之时;当事人以《物权法》第26条规定的方式(转让返还请求权)交付动产的,转让人与受让人之间有关转让返还原物请求权的协议生效时为动产交付之时。这些标准,均易于掌握。

《物权法司法解释(一)》第18条第3款规定:“法律对不动产、动产物权的设立另有规定的,应当按照法律规定的时间认定权利人是否为善意。”举例言之,按照《合同法》的规定,采用交付仓单方式转让动产物权的,应当以仓单交付之时,作为认定受让人是否为善意的时点;按照《海商法》的规定,采用交付(海运)提单方式转让动产物权的,应当以提单交付之时,作为认定受让人是否为善意的时点。

《物权法司法解释(一)》第19条规定:“物权法第一百零六条第一款第二项所称‘合理的价格’,应当根据转让标的物的性质、数量以及付款方式等具体情况,参考转让时交易地市场价格以及交易习惯等因素综合认定。”

本条解释善意取得的第二个条件“合理的价格”。需说明的是,《物权法》第106条规定“合理的价格”是不适当的。按照民法原理及立法例,善意取得的第二个条件是“有偿取得”。因为无权处分合同,包括有偿处分(转让、买卖合同)与无偿处分(赠与合同),唯在有偿处分(转让、买卖合同)情形,才有适用善意取得的余地,而无偿处分(赠与合同)不发生善意取得问题。这是由善意取得制度保护市场交易中的善意受让人、保护市场交易安全的立法目的决定的。善意取得以受让人“有偿取得”为条件,是要将无偿取得(受赠与)排除在善意取得制度适用范围之外。只要是“有偿取得”就够了,并不考虑其转让价格是否合理。

现在的问题是,要尽量避免案件审理过程中纠结所谓“合理的价格”。因此,本条解释规定,法庭判断是否属于“合理的价格”,应当“根据转让标的物的性质、数量以及付款方式等具体情况,参考转让时交易地市场价格以及交易习惯等因素”,进行综合认定,亦即自由裁量。其中,交易当时、当地的市场价格,具有重要意义。换言之,决不能以非转让当时、非交易当地的市场价格,作为认定价格是否合理的参考因素。

补充一点,如果当事人未主张“价格不合理”,法庭就不要主动审查价格是否合理。

《物权法司法解释(一)》第20条规定:“转让人将物权法第二十四条规定的船舶、航空器和机动车等交付给受让人的,应当认定符合物权法第一百零六条第一款第三项规定的善意取得的条件。”

本条解释特殊动产善意取得的第三项条件。《物权法》第106条规定善意取得的第三项条件是“转让的不动产或者动产依照法律规定应当登记的已经登记,不需要登记的已经交付给受让人”。鉴于《物权法》第24条规定,船舶、航空器、机动车等特殊动产,实行“登记对抗主义”,因此需要明确“船舶、航空器、机动车等特殊动产”,是属于“应当登记”,还是属于“不要求登记”?本条解释规定,“转让人将物权法第二十四条规定的船舶、航空器和机动车等交付给受让人的,应当认定符合物权法第一百零六条第一款第三项规定的善意取得的条件。”按照这一解释,特殊动产(物权变动)虽然实行“登记对抗主义”,但不属于法律规定“应当登记”的,而属于“不要求登记”的,特殊动产善意取得的第三项条件是“已经交付给受让人”。补充一点,《物权法》第106条所谓法律规定“应当登记”,仅指“登记生效主义”的情形。

《物权法司法解释(一)》第21条规定:“具有下列情形之一,受让人主张根据物权法第一百零六条规定取得所有权的,不予支持:(一)转让合同因违反合同法第五十二条规定被认定无效;(二)转让合同因受让人存在欺诈、胁迫或者乘人之危等法定事由被撤销。”

本条从反面强调《物权法》第106条善意取得制度的适用范围,限于《合同法》第51条规定的无权处分他人财产合同被确认无效案型。此外的合同无效案型,包括《合同法》第52条规定的违法合同被认定无效案型,《合同法》第54条规定的可撤销合同被撤销(等于无效)案型,均不属于善意取得制度的适用范围。这两种案型,“受让人主张根据物权法第一百零六条规定取得所有权的”,人民法院“不予支持”,是理所当然的。

最高人民法院《关于适用〈中华人民共和国物权法〉若干问题的解

释(一)》就讲到这里。

下面回答一个有关联的问题:最高人民法院《关于人民法院办理执行异议和复议案件若干问题的规定》(以下简称《执行异议规定》)第28条、第29条规定的情形,人民法院支持买受人执行异议的理由是什么?

《执行异议规定》第28条规定:“金钱债权执行中,买受人对登记在被执行人名下的不动产提出异议,符合下列情形且其权利能够排除执行的,人民法院应予支持:(一)在人民法院查封之前已签订合法有效的书面买卖合同;(二)在人民法院查封之前已合法占有该不动产;(三)已支付全部价款,或者已按照合同约定支付部分价款且将剩余价款按照人民法院的要求交付执行;(四)非因买受人自身原因未办理过户登记。”

按照以上列举的四种情况,属于不动产实际是在人民法院查封之前已经被依法出卖的。双方签订的买卖合同合法有效,买受人支付了价款并已“合法占有该不动产”,虽然没有办理过户登记,该被执行人(出卖人)仅仅具有所有权人的“名义”,而非真实权利人。这种情形,人民法院支持买受人的“执行异议”,理由是“保护买受人的合法占有”。请注意,《民法通则》第1条规定,“保障公民、法人的合法的民事权益”,包括民事权利和民事利益。对不动产或者动产的合法“占有”,属于《物权法》第九章规定的一种受法律保护的合法的民事利益。因此,对不动产或者动产的合法“占有”,不仅可以排除他人的干涉,还可以排除人民法院的强制执行。这是法律上的理由。此外,还有事实上的理由,即被执行人已经把该不动产出卖给他人并收取了价款,因未办理过户登记、保留了所有人的“名义”,对于该不动产已经没有实质上的权利可言,而买受人才是应当受法律保护的“真实权利人”。支持买受人的执行异议,保护作为“真实权利人”的买受人,这是人民法院的职责。

《执行异议规定》第29条规定:“金钱债权执行中,买受人对登记在被执行的房地产开发企业名下的商品房提出异议,符合下列情形且其权利能够排除执行的,人民法院应予支持:(一)在人民法院查封之前已签订合法有效的书面买卖合同;(二)所购商品房系用于居住且买受人名下无其他用于居住的房屋;(三)已支付的价款超过合同约定总价款的百分之五十。"

《执行异议规定》第29条与第28条的相同点,是在查封之前已经签订合法有效的买卖合同将不动产出卖了。不同点:一是第29条规定的情形,买受人支付了总价款的一半以上,但尚未付清全部价款;二是第29条规定的情形中买受人未取得对该不动产的"占有"。这种情形,人民法院支持买受人的执行异议、保护买受人的理由是什么呢?人民法院所保护的不是作为合法民事利益的"占有",而是保护买受人的"居住权"。请注意《执行异议规定》第29条第(2)项条件:买受人"所购商品房系用于居住且买受人名下无其他用于居住的房屋",买受人虽然没有取得"占有"、没有付清全部房款,人民法院却支持买受人的执行异议,是为了保护买受人的"居住权"。买受人的居住权属于"生存权",执行申请人的金钱债权属于"经济性权利",按照当今民法发展潮流和公认的法理,对"生存权"的保护应当优先于对"经济性权利"的保护。补充一下,所谓"居住权""生存权"非实体法上的权利,而属于所谓"自然法"上的权利。

索　　引

A

B

C

D

E

F

G

R

S

T

W

Y

Z